钱昌本

Having Fun Learning Mathematics with Qian Changben

教你快乐学数学 下

◎ 钱昌本 著

数学主要地是一项青年人的游戏。它是智力运动的练习，只有具有青春与力量才能做得满意。——诺伯特·维纳

为了激励人们向前迈进，应使所给的数学问题具有一定的难度，但也不可难到高不可攀，因为望而生畏的难题必将挫伤人们继续前进的积极性。总之，适当难度的数学问题，应该成为人们揭示真理奥秘之征途中的路标，同时又是人们在问题获解后的喜悦感中的珍贵的纪念品。——大卫·希尔伯特

哈尔滨工业大学出版社
HARBIN INSTITUTE OF TECHNOLOGY PRESS

内 容 提 要

学数学的最好办法是"做数学",如何使学生喜爱、擅长"做数学"并从中发展自我学习能力,是困难且诱人的课题.作者对此曾做过长期的思考和有益的探索实践,本书正是这一工作的部分反映.

全书试图通过对精选的系列问题解决过程的探究,用慢镜头的方式向读者展现问题解决的全过程及相应的思维活动,旨在让师生从"深深的题海"中求得部分解脱并卓有成效地发展学生的智能.本书与"结果简单呈现、知识严肃注入"的书籍截然不同,它注重从方法论的角度,按照科学的思维规律去处理问题解决的全过程,强调意识、直觉、形象思维在解决问题的作用,富有启发性,充分体现认知规律.

本书可供中学生作为数学学习提高的参考书.阅读本书有助于开阔眼界、拓宽思路、提高解决问题的能力.另外,对数学教师、数学教育研究人员,本书提供了开展第二课堂的活动内容和值得探讨的课题.

图书在版编目(CIP)数据

钱昌本教你快乐学数学.下/钱昌本编著.—哈尔滨:哈尔滨工业大学出版社,2012.3
ISBN 978-7-5603-3415-8

Ⅰ.①钱… Ⅱ.①钱… Ⅲ.①中学数学课-教学参考资料 Ⅳ.①G634.603

中国版本图书馆 CIP 数据核字(2011)第 228505 号

策划编辑	刘培杰 张永芹
责任编辑	王 慧
封面设计	孙茵艾
出版发行	哈尔滨工业大学出版社
社　　址	哈尔滨市南岗区复华四道街 10 号 邮编 150006
传　　真	0451-86414749
网　　址	http://hitpress.hit.edu.cn
印　　刷	哈尔滨市石桥印务有限公司
开　　本	787mm×960mm 1/16 印张 27.5 字数 500 千字
版　　次	2012 年 3 月第 1 版 2012 年 3 月第 1 次印刷
书　　号	ISBN 978-7-5603-3415-8
定　　价	58.00 元

(如因印装质量问题影响阅读,我社负责调换)

钱昌本生平简介

钱昌本(1965—2008)祖籍浙江临安,1969年毕业于北京大学,先后在西安交通大学、广东省汕头大学从事高等数学教育34年。

钱昌本生前曾是中国数学会会员,运筹学会会员,全国高等数学研究会常务理事,(原)国家教育委员会考试中心数学科命题组成员,中国数学奥林匹克(首批)高级教练员。

他长期从事高等学校概率、运筹、组合最优化等方面的教学和认知理论、数学教育测量等方向的研究工作,在几十年的高校工作中,他尽心竭力于"教学过程最优化、学生智能发展、优异人才培养、数学考试及命题"等研究工作,并取得突出成绩。发表论文30余篇,撰写出版了专著、教材、工具书共11部。他的高校数学教学改革经验引起同行的极大关注,曾多次特邀参加全国性的专业会议,就高等数学课程的改革与建设做大会专题报告,引起与会代表的关注和强烈反响。

他有关高等数学教学成果的专著《高等数学解题过程的分析和研究》(1994年,科学出版社)和《解题之道》(2004年,西安交通大学出版社)得到著名数学教育家王梓坤院士,徐利治教授,马之恩教授等同行的充分肯定和很高的评价。

从1987年起曾连续七年被国家教育委员会聘请为研究生入学考试数学科命题组成员，自1987年至1995年起连续九次被国家教育委员会聘请为全国普通高等学校统一招生考试(简称高考)数学科命题组成员。他在完善国家考试工作中突出的实绩和贡献曾多次受到国家教委相关部门的肯定和表彰，并在1991,1993,1994,1995和1997年五次获国家教育委员会颁发的荣誉证书。

自1985年到2005年间，他曾先后获高等学校优秀教学成果奖校级一等奖7项(其中西安交通大学3项、汕头大学4项)、省级优秀奖2项、国家优秀奖2项(集体项目)；获汕头大学优秀教材一等奖和教育教学突出贡献奖各一项。

另外：

1990年获国家教育委员会科学技术进步二等奖。

1985年获陕西省人民政府授予的"陕西省优秀教师"称号。

1993年、1994年分别获广东省人民政府授予的"广东南粤教书育人优秀教师"和"广东省先进工作者"称号。

1997年获国务院颁发的政府特殊津贴。

钱昌本几十年的教学体验，对教育、教学有他自己的独到见解：

1. 教师教，学生学，共同的目的是学习者的发展和提高，而决不是各种名目纷繁的考试后的(高)分数，也不是横向比较中优于他人的排名。分数、排名仅仅是通过教与学后，学习者自身发展提高的自然结果，是人为的、主观的特定条件下的一种表征。自身发展较快、提高幅度较大，且自我感觉良好的，就是学习的成功者！尽管他的分数、排名可能不那么看好。

2. 人的智力存在差异，有时差异甚至较大。这是客观事实必须承认并尊重的。对学习者智能差异的忽视和偏见往往会引发让人啼笑皆非的后果("大家……你怎么就……"，"人家孩子……你怎么就……")，严重挫伤了孩子的自尊和自信！学校不应公布成绩的排名，应淡化横向比较，鼓励进步，肯定成绩，表扬先进，允许滞后。

3. 教学的投入问题

投入与回报不相匹配，教得累，学得苦，精力、时间、财力使用过大而收效并不理想。投入不值！

4. 学习动力问题

"理想教育"、"功利"和"奖惩"，对学习的动力都是有限的！学习是一种脑力活动，应让学习者乐意参与其中，有活动的主人翁感。

5. 人的智能发展潜力大，智能培训必须从小抓起。

学习者怀着良好的心态,在教师得法的指导下,学习的潜在能力将大的难以估量。而"从小抓起"的内涵不是提早学习后继课程,而是及早抓实力、能力的培养和开发,如:兴趣、观察力、创新精神、科学思维、科学方法、运用意识、学习的责任心与自信心、自我矫正的习惯与能力、克服困难的意志、自学的习惯、追求高效的心态等。

钱昌本虽在大学任教,但"智能培训必须从小抓起"的理念使他十分关心中小学基础教育的改革。几十年来他利用业余时间亲自实施了对青少年智育发展和能力培养的研究和实践工作,并取得很好的成绩。

钱昌本主要培训成果简介

一、课外辅导,全面丰收

钱老师从1978年暑假开始在西安组织开展数学课外小组活动,有14名初中生参加。学生在训练中,学习兴趣十分浓厚,自学能力和探究能力方面得到加强,在数学素养上有了不同程度的提高。为此在他们参加的省、市多次单科竞赛中取得了突出成绩。

1979年,课外小组的三位同学(当时上初三)被批准提前参加西安市、陕西省的高中数学竞赛与全国八省市高中数学联赛,成绩优异。在市数学竞赛中,他们分获一等奖、二等奖、三等奖,其中赵钢同学获第一名;在省数学竞赛中,两人获二等奖、一人获三等奖;在全国数学联赛中,赵钢同学获陕西赛区第一名。

1981年西安市高中数学、物理、化学单科竞赛中,原小组同学有多人参加并获得良好成绩。共获得数学竞赛一等奖一名、二等奖三名;物理竞赛一等奖二名,获得化学竞赛一等奖、二等奖、三等奖各一名。其中锁志钢同学获数学第二名,沈祖昌和林茜分别获得物理第一、二名。

1981年,课外小组同学有13人参加全国高考,11人进全国重点院校,1人进普通院校。温尔庄同学是当年全省理工类考生的第一名。他们被录取的专业大都为数学、力学、计算机软件和自动控制。此外,当年落榜的1人第二年被录取。

现在这14位同学中大多已获得了博士学位。锁志钢同学在哈佛获得博士学位后,28岁就被聘教授,不久他又获美国总统奖。

二、国际竞赛,为国争光

在工作之余,他对部分优异学生也进行过个别的训练和指导。西安八十五中女学生荆秦在参加我国第一届数学奥林匹克冬令营前曾接受钱昌本的短期指导,后来她入选国家集训队,并代表中国参加1986年华沙第27届国际奥林匹克数学竞赛,获得银牌,她在这一届各国女选手中成绩最好,后进入北大学习,现在美国哈佛大学任教。

陕西西乡第一中学学生汪建华,在1987年初中联赛获奖后,登门拜师。此后,利用假期接受钱昌本的指导,从基础知识入手,进行数学素养方面的训练。1990年汪建华代表国家参加了在北京举行的31届国际奥林匹克数学竞赛,获得了满分金牌的好成绩。现在美国陈省身数学研究所工作。

三、国内联赛,屡创佳绩

1993年春,钱昌本应邀对广东省潮州市各校选拔的80名中小学生进行了4个月的数学培训,其中3名同学组成潮州市代表队参加在成都举行的第四届全国"华罗庚金杯"少年数学邀请赛,在67个队中获得了团体第三名的好成绩(前两名为北京队、武汉队)。其中一位来自乡村小学的许应涛同学获得了个人第四名。

1995年春,钱昌本再次对潮州市学生进行培训,其中4名同学组成潮州市代表队组队参加在江苏金坛市举行的第五届全国"华罗庚金杯"少年数学邀请赛,在97个参赛队中潮州市代表队获得了团体第四名(一至三名分别为武汉队、北京队和金坛队)。潮州队参赛的这四名同学分获个人奖的第5、8、12和29名。

2000年,钱昌本在北大附中汕头分校对学生进行培训,虽然民办学校学生的起点比较低,但在当年参加的全国初中数学联赛中,8名学生参赛,7人获省级奖。

2004年春,他第三次对潮州市30名学生进行培训,其中12名同学组成了两支潮州市(因东道主,多一个参赛队)代表队,在第九届全国"华罗庚金杯"少年数学邀请赛总决赛上,闯入团体决赛的潮州二队一举获得亚军,潮州一队获团体第七名。参赛的12名学生共夺得4块金牌、7块银牌和1块铜牌的好成绩。

朱红 2011 年 11 月整理

前言

社会发展和科技进步对人才培养提出了新的标准和要求。而从宏观看,数学课程内容陈旧、教本单一、教法沉闷等现状已严重影响着人才的培养。对优质教育的呼唤,迫使数学教育工作者考虑,数学应该怎么教?又应该怎么学?

在第 24 届国际数学家大会(北京,2002 年 8 月)期间,数学泰斗陈省身送给"少年数学论坛"的孩子们一幅题词"数学好玩"。随后著名数学家田刚院士又对孩子们说:"陈老送给你们'数学好玩',我想鼓励你们'玩好数学',因为这是一个需要付出长期努力和勤奋的过程。""数学好玩"也即学习数学是充满乐趣的事,有了这种乐趣,会激发学生去自觉地学习和研究数学。而"玩好数学"并非易事!"玩好"是指在数学观念、数学思想、运用数学去解决问题的能力上都达到了较高的境界。如何从学习数学中去享受"好玩",并将"好玩"玩到"玩好"的高度呢?对此,我们不妨记住数学家哈尔莫斯(P. Holmos)的一句名言:"学习数学的唯一方法是做数学。"

这里的"做数学"绝非传统意义上的演解纯数学习题，而是指综合地、创造性地应用已学到的知识和方法去解决问题。这里的问题包括实际问题和源于数学内部的问题，而"解决"包括：提出问题(含猜想)、分析情境、建立模型、变换结论、绘制图表、估计误差、解释结果、用多种策略和方法去解答同一个问题、将问题收缩为特例或引申到更一般的情境等。也即"做数学"就是"问题解决"。

"问题解决"是20世纪80年代初以美国数学教育界为代表提出的一句口号。至今，这一口号已日益显示其历史的必然性和内在的合理性。"问题解决"主张"以问题解决作为学校数学教育的中心"，这与对数学知识的强调相比，表明了数学教育思想的根本转变，即将"帮助学生学会'数学地思维'，从而提高解决问题的能力"作为数学教育的主要目标。"问题解决"的思想实质是对传统数学教育思想，特别是对"传授式"教学方法和"学用脱离"的严重倾向的直接否定。"以解决问题为中心"的宗旨是：

(1) 让学生通过解决问题的实践去学数学；

(2) 让学生通过解决问题的过程去认识数学的价值，并从中逐步树立起对自身数学能力的信心；

(3) 帮助学生学会"数学地思维"，从而达到提高解决问题能力的教学最终目标。

在传统数学观和教学观的影响下，我们目前的数学教学，强调静态数学知识(数学概念、命题、算法、解题技巧等)及其获得的本身，注重对数学结果的理解、记忆、巩固和简单意义的再现，认为教学中解题的目的是"利于基本知识的消化和基本技能的强化"，从而形成单一性"数学"式练习的以机械操练为主的模式。这种静态的接受数学结果的教学制约了学生才智的发展，也无法培养起学生探究解决问题的态度和行为。为克服上述弊端，顺应时代发展潮流，二十多年来，我们对"在问题解决中去学习数学"的课题进行了一系列的探索和实践。对此，我们的做法和体会是：

(1) 数学的教与学的本质核心是"问题解决"。

(2) 数学教学中"问题解决"的目的。

教学中解题的目的不是追求问题的终结，而是追求解题过程本身的认知实践。为此加大解题教学在教学中的比重，创造条件让学生在"寻求思路、拟定解答方案、实现方案及回味"的过程中亲身参加认知实践，去探究未知的事物，去解决未知的问题，并从中去获取知识和发展才智。也即重过程。

(3)解题的教与学不能停留在演示与模仿。

解题是一种高级心理活动,它与科学思维、熟练技巧、涉及知识的拥有和强烈的使用意识密切相关。而这一切决不能单凭模仿和博览下的见多识广所能解决,更不能依赖处方式的解题模式的牢记与套用。解决问题的能力不能靠"教"与"学"来简单获得,它必须在解题实践的训练中方能得到发展。也即重参与。

(4)"熟"未必生"巧"。

数学解题中的题必须少而精,以质胜量。教学应注重问题引入、解法寻求过程及相应思维活动。"熟读唐诗三百首,不会做诗也会吟"是找不到规律时不得已而为之。"熟"也未必生"巧"。"题海战术"和"大运动量训练"有百害而无一利。也即重效益。

(5)掌握"模式"条件下处理好"套路"与"散打"的关系。

重视"模式思维"和"模式解题法",但不必过分推崇。因为解决问题的是人,而不是方法。我们更重视"具体问题具体分析"。解题意味着从困难中寻求一条超越障碍的路,反映人天赋的活动决非囿于对模式的识记及对号入座。我们注重对学生思维的流畅性、变通性和创造性的培养。借助武术的术语,套路即基本规定(规范)动作,而散打则是在套路基础上将动作灵活应用于实战。数学解题中,对卓有成效的套路无疑应该掌握(学校的实际教学中已足够重视),而重要的是在套路纯熟的基础上,应如何注重"散打"能力的培养。也即重分析。

(6)注重解题意识的培养。

意识是人特有的心理现象,是心理活动的高级形式。解题中的有关意识对解题起着特殊的调节作用,其表现为意识的活动使解题人在头脑中产生概念、思想和计划来指导自己的行动,使解题活动更具有目的性、方向性和预见性,从而使解题过程有效完成。解题教学必须注重对学生有关意识(知识的使用意识、深究意识、判断预测意识、变换意识等)的培养,注重"题感"的培养。也即重创造。

(7)学以致用。

教学的目的不是让学生牢记有关的知识和方法,而是通过学习过程在了解知识和方法的同时培养起运用它们的意识和能力,使学生善于将自己获得的知识、方法和技巧带到实际中去,直至今后当他需要完成自己所担负的职责和任务时发挥其作用。应用不能局限于数学各科间的交叉应用,而更应注重在日常生活和科技活动中的应用。也即重应用。

(8)解题中的精神满足感、表现欲和学习内动力的激发。

数学目前好似不那么受到学生的欢迎。原因虽复杂,但教本枯燥乏味,而教学又往往将定型教条强灌给学生,不论其是否消化就逼迫学生陷入演题机械训练,无疑是重要原因之一。是教学的扭曲扼杀了学生求知的欲望,抑制了学生才智的发展。现状必须靠教学本身的改革来转变,而解题教学的改革是关键。实践表明,"问题解决"富有挑战性,易于展示创造性,它能使学生得到精神满足感并由此产生学习内动力。也即重乐学。

数学教学从概念上讲经历了三个阶段,即从"是传授知识的过程",到"是传授知识、培养能力的过程",又到"是传授知识、培养能力、转变态度的过程",发展中不变的是数学教学的本质,即思维过程。认知科学和构建学习观认为,数学学习并非一个被动的知识吸收过程,而是一个主动的构建过程;数学教学不应是以教师为主的知识传授过程,而应该是以学生为主的发现过程(再发现过程),应该让学生主动去进行探索、猜测、修正等活动。而当前现行的数学教学恰恰与认识规律相违背,在教学中往往注重了"数学结果"而忽视了"数学过程"。我们的培训实践以"问题解决"作为教学核心,探索将教学从"结果教育"变为"过程教育",变学生被动接受为参与探究。让学生通过解决问题的过程去学习数学,去认识数学,学会"数学地"思维,并逐步树立起对自身数学能力的信心,最终提高学生解决问题的能力。而教师则以示范者、咨询者、启发者、鼓励者和质疑者来体现"教学过程"活动中的主导作用。

"在问题解决中学习数学"课题的培训实验,在使数学教学从建立在"知识传授"与"例题—练习"上的传统模式向"鼓励学生积极探究"为特色的教学方式的转变上迈出了可喜的一步。事实表明:实验班学生乐学,并在思考、判断、创造和自学等能力上均获得良好的发展。实验及其成果已受到数学教育界同行的关注并引起了很大的反响,北京学知堂教育文化公司已决定将实验成果推广。可以相信,成果将在更广的范围产生影响,并对数学教学质量的提高和学生的智能发展产生显著的效益。

钱昌本

2002年10月1日

目录

第一讲　感受身边的数学　// 1

　　第一节　数学是什么　// 1
　　第二节　热身活动,十分钟问答　// 3
　　第三节　探究活动,问题解决的实践　// 6
　　第四节　留给你思考的问题　// 10

第二讲　对数及数运算的感受　// 13

　　第一节　热身活动,十分钟问答　// 13
　　第二节　探究活动,问题解决的实践　// 15
　　第三节　留给你思考的问题　// 20

第三讲　对数及数运算的再感受　// 24

　　第一节　热身活动,十分钟问答　// 24
　　第二节　探究活动,问题解决的实践　// 27
　　第三节　留给你思考的问题　// 34

第四讲　对图形的初步感受　// 38

　　第一节　热身活动,十分钟问答　// 38
　　第二节　探究活动,问题解决的实践　// 39

　　　　第三节　留给你思考的问题　// **50**

　第五讲　关于图形的面积　// **51**

　　　　第一节　热身活动,十分钟问答　// **51**
　　　　第二节　探究活动,问题解决的实践　// **54**
　　　　第三节　留给你思考的问题　// **58**

　第六讲　点间最短线　// **62**

　　　　第一节　热身活动,十分钟问答　// **62**
　　　　第二节　探究活动,问题解决的实践　// **65**
　　　　第三节　留给你思考的问题　// **78**

　第七讲　对计数问题的初步感受　// **79**

　　　　第一节　热身活动,十分钟问答　// **79**
　　　　第二节　探究活动,问题解决的实践　// **83**
　　　　第三节　留给你思考的问题　// **90**

　第八讲　观察、猜想、推断的体验　// **97**

　　　　第一节　热身活动,十分钟问答　// **97**
　　　　第二节　探究活动,问题解决的实践　// **103**
　　　　第三节　留给你思考的问题　// **112**

　第九讲　对算法设计的初步体验　// **113**

　　　　第一节　热身活动,十分钟问答　// **113**
　　　　第二节　探究活动,问题解决的实践　// **114**
　　　　第三节　留给你思考的问题　// **125**

　第十讲　奇偶性分析　// **128**

　　　　第一节　热身活动,十分钟问答　// **128**
　　　　第二节　探究活动,问题解决的实践　// **130**
　　　　第三节　留给你思考的问题　// **137**

第十一讲　对数及数运算的再认识　// 140

　　第一节　热身活动,十分钟问答　// 140
　　第二节　探究活动,问题解决的实践　// 141
　　第三节　留给你思考的问题　// 145

第十二讲　解应用题　// 151

　　第一节　热身活动,十分钟问答　// 151
　　第二节　探究活动,问题解决的实践　// 155
　　第三节　留给你思考的问题　// 167

第十三讲　行程问题求解的体验　// 174

　　第一节　热身活动,十分钟问答　// 174
　　第二节　探究活动,问题解决的实践　// 179
　　第三节　留给你思考的问题　// 193

第十四讲　图形的剖分、拼合　// 198

　　第一节　热身活动,十分钟问答　// 198
　　第二节　探究活动,问题解决的实践　// 201
　　第三节　留给你思考的问题　// 212

第十五讲　从平均值不等式谈起——知识的拓展与应用　// 229

　　第一节　热身活动,十分钟问答　// 229
　　第二节　探究活动,问题解决的实践　// 232
　　第三节　留给你思考的问题　// 249

第十六讲　感受面积法　// 255

　　第一节　热身活动,十分钟问答　// 255
　　第二节　探究活动,问题解决的实践　// 259
　　第三节　留给你思考的问题　// 272

附录Ⅰ　智能发展教与学　// 277
附录Ⅱ　对教育、教学的几点看法　// 369
附录Ⅲ　解数谜题的方法举例　// 371
附录Ⅳ　第九届华罗庚金杯少年数学邀请赛总决赛试题及答案　// 380
编辑手记　// 418

感受身边的数学

第一讲

第一节　数学是什么

1. 算术是研究数及数的运算;代数是用符号表达语言,主要研究运算与关系;几何主要是研究形状、大小与空间;统计主要研究数据处理与图示;微积分主要研究变量的变化规律,极限与无限;……而数学包括这一切,又比这一切更广泛.

抽象地说,数学是一种思维方法;是一种推理方法;是一种符号表达的语言;是研究模型的学问.这模型是泛指空间形式、数量关系、逻辑思维中的任意一种规律性.

2. 数学是人们生活、劳动和学习必不可少的工具.

回顾人类文明史,自古以来,数学对世界文明始终起着推动和支撑的作用.如:预报四季变化;驾驶船舶;建屋架桥;测绘地图;研制武器;制订计划;了解天体运行;促进商贸.

而现代数学的应用更是与时俱进.如:发现新的科学原理;发明新的机器;研究比赛策略;指挥交通运输;发展宇航;探测矿藏;预报气象;驾驭原子能;研制新疫苗和药品;预测和调控经济.

用华罗庚先生的话概括:"宇宙之大,粒子之微,火箭之速,化工之巧,地球之变,生物之谜,日用之繁,无处不用数学."

事实正是如此.

3. 数学的力量和特点：

(1) 为逻辑推理提供了理想的模型(演绎、归纳).

(2) 数学有清楚、简洁的表达方式.

(3) 数学有确定或明确倾向的结论.

(4) 数学的抽象性确保了解决问题的普遍性.

(5) 数学具有预报事件的能力(如原子弹的爆炸能量).

(6) 数学具有间接测量的能力.

(7) 数学比其他学科更经得起时间的考验.

(8) 数学为创造提供了无限的机会.

(9) 自然界的结构和规律中到处充满着数学.

(10) 数学中充满着赏心悦目的美.

……

4. 每个人都必须懂得一些数学.

并非每个人都要精通数学,但为了了解现代世界,每个人都必须懂得一些数学. 获得必需的数学内容、思想、方法和语言,将使你学习得更好,生活得更合理,工作得更出色,更能适应现今的社会和发展.

未来的公民没有相当的数学素养就是没文化,就是文盲. 所以应"人人学习有价值的数学；人人能获得必需的数学；不同的人在数学上得到不同的发展."

5. 学数学是件快乐的事.

几乎人人都说数学有用,但又有相当多的人说数学难学、枯燥. 究其原因,教本枯燥乏味,而教师又往往将定型的教条强灌给学生,不论其消化与否就逼迫学生陷入演题的机械训练,应该是原因之一.

实际上,数学像座大花园,当你身临其境时,当你亲手去"锄地、灌水、栽花"时,你一定会体验到无穷的乐趣. 数学中有许多意想不到的趣闻、难题、计谋、引人入胜的思想,当你投入到数学活动的实践之中,并用自己的独立思索探求出美满结论时,喜悦之情将油然而生.

学数学的大忌是"满足于听和看并单纯追求模仿和记忆". 学数学的有效方法是"做数学",而"做数学"时应养成"面前有纸,手中有笔"的习惯. 每当遇到一个新问题时,应该想一想这是一个什么性质的问题？能解决它吗？每当听到一种新思想时,应考虑一下这种思想的本质是什么？有什么启发？每当看到一种新方法时,应思索一下方法妙在哪里？能用来解决其他问题吗？

解数学题是富有挑战性的活动,易于展示创造性和释放表现力,它能使参与者获得精神满足感而产生学习的内在动力.

让我们在问题解决的过程中去体验"数学的有趣和有用",去发展自己的才智.

第二节　热身活动,十分钟问答

1. 如图 1.1,如何判定矿泉水瓶中的水是否有瓶容积的一半？

解　如图 1.2,记下水面的高度位置.拧紧盖,倒置过来再看水面位置.或者将瓶水平放置、观察瓶底面(圆)中心与水部分的关系.

图 1.1

2. 烤面包片时,第一面需烤 2 分钟,烤第二面时,因为已较干,仅需 1 分钟,也即烤一片面包需 3 分钟.若平烤锅一次只能放 3 片面包,问烤 5 片面包至少需几分钟？怎样烤？

解　不妨记 5 片面包片为 a,b,c,d,e. 先烤 a,b,c 正面,用 2 分钟;将 a 翻身,取下 b,c,放上 d,e. 再过 1 分钟时取下 a,换上 b(反面). 再 1 分钟时,取下 b 换上 c(反面),同时将 d,e 翻身,再烤 1 分钟全部烤完,时间用 5 分钟.

所以,至少需 5 分钟. (5 分钟内锅内没空位,故至少需 5 分钟. 或者一片烤 1 分钟计一个单位,一片需 3 个单位,5 片需 15 个单位. 又锅 1 分钟可烤 3 个单位,15 个单位至少需 5 分钟.)

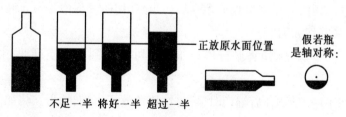

图 1.2

3. 怎样在一张圆纸片里折出一个内接正三角形来？

解　如图 1.3,先对折出直径,再按另一方向对折出一直径,两直径交点是圆心 O. 折一弓形使弓形圆弧过点 O,该折痕 AB 为圆内接正三角形的一边. 以 A 为弦的一端点再折一弓形,使该弓形圆弧过点 O,记弦另一端点为 C. 过 B,C 折一弦,则 △ABC 为所求.

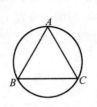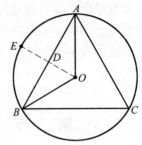

图 1.3

怎么想到折法？倒过来假定 △ABC 为所求,则 △OAB 是底角为 30° 的等腰三角形,作 △OAB 高并延长得半径 OE. 则 $OD = \dfrac{OA}{2} = \dfrac{OE}{2}$,并且 E 是 O 关于 AB 的对称点.

4. 取一副扑克牌,指定 A, J, Q, K 分别代表数 1, 11, 12 和 13. 抽四张牌,用加减乘除的运算(可以加括号) 去算 24 点. 譬如:2,4,4,8 四张牌,有

$$2 \times 4 \times 4 - 8 = 2 \times 8 + 4 + 4 = (8 + 2 - 4) \times 4 = 24$$

又问用 3 个 5 和 1 个 1,如何算 24 点？

解 $(13 - 11) \times 12 \div 1 = 24$.

$$24 = 5 \times 5 - 1 = 5 \times 5 - \dfrac{1}{5} \times 5 = \left(5 - \dfrac{1}{5}\right) \times 5 = (5 - 1 \div 5) \times 5.$$

5. 一张饼切四刀最多可切成多少块？当然,切的过程中是不允许将饼块叠放再切的. 又问切 n 刀呢？

问题的简单情况(切香肠分段) 如何？可推广到三维空间吗(切西瓜分块)？

若饼切了一刀后,在后继切时,可将饼块叠放了再切,情形又将如何？

解 视为 4 条弦划分圆域问题.

从简单情形尝试,如图 1.4 所示可知最多可切成 11 块.

设 n 刀最多切 a_n 块,则

$$a_n = a_{n-1} + [1 + (n - 1)] = a_{n-1} + n =$$
$$a_{n-2} + (n - 1) + n = \cdots = a_0 + 1 + 2 + \cdots + n =$$

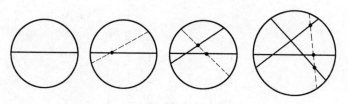

图 1.4

$$1 + (1 + 2 + \cdots + n) = 1 + \frac{1}{2}n(n+1)$$

$$a_n = 1 + 弦数 + 最多的弦交点数 = 1 + n + C_n^2 =$$

$$1 + n + \frac{1}{2}n(n-1) = 1 + \frac{1}{2}n(n+1)$$

香肠 n 刀切 $n+1$ 段.

西瓜 n 刀切 $(n+1) + \frac{1}{6}(n-1)n(n+1)$ 块,带皮的 $2 + (n-1)n$ 块.

若可叠放,则 n 刀切 2^n 块.

6. 一立体由若干个单位正方体垒成,其三视图如图 1.5 所示,问正方体的最少块数是多少?

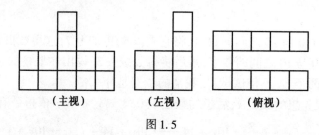

（主视）　　（左视）　　（俯视）

图 1.5

解 由三视图可知：

					1	a	1	b	c
	2					2			
			4		1	A	4	B	C

其中 a,b,c,A,B,C 表示相应位置未确定的单位正方体块数. 则

$$\max(A,a) = 2, \max(B,b) = 2$$
$$\max(C,c) = 2, \max(a,b,c) = 2$$

进而

	a	b	c	A	B	C
1	2	1	1	1	2	2
2	1	2	1	2	1	2
3	1	1	2	2	2	1
4	2	2	1	1	1	2
5	2	1	2	1	2	1
6	1	2	2	2	1	1
7	2	2	2	1	1	1

那么,有

1	2	1	1	1
2				
1	1	4	2	2

故最少块数为18.

第三节　探究活动,问题解决的实践

1. 想一个0与10之间的数字,将它乘以5,再加上7,这得数再乘以2. 然后再加另一个0与10之间的数字,最后将得数减去3. 说出你最终的答案,我能猜出你想的那两个数. 不信试试看. 我猜的依据是什么?

解　设先想的数是x,后想的数是$y(0 < x, y < 10)$依指令有

$$x \xrightarrow{\times 5} 5x \xrightarrow{+7} 5x+7 \xrightarrow{\times 2} 10x+14 \xrightarrow{+y} 10x+14+y \xrightarrow{-3} 10x+y+11(\text{答案})$$

猜法:答案$\xrightarrow{-11} 10x+y = \overline{xy}$,即"答案"减11后所得两位数的十位数字是$x$,个位数字是$y$.

例如:想的两数是8和5,则

$$\binom{8}{5}:⑧\xrightarrow{\times 5}40\xrightarrow{+7}47\xrightarrow{\times 2}94\xrightarrow{+⑤}99\xrightarrow{-3}\boxed{96}\xRightarrow{-11}85\Rightarrow\binom{8}{5}$$

又如

$$\binom{3}{7}:③\xrightarrow{\times 5}15\xrightarrow{+7}22\xrightarrow{\times 2}44\xrightarrow{+⑦}51\xrightarrow{-3}\boxed{48}\xRightarrow{-11}37\Rightarrow\binom{3}{7}$$

2. 10人进行乒乓球单循环赛,已知无人全胜,问是否存在3位选手甲、乙、丙,使得甲胜乙,乙胜丙,丙胜甲?

解 猜:有!

下面试图证明没猜错!

采用构造法的证明思路. 找出符合要求的甲、乙、丙来! 最引人关注的是成绩最好的选手. 不妨设甲是成绩最好的,或者是成绩最好的之一. 如图1.6,记被甲赢了的选手构成集合 N. 因无人全胜,甲也不例外,故必有 N 外的选手胜了甲,设如此的一个选手为丙. 于是,只需在 N 中找出赢了丙的选手乙. 如此的乙是否一定存在呢? 假若乙不存在,则丙胜了 N 中所有选手,于是丙的成绩将优于甲而与甲的设定矛盾! 所以 N 中必有胜了丙的选手乙. 因此存在甲、乙、丙三人符合甲胜乙,乙胜丙,丙胜甲.

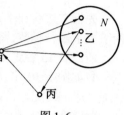

图1.6

3. 如图1.7所示的道路图中,从 A 到 B 只向右或向上的走法(称为非降路径)有多少种?

解法1(分类法求解) 如图1.8,按过点 C 与否将走法分为两大类,分别计

$\left.\begin{array}{l} A \text{ 到 } C,3 \text{ 种走法} \\ C \text{ 到 } B,3 \text{ 种走法} \end{array}\right\} \Rightarrow A \text{ 经 } C \text{ 到 } B \text{ 有 } 3\times3=9(\text{种})\text{ 走法}$

$\left.\begin{array}{l} A \text{ 经 } D \text{ 到 } B \text{ 有 } 2\times2=4(\text{种})\text{ 走法} \\ A \text{ 不经 } D \text{ 到 } B \text{ 有 } 2 \text{ 种走法} \end{array}\right\} \Rightarrow A \text{ 不经 } C \text{ 到 } B \text{ 有 } 4+2=6(\text{种})\text{ 走法}$

综合有 $9+6=15$(种)走法.

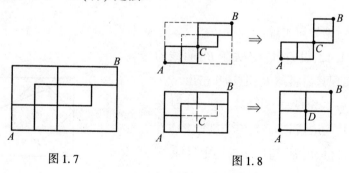

图1.7　　　　　图1.8

解法2(标数法求解) 如图1.9,由近求远,递推法将从 A 到各格点(路口)的走法数标于该格点. 因为仅向右、向上走,故各格点的标数应该是其左邻点标数和下邻点标数之和(没有左或下邻点的,则标数以 0 计).

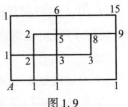

图 1.9

先标左边线和下边线上的格点,显然均标 1. 然后由下到上逐行标数,每行内则由左向右逐点标数,直至标到点 B,为 15.

所以有 15 种走法.

4. 如图1.10,长方形台球桌 ABCD 内有两个球 P 和 Q,能否将球 P 击出后沿 AB 边、AD 边两次反弹后击中球 Q? 若能,怎么实现?

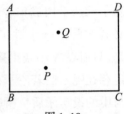

图 1.10

解 首先球在桌边(直线)反弹时,入射角一定等于反射角. 假设能时,如图1.11,知 $\angle 1 = \angle 2$,$\angle 3 = \angle 4$,$EP \parallel FQ$. 考虑到 Q 关于 AD 的对称点 Q',P 关于 AB 的对称点 P',可知 E,F 两反弹点应该是 $P'Q'$ 与 AB,AD 的交点. 从而知当 P',Q' 连线与线段 AB,AD 都相交时,所求问题是能实现的.

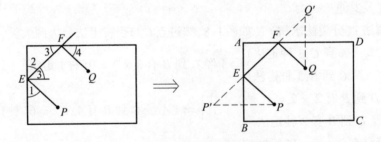

图 1.11

以下讨论如何实现:

如图1.12,设 Q'' 是 Q' 关于 BA 直线的对称点,实现只需将球 P 朝点 Q'' 击出.

若视 Q 为定球,P 为动球,连 $Q''A$ 延长交台球桌边(BC 或 CD)于点 G,则球 P 应在 AG 线下方区域内时,可以实现题中目标.

又欲将球 Q 击入 C 角袋中时,情况又

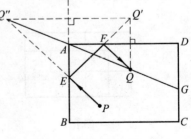

图 1.12

如何？（思路：将 Q 沿 CQ 击出经 AD，BA 反弹轨迹……）如图 1.13，连 CQ 延长交 AD 于 F，连 $Q''E$ 延长交 BC 于 G，则球 P 应落在 EG 线段内，球 P 朝 Q'' 击出即可.

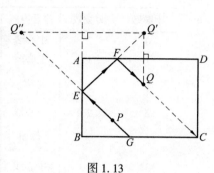

图 1.13

5. 一张纸有两面：正面、反面. 你见过只有一面的纸吗？

解　如图 1.14，只有一面的纸确实有，这就是麦比乌斯（Augustus Möbius，1790—1868）带.

左边纸带有两面：纸带内侧与纸带外侧. 一只蜘蛛想沿纸带从内侧爬到外侧就必须跨越纸带的边缘. 纸带有两个面，也有两条边.

右边纸带（麦比乌斯带）只有一个面，也只有一条边. 一只蜘蛛从带上任何一点出发，可爬到其他任何一点去，而且不必翻越带的边缘. 也即蜘蛛不跨越带边缘就可爬遍整条带子. 不信可试一下：用一支笔，笔不离纸连续地画线，可经过整条带子，并返回到原起点.

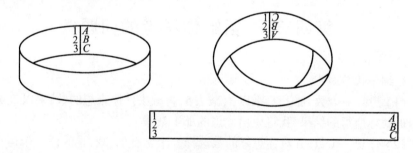

图 1.14

沿麦比乌斯带中心线剪开带会得到什么结果呢？

沿麦比乌斯带离一边三分之一宽处剪开带，又会得到什么结果呢？

更多的结果，有：（扭转圈数不同的纸带在不同剪法下）

半圈数	面棱数	剪开方式	剪开后结果
0	2	中心线	两个分开的环形带
1	1	中心线	一个环形带,扭了2个半圈
1	1	$\frac{1}{3}$处	两个套着的环形带
2	2	中心线	两个套着的环形带
2	2	$\frac{1}{3}$处	两个套着的环形带
3	1	中心线	一个环形带,有一个结
3	1	$\frac{1}{3}$处	两个套着的环形带,有一个结

6. 两车行都只卖"宝来"和"奥迪",它们两种车的总数一样多,某月中甲行两种车的售出率都低于乙行. 问:甲行售出的两种车总数是否一定低于乙行?

解 未必! 例如:

	宝来	售出	售出率	奥迪	售出	售出率	车总数	售出数
甲	40	36	90%	10	0	0%	50	36
乙	10	10	100%	40	2	5%	50	12
			90% < 100%			0% < 5%		36 > 12

第四节 留给你思考的问题

1. 编个代数魔术.

(1) 想好一个数,加上2,乘以3,减去5,再减去你原来想的数,乘以2,减去1,告诉我你所得的结果. 我将说出你想的那个数来.

(2) 你想一个数,并对你想好的数选择一个含有加、减、乘的任一个运算程序,告诉我逐次运算的指令和最终的结果. 我可以猜出你想的那个数.

解 (1) 运算的程序翻译成代数的语言

$$x \xrightarrow{+2} x+2 \xrightarrow{\times 3} 3x+6 \xrightarrow{-5} 3x+1 \xrightarrow{-x} 2x+1 \xrightarrow{\times 2} 4x+2 \xrightarrow{-1} \boxed{4x+1}$$

猜法译成代数语言

$$\boxed{4x+1} \xrightarrow{-1} 4x \xrightarrow{\div 4} x$$

(2) 从 x 出发,按运算指令对 x 施行运算,得含 x 的某等式(方程). 求解得

x. 例如

$$x \xrightarrow{\times 2} 2x \xrightarrow{+3} 2x+3 \xrightarrow{+x} 3x+3 \xrightarrow{+1} 3x+4 \xrightarrow{\times 2} 6x+8 \xrightarrow{-x}$$
$$5x+8 \xrightarrow{-x} 4x+8 \xrightarrow{-5} 4x+3 \xrightarrow{\times 2} 8x+6 \xrightarrow{+5} \boxed{8x+11} \xrightarrow{-11} 8x \xrightarrow{\div 8} x$$

注:当运算不含 x 时,可直接告诉此时的运算结果. 例

$$x \xrightarrow{\times 2} 2x \xrightarrow{+2} 2x+2 \xrightarrow{-12} 2x-10 \xrightarrow{-x} x-10 \xrightarrow{+8} x-2 \xrightarrow{-x} -2$$

2. 某校学生中,没有一个学生读过学校图书馆的所有图书,又知道图书馆的任何两本书至少被一个同学都读过. 问:能否找到两个学生甲、乙和三本书 A,B,C, 甲读过 A,B, 没读过 C, 乙读过 B,C, 没读过 A? 说明判断过程.

解 猜存在甲、乙两学生和 A,B,C 三本书符合题中要求,并用构造法证明.

如图 1.15,设甲为读书最多的学生(或之一),被甲读过的书构成集合 N. 由题设知至少有一本书 C 甲未读过即 $C \notin N$. 在 N 中任取一本书为 B, 在同时读过 B 和 C 的学生中可找到乙. 若乙读过 N 中所有的书,则乙所读书就超过了甲. 这不可能! 故 N 中存在乙未读过的书,记其中一本为 A. 到此,甲、乙两学生和 A,B,C 三本书符合:甲读过 A, B 且没读过 C; 乙读过 B,C 且没读过 A.

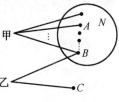

图 1.15

3. 如图 1.16,求从 A 沿向右、向上、向右上走到 B 的不同走法的种数.

解法 1(分类法) 如图 1.17,按是否过点 C 分两类.

A 到 C, 4 种走法;C 到 B, 4 种走法. 共 $4 \times 4 = 16$(种)走法.

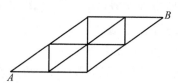

图 1.16

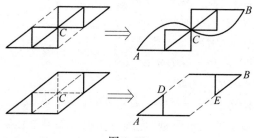

图 1.17

经 D 的走法 2 种;经 E 的走法 2 种. 共 $2 + 2 = 4$(种)走法.

A 到 B 具有不同走法 $16+4=20$(种).

解法 2(标数法) 首先标 AF 上各点的不同走法数!然后标 DE,GB 上各点的标数,每行从左向右逐点标数.每点标数应是其可能有的左邻点、下邻点.左下邻点的标数之和.如图 1.18,由点 B 标数知从 A 到 B 的非降走法有 20 种.

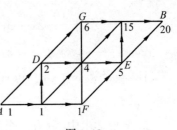

图 1.18

4. 点 M 有锐角 $\angle AOB$ 内一定点,试在角两边上各找一点 E 和 F,使 $\triangle MEF$ 周长最小.

解法 1(搬两次) 如图 1.19,设 M_1, M_2 分别为 M 关于 OA 和 OB 的对称点.连 M_1M_2 交 OA, OB 于 E, F,点 E, F 为所求.

设 P, Q 分别为 OA 和 OB 上的任意点,则
$\triangle MEF$ 周长 $= ME + EF + FM =$
$M_1E + EF + FM_2 =$
$M_1M_2 \leq M_1P + PQ + QM_2 =$
$MP + PQ + QM = \triangle MPQ$ 周长

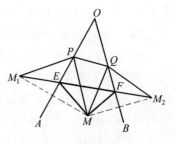

图 1.19

解法 2(连续搬两次) 如图 1.20,M_1 是 M 关于 OA 的对称点,M_2 是 M_1 关于 OB 的对称点.连 MM_2 交 OB 于 F,连 FM_1 交 OA 于 E.点 E, F 为所求.

设 P, Q 分别为 OA 和 OB 上的任意点,则
$\triangle MEF$ 周长 $= ME + EF + FM =$
$(M_1E + EF) + FM =$
$M_1F + FM = M_2F + FM =$
$M_2M \leq M_2Q + QM =$
$M_1Q + QM \leq$
$(M_1P + PQ) + QM =$
$MP + PQ + QM =$
$\triangle MPQ$ 周长

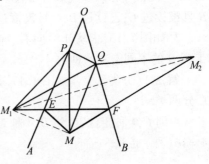

图 1.20

注:易见周长最小的三角形是"光线三角形".解法 2 比解法 1 更一般,连续"搬"的手法可推广到多次的情形.

对数及数运算的感受

第二讲

第一节 热身活动,十分钟问答

1. 是否存在自然数 m 和 n,使 $m^2 = n^2 - 2\,002$?

解 变形得 $\quad 2\,002 = n^2 - m^2$

进一步变形得

$$2 \times 1\,001 = (n+m)(n-m)$$

右方当 n, m 同奇偶性时是 4 的倍数,否则为奇数;左方是偶数但不是 4 的倍数.

故不存在!

2. $100!$ 的尾部有多少个连续的零?

解 可知

$$100! = 1 \times 2 \times 3 \times 4 \times 5 \times \cdots \times 99 \times 100$$

"有多少个连续的零?"等价于"有多少个因数 10?".
$10 = 2 \times 5$,因数 2 多于因数 5,问题决定于"有多少个因数 5"?
$100 \div 5 = 20$,又 $25, 50, 75, 100$ 各有 2 个因数 5,共有 $20 + 4 = 24$(个)连续的零.

同理可求 $1\,000!$ 的结果尾部有多少个连续的零.

$5^5 = 3\,125 > 1\,000$,用记号 $[a]$ 表示不大于 a 的最大整数,有

$$\left[\frac{1\,000}{5}\right] + \left[\frac{1\,000}{5^2}\right] + \left[\frac{1\,000}{5^3}\right] + \left[\frac{1\,000}{5^4}\right] =$$

$$200 + 40 + 8 + 1 = 249(\text{个})$$

3. 被2除余1,被5除余2,被7除余3,被9除余4的最小自然数是什么?

解法1 先从被2除余1的数:$1,1+2=3,3+2=5,5+2=7,\cdots$中找到被5除余2的最小数7.

然后,再从被2除余1且被5除余2的数:$7,7+10=17,\cdots$中找到被7除余3的最小数17.

接着再从被2除余1,且被5除余2,被7除余3的数:$17,17+70=87,87+70=157,\cdots$中找到被9除余4的最小数157. 157为所求数.

答案157是客观存在的,按(2,5,7,9)第1步跨2,第2步跨$2\times5=10$,第3步跨$2\times5\times7=70$. 搜寻共用了6步. 倒个次序(9,7,5,2)需5步

$$4\xrightarrow{+9}13\xrightarrow{+9}22\xrightarrow{+9}31\xrightarrow{+9\times7=63}94\xrightarrow{+63}157$$

解法2 所求数x加上3后,$x+3$应是10的倍数且被7除余6,被9除余7. 于是有

$x+3$的搜寻

$$10\xrightarrow{+10}20\xrightarrow{+10\times7}90\xrightarrow{+70}160\quad(被9除余7)$$

$$x=160-3=157$$

解法3 利用

$$315\times1+126\times2+540\times3+280\times4=3\,307$$

则 $$3\,307\div630=5\cdots157$$

因为:

$5\times7\times9=315$是5,7,9除尽且被2除余1的数;

$2\times7\times9=126$是2,7,9除尽且被5除余1的数;

$(2\times5\times9)\times6=540$是2,5,9除尽且被7除余1的数;

$(2\times5\times7)\times4=280$是2,5,7除尽且被9除余1的数.

所以3 307是满足被2除余1,被5除余2,被7除余3,被9除余4的数. 为求最小的,应减去若干个$2\times5\times7\times9=630$,得157.

4. 你能写出5个连续的合数吗?

解 由式

$$6!+i\quad(i=2,3,4,5,6)$$

也即 $720+i=722,723,724,725,726$

或简单些,用$3\times4\times5=60$替代$1\times2\times3\times4\times5\times6$,有

$$62,63,64,65,66$$

最小的连续 5 个合数为:24,25,26,27,28($4!+i(i=0,1,2,3,4)$).
可以求任意有限个连续的合数譬如 1 000 个,有
$$1\,001!+i \quad (i=2,3,4,\cdots,1\,001)$$

第二节　探究活动,问题解决的实践

1. 给出两张 4×4 的数表,如下:

$\frac{143}{20}$	$\frac{91}{5}$	$\frac{13}{2}$	$\frac{26}{5}$
$\frac{11}{2}$	14	5	4
$\frac{11}{3}$	$\frac{28}{3}$	$\frac{10}{3}$	$\frac{8}{3}$
$\frac{33}{4}$	21	$\frac{15}{2}$	6

(1)

97	25	52	81
152	80	107	136
90	18	45	74
124	52	79	108

(2)

在表(1)中,任取不同行不同列的四个数求积;在表(2)中,任取不同行不同列的四个数求和,关于结果,你能发现什么规律吗?并探究以下问题:

这种表是如何造的?

你生活中遇到过类似的数表吗?

对同一结果,数表可否做成任意的规格,即 $n\cdot n$ 的数表(n 为自然数).并且对任一具体规格的表是否可以做出无数多张?

解　表(1)不同行不同列的四数之积都等于 2 002;

表(2)不同行不同列的四数之和都等于 330.

如下表,任取积为 2 002 的 8 个数 $a_1,a_2,a_3,a_4,b_1,b_2,b_3,b_4$ 排列在表的左侧和上侧,表内第 i 行第 j 列数为 $a_i\cdot b_j(i=1,2,3,4,j=1,2,3,4)$:

X	b_1	b_2	b_3	b_4
a_1	a_1b_1	a_1b_2	a_1b_3	a_1b_4
a_2	a_2b_1	a_2b_2	a_2b_3	a_2b_4
a_3	a_3b_1	a_3b_2	a_3b_3	a_3b_4
a_4	a_4b_1	a_4b_2	a_4b_3	a_4b_4

显然,来自表中不同行、不同列的四数之积也即 $a_1,a_2,a_3,a_4,b_1,b_2,b_3,b_4$ 这 8 个数的积为 2 002.

类似任取和为330的8个数,可产生一张类同表(2)的数表.

生活中类似的数表,如2002年8月的日历表:

由数表产生方法知,对任一给定的结果(数),加或乘的数表均可作成任意的 $n \cdot n$ 的规格(n 为自然数).

另外,同一数表的产生方式不唯一,也即8个确定了的有序数 $a_i, b_j(i,j=1, 2,3,4)$ 可唯一产生一张表;但同样的这张表却并非必须由这8个数产生,譬如:对表(2)而言,任取 a_1 后,由表第1行诸数减 a_1 后可得 b_1, b_2, b_3, b_4. 再由第1列诸数减 b_1 后又可得 a_1, a_2, a_3, a_4. 当 a_1 取20和62时,分别有:

+	77	5	32	61
⑳	97	25	52	81
75	152	80	107	136
13	90	18	45	74
47	124	52	79	108

+	35	-37	-10	19
㊁	97	25	52	81
117	152	80	107	136
55	90	18	45	74
89	124	52	79	108

故同一规格(指 n)的数表还可做出无数多张.

2. 有一个六位数,它的2倍、3倍、4倍、5倍、6倍后所得的五个乘积中的每一个都是六位数,且仍由原六位数的6个数字所组成.求原六位数,并说明求法的理由.并探究以下问题:

能用常用套路(如列方程,利用算式)求解吗?

如何集中有效反映题设中的信息?

解 本题很难用常用套路求解.

列张数表,并从中捕捉、发现有益求解的信息.

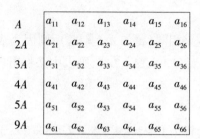

引人注目的是表的边与角. 观察推测有

$$a_{11} = 1$$

$$a_{11} < a_{21} < a_{31} < a_{41} < a_{51} < a_{61}$$

从而知表中有 6 种互不相同的数字,用其中有 1,无 0 的项——"筛子"枚举搜寻

$$a_{16} \neq 0, 1$$

$$a_{16} \neq 2, 4, 6, 8, a_{16} \neq 5 \quad (否则表中将出现 0)$$

$$a_{16} \in \{3, 7, 9\}$$

因为 $a_{16} = 3, 9$ 时表中第 6 列中数互不相同且无 1,故 $a_{16} \neq 3, 9$.

经尝试知 $a_{16} = 7$ 时,未见异常!且表中第 6 列的 6 个数字为 7,4,1,8,5,2—— 更为精细的"筛子"!

类似, $a_{15} \in \{2, 4, 5, 8\}$,尝试知

$$a_{15} \neq \begin{cases} 2, 否则 a_{45} = 0 \\ 4, 否则 a_{25} = 9 \\ 8, 否则 a_{35} = 6 \end{cases}$$

$a_{15} = 5$ 时,未见异常!

通过同样的尝试,排除,认可. 可以确定

$$a_{14} = 8, a_{13} = 2, a_{12} = 4$$

于是得

$$A = 142\ 857$$

但是,这样逐一尝试的方法单调乏味!能否改进解法?

当确定 $a_{16} = 7$ 且表中 6 种数字为 1,2,4,5,7,8 后,猜测:"与表中第 6 列一样,前 5 列中每列的 6 个数字也是互不相同的."

猜测是否正确？

倘若某列中有两数字相同(譬如 $a_{53} = a_{33}$)，则因为表中任两行之差(大数减小数)仍为表中的一行($5A - 3A = 2A$)，则表中必将出现数字0或9($a_{23} = 0$ 或 9)，这是解所不允许的.

故猜测正确.

表中每列6数之和皆为 $1 + 2 + 4 + 5 + 7 + 8 = 27$. 于是将表中6个六位数相加，有

$$21A = 2\,999\,997$$
$$A = 142\,857$$

回味、引申问题的来由，考虑循环小数问题：

将表中6个六位数头尾相连成一"数圈". 发现6个圈竟都一样！即它们是循环的！

又有

$$142\,857 \times 7 = 999\,999$$
$$0.148\,57 \times 7 = 0.999\,999$$
$$0.\dot{1}4285\dot{7} \times 7 = 0.\dot{9} = 1$$
$$0.\dot{1}4285\dot{7} = \frac{1}{7}$$

$$\begin{pmatrix} 0.\dot{9} \times 10 = 9 + 0.\dot{9} \\ 0.\dot{9} \times 9 = 9 \\ 0.\dot{9} = 1 \end{pmatrix}$$

$1 \div 7$ 的竖式算式

```
       0.142 857 142  ···   余数序列
   ┌─────────────────
 7 │ 1.000 000 000    ···    1
     7
     ──
     30               ···    3
     28
     ──
      20              ···    2
      14
      ──
       60             ···    6
       56
       ──
        40            ···    4
        35
        ──
         50           ···    5
         49
         ──
          10          ···    1
           7
          ──
           30         ···    3
           28
           ──
            20        ···    2
            14
            ──
             6        ···    6
```

故有 $\frac{1}{7}$ 化为循环小数 $0.\dot{1}4285\dot{7}$ 的除法运算中,商中长为 6 的一个循环节所对应的余数恰好是:1,3,2,6,4,5 也即 1,2,3,4,5,6 各一个!

从算式可见

$$\left.\begin{array}{l}\frac{1}{7} = 0.\dot{1}4285\dot{7} \\[4pt] \frac{2}{7} = 0.\dot{2}8571\dot{4} \\[4pt] \frac{3}{7} = 0.\dot{4}2857\dot{1} \\[4pt] \frac{4}{7} = 0.\dot{5}7142\dot{8} \\[4pt] \frac{5}{7} = 0.\dot{7}1428\dot{5} \\[4pt] \frac{6}{7} = 0.\dot{8}5714\dot{2}\end{array}\right\} \Rightarrow$$

$$\frac{1}{7}(10^6 - 1) = 0.\dot{1}4285\dot{7} \times (10^6 - 1) = 142\,857$$

一般地,有

$$\frac{k}{7}(10^6 - 1) = k \cdot 142\,857 = kA$$

$$(k = 1,2,3,4,5,6)$$

这就是题目的奥妙及编拟的依据.

类似的更为困难的问题：

（1）某自然数的 2 倍、5 倍、6 倍、7 倍、8 倍、11 倍后所得的六个乘积都是六位数，且它们之中的每一个都由非零且互不相同的同样 6 个数字所组成，求这个自然数.

（2）某自然数的 14 倍、17 倍、23 倍、29 倍、35 倍、38 倍后所得的六个乘积都是六位数，且它们之中的每一个都由非零且互不相等的同样 6 个数字所组成，求这个自然数.

答案：(1) 76 923；(2) 25 641.

第三节　留给你思考的问题

1. 求一个四位数，使它四个数字之和的四次方恰好等于原四位数本身.

解　设原四位数的各数字之和为 x，则
$$1\,000 \leqslant x^4 < 10\,000$$
$$31 < x^2 < 100$$
x^2 为平方数，故 $36 \leqslant x^2 < 100, 6 \leqslant x < 10$，列 x^4 表有

x	6	7	8	9
x^4	1 296	2 401	4 096	6 561

核对仅 2 401 满足要求，即所求四位数为 2 401.

2. 求一个四位数，使它是完全平方数，且它前两位数字相同，后两位数字也相同.

解　设所求数为 $\overline{aabb}$，则
$$\overline{aabb} = 1\,000a + 100a + 10b + b = 11(100a + b)$$
进一步，设 $100a + b = 11 \cdot k^2$，则
$$11 \cdot k^2 = 100a + b = 99a + (b + a)$$
$a + b$ 是 11 的倍数
$$a + b = 11, b \in \{0, 1, 2, \cdots, 9\}, 2 \leqslant a \leqslant 9$$
$$100a + b = 99a + 11 = 11(9a + 1) = 11 \cdot k^2$$

a	2	3	4	5	6	7	8	9
$9a+1$	19	28	37	46	55	64	73	82

核查仅 $a=7$ 时,$9a+1$ 为平方数 64,此时 $b=11-7=4$. 所求四位数 $7\,744$.

3. 求形如 $\dfrac{n}{n+1}$ 的四个不同的分数,使它们的和等于 3. 其中 n 为自然数.

解 设四个分数有 $\dfrac{k_i-1}{k_i}(i=1,2,3,4)$,自然数 k_i 满足
$$1 < k_1 < k_2 < k_3 < k_4$$

则由题设有
$$3 = \frac{k_1-1}{k_1} + \frac{k_2-1}{k_2} + \frac{k_3-1}{k_3} + \frac{k_4-1}{k_4} = 4 - \left(\frac{1}{k_1} + \frac{1}{k_2} + \frac{1}{k_3} + \frac{1}{k_4}\right)$$

也即 $\dfrac{1}{k_1} + \dfrac{1}{k_2} + \dfrac{1}{k_3} + \dfrac{1}{k_4} = 1$(原题的等价形式). 因为
$$\frac{1}{k_1} > \frac{1}{k_2} > \frac{1}{k_3} > \frac{1}{k_4}$$

所以
$$1 = \frac{1}{k_1} + \frac{1}{k_2} + \frac{1}{k_3} + \frac{1}{k_4} < \frac{4}{k_1}$$
$$1 < k_1 < 4, k_2 = 2,3$$

(1) 当 $k_1 = 2$ 时
$$\frac{1}{k_2} + \frac{1}{k_3} + \frac{1}{k_4} = 1 - \frac{1}{2} = \frac{1}{2} \Rightarrow \frac{1}{k_2} < \frac{1}{2} \Rightarrow k_2 > 2$$
$$\frac{1}{2} = \frac{1}{k_2} + \frac{1}{k_3} + \frac{1}{k_4} < \frac{3}{k_2} \Rightarrow k_2 < 6$$

故 $k_2 = 3,4,5$.

① $(k_1, k_2) = (2,3)$ 时
$$\frac{1}{k_3} + \frac{1}{k_4} = 1 - \frac{1}{2} - \frac{1}{3} = \frac{1}{6} \Rightarrow \frac{1}{k_3} < \frac{1}{6} \Rightarrow k_3 > 6$$
$$\frac{1}{6} = \frac{1}{k_3} + \frac{1}{k_4} < \frac{2}{k_3} \Rightarrow k_3 < 12$$

故 $k_3 = 7,8,9,10,11$.

将 k_3 值代入 $\dfrac{1}{k_4} = \dfrac{1}{6} - \dfrac{1}{k_3}$ 求 k_4 有:

k_3	$\frac{1}{k_4}=\frac{1}{6}-\frac{1}{k_3}$	k_4	(k_1,k_2,k_3,k_4)
7	$\frac{1}{42}$	42	$(2,3,7,42)$
8	$\frac{1}{24}$	24	$(2,3,8,24)$
9	$\frac{1}{18}$	18	$(2,3,9,18)$
10	$\frac{1}{15}$	15	$(2,3,10,15)$
11	$\frac{5}{66}$		无解

② $(k_1,k_2)=(2,4)$ 时

$$\frac{1}{k_3}+\frac{1}{k_4}=1-\frac{1}{2}-\frac{1}{4}<\frac{2}{k_3}\Rightarrow 4=k_2<k_3<8\Rightarrow k_3=5,6,7$$

代入 $\frac{1}{k_4}=\frac{1}{4}-\frac{1}{k_3}$,求 k_4 有:

k_3	$\frac{1}{k_4}=\frac{1}{4}-\frac{1}{k_3}$	k_4	(k_1,k_2,k_3,k_4)
5	$\frac{1}{20}$	20	$(2,4,5,20)$
6	$\frac{1}{12}$	12	$(2,4,6,12)$
7	$\frac{3}{28}$		无解

③ $(k_1,k_2)=(2,5)$ 时

$$\frac{1}{k_3}+\frac{1}{k_4}=1-\frac{1}{2}-\frac{1}{5}=\frac{3}{10}<\frac{2}{k_3}\Rightarrow 5=k_2<k_3<\frac{20}{3}\Rightarrow k_3=6$$

代入 $\frac{1}{k_4}=\frac{3}{10}-\frac{1}{k_3}$ 知 k_4 无整数解.

(2) 当 $k_1=3$ 时

$$\frac{1}{k_2}+\frac{1}{k_3}+\frac{1}{k_4}=1-\frac{1}{3}=\frac{2}{3}<\frac{3}{k_2}$$

$$3=k_1<k_2\Rightarrow k_2=4$$

$$\frac{1}{k_3}+\frac{1}{k_4}=\frac{2}{3}-\frac{1}{4}=\frac{5}{12}<\frac{2}{k_3}\Rightarrow 4=k_2<k_3<\frac{24}{5}$$

k_3 无整数解也即 $k_1=3$ 时,无解.

综上有 6 个解

$$(2,3,7,42) \\ (2,3,8,24) \\ (2,3,9,18) \\ (2,3,10,15) \\ (2,4,5,20) \\ (2,4,6,12) \Rightarrow \begin{cases} \frac{1}{2},\frac{2}{3},\frac{6}{7},\frac{41}{42} \\ \frac{1}{2},\frac{2}{3},\frac{7}{8},\frac{23}{24} \\ \frac{1}{2},\frac{2}{3},\frac{8}{9},\frac{17}{18} \\ \frac{1}{2},\frac{2}{3},\frac{9}{10},\frac{14}{15} \\ \frac{1}{2},\frac{3}{4},\frac{4}{5},\frac{19}{20} \\ \frac{1}{2},\frac{3}{4},\frac{5}{6},\frac{11}{12} \end{cases}$$

4. 一个多位数,个位数字为 4,若将这个数字 4 移到其他数字之前,则所得新数为原数的 4 倍,求这个多位数.

解法 1 设原数为 $10x+4$,新数为 $4\times 10^{n-1}+x$,其中 n 为原数的位数,则有

$$(10x+4)\times 4 = 4\times 10^{n-1}+x$$
$$39x = 4\underbrace{0\cdots 0}_{(n-1)\text{个}0} - 16$$

做 $40\cdots 0$ 除以 39 的竖式运算,直至余数为 16 为止,得不完全商 $x=10\,256$,则所求数最小解为 102 564.

解法 2 考虑

$$\begin{array}{r} \boxed{4} \\ \times 4 \\ \hline 4\boxed{} \end{array} \Rightarrow \begin{array}{r} 1\,0\,2\,5\,6\,4 \\ \times 4 \\ \hline 4\,1\,0\,2\,5\,6 \end{array}$$

出现不进位的 4 则停!得所求最小解 102 564.

对数及数运算的再感受

第一节 热身活动,十分钟问答

1. 将数 1,2,3,4,5,6 这 6 个数字分别填入图 3.1 的 6 个格子中,使得同行中右边的数比左边的数大,同列中下面的数比上面的数大. 找出所有的填法.

图 3.1

解法 1 1,6 位置唯一. 由小到大逐次列举 2,3,4 的填法,作树形图,有序查列知有 5 种填法:

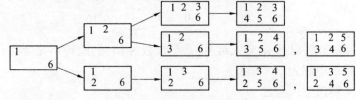

解法 2 以字母表示所填数字: 有

$$\left.\begin{array}{l} a<b<c \\ d<e<f \\ a<d, c<f \end{array}\right\} \Rightarrow a=1, f=6 \\ b,c,d,e \in \{2,3,4,5\}$$

$$e>b, e>d \Rightarrow e=4,5$$

第三讲

24

$e = 4$ 时

$$d = 2,3 \Rightarrow \begin{cases} d = 2, (b,c) = (3,5) \\ d = 3, (b,c) = (2,5) \end{cases}$$

$e = 5$ 时

$$d = 2,3,4 \Rightarrow \begin{cases} d = 2, (b,c) = (3,4) \\ d = 3, (b,c) = (2,4) \\ d = 4, (b,c) = (2,3) \end{cases}$$

综上有 5 种填法：

	a	b	c	d	e	f
1	1	3	5	2	4	6
2	1	2	5	3	4	6
3	1	3	4	2	5	6
4	1	2	4	3	5	6
5	1	2	3	4	5	6

2. 将 $1,2,3,\cdots,9$ 这 9 个数字平分成三组，使各组 3 数之和都相等，怎么分？有几种分法？

解 和 $= \frac{1}{3}(1 + 2 + 3 + \cdots + 9) = \frac{1}{3} \times \frac{1}{2} \times (9 + 1) = 15$.

数组（按最小数排列）有 8 组

$(1,5,9), (1,6,8), (2,4,9), (2,5,8), (2,6,7), (3,4,8), (3,5,7), (4,5,6)$

从 8 组中找 3 组，使各组间无相同数字，为寻找方便，重新排列各组．排列原则是：按第一数排行，按第二数排列，有：

第一行选 (159)．黑线划去同行、同列、同斜行上各组后，仅余下 $(267),(348)$ 于是得一解：$(159),(267),(348)$.

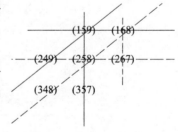

第一列选 (168)．虚线划去同行、同列、同斜行上各组后，余下 3 组 $(249),(357),(456)$．选前 2 组又可得一解：$(168),(249),(357)$.

综上有两解：$(159),(267),(348)$；$(168),(249),(357)$.

注：推广情境．赵慈庚先生在 1996 年第 8 期《数学通报》提出："24 位老人，从 76 岁到 99 岁每岁 1 人．他们分三桌就餐，每桌 8 人且各桌年龄和相等．有多少

分法？"

76,77,78,…,99 每数减 75 后变为 1,2,3,…,24. 问题即 1,2,3,…,24 这 24 个数平分成 3 组,每组 8 数之和都相等,求分法数.

有人声称(2001,第 11 期《数学通报》35 页)答案为 1 025 113 种.

3. 将 12 个 2 写成一横排,选择某些数字之间的空隙,适当地填入"+,−,×,÷"的运算符号,使式子的结果等于 2 002. 譬如

$$2\ 222 + 2 - 222 + 22 - 22 = 2\ 002$$

请给出更多的本质有别的填法.

解 先粗凑,后细调. 本质有别的值

$2\ 002 = 2\ 222 - 222 + 2 + 22 - 22(2\ 222 \times 2 \times 2 \div 2 \div 2 - 222 + 2) =$
$\quad 2\ 222 - 222 \div 2 \div 2 \times 2 \times 2 \times 2 + 2 =$
$\quad 222 \times 22 \div 2 - 222 \times 2 + 2 + 2 =$
$\quad 22 \times 22 \times 2 \times 2 + 22 + 22 + 22$
$2\ 002 = 333 \times 3 \times 3 - 333 \times 3 + 3 + 3 \div 3 =$
$\quad 44 \times 44 + 44 + 44 \div 4 + 44 \div 4 =$
$\quad 55 \times 5 \times 5 + 5 \times 5 \times 5 + 5 \div 5 + 5 \div 5 =$
$\quad 7 \times 7 \times 7 \times 7 - 7 \times 7 - 7 \times 7 - 7 + 7 - 7 =$
$\quad 8\ 888 \div 8 + 888 + 88 \div 8 - 8 =$
$\quad 9\ 999 \div 9 + 99 \times 9 + 99 - 99$

4. 下边除法算式中仅知道一个数字 8,你能将算式恢复吗？说明做法的理由.

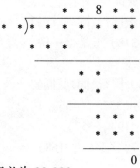

解 ① 由算式易见商必为 90 809.

② 记除数为 A, 可见

$$\left.\begin{array}{l}8A = *\ * \leqslant 99\\ 9A = *\ *\ * \geqslant 100\end{array}\right\} \Rightarrow A = 12$$

③ 被除数 $B = 90\ 809 \times 12 = 1\ 089\ 708$.

④ 由 $1\ 089\ 708 \div 12$,可使算式得以恢复.

第二节 探究活动,问题解决的实践

1. 将1,2,3,…,9分别填入图3.2的格子中,使同行右边的数比左边的数大,且同列下面的数比上面的数大. 你能找出所有填法吗？并探究以下问题：

图3.2

填法唯一的数字是什么？

逐一枚举,作树形图.

翻转后看一一对应.

尝试不同思路下的求解,分类.

再重解,体验不同的解决策略与途径. 并再看一一对应.

a_{11}	a_{12}	a_{13}
a_{21}	a_{22}	a_{23}
a_{31}	a_{32}	a_{33}

图3.3

解法1 如图3.3,易见 $a_{11}=1, a_{33}=9$,从小到大逐一枚举,作树形图,有：

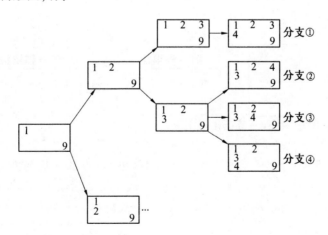

对分支①而言,有5种填法:

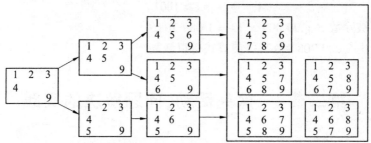

类似对分支②,③,④枚举,可知分别有5种,6种,5种填法.
综上知对 $a_{12} = 2$ 型的填法共有 $5 + 5 + 6 + 5 = 21$(种).

显然,对 $a_{21} = 2$ 型的填法,可不必再枚举搜寻.因为每个 $\begin{array}{|ccc|} 1 & 2 & \\ & & \\ & & 9 \end{array}$ 的具体填法依主对角线 $a_{11} - a_{22} - a_{33}$ 翻转180°(也即行、列对调)后就可得一个 $\begin{array}{|ccc|} 1 & & \\ 2 & & \\ & & \end{array}$ 的具体填法.反之亦然!于是 $a_{21} = 2$ 的全部填法与 $a_{12} = 2$ 的全部填法是一一对应的.这样,由 $a_{12} = 2$ 的21种填法,经按主对角线的180°翻转就可得到 $a_{21} = 2$ 的相应21种填法.

所以全部填法有 $21 \times 2 = 42$(种).

解法2 $a_{11} = 1, a_{33} = 9$.

当 $a_{12} = 2$ 时:因为 $a_{13} < a_{23}$,故 $a_{13} \neq 8$,即 $a_{13} = 3, 4, 5, 6, 7$.

(1) $a_{13} = 3$ 时:

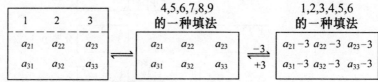

应该有5种填法(由第一节第1题).

也即在变换 $\begin{pmatrix} 4 & 5 & 6 & 7 & 8 & 9 \\ \updownarrow & \updownarrow & \updownarrow & \updownarrow & \updownarrow & \updownarrow \\ 1 & 2 & 3 & 4 & 5 & 6 \end{pmatrix}$ 下,右方的填法与左方下面两行的填法是一一对应的.所以 $a_{13} = 3$ 时有5种填法.

(2) $a_{13} = 4$ 时:

类似变换 $\begin{pmatrix} 3 & 5 & 6 & 7 & 8 & 9 \\ \updownarrow & \updownarrow & \updownarrow & \updownarrow & \updownarrow & \updownarrow \\ 1 & 2 & 3 & 4 & 5 & 6 \end{pmatrix}$ 下,填法的后(下面)两行的填法

也与 1,2,3,4,5,6 的填法一一对应. 所以 $a_{13} = 4$ 时的填法也为 5 种.

(3) $a_{13} = 5$ 时:

在变换 $\begin{pmatrix} 3 & 4 & 6 & 7 & 8 & 9 \\ \updownarrow & \updownarrow & \updownarrow & \updownarrow & \updownarrow & \updownarrow \\ 1 & 2 & 3 & 4 & 5 & 6 \end{pmatrix}$ 下,填法的下面两行的填法也与 1,2,

3,4,5,6 的填法一一对应. 所以 $a_{13} = 5$ 时的填法也为 5 种.

(4) $a_{13} = 6$ 时:

在变换 $\begin{pmatrix} 3 & 4 & 5 & 7 & 8 & 9 \\ \updownarrow & \updownarrow & \updownarrow & \updownarrow & \updownarrow & \updownarrow \\ 1 & 2 & 3 & 4 & 5 & 6 \end{pmatrix}$ 下,1,2,3,4,5,6 的填法 $\begin{array}{|c|c|c|} \hline 1 & 2 & 3 \\ \hline 4 & 4 & 6 \\ \hline \end{array}$ 对应

的填法 $\begin{array}{|c|c|c|} \hline 1 & 2 & 6 \\ \hline 3 & 4 & 5 \\ \hline 7 & 8 & 9 \\ \hline \end{array}$ 是不符合要求的. 扣除这一种,$a_{13} = 6$ 时的填法有 $5 - 1 =$

4(种).

(5) $a_{13} = 7$ 时:

必有 $a_{23} = 8, a_{21} = 3, a_{32} = 6$,此时有填法 2 种,即

$\begin{array}{|c|c|c|} \hline 1 & 2 & 7 \\ \hline \cdot & \cdot & \cdot \\ \hline \cdot & \cdot & 9 \\ \hline \end{array} \to \begin{array}{|c|c|c|} \hline 1 & 2 & 7 \\ \hline \cdot & \cdot & 8 \\ \hline \cdot & \cdot & 9 \\ \hline \end{array} \to \begin{array}{|c|c|c|} \hline 1 & 2 & 7 \\ \hline 3 & \cdot & 8 \\ \hline \cdot & 6 & 9 \\ \hline \end{array} \to \begin{array}{|c|c|c|} \hline 1 & 2 & 7 \\ \hline 3 & 4 & 8 \\ \hline 5 & 6 & 9 \\ \hline \end{array} \begin{array}{|c|c|c|} \hline 1 & 3 & 7 \\ \hline 3 & 5 & 8 \\ \hline 4 & 6 & 9 \\ \hline \end{array}$

综上知 $a_{12} = 2$ 的填法共有 $5 + 5 + 4 + 2 = 21$(种). 由解法 1 知 $a_{21} = 2$ 的填法也有 21 种,所以共有填法 $21 \times 2 = 42$(种).

解法 3 易见 $a_{11} = 1, a_{33} = 9$ 且

$$\left. \begin{array}{l} \max\{a_{11}, a_{12}, a_{21}, a_{22}\} = a_{22} \\ \min\{a_{22}, a_{23}, a_{32}, a_{33}\} = a_{22} \end{array} \right\} \Rightarrow a_{22} = 4, 5, 6$$

(1) $a_{22} = 4$ 时:

由 $a_{21} < a_{31} < a_{32}, a_{12} < a_{13} < a_{23}$ 知,只需先考虑方阵的一角 (a_{12}, a_{13}, a_{23}) 的填法.

首先 $1 < a_{12} < 4, 1 < a_{21} < 4$ 知 $a_{12}, a_{21} \in \{2, 3\}$,也即填 a_{12} 有 2 种选择,并可推知 $a_{13} \geq 5$.

又因为 $a_{13} < a_{23} < 9$,故 $a_{13} \leq 7$,故有 $a_{13} \in \{5,6,7\}$.

1	a_{12}	a_{13}
a_{21}	4	a_{23}
a_{31}	a_{32}	9

$a_{13} = 5$ 时:a_{23} 是 6,7,8 之一,有 3 种选择;

$a_{13} = 6$ 时:a_{23} 是 7,8 之一,有 2 种选择;

$a_{13} = 7$ 时:a_{23} 是 8,有唯一选择.

故填 (a_{13}, a_{23}) 两数有 $3 + 2 + 1 = 6$(种) 选择.

于是填 (a_{12}, a_{13}, a_{23}) 一角共有 $2 \times 6 = 12$(种) 填法.

(2) $a_{22} = 5$ 时:

1	a_{12}	a_{13}
a_{21}	5	a_{23}
a_{31}	a_{32}	9

$1 < a_{21} < 5, a_{12} \in \{2,3,4\}$;

$5 < a_{23} < 9, a_{23} \in \{6,7,8\}$.

又 $a_{12} < a_{13} < a_{23}$,于是列表有:

a_{12}	(a_{13}, a_{23}) 的填法	种数	合计
2	(3,6),(3,7),(3,8),(4,6),(4,7),(4,8),(6,7),(6,8),(7,8)	9	
3	(4,6),(4,7),(4,8),(6,7),(6,8),(7,8)	6	18
4	(6,7),(6,8),(7,8)	3	

所以填 (a_{12}, a_{13}, a_{23}) 一角共有 18 种填法.

(3) $a_{22} = 6$ 时:

1	a_{12}	a_{13}
a_{21}	6	a_{23}
a_{31}	a_{32}	9

类似(1),a_{23} 是 7,8 之一,有 2 种选择.而 (a_{12}, a_{13}) 有 6 种选择(即 (2,3),(2,4),(2,5),(3,4),(3,5),(4,5)).(a_{12}, a_{13}, a_{23}) 一角有 $2 \times 6 = 12$(种) 填法.

或者,类似(2) 有:

a_{12}	(a_{13}, a_{23}) 的填法	种数	合计
2	(3,7),(3,8),(4,7),(4,8),(5,7),(5,8)	6	
3	(4,7),(4,8),(5,7),(5,8)	4	12
4	(5,7),(5,8)	2	
5	无(注:a_{13}, a_{23}, a_{32} 都大于6)	0	

综合(1),(2),(3) 知,共有填法 $12 + 18 + 12 = 42$(种).

注:可以证明:"$a_{22} = 4$ 的填法" 与 "$a_{22} = 6$ 的填法" 是一一对应的. 证明如下:

称和为 10 的两个自然数互为补数.

对 $a_{22} = 4$ 的任一解,先将各位置上的数都改成各自的补数,然后再按副对角线翻转 $180°$,则所得数表必为 $a_{22} = 6$ 的一个解. 反之亦然. 例如:

解法 4 首先 $a_{11}=1,a_{33}=9$. 然后考虑较小数 2,3 的填法,并作分类处理.

(1) 若 2,3 填在同行,即 $(a_{11},a_{12},a_{13})=(1,2,3)$,由解法 2(1) 知有 5 种;

(2) 若 2,3 填在同列,即 $(a_{11},a_{21},a_{31})=(1,2,3)$,由填法按主对角线都转 180°知,本质与(1)无异,故也有 5 种;

(3) 若 2,3 填在不同行也不同列,易知 2,3 仅有 2 种填法,即
$$(a_{12},a_{21})=(2,3) \text{ 或}(3,2)$$

又因为 a_{23} 大于 a_{13} 和 a_{22} 且 a_{32} 大于 a_{22} 和 a_{31},所以 a_{23} 和 a_{32} 都不能填 4 和 5,也即 4,5 必须同填在"a_{31},a_{22},a_{13}"之中. 于是,副对角线上的三个数"a_{31},a_{22},a_{13}"的组合只能是 4,5,6 或 4,5,7 这两种:

① 若 a_{31},a_{22},a_{13} 填 4,5,6 时,(a_{31},a_{22},a_{13}) 有 3!=6(种)填法此时$(a_{32},a_{23})=(7,8)$ 或 $(8,7)$. 故全表有填法 $2\times 6\times 2=24$(种);

② 若 a_{31},a_{22},a_{13} 填 4,5,7 时,因为 $a_{22}<a_{23}$ 且 $a_{22}<a_{32}$,故 7 仅能填在 a_{13} 和 a_{31} 之一;

当 $a_{13}=7$,则 $(a_{23},a_{32})=(8,6)$;

当 $a_{31}=7$,则 $(a_{23},a_{32})=(6,8)$.

于是 2,3 有 2 种填法,7 有 2 种填法;7 填好后 4,5 又有 2 种填法,故全表有填法 $2\times 2\times 2=8$(种).

综合①,②和 2,3 不同行不同列时的填法有 $24+8=32$(种).

再综合(1),(2),(3)知全表共有填法 $5+5+32=42$(种).

2. 恢复右边的算式,说明理由. 并探究以下问题:

如何表述解答?

求解的切入点.

尝试不同的求解思路与方法.

解 为表述文字化,将算式改写成下式

$$\begin{array}{r}
\phantom{b_1b_2b_3\overline{)}}\,7\ c_1\ c_2\ c_3\ c_4\\
b_1b_2b_3\overline{)a_1\ a_2\ a_3\ a_4\ a_5\ a_6\ a_7\ 8}\\
\underline{d_1\ d_2\ d_3}\\
e_1\ e_2\ e_3\ e_4\\
\underline{f_1\ f_2\ f_3}\\
g_1\ g_2\ g_3\ 8\\
\underline{g_1\ g_2\ g_3\ 8}\\
0
\end{array}$$

将被除数、除数和商简记为 A,B,C,求解切入点为 $A \div B = C$. 不必拘泥一城一池的得失,先设法定出 B 和 C.

先确定 B.(这步是关键!)

由 $\overline{e_1e_2e_3e_4} - \overline{f_1f_2f_3} = \overline{g_1g_2}$ 和 $\overline{e_1e_2} = 10$ 且 $f_1 = 9$. 从而有

$$990 \leqslant 7B = \overline{d_1d_2d_3} \leqslant 999$$

$$141 < \frac{990}{7} \leqslant B \leqslant \frac{999}{7} < 143$$

$$B = 142$$

又因为 $142 \times 6 = 582 < \overline{9f_2f_3} < 1\,136 = 142 \times 8$,故 $c_2 = 7$.

$$c_4 \cdot B = \overline{g_1g_2g_3 8} > \overline{d_1d_2d_3} = 7B, c_4 > 7$$

$$142 \times 8 = 1\,136 \neq \overline{g_1g_2g_3 8}$$

故 $c_4 = 9$. 又易见 $c_2 = c_3 = 0$,于是 $c = 70\,709$.

$$A = B \cdot C = 142 \cdot 70\,709 = 10\,040\,678$$

有了 A 和 B,算式恢复易如反掌.

换个方式确定 B 可得

$$\left.\begin{array}{r}7B = \overline{d_1d_2d_3} \leqslant 999, B \leqslant \dfrac{999}{7} < 143 \\ \left.\begin{array}{r}A > 10^7 \\ C < 70\,809\end{array}\right\} \Rightarrow B = \dfrac{A}{C} > \dfrac{10^7}{70\,809} \approx 141.2 > 141\end{array}\right\} \Rightarrow B = 142$$

3. 某自然数的个位数字是 2,若将该数字 2 移到其他各位数字之前,则所得新数恰好是原数的 2 倍,求原数. 并探究以下问题:

"套路"下的求解.

朴素思路下的求解,递堆.

问题的变形,推广.

揭示问题的内在本质.

解 "套路"下的求解：

设原数为 $10x+2$，且它是 $n+1$ 位数，则由题意有
$$2(10x+2) = 2 \times 10^n + x$$

整理得 $\qquad\qquad\qquad 19x = 2 \times 10^n - 4$

做除法 $200\cdots0 \div 19 = 105\,263\cdots$ 的竖式运算，直至得出余数 4 时为止，得 $n=17$ 且有

$$2 \times 10^{17} \div 19 = 10\,526\,317\,589\,473\,684 + \frac{4}{19}$$

所以 $\qquad\qquad x = 10\,526\,317\,589\,473\,684$

原数为 $\qquad 10x+2 = 105\,263\,175\,894\,736\,842$

朴素思路下的求解

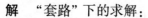

竖式倒推：

$2 \times 2 = 4$，新数个位数字也即原数十位数字是 4．

$4 \times 2 = 8$，新数十位数字也即原数百位数字是 8．

$8 \times 2 = 16$，新数百位数字也即原数千位数字是 6．

$6 \times 2 + 1 = 13$，新数千位数字也即原数万位数字是 3．

……

依次推算直至乘积(新数)首位出现不进位的 2 为止．此时，被乘数就是原数的最小解．(乘积为新数)

变形、推广、问题的本质：

题目中的 2 可改换成 $k(k=1,2,3,\cdots,9)$，也即

$$\overline{\cdots\cdots k} \cdot k = \overline{k\cdots\cdots}$$

设原数为 z，z 是 n 位数，则新数可表示为

$$k \cdot 10^{n-1} + \frac{1}{10}(z-k)$$

依题意，有 $\qquad k \cdot 10^{n-1} + \frac{1}{10}(z-k) = kz$

解方程，得 $\qquad z = \frac{k}{10k-1}(10^n - 1)$

令使 z 为自然数的最小 n 为 h，并记

$$f(k) = \frac{k}{10k-1}(10^h - 1)$$

则 $f(k)$ 就是问题的最小解. 易见 $k=1$ 时,有平凡解 $f(1)=1$(此时 $h=1$).

由同余概念,并利用欧拉函数去求 h,有结论:

k	2	3	4	5	6	7	8	9
h	18	28	6	42	58	22	13	44

将 h 代入 $f(k)$,就可得到相应的最小解. 譬如

$$f(z) = \frac{2}{10 \times 2 - 1}(10^{18} - 1) = 105\ 263\ 157\ 894\ 736\ 842$$

当 $n = 36,54,72,\cdots$ 时,我们可以得到 $k=2$ 的原数的 36 位数解,54 位数解,72 位数解,…… 易见,它们分别由最小解 $f(2)$ 的 2 段,3 段,4 段,…… 简单连接而成. 这又使人联想到了"循环"、"循环小数".

由下式

$$150\ 263\ 157\ 894\ 736\ 842 = 0.\dot{1}50\ 263\ 157\ 894\ 736\ 84\dot{2} \times (10^{18} - 1)$$

可知 $\dfrac{2}{19} = 0.\dot{1}50\ 263\ 157\ 894\ 736\ 84\dot{2}$

也即将既约分数 $\dfrac{2}{19}$ 化为一个纯循环小数时,该循环小数的循环节就是 $k=2$ 时的问题的最小解.

一般地,既约真分数 $\dfrac{k}{10k-1}(k=1,2,3,\cdots,9)$ 化为纯循环小数时,循环小数的循环节就是 k 时的问题的最小解. ($10k-1$ 与 10 互质,$\dfrac{k}{10k-1}$ 是既约分数,它必能化为纯循环小数).

相关问题见第三节中第 2,3 题.

第三节　　留给你思考的问题

1. 恢复下列算式,并说明理由.

(1) $\begin{array}{r} *\ *\ *\\ \times\qquad 8\ 9\\ \hline *\ *\ *\ *\\ *\ *\ *\\ \hline *\ *\ *\ *\end{array}$,(2) $\begin{array}{r}*\ 2\ *\ *\\ \times\qquad *\ 6\\ \hline *\ *\ 0\ 4\\ *\ *\ 7\ 0\\ \hline *\ *\ *\ *\ *\end{array}$,(3) $\begin{array}{r}*\ *\ *\\ \times\quad *\ 2\ *\\ \hline *\ *\ *\\ *\ *\ *\ *\\ *\ 8\ *\\ \hline *\ 8\ *\ 2\end{array}$.

(此算式中无数字0)

解 (1) 设 A,B,C 有如下对应

$$\begin{array}{r}*\ *\ *\ ----A\\ \times\qquad 8\ 9\\ \hline *\ *\ *\ *\ ----B\\ *\ *\ *\ ----C\\ \hline *\ *\ *\ *\end{array}$$

则 $\left.\begin{array}{l}9A=B\geq 1\,000\\ 8A=B\leq 899\end{array}\right\}\Rightarrow 111\dfrac{1}{9}=\dfrac{1\,000}{9}\leq A\leq \dfrac{899}{8}=112\dfrac{3}{8}\Rightarrow A=112$

故所求为 $\begin{array}{r}1\ 1\ 2\\ \times\quad 8\ 9\\ \hline 1\ 0\ 0\ 8\\ 8\ 9\ 6\\ \hline 9\ 9\ 6\ 8\end{array}$.

(2) 设 a,c,d,e 有如下对应

$$\begin{array}{r}*\ 2\ *\ *\\ \times\qquad *\ 6\\ \hline *\ *\ 0\ 4\\ *\ *\ 7\ 0\\ \hline *\ *\ *\ *\ *\end{array}\Rightarrow \begin{array}{r}a\ 2\ c\ d\\ \times\qquad e\ 6\\ \hline *\ *\ 0\ 4\\ *\ *\ 7\ 0\\ \hline *\ *\ *\ *\ *\end{array}$$

① $a=1$;

② $\left.\begin{array}{l}6d\text{ 个位数 }4\Rightarrow d=4,9\\ ed\text{ 个位数 }0\end{array}\right\}\Rightarrow d=4\text{ 且 }e=5$;

③ $\left.\begin{array}{l}(6c+2)\text{ 个位数 }0\Rightarrow c=3,8\\ (5c+2)\text{ 个位数 }7\Rightarrow c\text{ 为奇数}\end{array}\right\}\Rightarrow c=3$;

④ 所以原式为 $\begin{array}{r}1\ 2\ 3\ 4\\ \times\qquad 5\ 6\\ \hline 7\ 4\ 0\ 4\\ 6\ 1\ 7\ 0\\ \hline 6\ 9\ 1\ 0\ 4\end{array}$.

(3) 如右式,由②,③,④,⑤行可推知:第②行为121;

第①行同第⑤行,第③行也同第⑤行,3 行 皆为 *8*;

由第③行第⑥行可推知第④行个位数为4;

第①行的 2 倍为第④行,则第④行首位数必为 1;

显然第⑥行首位数为 1;

第①行个位数为 2 或 7;

第⑤行首位数为 8 或 9,各取 8,则第④行为 $\overline{88*} \cdot 2 = 17**$,与第⑥行矛盾! 故第⑤,③,①行首位数为 9.

用 982 × 121, 987 × 121 试乘后和前者符合题设条件,故有

```
      9 8 2
  ×   1 2 1
  ─────────
      9 8 2
    1 9 6 4
    9 8 2
  ─────────
  1 1 8 8 2 2
```

```
    * * *        ─── ①
  ×   * 2 *      ─── ②
  ─────────
      * * *      ─── ③
    * * * *      ─── ④
    * 8 *        ─── ⑤
  ─────────
  * * 8 * 2 *    ─── ⑥
```

⇓

```
      * 8 *
  ×   1 8 1
  ─────────
      * 8 *
    1 * * 4
    * 8 *
  ─────────
  1 * 8 * 2 *
```

2. 原数个位数字为 2,将 2 移到首位后所得新数比原数的 2 倍还多 2,求原数的最小解和第二小的解.

解 列算式,倒推

$$2 \times \overline{\cdots\cdots 2} + 2 = \overline{2\cdots\cdots} \Longrightarrow \begin{array}{r} \cdots\cdots 2 \\ \times \quad\quad 2 \\ \hline +\quad\quad 2 \\ \hline 2\cdots\cdots \end{array} \Longrightarrow \begin{array}{r} \cdots 1 0 5 2 6 2 \\ \times \quad\quad\quad\quad\quad 2(+2) \\ \hline \cdots 2 1 0 5 2 6 \end{array}$$

最小解为 105 262,第二小解为最小解前补上 $f(z)$ 的 18 位数,也即

    105 263 175 894 736 842 105 262

3. 原数首位数字是 3,将 3 移到个位数字后所得新数比原数的三分之一恰好大 1,求原数最小解.

解 列算式,倒推

$$\overline{3\cdots\cdots} \div 3 + 1 = \overline{\cdots\cdots 3}$$
$$\overline{\cdots\cdots 3} \times 3 - 3 = \overline{3\cdots\cdots}$$

$$\begin{array}{r} 103448275863 \\ \times 3 \\ \hline 310344827586 \end{array}(-3)$$

最小解为 310 344 827 586.

对图形的初步感受

第一节　热身活动,十分钟问答

1. 设 D 为 $\triangle ABC$ 内的点,则"AD,BD,CD 中最长的"与"AB,BC,CA 中最长的"相比,谁长?为什么?

解　如图 4.1,延长 AD 交 BC 于 E. $\angle AEB, \angle AEC$ 中至少一个不小于 $90°$,不妨设 $\angle AEB \geq 90°$,则
$$AB > AE = AD + DE > AD$$
也即　　$AD < \max\{AB, AC\}$
同理有
$$BD < \max\{BC, BA\}, CD < \max\{CA, CB\}$$
所以　　$\max\{AD, BD, CD\} < \max\{AB, BC, CA\}$

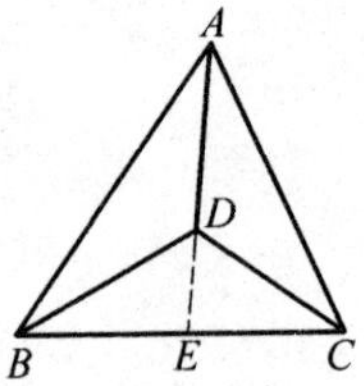

图 4.1

2. 凸四边形 $ABCD$ 的两条对角线 AC 和 BD 中的较长者是否一定会大于四边形的某两相邻边的每一条边?为什么?

解　会!

如图 4.2,凸四边形 $ABCD$ 的四个内角和为 $360°$,则至少有一个内角不小于 $90°$,不妨设 $\angle BAD \geq 90°$,则 $\triangle ABD$ 中 BD 是最大的边,也即 $BD > AB$ 且 $BD > AD$. 所以凸四边形两对角线中的较长者一定会大于四边形的某两条相邻边的每一条.

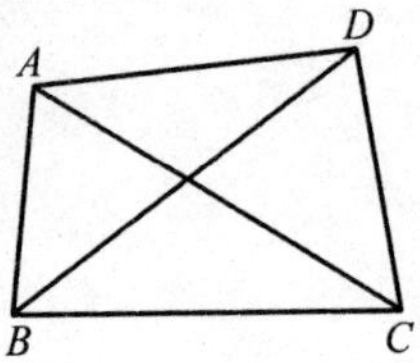

图 4.2

第四讲

3. 平面上有四点,四点中无三点共线,问以四点中的点为顶点,可确定几个三角形?以四点中的点为端点可确定几条线段?

解 四点中无三点共线,四点中的任三点为顶点可确定一个三角形. 四点中取三点(也即四点中不取一点)的方式数为4种,所以可以确定4个三角形.

四点中的每一点与其他三点联结成3条线段,由点 A 连向点 B 的线段也即点 B 连向点 A 的线段,所以可以确定 $\frac{3 \times 4}{2} = 6$(条)线段.

4. 如何用6根火柴棒作出四个等边三角形,使得三角形的每一边都由一根火柴棒构成?

解 四个三角形有 $3 \times 4 = 12$(条)边,而火柴仅6根. 希望每根火柴都做两个三角形的公共边.

想到空间的立体图形,有正四面体如图4.3所示.

图4.3

第二节 探究活动,问题解决的实践

1. 在纸上点四个点,使得每点连成的线段只有两种规格的长度. 譬如:正方形的4个顶点就是一个解,四条边为一种长度,两条对角线是另一种长度. 你还能求出哪些解?你能求出全部解吗?

解 四点问题.(略)

探究"四点问题"及其推广问题.

求解的初步信息及进一步的信息:

① 四点可确定6条线段,解的四点确定的6条线段至多有两种长度.

② 无三点共线的四点可确定4个三角形,解的四点确定的4个三角形,或为等边三角形,或为等腰三角形.

③ 解中任一点必定在其他三点中的某两点连线的中垂线上. 否则,该点到其他三点的距离将两两不等而矛盾于两种长度的要求.

④ 解中无三点共线. 否则,设解中的 A,B,C 三点共线,且点 B 在线段 AC 内. 若 $AB \neq BC$,此时 AB,BC,AC 已是三种长度,矛盾! 不妨设 $AB = BC = 1$,则 $AC = 2$.

由信息③知解中第4点 D 只能在 AC,AB,BC 之一的中垂线上,由勾股定理易知:

39

若 D 在 AC 中垂线上时，$AD = \begin{cases} \sqrt{2}, \text{当} BD = 1 \text{时} \\ \sqrt{5}, \text{当} BD = 1 \text{时} \end{cases}$.

若 D 在 AB（BC 类似）中垂线上时，$CD = \begin{cases} \sqrt{3}, \text{当} AD = 1 \text{时} \\ \sqrt{6}, \text{当} AD = 2 \text{时} \end{cases}$.

显然，$\sqrt{2}$，$\sqrt{5}$，$\sqrt{3}$，$\sqrt{6}$ 都是 1，2 以外的第 3 长度，矛盾.

⑤若解中有一点在另三点为顶点的三角形内部，则和该点相关联的 3 条线段都应是较短的长度.（见第一节第 1 题）

⑥若解的四点为一凸四边形顶点时，则该四边形的两条对角线中至少有一条是较长的边.（见第一节第 2 题）

求解的策略，分类：

解题的原则之一是"化难为易、化整为零、化大为小".

将全部解按某种"标准"划分为若干类. 使每个解必属一类且仅属一类，也即做不重复不遗漏的一个好的分类. 显然，求某小类时，难度小了（目标少了），而且"标准"又为求解这类中解时添加了一个有用的已知条件.

最简单的好的分类是分两类："若 …… 属一类"；"否则属另一类". 易见这种分类绝对是不重复不遗漏的.

分类原则，方式：

①若解中存在三点，以它们为顶点的三角形是等边的三角形，如此的解属一类；其余解属另一类.

②若解中存在一点，它到另外三点等距离，规定如此的解属一类；其余的解属另一类.

③若解中存在一点，它在另外三点为顶点的三角形内部，规定如此的解属一类；其余的解属另一类.

……

不同分类方式下，求解的实现：

(1) 方式 ① 下的求解实现.

先求第一类解，即解中存在三点以它们为顶点的三角形为等边三角形. 不妨设 A,B,C 为解中 3 点，$\triangle ABC$ 是边长为 1 的等边三角形. 由信息③知，可设解的第 4 点 D 在 BC 的中垂线 l 上，见图 4.4.

①若 D 在射线 AE 上：因为 $BD > BA = 1$，由信息⑤知

$$DA < \max\{DB, BC, CD\} = BD$$

所以 $DA=1$. 于是得射线 AE 上确定点 D, 从而得到一个解, 见图 4.5(a). 此时由勾股定理可推知 $BD=CD=\sqrt{2+\sqrt{3}}$.

②若 D 在线段 AG 上, 由信息⑤和 DA,DB,DC 都应是较短的长度, 于是 D 为 AG 上距 A,B,C 距离相等的点, 也即 D 为 $\triangle ABC$ 的外心, 从而得一解, 见图 4.5(b). 此时 $DA=DB=DC=\dfrac{2}{3}AG=\dfrac{\sqrt{3}}{3}$.

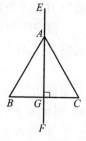

图 4.4

③若 D 在射线 GF 上, 易见 D 不在 AB(或 AC) 的中垂线上, 故 $DB=DC\neq DA$. 又解要求 DB,DA 之一应等于 AB 的长度 1, 当 $DB=DC=1$ 时, 得一解, 见图 4.5(c). 当 $DA=1$ 时又可得一解, 见图 4.5(d).

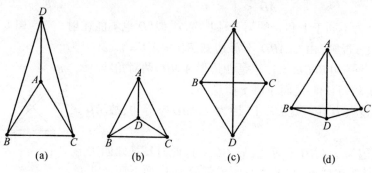

图 4.5

综上知第一类解是 4 个, 如图 4.5 所示.

再求第二类解, 也即解中任三点为顶点的三角形都是等腰的. 不妨设解中 3 点 A,B,C 为顶点的三角形 $\triangle ABC$ 中

$$AB=AC=1\ 且\ BC=a\neq 1$$

①若 D 在 BC 的中垂线上, 见图 4.6. 若点 D 在射线 AE 上. 因为

$$BD=CD>BA=CA=1$$

又等腰 $\triangle DBC$ 中

$$BD=CD\neq BC=a$$

也即 BD 是不同于 1 和 a 的第 3 种长度, 所以解中点 D 不可能在射线 AE 上. 类似, 若 D 在线段 AG 上, 因为

$$BD=CD<BA=CA=1\ 且\ BD=CD\neq BC=a$$

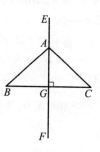

图 4.6

所以 D 也不可能在直线 AG 上.

假设解中点 D 在射线 GF 上. 因为 $BD = CD \neq BC = a$, 从而 $BD = CD = 1$. 又因为 $\triangle ABD$ 不是等边的, 故 $AD \neq 1$, 从而
$$AD = a, AD = BC$$
于是四边形 $ABDC$ 是边长为 1 且两对角线相等的菱形, 也即是正方形, 此时得一解, 见图 4.7.

② 若 D 在 AB(或 AC) 的中垂线上, 见图 4.8.

不妨设 $BC = a > 1 = AB = AC$.

此时易见 D 不能在线段 GH 上, 否则由信息 ⑤ 知 $AD < \max\{AB, AC\} = 1$, 于是
$$AD < 1 < a$$
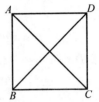

图 4.7

AD 为不同于 1 和 a 的第 3 种长度. 类似, D 也不能在射线 GE 上, 否则, 由 $\triangle ABD$ 不等边知 $BD = AD = a$. 又因为 $\triangle BCD$ 不等边知 $CD = 1$. 于是四边形 $ADBC$ 两对角线 AB, CD 都为较短长度 1, 而矛盾于信息 ⑥.

假设点 D 在射线 HF 上, 因为 $\triangle ABD$ 不等边, 故 $BD = AD = a$.

又因为 $\triangle BCD$ 不等边, 故 $CD = 1$. 此时易推知四边形 $ABDC$ 是等腰梯形, 它上底及两腰都等于 1, 而下底及两对角线都等于 a. 于是得一解, 见图 4.9.

图 4.8

记等腰 $\triangle ABC$ 底角为 α, 等腰 $\triangle ABD$ 底角为 β, 于是
$$\angle ABC = \angle ACB = \angle CAD = \angle CDA = \alpha$$
$$\angle DBA = \angle DAB = \angle BCD = \angle BDC = \beta$$
从而知 $\triangle ABC$ 内角和为 $3\alpha + \beta$, 梯形 $ABDC$ 内角和为 $2\alpha + 4\beta$.

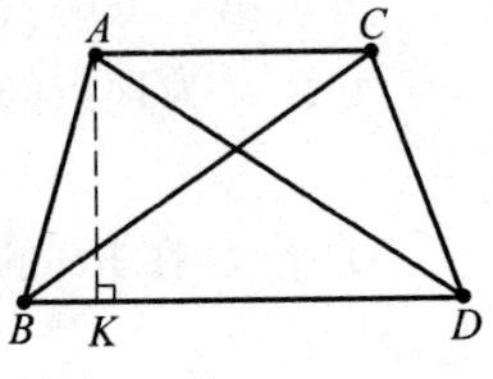

解 $\begin{cases} 3\alpha + \beta = 180° \\ 2\alpha + 4\beta = 360° \end{cases}$, 得 $\alpha = 36°, \beta = 72°$. 也即梯形 $ABDC$ 两个邻角分别为 $36° + 72° = 108°$ 和 $72°$.

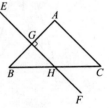

图 4.9

如图 4.9, 为确定 a, 作高 AK, $BK = \frac{1}{2}(a-1)$, $DK = \frac{1}{2}(a+1)$. 由
$$AB^2 - BK^2 = AK^2 = AD^2 - DK^2$$
有
$$1 - \left(\frac{a-1}{2}\right)^2 = a^2 - \left(\frac{a+1}{2}\right)^2$$

整理得 $\qquad a^2 - a - 1 = 0$

解之得正根 $\qquad a = \dfrac{\sqrt{5}+1}{2}$

当 $a < 1$ 时,见图 4.10. 不难推出:点 D 不能在线段 GH 上,也不能在射线 HF 上. (若 D 在 GH 上,则由信息⑤和 $AD = BD = CD = a < 1$,于是 $\triangle BCD$ 为等边的,矛盾! 若 D 在射线 HF 上,则 $AD = BD = a$ 且 $CD = 1$,否则将产生等边三角形. 此时易知平行四边形 $ABCD$ 的四个内角都是等边三角形的底角,也即都小于 $90°$,于是 $ABCD$ 的内角和小于 $360°$,矛盾!) 当点 D 在射线 GE 上时,可得一解,该解本质上就是图 4.9 所示的解,不同之处仅在于此时较长边为 1,而较短边有 $\dfrac{\sqrt{5}-1}{2}$. 详细过程请读者自己补上.

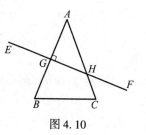

图 4.10

综合这两类,就得到了问题的全部 6 个解. 为统一起见,一律用 1 个单位长度表示短边. 此时,对图 4.5(b),(d) 所示的两个解,只需将边长分别扩大 $\sqrt{3}$ 倍和 $\sqrt{2+\sqrt{3}}$ 倍即可.

图 4.11 中重新给出问题全部解的图示.

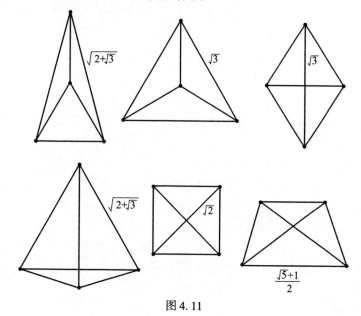

图 4.11

(2)方式②下的求解实现.

先求第一类解(解中有一点到另三点等距离).

不妨设解中点 A 到 B,C,D 等距离,且 $AB = AC = AD = 1$. 以 A 为圆心,以 1 为半径作圆,则 B,C,D 都在该圆周上.

① 若 $\triangle BCD$ 是等边的,则 B,C,D 的圆周的三等分点,见图 4.12(a),得一解.

② 若 $\triangle BCD$ 是等腰的,不妨含 $BC = DC \neq BD$.

当腰 $BC = DC = 1$ 时,可在圆周任取一点为 B,并以 1 为弦长连续在圆周上截出点 C 和 D,则 A,B,C,D 构成一解,见图 4.12(b).

当底边 $BD = 1$ 时,可在圆上作长为 1 的弦 BD,然后再作 BD 的中垂线交圆于 C 和 C'. 则 A,B,C,D 构成一解;A,B,C',D 构成另一解,见图 4.12(c),(d).

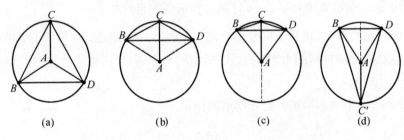

图 4.12

发现:分类方式②的第一类解竟然与分类方式①的第一类解一样!是巧合?还是两种分类方式间存在着某种必然的内在联系?

等价:分类方式①与分类方式②就本质而言是一回事!也即"解中有一点到另外三点等距离的充要条件是:解中存在三点,以它们为顶点的三角形是等边的."证明如下.

必要性:见图 4.13(a),设 $AB = AC = AD = a$,若 BC,CD,DB 之一为 a,譬如 $BC = a$,则 $\triangle ABC$ 是等边的. 否则有 $BC = CD = DB = b \neq a$,从而 $\triangle BCD$ 为等边的.

充分性:见图 4.13(b),设 $\triangle ABC$ 是等边的,即 $AB = BC = CA = a$. 若 DA,DB,DC 之一为 a,譬如 $DA = a$,则 A 到 B,C,D 等距离. 否则有

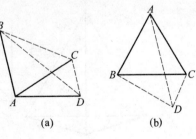

图 4.13

$$DA = DB = DC = b \neq a$$

从而点 D 到另外三点等距离.

求方式 ② 下的第二类解. (解中任一点到其他三点的连线都为两种长度)

既然分类方式 ② 和分类方式 ① 是一回事儿!所以方式 ② 的第二类解也就是方式 ① 的第二类解中的那两个,不必再求.

(3) 分类方式 ③ 的求解实现.

第一类解的寻求(解中有一点在另三点为顶点的三角形内).

设解中的点 D 在另三点为顶点的 $\triangle ABC$ 内.

① 若 $\triangle ABC$ 是等边的,且 $AB = BC = CA = 1$,由信息 ⑤ 知 $DA = DB = DC = a < 1$,从而 D 为 $\triangle ABC$ 的外心且 $a = \dfrac{\sqrt{3}}{3}$. 于是得一解,即图 4.5(b) 所示的解.

② 若 $\triangle ABC$ 是等腰的,且 $BC = 1, AB = AC = a \neq 1$,当 $a > 1$ 时,由信息 ⑤ 知 $DA = DB = DC = 1$,从而 $a = \sqrt{2 + \sqrt{3}}$,此时得一解,即图 4.5(a) 所示的解.

当 $a < 1$ 时,由信息 ⑤ 知 $AD < \max\{AB, AC\} = a < 1$,也即 AD 是不同于 1 和 a 的第 3 种长度,故 $a < 1$ 时无解.

综上知第一类解有两个.

第二类解的寻求(解中四点为顶点的四边形为凸的).

按四点为顶点的凸边形的四条边的情况再分类来求解.

① 若凸四边形 $ABCD$ 的四条边等长,不妨设
$$AB = BC = CD = DA = 1$$
此时四边形 $ABCD$ 为菱形,其两条对角线相互垂直平分,由信息 ⑥ 知两对角线 AC, BD 之中至少有一条长度大于 1.

当 $AC = a > 1$ 且 $BD = 1$(或者 $AC = 1$ 且 $BD = a > 1$)时,菱形有一个 $120°$ 内角,且 $a = \sqrt{3}$. 此时得一解,即图 4.5(c).

当 $AC = BD = a > 1$ 时,即菱形两对角线相等,此时 $ABCD$ 为正方形,且 $a = \sqrt{2}$,即图 4.7.

② 若凸四边形 $ABCD$ 的四条边中有且仅有三条边等长,不妨设
$$AB = BC = CD = 1 \text{ 且 } DA = a \neq 1$$
易见,$a < 1$ 时问题无解. 因为由信息 ⑥ 和凸四边形 $ABCD$ 的两对角线 AC 和 BD

之中至少有一条要大于四边形的某两相邻边,而 $ABCD$ 的任两相邻边中都有长为 1 的边,从而 $\max\{AC, BD\} > 1 > a$,与解要求矛盾.

当 $a > 1$ 时,由信息 ⑥ 知 $ABCD$ 的两对角线 AC 和 BD 之中至少有一条为 a. 若 AC, BD 之中仅有一条为 a,不妨设 $AC = a$ 且 $BD = 1$. 于是等腰 $\triangle ACD$ 与等边 $\triangle BCD$ 有公共边 CD,从而 A, B 都在 CD 的中垂线上,又因为 $BC = BD = 1 < a = AC = AD$,也即点 B 落在 $\triangle ACD$ 内,矛盾于第二类解的规定. 所以,必有

$$AC = BD = a$$

此时 $ABCD$ 为等腰梯形且 $a = \dfrac{\sqrt{5}+1}{2}$,于是得一解,即图 4.9.

③ 若四边形 $ABCD$ 的四条边为两长边和两短边.

若四边形对边相等时,$ABCD$ 为平行四边形,不妨设

$$AB = CD = 1 \text{ 且 } BC = DA = a \neq 1$$

此时,由信息 ⑥ 知两对角线中较长者必大于 $ABCD$ 的某两相邻边,于是有

$$\max\{AC, BD\} > \max\{1, a\}$$

矛盾于解的要求. 所以四边形 $ABCD$ 的四边中的两长边必相邻(两短边也相邻). 不失一般,设

$$AB = BC = 1, CD = DA = a < 1 \quad (a > 1 \text{ 时无本质差异})$$

由信息 ⑥ 知 AC, BD 之中至少有一条长为 1,实际上 $AC = BD = 1$. 因为当 $AC = a$ 且 $BD = 1$ 时,则 A, B 同在 CD 中垂线上,由

$$AD = AC = a < 1 = BD = BC$$

知点 A 在 $\triangle BCD$ 内,与 $ABCD$ 为凸四边形矛盾. 而当 $AC = 1$ 且 $BD = a$ 时,同样可推出点 D 在 $\triangle ABC$ 内而矛盾. 所以必有

$$AC = BD = 1$$

此地有 $a = \sqrt{2 - \sqrt{3}}$,于是得一解,见图 4.5(d).

综上知第二类解共 4 个.

于是问题的解共 6 个.

解的回味、引申:

信息的积累是求解的基础. 分类的原则、方式,造就了求解的实现.

引申为"n 个点"呢?譬如"求平面上的五个点,使它们联结成的线段仅有

两种规格的长度."问题有解吗？有解时又该如何去求解？

又"平面"是否可改为"空间"？

譬如"空间求五个点,使它们连成的线段仅有两种规格的长度."这一新问题又该如何去求解？

新问题是原问题的延伸,原问题是新问题的基础.

接受新的,更困难的问题的挑战！去克服困难,去超越障碍,去体验成就感和品尝喜悦吧！

下面来说说空间五点问题的解.

思路：分类、利用"平面四点"问题的解.

（1）若5点共面,有一解.即正五边形（或五角星）的5个顶点,如图4.14所示.

（2）若5点中有4点共面,而另一点在此平面之外,有6个解.

① 其中4点构成单位正方形$ABCD$时,有3个解,如图4.15所示：

图 4.14

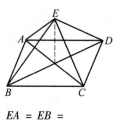

$EA = EB = EC = 1$

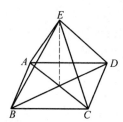

$EA = EB = EC = ED = \sqrt{2}$

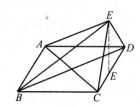

$EA = EB = \sqrt{2}, EC = ED = 1$ ($\triangle ECD \perp ABCD$, E 为 CD 中点, $EC = \frac{\sqrt{3}}{2}$)

图 4.15

② 其中4点构成等腰梯形$ABCD$时,有3个解如图4.16所示：

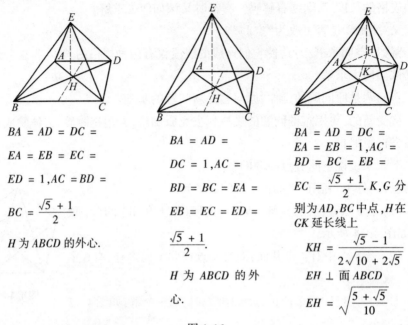

$BA = AD = DC =$
$EA = EB = EC =$
$ED = 1, AC = BD =$
$BC = \dfrac{\sqrt{5}+1}{2}.$

H 为 $ABCD$ 的外心.

$BA = AD =$
$DC = 1, AC =$
$BD = BC = EA =$
$EB = EC = ED =$
$\dfrac{\sqrt{5}+1}{2}.$

H 为 $ABCD$ 的外心.

$BA = AD = DC =$
$EA = EB = 1, AC =$
$BD = BC = EB =$
$EC = \dfrac{\sqrt{5}+1}{2}.$ K, G 分别为 AD, BC 中点, H 在 GK 延长线上

$KH = \dfrac{\sqrt{5}-1}{2\sqrt{10+2\sqrt{5}}}$
$EH \perp$ 面 $ABCD$
$EH = \sqrt{\dfrac{5+\sqrt{5}}{10}}$

图 4.16

(3) 若 5 点中没有 4 点共面, 有 9 个解.

①A, B, C, D 为棱长为 1 的正四面体的四个顶点时有 6 个解, 其中当 E 在过 $\triangle ABC$ 的外心 O 且垂直于 $\triangle ABC$ 的直线上, E 到 A, B, C, D 等长, 有 4 解如图 4.17 所示.

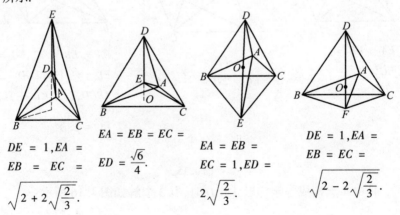

$DE = 1, EA =$
$EB = EC =$
$\sqrt{2+2\sqrt{\dfrac{2}{3}}}.$

$EA = EB = EC =$
$ED = \dfrac{\sqrt{6}}{4}.$

$EA = EB =$
$EC = 1, ED =$
$2\sqrt{\dfrac{2}{3}}.$

$DE = 1, EA =$
$EB = EC =$
$\sqrt{2-2\sqrt{\dfrac{2}{3}}}.$

图 4.17

其中当 E 在 AB 中点 H 和 CD 中点 G 的连线的延长线上时有2种,如图4.18所示.

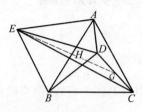
$EA = EB = 1,$
$EC = ED = \sqrt{\dfrac{3+\sqrt{6}}{2}}.$

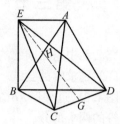
$EA = EB = \sqrt{\dfrac{3-\sqrt{6}}{2}},$
$EC = ED = 1.$

图 4.18

② $\triangle ABC$ 为边长1的正三角形,当 $D-ABC$ 为正三棱锥(但不是正四面体)时,有2解如图4.19所示.此时解中点 D,E 连线过 $\triangle ABC$ 的外心 O 且垂直于 $\triangle ABC$,又 D,E 关于点 O 对称.

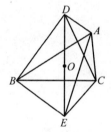
$DA = DB = DC =$
$EA = EB = EC =$
$\sqrt{\dfrac{7}{12}}, DE = 1.$

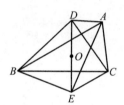
$DA = DB = DC =$
$EA = EB = EC =$
$DE = \dfrac{2}{3}.$

图 4.19

③ 两个边长为1的正三角形 $\triangle ABC$,$\triangle ADE$ 相互垂直,且两三角形过 A 的高共线时,有1个解如图4.20所示.

综上有解
$1 + (3+3) + [(4+2) + 2 + 1] = 16(个)$

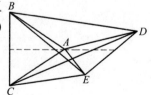

图 4.20

第三节　留给你思考的问题

1. 探究活动中遗留问题的完善工作.

2. 推广问题求解的尝试.

3. 如图 4.21,过梯形 ABCD 的腰 AB 的中点 P 作一直线,使直线将梯形面积平分为相等的两个部分.

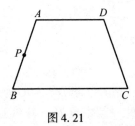

图 4.21

关于图形的面积

第一节 热身活动,十分钟问答

1. 如图 5.1,两个单位正方形,其中一个的顶点位于另一个的中心 O,求两个正方形重叠部分的面积.

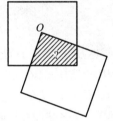

图 5.1

解 特殊化,见图 5.2 所示. 知重叠部分面积 $A = \dfrac{1}{4}$.

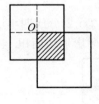 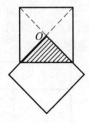 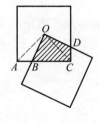

图 5.2

猜一般情形下也有 $A = \dfrac{1}{4}$.

证明

$$\angle BAO = \angle DCO, AO = CO, \angle AOB = \angle COD$$
$$\triangle OAB \cong \triangle OCD \quad (ASA)$$
$$S_{\triangle OAB} = S_{\triangle OCD}$$
$$S_{OBCD} = S_{\triangle OBC} + S_{\triangle OCD} = S_{\triangle OBC} + S_{OABD} = S_{\triangle OAC} = \dfrac{1}{4}$$

推论:过正方形中心 O 的两条相互垂直的直线将正方形面积四等分.

2. 如图 5.3,两个正方形仅有一对顶点重合,问两块阴影部分的面积哪个大？为什么？

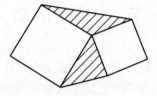

图 5.3

解 特殊化分析:

一样大. 如图 5.4,将 $\triangle DCE$ 绕点 D 顺时针转 $90°$ 后,得 $\triangle DAH$,易见 $HD = ED = DG$,且

$$\angle ADH + \angle ADG = \angle CDE + \angle ADG = 360° - 2 \times 90° = 180°$$

也即 H, D, G 共线.

$\triangle ADH$ 与 $\triangle ADG$ 等底($HD = DG$)同高,故 $S_{\triangle ADH} = S_{\triangle ADG}$,从而

$$S_{\triangle CDE} = S_{\triangle ADH} = S_{\triangle ADG}$$

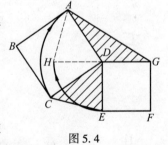

图 5.4

3. 一块长方形的田地被平行于边线的两直线划分成四小块,已知其中三块的面积分别为 15,27 和 63,见图 5.5 所示. 求阴影那块面积.

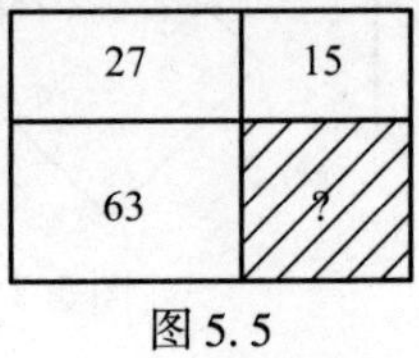

27	15
63	?

图 5.5

解 设所求面积为 A. 如图 5.6,设四条边的长度分别为 a,b,c 和 d.

解法 1: $\dfrac{A}{63} = \dfrac{b \cdot d}{a \cdot d} = \dfrac{b}{a} = \dfrac{b \cdot c}{a \cdot c} = \dfrac{15}{27}$, 故

$$A = 63 \times \dfrac{15}{27} = 35$$

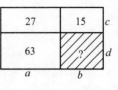

图 5.6

说明:等长(宽)的长方形的面积比等于宽(长)的比.

解法 2:可得

$$27A = (a \cdot c)(b \cdot d) = (a \cdot d) \cdot (b \cdot c) = 63 \cdot 15$$

$$A = \dfrac{63 \times 15}{27} = 35$$

4. 长方形被两直线划分为四块,其中两块面积分别为 4 和 6,见图 5.7. 求阴影部分的面积.

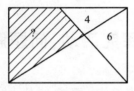

图 5.7

解 设所求面积为 A.

解法 1:如图 5.8, $\triangle DFE$ 与 $\triangle DEC$ 同高,则

$$\dfrac{CE}{EF} = \dfrac{S_{\triangle DEC}}{S_{\triangle DFE}} = \dfrac{6}{4} = \dfrac{3}{2}$$

又 $\triangle DEF \backsim \triangle BEC$, 故

$$\dfrac{S_{\triangle DEF}}{S_{\triangle BEC}} = \dfrac{EF^2}{EC^2} = \left(\dfrac{2}{3}\right)^2 = \dfrac{4}{9}$$

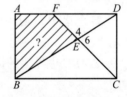

图 5.8

考虑到 $S_{\triangle DEF} = 4$, 所以 $S_{\triangle BEC} = 9$. 从而

$$A = S_{\triangle ABD} - S_{\triangle DEF} = S_{\triangle BCD} - S_{\triangle DEF} = (9+6) - 4 = 11$$

解法 2:如图 5.9,连 BF,易见

$$S_{\triangle BDF} = S_{\triangle CDF} = 6 + 4 = 10$$

$$S_{\triangle BEF} = S_{\triangle BDF} - S_{\triangle EDF} = 10 - 4 = 6$$

又

$$\dfrac{S_{\triangle BEC}}{S_{\triangle BEF}} = \dfrac{EC}{EF} = \dfrac{S_{\triangle DEC}}{S_{\triangle DEF}} = \dfrac{6}{4}$$

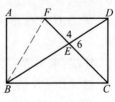

图 5.9

故
$$S_{\triangle BEC} = \frac{6}{4} S_{\triangle BEF} = \frac{6}{4} \times 6 = 9$$

所以
$$S_{\triangle BCD} = 9 + 6 = 15, S_{\triangle BDA} = 15, A = 15 - 4 = 11$$

解法 3:如图 5.10,连 AC, AE. $\triangle ADE$ 与 $\triangle CDE$ 同底等高,故

$$S_{\triangle ADE} = S_{\triangle CDE} = 6$$

$$S_{\triangle EFA} = S_{\triangle ADE} - S_{\triangle EFD} = 6 - 4 = 2$$

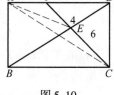

图 5.10

考虑到同高三角形面积比等于对应底边比,有

$$\frac{S_{\triangle CAF}}{S_{\triangle CDF}} = \frac{AF}{DF} = \frac{S_{\triangle EAF}}{S_{\triangle EDF}} = \frac{2}{4} = \frac{1}{2}$$

又 $S_{\triangle CDF} = 6 + 4 = 10$,故 $S_{\triangle CAF} = 5$,从而 $S_{\triangle CAD} = 5 + 10 = 15$,于是
$$A = S_{\triangle BDA} - 4 = S_{\triangle CAD} - 4 = 15 - 4 = 11$$

第二节 探究活动,问题解决的实践

1. 过 $\triangle ABC$ 一边 AB 上点 P 作一直线,求使直线将 $\triangle ABC$ 的面积二等分的作法.

解 若 P 是 AB 中点,则连 C, P 的直线为所求. 不妨设 P 在靠近点 A 的一侧,见图 5.11 所示,设 PQ 为所求直线,Q 为 $\triangle ABC$ 边界上的待定点,因为 $AP < PB$,故 Q 应在 BC 边上.

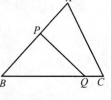

图 5.11

下面用两种方法求点 Q?

解法 1:先作一条平分 $\triangle ABC$ 面积的直线:设 D 为 BC 中点,则 AD 将 $\triangle ABC$ 面积二等分. 从而 $S_{\triangle ABD} = S_{\triangle PBQ}$,连 $PD, S_{\triangle APD} = S_{\triangle QPD}$.

又 $\triangle APD$ 与 $\triangle QPD$ 有同一底边 PD,所以它们的高应相等,可见 AQ 应平行 PD.

作法:求出 BC 中点 D,连 AD;

过 A 作 PD 的平行线交 BC 于 Q 上;

连 PQ, PQ 为所求直线.

解法 2:设 $BQ = x$,由于

$$S_{\triangle BPQ} = \frac{1}{2} BP \cdot BQ \cdot \sin B$$

$$S_{\triangle ABC} = \frac{1}{2} BA \cdot BC \cdot \sin B$$

$$S_{\triangle BPQ} = \frac{1}{2} S_{\triangle ABC}$$

故 $BP \cdot BQ = \frac{1}{2} BA \cdot BC, \dfrac{BP}{BA} = \dfrac{\frac{1}{2}BC}{BQ}$

说明未知线段 $BQ = x$ 是已知线段 $BP \cdot BA \cdot \frac{1}{2}BC$ 的第四比例项. 按解法 1 作直线 PQ, 则 BQ 正是所求.

两种方法是解体面积等分与变形的基本常用方法. 第一种是利用"三角形的顶点沿平行底边的平行线移动时面积不变"的道理. 第二种是"代数"法, 即待求定线段为未知量, 然后依据题中条件建立已知线段和未知线段间的关系, 解出未知量, 最后根据代数式作图. 这里, 求三线段的第四比例项或求两线段的比例中项是经常用到的情境.

2. 试过 $\triangle ABC$ 边 BC 上两定点 D 和 E 作两直线, 将 $\triangle ABC$ 的面积三等分, 见图 5.12 所示.

解 如图 5.13, 将 BC 边三等分, 分点为 P_1, P_2, 把 D, E 的位置分两种情况讨论:

(1) 线段 BP_1(或 P_2C) 内有点;
(2) 线段 BP_1(或 P_2C) 内无点.

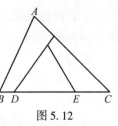

图 5.12

也即 E 和 D 都在 P_1P_2 内. (若 D, E 落在分点 P_1 和 P_2, 问题平凡)

图 5.13

首先, 设 D 在线段 BP_1 内, E 在 P_1C 内.

如图 5.14, 连 AP_1, AD, 过点 P_1 作 $P_1H // DA$ 交 AC 于 H, 则

$$S_{\triangle HAD} = S_{\triangle P_1AD}, S_{\triangle ABDH} = S_{\triangle ABP_1} = \frac{1}{3} S_{\triangle ABC}$$

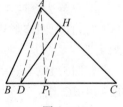

图 5.14

于是剩下的工作只需过 E 作直线将 $\triangle HDC$ 的面积二等分, 这正是第 1 题所求的问题, 可作线段 EQ 将 $\triangle HDC$ 面

积二等分,当 $DE < \dfrac{DC}{2}$ 时,点 Q 在 HC 上;$DE > \dfrac{DC}{2}$ 时,点 Q 在 HD 上.

具体作法可仿第 1 题解答去完成.

其次,设 D,E 都在 P_1P_2 内. 如图 5.15,连 AP_1, AD,AE,AP_2,过 P_1 作 $P_1H \parallel DA$ 交 AB 于 H;过 P_2 作 $P_2K \parallel EA$ 交 AC 于 K. 则 DH 和 EK 将 $\triangle ABC$ 面积三等分.

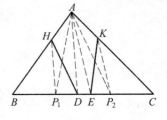

图 5.15

3. 过梯形 $ABCD$ 腰 AB 的中点 P 作一直线,使直线将梯形面积二等分.

解 先考虑能否先画一折线将梯形面积二等分?

过 D 作 $DG \parallel AB$,过 P 作 $PH \parallel BC$ 见图 5.16,连 HC. 易见折线 PHC 将梯形面积二等分.

设直线 PQ 将梯形面积二等分,则 $S_{\triangle QPC} = S_{\triangle HPC}$,从而 Q,H 到 PC 的距离相等,也即 $HQ \parallel PC$.

作法:连 PC,过 H 作 $HQ \parallel PC$ 交 DC 于 Q,连 PQ,PQ 为所求.

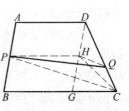

图 5.16

能否设法将梯形变成以 P 为一顶点,CD 延长线为对边且面积相等的一个三角形呢?

倘若能,如题则解决原问题就不难了.

如图 5.17,连 PD,过 A 作 $AE \parallel PD$ 交 CD 延长线于 E;

连 PC,过 B 作 $BF \parallel PC$ 交 CD 延长线于 F.

显然有 $S_{ABCD} = S_{\triangle PEF}$. 求 EF 中点 Q,连 PQ,PQ 为所求.

后一解法更具一般性,方法也适用于:

"过任意四边形边上一定点作平分四边形面积的直线."

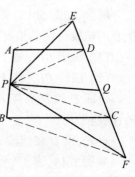

图 5.17

如图 5.18,若过 P 的平分线不交对边 CD 而交 AB 的邻边 BC. 则:

① 先化 $ABCD$ 为等面积的 $\triangle ABE$;

② 设 F 为 BE 中点. 连 PF,作 $AQ \parallel PF$ 交 BE 于 Q,那么 PQ 即为所求.

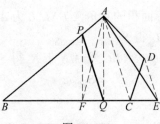

图 5.18

4. 如图 5.19，长方形田地被两直线划分为三块，在保持三块面积不变的情况下，将三块地都调整为长方形的形状．试给出作法并说明理由．

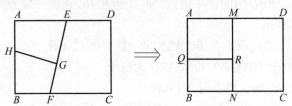

图 5.19

解 作法如下：(参见图 5.20 所示)

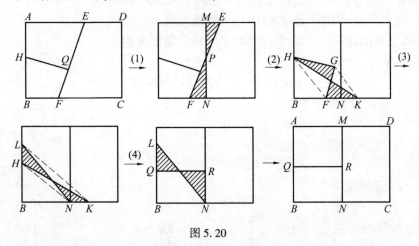

图 5.20

（1）先将四边形 CDEF 化为等面积的长方形 CDMN．过 EF 中点 P 作 MN ⊥ BC，得 $S_{CDEF} = S_{CDMN}$．

（2）将四边形 BHGF 化为等面积的直角三角形，使 HB 为后者的一直边．连 HF，过 G 作 GK ∥ HF 交 BC 于 K，连 HK，得 $S_{BHGF} = S_{\triangle BHK}$．

57

(3) 将 △BHK 化为等面积的直角 △BNL,L 为 AB 上的点. 连 HN,过 K 作 KL // NH 交 AB 于 L,连 NL,得 $S_{\triangle BHK} = S_{\triangle BLN}$.

(4) 过 LB 中点 Q 作 QR // BC,交 MN 于 R,得 $S_{\triangle BLN} = S_{BQRN}$.

从而由(2),(3),(4) 知 $S_{BHGF} = S_{BQRN}$.

第三节 留给你思考的问题

1. 设 P 为 △ABC 内的任一定点,问:能否在 BC 边找一点 Q,使折线 APQ 将 △ABC 面积二等分.

解 如图 5.21,设 D 为 BC 中点. 连 AD,PD,过 A 作 AQ // PD 交 BC 于 Q,连 PQ. 折线 APQ 为所求.

当 Q 落在 BC 延长线上时,则无解.

如图 5.22,设 E,F 分别为 AC,AB 中点.

当 P 落在四边形 AEDF 内时,问题有解. 且 P 在 △AFD 内时 Q 在 DC 上;P 在 △AED 内时 Q 在 BD 上.

当 P 落在 △BDF 或 △CDE 内时问题无解.

2. 如何用垂直于三角形一边的直线将三角形面积二等分.

解 如图 5.23,设垂直 BC 的直线 EF 为所求,令 BF = x. 作 BC 边的高 AD. 由于

$$\triangle BEF \backsim \triangle BAD$$

故有

$$\frac{S_{\triangle BEF}}{S_{\triangle BAD}} = \frac{BF^2}{BD^2}$$

又由假设知

$$\frac{S_{\triangle BEF}}{S_{\triangle BAD}} = \frac{\frac{1}{2}S_{\triangle BAC}}{S_{\triangle BAD}} = \frac{1}{2} \cdot \frac{\frac{1}{2}BC \cdot AD}{\frac{1}{2}BD \cdot AD} = \frac{BC}{2BD}$$

于是 $\frac{BF^2}{BD^2} = \frac{BC}{2BD}$,从而 $x^2 = BF^2 = \frac{1}{2}BC \cdot BD$,也即 BF 为

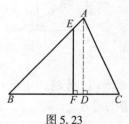

图 5.23

$\dfrac{BC}{2}$ 和 BD 的比例中项.

如图 5.24,以 $\dfrac{BC}{2} + BD$ 为直径作半圆,过分点作直径的垂线段,则该垂线段长为 x. 因为 △PKH ∽ △HKQ 故 $\dfrac{\frac{BC}{2}}{x} = \dfrac{PK}{KH} = \dfrac{HK}{KQ} = \dfrac{x}{BD}$,即 $x^2 = \dfrac{1}{2}BC \cdot BD$.

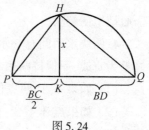

图 5.24

于是,在 BC 上截 $BF = x(HK)$,再过点 F 作 $EF \perp BC$ 交 AB 于点 E,则 EF 为所求直线.

3. 过长方形 $ABCD$ 的 AB 边上的任一定点 P,作两条直线将长方形的面积三等分.

解 设 P 为长方形 $ABCD$ 的 AB 边上的任一定点. 又设 E, F 和 G, H 分别为 AB 和 DC 的三等分点. 下面按 P 的位置分别讨论求解. 证长方形 $ABCD$ 面积为 $3S$.

(1) 如图 5.25,若 P 落在 AB 的三等分点,不妨设点 P 重合于 E,则易见 $EG + EC$ 将 $ABCD$ 面积三等分.

(2) 如图 5.26,若 P 在 E, F 之间,设 T, K 分别是 EG 和 FH 的中点,则直线 PT 和 PK 将 $ABCD$ 面积三等分.

(3) 如图 5.27,若 P 在 AE 之间(在 F, B 之间类似),连 P 和 EG 的中点 T,延长交 CD 于 N,则 $S_{APND} = S, S_{PBCN} = 2S$. 连 PC, EC,则 $S_{\triangle EBC} = S$.

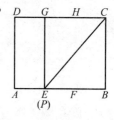

图 5.25

设 PM 将四边形 $PBCN$ 面积等分,则由
$$S_{\triangle PBM} = S_{\triangle EBC} = S$$
知 $S_{\triangle PEM} = S_{\triangle CEM}$,△$PEM$ 和 △CEM 有同底边 EM,故两三角形对应边 EM 的高相等,从而 $PC // EM$.

所以过 E 作 $EM // PC$ 交 BC 于 M,则 PN 和 PM 将长方形 $ABCD$ 面积三等分.

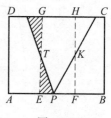

图 5.26

对情形(3),是否还存在其他做法? 譬如:仿照第二节,将"长方形 $ABCD$"改成"平行四边形 $ABCD$"时,解法是否自然适用? (适

用)

将"三等分"改成"n 等分"呢？请读者考虑推广后的一般情境的解法.

4. 两块水田间有一水沟,见图 5.28,现欲将水沟两边修整为直线,而保持两边水田的面积不变.

(1) 如果 A, A' 两点位置不动,水沟如何改置？

(2) 如果点 A 不变,但要求水沟两边线平行,水沟又该如何改置？

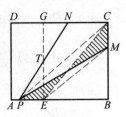

图 5.27

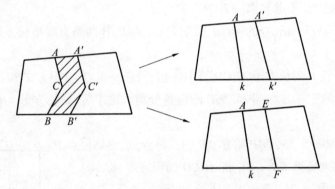

图 5.28

解 (1) 如图 5.29 所示, 连 AB,过 C 作 $CK \parallel AB$ 交 BB' 于 K, 连 AK. 连 $A'B'$, 过 C' 作 $C'K' \parallel A'B'$ 交 BB' 于 K', 连 $A'K'$. 则 AK 和 $A'K'$ 为所求的水沟两岸直线.

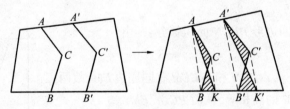

图 5.29

(2) 如图 5.30,设 EF 为平行于 AK 的另一岸直线. 延长 $A'A, K'K$ 交于点 O, 令 $OF = x$.

作 $A'G \parallel AK$ 交 KK' 于 G, 则 $\triangle OGA' \sim \triangle OFE$, 从而有 $\dfrac{S_{\triangle OGA'}}{S_{\triangle OFE}} = \dfrac{OG^2}{OF^2}$ 又因为

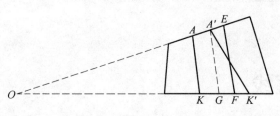

图 5.30

$\triangle OGA'$ 与 $\triangle OK'A'$ 的高相等,且 $S_{\triangle OK'A'} = S_{\triangle OFE}$,故

$$\frac{S_{\triangle OGA'}}{S_{\triangle OFE}} = \frac{S_{\triangle OGA'}}{S_{\triangle OK'A'}} = \frac{OG}{OK'}$$

于是 $\quad\quad\quad\quad \dfrac{OG^2}{OF^2} = \dfrac{OG}{OK'}, OF^2 = OK' \cdot OG$

也即 $OF = x$ 是两已知量 OK' 和 OG 的比例中项,求出 OF 后就可确定点 F,过 F 作 $FE \parallel AK$ 交 AA' 于 E,则 EF 为平行于 AK 的另一岸直线.

(注:若 $AA' \parallel KK'$,则只需过 $A'K'$ 中点作 AK 平行线即得 EF)

点间最短线

第一节 热身活动,十分钟问题

1. 如图 6.1,河岸(直线)AB 同侧有两工厂 C,D,现在河岸边选一点 E 修码头,并修 E 通往 C,D 的两公路. 如何选 E,才能使 $CE+DE$ 最小?

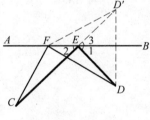

图 6.1

解 将 D "搬"到关于 AB 的对称位置去,设 D' 是 D 关于 AB 的对称点. 连 CD' 交 AB 于点 E. 则 E 为所求点,记 F 为 AB 上异于 E 的任一点,必有

$$CE + ED = CE + ED' = CD' < CF + FD' = CF + FD$$

(此时 $\angle 1 = \angle 3 = \angle 2$,$CED$ 是光反射线)

2. A,B 两村在直河道两侧且 A,B 连线与河道不垂直,欲在河上修座桥,问桥修何处可使从 A 到 B 最近?(当然,桥应垂直于河道)

第六讲

解 "河道平移"或"搬桥上岸"垂直河道的桥总是要的且无法缩短.

如图 6.2,先"修"桥 AC(AC 垂直河道)连 C,B"修"路 CB 交河道北岸线于 F. 作过点 F 垂直河道的直桥 FE. $AE + EF + FB$ 最短. 因为对异于 FE 的另一桥 $F'E'$ 而言,必有

$AE' + E'F' + F'B = AC + (CF' + F'B) <$
$\qquad AC + CB = AC + CF + FB =$
$\qquad AE + EF + FB$

($ACF'E'$,$ACFE$ 都是平行四边形)

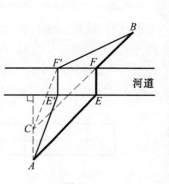
图 6.2

3. 如图 6.3,长方体(房间、盒子)$ABCD - A'B'C'D'$ 的长、宽、高分别为 a,b,c 且 $a > b > c$,求蚂蚁从 A 沿长方体表面爬到对顶角 C' 的最短路线及其长度.

解 将"墙推倒展平"化为平面的情境来分析!如图 6.4 所示.

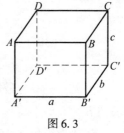
图 6.3

最短线仅可能为 l_1,l_2,l_3 之一. 由勾股定理知

$l_1 = \sqrt{(a+c)^2 + b^2} = \sqrt{a^2 + b^2 + c^2 + 2ac}$
$l_2 = \sqrt{a^2 + (b+c)^2} = \sqrt{a^2 + b^2 + c^2 + 2bc}$
$l_3 = \sqrt{(a+b)^2 + c^2} = \sqrt{a^2 + b^2 + c^2 + 2ab}$

因为 $a > b > c$,所以 $ab > ac > bc$,即有 $l_2 < l_1 < l_3$. 从而知最短线有两条. 记 AC' 与 $A'B'$ 交于点 E,则长方体表面折线 $AE - EC'$ 为一条. 另外 A 经 DC 棱后到 C' 还有一条,且最短线长为

$$l_2 = \sqrt{a^2 + b^2 + c^2 + 2bc}$$

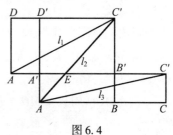
图 6.4

4. 如图 6.5,在 $30 \times 12 \times 12$ 的长方体房间,一只蜘蛛在一面墙中间离天花板 1 个单位长度的 A 地方,苍蝇则在对面墙的中间离地板 1 个单位长度的 B 地方. 苍蝇如此害怕以至无法动弹. 试问蜘蛛为捉住苍蝇需爬的最短距离为多少?(蜘蛛捉苍蝇问题,H·E 杜登尼)

解 蜘蛛、苍蝇原在的左、右墙均为 12×12 的正

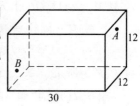
图 6.5

63

方形,而天花板、地面、前墙、后墙都是 $30×12$ 的长方形,蜘蛛爬行路线必须先离开右墙,再经过长方形,再爬入左墙.由对称性知仅需考察三种爬行方案:经经过一个、两个、三个长方形的路线,见图 6.6:

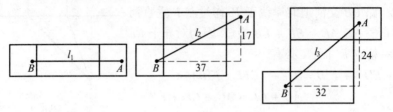

图 6.6

易见

$$l_1 = 30 + 1 + 11 = 42$$
$$l_2 = \sqrt{(30+1+6)^2 + (6+11)^2} = \sqrt{37^2 + 17^2} = \sqrt{1\,658} \approx 40.72$$
$$l_3 = \sqrt{(30+1+1)^2 + (6+12+6)^2} = \sqrt{32^2 + 24^2} = 40$$

可见 $l_3 = 40$ 为最短距离.(路线:A 出发经右墙、天花板、后(前)墙、地板、左墙到 B)

5. M 为锐角 $\angle AOB$ 内一定点,或在角两边上各找一点 E 和 F,使 $\triangle MEF$ 具有最小周长.

解法 1(两次"搬") 如图 6.7,设 P,Q 为 OA,OB 的任意点,M_1,M_2 是 M 关于 OA,OB 的对称点.易见

$\triangle MPQ$ 周长 $= MQ + PQ + QM =$
$M_1P + PQ + QM_2 =$
两定点 M_1,M_2 的折线长

连 M_1M_2 交 OA,OB 于 E,F,则

$\triangle MEF$ 周长 $= M_1E + EF + FM_2 =$
两定点 M_1,M_2 的直线段长

故 E,F 为所求.

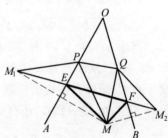

图 6.7

解法 2(连续"搬"两次) 如图 6.8,M_1 是 M 关于 OA 的对称点,M_2 是 M_1 关于 OB 的对称点.连 MM_2 交 OB 于 F,连 FM_1 交 OA 于 E,E 和 F 为所求两点.

设 P,Q 是 OA,OB 上的另外两点,则

△MEF 周长 = ME + EF + FM =
M_1E + EF + FM =
M_1F + FM = M_2F + FM =
MM_2(两点间距离) ≤
MQ + QM_2 = MQ + QM_1 ≤
MQ + (QP + PM_1) =
MQ + QP + PM =
△MPQ 周长

易见周长最小的三角形是"光线三角形".

解法 2 比解法 1 更有"生命力",解法 2 的连续镜像可运用到多次.

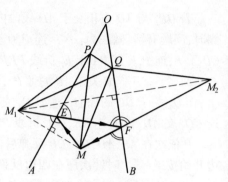

图 6.8(连续镜像法)

第二节 探究活动,问题解决的实践

1. 如图 6.9,正方形的球台 ABCD 内有两个球 P 和 Q,现将球 P 击出后能否逐一经球台四边反弹后碰撞到球 Q. 在可能时,如何去实现?

解 如图 6.10,先考虑 P 依 AB,BC,CD,DA 的次序逐次反弹后撞击到 Q 的情况. 设 P_1 是 P 关于 AB 的对称点,P_2 是 P_1 关于 BC 的对称点,P_3 是 P_2 关于 CD 的对称点,P_4 是 P_3 关于 DA 的对称点.

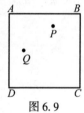

图 6.9

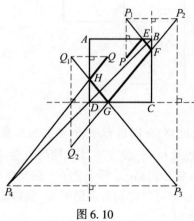

图 6.10

若 QP_4 与 AD 边相交于 AD 线段内部,也即点 Q 与 A 总落在直线 P_4D 的同侧时,问题有解. 做法为:…… 连 P_4Q 交 AO 于 H,连 P_3H 交 DC 于 G,连 P_2G 交 CB 于 F,连 P_1F 交 BA 于 E. 折线 $PEFGHQ$ 为所求的球 P 运行路线.

或者:…… 作 P 关于 AB 的像 P_1,作 P_1 关于 BC 的像 P_2,作 Q 关于 AD 的像 Q_1,作 Q_1 关于 DC 的像 Q_2. 连 P_2Q_2 交 BC 于 F,交 DC 于 G,连 FP_1 交 AB 于 E,连 GQ_1 交 AD 于 H,连 PE,QH. 折线 $PEFGHQ$ 为所求.

P 依次在 AB,AD,DC,CB 反弹后击中 Q 可类似讨论. 依正方形四边的任一边开始按逆(顺)时针次序在四边反弹后击中 Q 也类似.

若在 AB,BC,CD,DA 四边任意各取一点 E_1,F_1,G_1,H_1,则折线 $PE_1F_1G_1H_1Q$ 的长必不小于折线 $PEFGHQ$ 的长.(等于当且仅当在 E_1 与 E,F_1 与 F,G_1 与 G,H_1 与 H 都重合时发生)原因如下:

如图 6.11,将 $ABCD$ 沿 AB 翻转得 D_1C_1BA,将 D_1C_1BA 沿 C_1B 翻转得 $C_1D_2A_1B$,将 $C_1D_2A_1B$ 沿 C_1D_2 翻转得 $B_1A_2D_2C_1$,将 $B_1A_2D_2C_1$ 沿 A_2D_2 翻转得 $A_2B_2C_2D_2$,则折线 $PEFGHQ$ 的长等于线段 PQ_4 的长(Q_4 是 $ABCD$ 中点,Q 经连续四次翻转落在 $A_2B_2C_2D_2$ 中的点)而联结两点 P,Q_4 的线中,线段 PQ_4 最短.

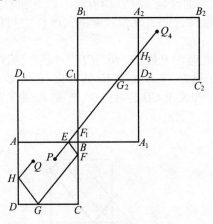

图 6.11

2. 一张 7×5 的台球桌,在四角有球袋. 一只球从桌子一角以 $45°$ 角(与桌边夹角)击出,经桌边连续反弹,会发生什么情况?会永远弹来弹去还是会落入袋子中去?若会落入袋子的话,是哪个袋子?要反弹多少次?行多少距离?

解 具体画一下必定可以得到有关的答案,但如此对一般的 $m \cdot n$ 球桌的相应问题的解答则无益!

观察球从角 A 击出的最初情况,如图 6.12,易见当我们将小正方形对角线算一个长度单位时:球从 AB 到 CD 或从 CD 到 AB 必定走过 5 个单位;而球从 AD 到 BC 或从 BC 到 AD 必定走过 7 个单位. 当然,球落入某个袋子时,球必定是走过若干个"长"(左、右两边间一次运动)和若干个"宽"(上、下两边间的一次运动),也即是长 7、宽 5 的整数倍 35,70,105,… 中的最小数 35 个单位.

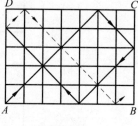

图 6.12

又因为 $35÷7=5$,$35÷5=7$,所以球从点 A 出发后,在左右之间运动了 5 次(奇数),球终止于 BC 边;在下、上之间运动了 7 次(奇数),球应终止在 CD 边. 从而球应终止在上边、右边的交点 C 袋.

因为球出发后碰上、下边 7 次,碰右、左边 5 次,而最后入 C 袋时不反弹,应扣除 CD 边,BC 边各一次反弹,所以共反弹了

$$7+5-2=10(次)$$

如图 6.13 所示,我们将 $ABCD$ 球台向上向后依次反射出去,构成一个行距为 5 且列距为 7 的网格图. 从点 A 画与 AB 成 45° 的直线 l,易见 l 与格线的交点相应于球台边的反弹点. l 是否能经过异于起点 A 的格点相应于球能否落入角袋中,l 能过格点时,离 A 最近的 l 上格点即对应于球入的角袋. 格点坐标为 $(7k,5p)$ (k,p 非负整数). l 方程:$x=y$,l 上是否有异于起点 $A(0,0)$ 的格点,也即不定方程 $7k=5p$ 是否有正整数解. l 在 $A(0,0)$ 和 $(35,35)$ 间一段经穿过 $7-1=6$(条)横线和 $5-1=4$(条)纵线,也即要与横线相交 $6+4=10$(次),也即球反弹 10 次后入袋 C.

一般地,如图 6.14,当球台长、宽之比为既约分数 $\dfrac{m}{n}$ 时,球从一角以 45° 角击出后经 $(m-1)+(n-1)=m+n-2$(次)反弹后将落入某角袋中.

当球从 A 击出时有:

m	n	落入角
奇数	奇数	对角 C
奇数	偶数	邻角 D
偶数	奇数	邻角 B

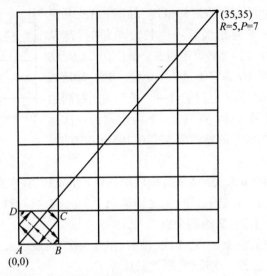

图 6.13

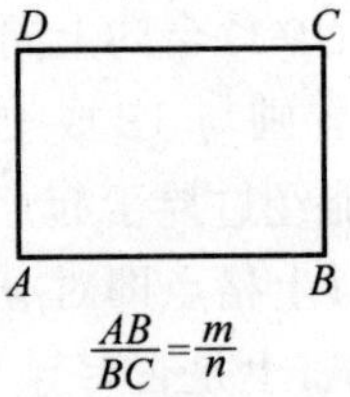

$$\frac{AB}{BC} = \frac{m}{n}$$

图 6.14

3. 在锐角 $\triangle ABC$ 内求最小周长的内接 $\triangle DEF$ 其中,D,E,F 分别在边 BC,CA,AB 内部.(施瓦茨问题,Schwarz,1843—1921)

解法 1(选高个子原理、降元、二步法)

如图 6.15,先在 BC 边内取定一点 D_1,作出 D_1 关于 AB,AC 的像(对称点)D'_1 和 D''_1. 连 $D'_1 D''_1$ 交 AB 于 F_1,交 AC 于 E_1 则在 D_1 固定时,$\triangle D_1 E_1 F_1$ 周长是最小的,其周长等于线段 $D'_1 D''_1$ 的长度. 易见

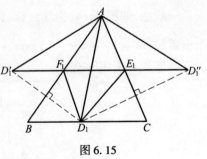

图 6.15

$$\angle D'_1 A D''_1 = 2\angle BAC = 定角,AD'_1 = AD_1 = AD''_1$$

即 $\triangle D'_1 AD''_1$ 是顶角为定角且腰长为 AD_1 的等腰三角形. 显然,顶角确定了等腰三角形的形状,在形状一样(顶角为 $2\angle BAC$)的等腰三角形中,当腰短时,底边就短. 于是要 $\triangle D_1 E_1 F_1$ 周长最小,只需使 $D'_1 D''_1$ 最短,只需使 AD_1 最短,所以应取 D_1 为 $\triangle ABC$ 的 BC 边对应高线 AD 的垂足 D.

同理可知 E,F 分别为 $\triangle ABC$ 的另外两高线的垂足. 于是垂足 $\triangle DEF$ 为所求.

解法 2(先"猜"找出个解来,然后再证明该解是对的!)

如图 6.16,假设 $\triangle DEF$ 为所求的周长最小的内接三角形,固定边 EF 时,$ED + FD$ 最小,则必有 $\angle 1 = \angle 2$. 同理可推出

$$\angle 3 = \angle 4, \angle 5 = \angle 6$$

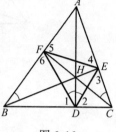

图 6.16

也即 $\triangle DEF$ 为光线三角形.

① 先证明光线三角形存在:设 AD,BE,CF 为 $\triangle ABC$ 三条高线. 垂心记为 H.
因为 B,D,H,F 四点共圆,C,D,H,F 四点共圆,故

$$\angle 1 = \angle BHF = \angle CHE = \angle 2$$

同理可证 $\angle 3 = \angle 4, \angle 5 = \angle 6$,所以垂足三角形就是光线三角形.

② 再证明光线三角形唯一:设 $\triangle DEF$ 是光线三角形,则

$$\frac{1}{2}(180° - \angle FED) + \frac{1}{2}(180° - \angle EFD) + \angle A = \angle 4 + \angle 5 + \angle A = 180°$$

$$\angle A = \frac{1}{2}(\angle FED + \angle EFD) = \frac{1}{2}(180° - \angle EDF) = \angle 2$$

故 A,B,D,E 共圆. 同理 B,C,E,F 共圆,C,A,F,D 共圆. 于是

$$\angle EDA = \angle EBA = \angle FCA = \angle FDA$$

又因为 $\angle 1 = \angle 2$,故

$$\angle FDA + \angle 1 = \angle EDA + \angle 2 = 180° \div 2 = 90°, AD \perp BC$$

同理 $BE \perp CA, CF \perp AB$. 即光线三角形就是垂足三角形,所以是唯一的.

③ 光线三角形周长最小性证明:设 $\triangle DEF$ 是 $\triangle ABC$ 的内接光线三角形,$\triangle PQR$ 为 $\triangle ABC$ 的任一内接三角形. 将 $\triangle ABC$ 连续翻转五次,见图 6.17.

因为 AB 与 $B_1 A_1$ 夹角和 $A_2 B_2$ 与 $B_1 A_1$ 夹角都等于 $180° - (\angle 1 + \angle 2)$.

所以 $AB \parallel A_2 B_2$,又因为 $A_2 F_1 = AF$,所以 $AA_2 F_1 F$ 是平行四边形,从而

$$FF_1 \underline{\underline{\parallel}} AA_2, RR_1 \underline{\underline{\parallel}} AA_2$$

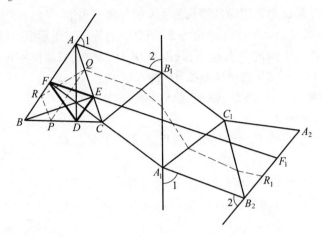

图 6.17

由于 △DEF 是光线三角形,故 $FF_1 = 2\triangle DEF$ 周长,而

$$2\triangle PQR \text{周长} = \text{折线} RQ\cdots R_1 \geq RR_1 = FF_1 = 2\triangle DEF \text{周长}$$

即光线三角形周长最短.

注:如图 6.18,由解法 1 知

$$\triangle DEF \text{周长} = D'D'' = 2AD'\sin A = 2AD\sin A$$

同理

$$\triangle DEF \text{周长} = 2BE\sin B = 2CF\sin C$$

于是

$$\frac{\triangle DEF \text{周长}}{S_{\triangle ABC}} = \frac{2AD\sin A}{\frac{1}{2}BC \cdot AD} = \frac{2BE\sin B}{\frac{1}{2}CA \cdot BE} = \frac{2CF\sin C}{\frac{1}{2}AB \cdot CF}$$

从而有 $\dfrac{\sin A}{BC} = \dfrac{\sin B}{CA} = \dfrac{\sin C}{AB}$ (正弦定理)

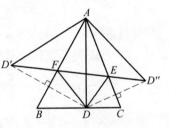

图 6.18

4. 已知 △ABC,找一点 P,使 PA + PB + PC 为最小.(费马问题,Fermat,1601—1665)

首先最小点 P 不会在 △ABC 的外部. 譬如图 6.19,P 在 BA,CA 延长线的顶点外时,有

$$PA + PB + PC > PB + PC = PB + PQ + QC \geq$$
$$BQ + QC = BA + AQ + QC >$$
$$BA + AC$$

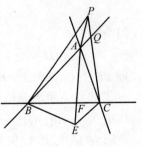

图 6.19

也即点 P 不及点 A. 又如 E 在 AB,AC 延长线,BC 边外时,有
$$EA + EB + EC > EA + BC >$$
$$FA + BC = FA + FB + FC$$
也即点 E 不及点 F. 所以最小点 P 必在 $\triangle ABC$ 内部或边上. 先考虑 $\max\{\angle A,\angle B,\angle C\} < 120°$.

解法 1(直化法) 如图 6.20,设 Q 为 $\triangle ABC$ 内一点,且 $\angle A < 120°$,$\angle B < 120°$,$\angle C < 120°$. 将 $\triangle AQC$ 绕点 A 旋转 $60°$,转到位置 $\triangle AQ'C'$. 因为 $\angle QAQ' = 60°$ 且 $AQ = AQ'$,故 $\triangle AQQ'$ 为等边三角形,$AQ = QQ'$. 于是,有
$$QB + QA + QC = BQ + QQ' + Q'C' \geq BC'$$
(两定点间的距离定长)

当且仅当 B,Q,Q',C' 共线时上式等号成立. 此时
$$\angle BQA = 180° - \angle AQQ' = 180° - 60° = 120°$$
$$\angle AQC = \angle AQ'C' = 180° - \angle AQ'Q = 180° - 60° = 120°$$
从而
$$\angle CQB = 360° - \angle BQA - \angle AQC = 120°$$
所以在 $\triangle ABC$ 内有最小点 P 的充要条件是
$$\angle APB = \angle BPC = \angle CPA = 120°$$
简称满足这条件的点为 Fermat 点.

如图 6.21,易见 P 是 $\triangle ABC$ 内的 Fermat 点时,$\angle A$,$\angle C$,$\angle B$ 都小于 $120°$. 因为
$$\angle 1 = \angle 2 + \angle 3 = \angle 2 + \angle 4 + \angle 5, \angle 1 > \angle 5$$
$$\angle 1 = 120°, \angle A < 120°$$
同理 $\angle B < 120°, \angle C < 120°$

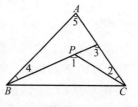

图 6.21

反之,$\max\{\angle A, \angle B, \angle C\} < 120°$ 时,如图 6.22,以 $\triangle ABC$ 三边为边向外作三个正三角形 $\triangle ABC'$,$\triangle BCA'$,$\triangle CAB'$. 连 BB',CC' 交点为 P.

因为 $AC'BC$,$BCB'A$ 都是凸四边形,故 BB' 与 CC' 交点同时在两四边形内,从而 P 在 $\triangle ABC$ 内.

当 $\triangle AC'C$ 绕点 A 转 $60°$ 时可得 $\triangle ABB'$,故 $\angle B'PC = 60°$,从而
$$\angle BPC = 180° - \angle B'PC = 120°$$

又连 AA' 与 BB' 交于 P'，与 CC' 交于 P''，类似可证 P',P'' 都在 $\triangle ABC$ 内且

$$\angle AP'B = 120°, \angle CP''A = 120°$$

若 P' 与 P 不重合，则 P' 必落入 $\triangle PAB,\triangle PBC,\triangle PCA$ 之一，譬如 P' 在 $\triangle PAB$ 内，此时 $\angle AP'B > \angle APB = 120°$，与 $\angle AP'B = 120°$ 矛盾。故 P' 与 P 重合。同理可证 P'' 也与 P 重合。也即 $\max\{\angle A, \angle B, \angle C\} < 120°$ 时，$\triangle ABC$ 内必存在 Fermat 点 P。

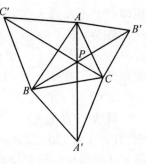

图 6.22

解法 2（利用"正三角形内一点到三边距离和等于正三角形的高"的证法）

如图 6.23，当 $\triangle ABC$ 中 $\angle A \geqslant 120°$ 时：

设 $\triangle ABC$ 中，Q 为 $\triangle ABC$ 内或边上的任意一点。将 $\triangle ACQ$ 绕点 A 旋转至 $\triangle AC'Q'$，使 BA,AC' 共线。因为

$$\angle QAQ' = \angle CAC' = 180° - \angle BAC \leqslant 180° - 120° = 60°$$

故 $QQ' \leqslant AQ$。从而有

$$QA + QB + QC \geqslant QB + QQ' + QC = QB + QQ' + Q'C' \geqslant BC' = BA + AC$$

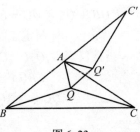

图 6.23

当且仅当 Q 与 A 重合时等号成立。即 $\angle A \geqslant 120°$ 时最小点是 A。

5. 如图 6.24，有一条河，两工厂 P,Q 位于河岸 l（直线）的同一侧。工厂 P,Q 分别距离河岸 l 为 10 千米和 8 千米，两工厂相距 14 千米。现要在河的工厂一侧选一点 R，在 R 修个水泵站。并从 R 建直线输水管分别对两工厂和河岸，使直线输水管的总长最小，请确定出 R 的位置，并分别求出 R 到两工厂及河岸的三个距离。（水泵站选址问题）

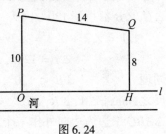

图 6.24

解法 1（分析法） 先建立坐标系，令 x 轴与 l 重合，点 P 在 $(0,10)$。从而推知点 Q 应在 $(8\sqrt{3},8)$。设水泵站在点 $R(x,y)$，则输水管总长为

$$f(x,y) = y + \sqrt{x^2 + (y-10)^2} + \sqrt{(x-8\sqrt{3})^2 + (y-8)^2} \quad (y \geq 0)$$

然后再利用多元函数微分法求极值的通法求出使 $f(x,y)$ 最小的一切可能点 (x_0, y_0). 并分析制定 $f(x,y)$ 在其中点 $(\bar{x}_0, \bar{y}_0)$ 处取最小值. (当然, 驻点 (x_0, y_0) 能否计算得出还是个问题, 至少计算十分繁复是肯定的!)

详解过程略.

解法 2 (两步法, 减元思想, 辅助问题)

考虑辅助问题: "10×10 的百人方阵中最矮的一人, 必定也是他所在行 (或列) 中的最矮的人." 于是, 只要在每行 (或列) 中先找出最矮的一人, 然后再从 10 名矮个子的候选人中选出其中最矮的人, 他必定是方阵中的最矮一人. 即 "全局的最小必定是局部的极小!"

固定 R 的纵坐标 y 不变 ("固定方阵的行"), 设 R 在直线 $l_t: y = t (0 \leq t \leq 8)$ 上时, 求相应的最佳点, 当 $t \geq 8$ 时, 直线 $y = t$ 上的点显然不如点 Q 好. 因为 $l_t \parallel l$, 所以只需求 l_t 上到点 P, Q 距离之和最小的点 P_t. 故所求点 R_t 是 PQ' 与 l_t 的交点, 其中 Q' 是 $Q(8\sqrt{3}, 8)$ 关于直线 l_t 的对称点 $Q'(8\sqrt{3}, 2t-8)$. 此时, R_t 到 P, Q 及河岸 l 的输水管总长为

$$f(t) = PR_t + QR_t + t = PQ' + t = \sqrt{(8\sqrt{3})^2 + (2t-8-10)^2} + t$$

即

$$f(t) = 2\sqrt{t^2 - 18t + 129} + t$$

为求 f 最小, 化上式为 t 的二次方程, 有

$$3t^2 + (2f - 72)t + (516 - f^2) = 0$$

方程有实根, 故判别式 Δ 应非负, 即

$$\Delta = (2f - 72)^2 - 4 \times 3 \times (516 - f^2) \geq 0$$

从上式解得 $f \geq 21$. 当 $f(t) = 21$ 时, $\Delta = 0, t = -\dfrac{2 \times 21 - 72}{2 \times 3} = 5$.

从而知 $Q' = (8\sqrt{3}, 2), R = (5\sqrt{3}, 5)$.

(直线 PQ' 方程: $y - 10 = \dfrac{2 - 10}{8\sqrt{3} - 0}(x - 0), y = -\dfrac{1}{\sqrt{3}}x + 10$)

此时, 最佳点 $R(5\sqrt{3}, 5)$ 到 P, Q 及河岸 l 的距离分别为

$$PR = \sqrt{(5\sqrt{3})^2 + (5-10)^2} = 10, QR = \sqrt{(5\sqrt{3} - 8\sqrt{3})^2 + (5-8)^2} = 6$$

三段输水管道总长度有最小值 $10 + 6 + 5 = 21$ (千米).

解法 3 (直化法) 首先如图 6.25, 易见最佳点应该在四边形 $OPQH$ 内.

(为什么?)

设 R_0 是 $OPQH$ 内的任一点,$P_0C \perp l$,则
$$f(R_0) = QR_0 + PR_0 + R_0C$$

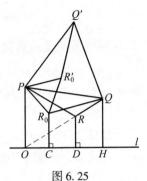

图 6.25

为改变 3 段输水管的松散位置关系,将 $\triangle PR_0Q$ 绕点 P 依逆时针转 $60°$ 得 $\triangle PR'_0Q'$,连 $R_0R'_0$. 因为 $\triangle PR_0R'_0$ 是等边三角形,故 $R'_0R_0 = PR_0$,从而有
$$f(R_0) = QR_0 + PR_0 + R_0C = Q'R'_0 + R'_0R_0 + R_0C$$

求最小输水管总长度化为求定点 Q' 到直线 l 的最短折线段 $Q'R'_0R_0C$. 显然,"最短"的充要条件是:
Q',R'_0,R_0 和 C 四点共线且该直线垂直于直线 l. 此时,有
$$\angle PR_0Q = \angle PR'_0Q' = 180° - \angle R_0R'_0P = 120°$$
$$\angle PR_0C = 180° - \angle PR_0R'_0 = 120°$$

从而又有
$$\angle QR_0C = 360° - \angle PR_0Q - \angle PR_0C = 120°$$
$$\angle OPR_0 = 180° - \angle PR_0C = 60° \qquad ①$$
$$\angle HQR_0 = 180° - \angle QR_0C = 60° \qquad ②$$

因为 $OP = 10$,$HQ = 8$,$PQ = 14$,故
$$OH = \sqrt{PQ^2 - (OP - HQ)^2} = 8\sqrt{3}$$
$$\tan \angle OQH = \frac{OH}{HQ} = \sqrt{3},\angle OQH = 60° \qquad ③$$

由式①,②,③知最佳点 R 应落在线段 OQ 上,且 $\triangle OPR$ 为等边三角形. 也即最佳点 R 是以 OP 为边的正三角形在四边形 $OPQH$ 内的另一顶点,于是,有
$$PR = OP = 10,DR = \frac{1}{2}OP = 5$$
$$QR = QO - RO = \sqrt{OH^2 + HQ^2} - PO = 6$$

最小输水管总长为 $RP + DR + QR = 10 + 5 + 6 = 21$(千米)

注:本题为北京市第二届高中数学知识应用竞赛决赛试题.

引申推广形式:$PO = m$,$QH = n$,$PQ = d$ 时,求最佳点 R. (普特南数学竞赛第 21 届题 A - 4)

不妨设 $m \geq n$,$d > m - n$,记 $p = \sqrt{d^2 - (m-n)^2}$,则取坐标系,OH 在 x 轴,OP 在 y 轴,O 为原点时,有 $P(0,m)$,$Q(p,n)$. 设 $R(x,y)$,记 $PR + RQ + RD = S(R)$. (其中 $RD \perp OH$)

① 当 $y \geqslant n$ 时,有 $S(R) \geqslant S(Q)$,等号当且仅当 $P = Q$ 时取得,见图 6.26.

② 当 $0 \leqslant y \leqslant n$ 时:若 R 在直线 $L: y = t(0 \leqslant t_1 \leqslant n)$ 上,则最佳点应在直线 PQ' 与直线 L 的交点处,其中点 Q' 为 Q 关于 L 的对称点,见图 6.27,此时点 Q' 为 $(p, 2t - n)$.

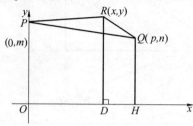

图 6.26   图 6.27

直线 PQ' 方程为 $z - m = \dfrac{(2t - n) - m}{p - 0}(z - 0)$,令 $z = t$ 得 PQ' 与 L 的交点 $R\left(\dfrac{(t - m)p}{2t - n - m}, t\right)$.

令 $t = 0$,得 $R_0 = \left(\dfrac{mp}{m + n}, 0\right)$;令 $t = n$,得 $R = (p, n)$.

③ 由①,②知最佳点 R(使 $S(R)$ 最小的点 R)位置或者在矩形 $OKQH$ 内,或在点 Q,或在线段 OH 内.

(显然有 $0 < \dfrac{p}{2} < \dfrac{mp}{m + n} \leqslant \dfrac{(t - m)p}{2t - n - m} \leqslant p, 0 \leqslant t \leqslant n$)

④ 若最佳点 R 在矩形 $OKQH$ 内,则 R 必为 $\triangle PQD$ 的 Fermat 点. 使
$$\angle PRD = \angle DRQ = \angle QRP = 120°$$
的 $\triangle PQD$ 内的点 R,它到 $\triangle PQD$ 的三顶点的距离之和为最小. 否则 R' 为 $\triangle PQD$ 内的 Fermat 点,记 D' 为 R' 在 OH 上的射影,则有
$$S(R') = R'P + R'Q + R'D' \leqslant R'P + R'Q + R'D < RP + RQ + RD = S(R)$$
矛盾于 R 是最佳点.

设 R 是矩形 $OKQH$ 内的最佳点,则由 $\angle PRD = \angle QRD = 120°$ 知 $\angle OPR = 60°$,$\angle TRQ = 30°$. 也即此时 Q 应落入图 6.28 的区域(Ⅱ)中.

PA 方程
$$y = -\dfrac{x}{\sqrt{3}} + m \text{ 或 } x = \sqrt{3}(m - y) \qquad ④$$

AB 方程
$$y = \dfrac{x}{\sqrt{3}} - m \text{ 或 } x = \sqrt{3}(m + y) \qquad ⑤$$

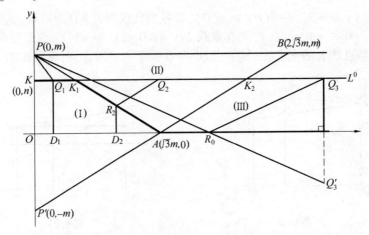

图 6.28

直线 PA 和 AB 将第一象限中的条形区域:$x>0, 0 \leqslant y \leqslant m$ 划分成三份 (Ⅰ),(Ⅱ),(Ⅲ).

对区域(Ⅱ)中点 $Q_2(p,n)$ 而言,固定 Q_2 纵坐标 $n(0<n \leqslant m)$ 时,Q_2 在直线 $L^0:y=n$ 上的线段 k_1k_2 内,由方程④,⑤知 Q_2 横坐标 P 必满足

$$\sqrt{3}(m-n)<p<\sqrt{3}(m+n)$$

此时,过 Q_2 作 AB 的平行线交 PA 于点 R_2,则 R_2 为最小差,易见 R_2 的横坐标 x_2 等于 k_1 与 Q_2 中点的横坐标,即有

$$x_2 = \frac{\sqrt{3}(m-n)+p}{2}$$

将 x_2 代入方程④得

$$y_2 = \frac{\sqrt{3}(m+n)-p}{2\sqrt{3}}$$

所以所求最小点为 $R_2\left(\dfrac{\sqrt{3}(m-n)+p}{2}, \dfrac{\sqrt{3}(m+n)-p}{2\sqrt{3}}\right)$,且最小总长为

$$S(R_2) = (PR_2+Q_2R_2)+R_2D_2 = \frac{p}{\sin 60°}+y_2 = \frac{m+n+\sqrt{3}p}{2}$$

易见,当点 Q_2 沿直线 L^0 从 K_1 移到 K_2 时,相应最小点 R_2 从 K_1 沿直线 PA 移到点 A.

⑤ 若最佳点 R 不在矩形 $OKQH$ 内,则最佳点 R 或为点 $Q(p,n)$ 或为 x 轴上

线段 OH 内的点 $R_0\left(\dfrac{mp}{m+n},0\right)$, 此时

$$S(Q) = \sqrt{(m-n)^2+p^2} \cdot n$$

$$S(R_0) = \sqrt{[m-(-n)]^2+(0-p)^2} = \sqrt{(m+n)^2+p^2}$$

欲比较 $S(Q)$ 与 $S(R_0)$ 的大小,只需比较 $S^2(Q)$ 与 $S^2(R_0)$ 的大小

$$S^2(Q) = [(m-n)^2+p^2]+n^2+2n\sqrt{(m-n)^2+p^2} =$$
$$(m^2+n^2+p^2-2mn)+n(n+2\sqrt{(m-n)^2+p^2})$$

$$S^2(R_0) = (m+n)^2+p^2 = (m^2+n^2+p^2-2mn)+n \cdot 4m$$

只需比较 $n+2\sqrt{(m-n)^2+p^2}$ 与 $4m$ 的大小.

考察差值

$$\Delta = (n+2\sqrt{(m-n)^2+p^2})-4m$$

当 $Q_1(p,n)$ 落入区域(Ⅰ)中时,有 $p \leqslant \sqrt{3}(m-n)$,此时

$$\Delta \leqslant n+2\sqrt{(m-n)^2+(\sqrt{3}(m-n))^2}-4m =$$
$$n+4(m-n)-4m = -3n < 0$$

所以 $S(Q_1) < S(R_0)$, 即 $Q_1(p,n)$ 为最佳点且最小总长为

$$S(Q_1) = \sqrt{(m-n)^2+p^2}+n$$

当 $Q_3(p,n)$ 落入区域(Ⅲ)中时,有 $p \geqslant \sqrt{3}(m+n)$,此时

$$\Delta \geqslant n+2\sqrt{(m-n)^2+(\sqrt{3}(m+n))^2}-4m =$$
$$n+4\sqrt{m^2+n^2+mn}-4m >$$
$$n+4\sqrt{m^2}-4m = n > 0$$

所以 $S(Q_3) > S(R_0)$, 即 $R_0\left(\dfrac{mp}{m+n},0\right)$ 为最佳点, 见最小总长为

$$S(R_0) = \sqrt{(m+n)^2+p^2}$$

⑥ 小结:固定 $P(0,m)$, 令 $Q(p,n)$ 在直线 $L^0:y=n$ 上移动. 当 Q_1 在区域(Ⅰ)内从 K 沿 L^0 移到 K_1 时,也即 p 从 0 增大到 $\sqrt{3}(m-n)$ 时,最佳点 R_1 就是点 Q_1;

当 Q_2 在区域(Ⅱ)内从 K_1 沿 L^0 移到 K_2 时,也即 p 从 $\sqrt{3}(m-n)$ 增大到 $\sqrt{3}(m+n)$ 时,最佳点 R_2 相应地从 K_1 沿 PA 移动到点 A;

当 Q_3 在区域(Ⅲ)内从 K_2 沿 L^0 右移时,也即 p 从 $\sqrt{3}(m+n)$ 增大时,最佳点 R_3 就是 R_0,并从点 A 沿 x 轴向右相应移动.

第三节　留给你思考的问题

1. 设 $\triangle ABC$ 的角 A 的外角平分线 AP,Q 为 AP 上任意一点,问 $AB + AC$ 与 $QB + QC$ 哪个大?为什么?你能从结论再引出个推论吗?

解　如图6.29,考虑 Q 向远离点 A 方向转移时的情况,易猜有
$$QB + QC > AB + AC$$
证明这一猜测:

延长 BA 至 C',使 $AC' = AC$,连 $C'Q$.
由于 $\angle 1 = \angle 2$,AQ 为公共边,故
$$\triangle ACQ \cong \triangle AC'Q \quad (SAS)$$
从而 $QC = QC'$,进而有
$$QB + QC = BQ + QC' >$$
$$BC' = BA + AC' = AB + AC$$

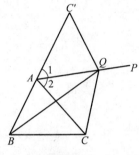

图6.29

推论:同底等高的三角形中以等腰三角形的周长为最小.

如图6.30,$\triangle ABC$ 中 $AB = AC$,$\triangle A'BC$ 与 $\triangle ABC$ 同底等高,即 A' 与 A 到 BC 等距离,即 $AA' \parallel BC$. 则 AA' 为 $\triangle ABC$ 的外角平分线. 于是 $AB + AC < A'B + A'C$.

本题的本质即第一节第1题. 如图6.31,设 B' 为 B 关于 AQ 的对称点,则
$$BA + AC = B'A + AC < B'Q + QC = BQ + QC$$

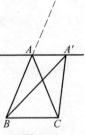

图6.30

2. 研究水泵站选址问题的推广情境.

3. 欲称1克到40克中任一整数克的重量,问:天平应至少配置几个砝码?它们分别为多少克重?请说明选配的理由.

见上册相关例题.

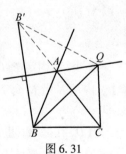

图6.31

对计数问题的初步感受

第一节 热身活动,十分钟问答

1. 见图 7.1,图中有多少条线段?

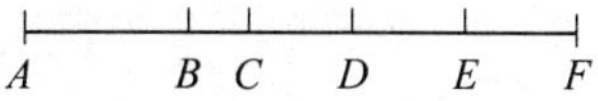

解法 1 先固定线段的左端点,分类计算,有:

图 7.1:A B C D E F

左端点为 A 的线段有 5 条即 AB, AC, AD, AE, AF;
左端点为 B 的线段有 4 条即 BC, BD, BE, BF;
左端点为 C 的线段有 3 条即 CD, CE, CF;
左端点为 D 的线段有 2 条即 DE, DF;
左端点为 E 的线段有 1 条即 EF.
综合共有 $5+4+3+2+1=15$(条) 线段.

若线段 AB 上有 n 个内分点时,总共有多少线段?

内分点数	总点数(连两端点在内)	线段数
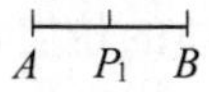 $A\ P_1\ B$ 1	3	$1+2=3$
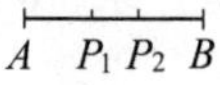 $A\ P_1\ P_2\ B$ 2	4	$1+2+3=6$
4	6	$1+2+3+4+5=15$
⋮	⋮	$1+2+\cdots+(n+1)=$
n	$n+2$	$\dfrac{1}{2}(n+1)(n+2)$

第七讲

解法2 总共有6个点,每条线段有两个端点,第一个端点选择有6种方式,之后再选第二个端点有5种方式(除第一点外的5点选一)确定两点的方式共 6 × 5 = 30(种).

"选A后又选B"和"选B后又选A"这两种选法确定的是同一条线段,排除重复,有 30 ÷ 2 = 15(条).

2. 将一个自然数 n 分成若干个小于 n 的自然数之和叫分拆,譬如

$$3 = 1+1+1 = 1+2$$
$$4 = 1+1+1+1 = 1+1+2 = 2+2 = 1+3$$

也即3有2种分拆,4有4种分拆.问6有多少不同的分拆?

解法1 按分拆后加数的个数 m 去分类枚举.注意:枚举时先写小的加数,然后再写较大的加数.

分类枚举并汇总知6的分拆共有10种.见下表:

m	分拆枚举	种数	合计
2	1+5 = 2+4 = 3+3	3	
3	1+1+4 = 1+2+3 = 2+2+2	3	
4	1+1+1+3 = 1+1+2+2	2	10
5	1+1+1+1+2	1	
6	1+1+1+1+1+1	1	

解法2 按分拆后诸加数中的最大加数来分类枚举,有:

最大加数	分拆枚举	种数	合计
5	5+1	1	
4	4+2 = 4+1+1	2	
3	3+3 = 3+2+1 = 3+1+1+1	3	10
2	2+2+2 = 2+2+1+1 = 2+1+1+1+1	3	
1	1+1+1+1+1+1	1	

若将自然数 n 分拆成 m 个自然数的和,且和式中项的位置不同时,认为是不同的有序分拆,求所有不同的有序分拆的种数 $P(n,m)$. 求 n 的所有有序分拆种数 $r(n)$.

将分拆 6 = 3+2+1 表示为 (1 1 1, 1 1, 1).则将 n 分拆成 m 个自然数之和,也即在 n 个"1"的序列中的 $(n-1)$ 个间隙中选定 $(m-1)$ 个的方法数 C_{n-1}^{m-1} $(m \leq n)$,也即

$$P(n,m) = C_{n-1}^{m-1}$$

于是
$$r(n) = P(n,1) + P(n,2) + \cdots + P(n,n) =$$
$$C_{n-1}^0 + C_{n-1}^1 + \cdots + C_{n-1}^{n-1} = 2^{n-1}.$$

3. 将多项式 $(a_1 + a_2 + a_3)(b_1 + b_2)(c_1 + c_2 + c_3 + c_4)$ 乘开来,问展开式有多少不同的项?

解 $(a_1 + a_2 + a_3)(b_1 + b_2)(c_1 + c_2 + c_3 + c_4)$ 乘开来的项具有形式 $a_i b_j c_k$. 其中,a_i 有 3 种取法,b_j 有 2 种取法,c_k 有 4 种取法.

对 a_i 的 3 种取法的每一种,b_j 有 2 种取法,故 $a_i b_j$ 有 $3 \times 2 = 6$(种)取法;

对 $a_i b_j$ 的 6 种取法的每一种,c_k 有 4 种取法,故 $a_i b_j c_k$ 有 $6 \times 4 = 24$(种)取法.

(乘法原理:完成一件事需 n 个步骤.完成第 1 步有 m_1 种方法;完成第 2 步有 m_2 种方法;……;完成第 n 步有 m_n 种方法.那么完成这件事共有 $m_1 \cdot m_2 \cdots m_n$ 种方法.)

4. 甲、乙打乒乓球,规定先胜 3 局者为赢,求决出输赢可能发生的情形的种数.

解法 1 先考虑甲赢的情形.分三类:

第一类,甲以 3∶0 胜,则甲连续胜前 3 局,仅一种情形;

第二类,甲以 3∶1 胜,则甲必定胜于第 4 局且在前 3 局中胜了 2 局(也即败了 1 局),有 3 种情形;

第三类,甲以 3∶2 胜,则甲必定胜于第 5 局且在前 4 局中甲胜了 2 局,枚举甲胜了的局数 (1,2),(1,3),(1,4),(2,3),(2,4),(3,4),有 6 种情形.

综上甲赢的情形有 $1 + 3 + 6 = 10$(种).同样,乙赢的情形也应有 10 种.所以决出输赢可能发生的情形有 20 种.

(加法原理:完成一件事有 k 类方式.第 1 类方式中有 m_1 种方法;第 2 类方式中有 m_2 种方法;……;第 k 类方式中有 m_k 种方法.那么完成这件事共有 $m_1 + m_2 + \cdots + m_k$ 种方法.)

解法 2 列入一些记号,规定某局甲赢作记号 √,乙赢作记号 ×,则记号 √,× 的一个适当的排列可表示决出输赢的一种情形,譬如:

情形序号	局序号					情境结果描述
	1	2	3	4	5	
1	×	√	√	×	√	甲 3∶2 胜乙
2	×	×	×			乙 3∶0 胜甲(甲 0∶3 败乙)
3	√	√	×	√		甲 3∶1 胜乙
4	×	×	√	√	×	乙 3∶2 胜甲(甲 2∶3 败乙)

为了规定和方便,我们假设"每次比赛打满6局,且决出输赢后各局都让负方赢."也即有:

	1	2	3	4	5		1	2	3	4	5	6	结果
1	×	√	√	×	√		×	√	√	×	√	×	甲 3∶2 胜乙
2	×	×	×			⇒	×	×	×	√	√	√	乙 3∶0 胜甲
3	√	√	×	√			√	√	×	√	×	×	甲 3∶1 胜乙
4	×	×	√	√	×		×	×	√	√	×	√	乙 3∶2 胜甲

在 3 个 × 3 个 √ 的排列中,从左向右计先出现 3 个 ×,乙胜;先出现 3 个 √,甲胜. 于是,不妨碍问题本质的情况下"一种情形"与"3 个 × 3 个 √ 的一个排列"是一一对应的.

从而问题转化为求"3 个 ×,3 个 √"的不同排列有多少个?

学过组合的都知道,排列种数等于从 6 个位置中选 3 个位置画某记号(剩余 3 个位置画另一记号)的方法数 $C_6^2 = \dfrac{6 \times 5 \times 4}{1 \times 2 \times 3} = 20$(种).

如果未学组合,可用以下方法求解.

解法3 一个"3 个 ×,3 个 √"的排列对应一条 3×3 格图中从左下角到右上角的一条非降路径. 排列中第 i 个元素是 ×(√),则左非降路径的第 i 步向上走一步(向右走一步). 譬如:

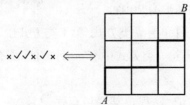

于是求"比赛情形数"转化为求"3 个 ×,3 个 √ 的排列数",又转化为求"非降路径数".

非降路径数的求法:将从 A 到每个格点的非降路径数标在该格点,如:

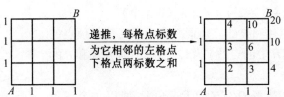

那么,点 B 的标数 20 就是非降路径的种数,从而比赛可能发生的情形也有 20 种.

第二节 探究活动,问题解决的实践

1. 图 7.2 中共有多少个三角形?

解 数一数,令人眼花缭乱.

将问题收缩特殊化后考虑:图 7.3 中有几个三角形?(有 10 个三角形)

再收缩,考虑图 7.4 中有几条线段?(有 $4+3+2+1=10$(条)线段)

所以,不重不漏的分类可使求解实现.

(1) 如图 7.5,对边在 BE 上的有
$$3+2+1=6(个)$$
类似,对边在 BF,BG,BH 上的也各有 6 个. 故以 A 为一个顶点的三角形共有 $6 \times 4 = 24$(个).

(2) 如图 7.6,不以 A 为顶点的三角形必在 $\triangle BEH$ 内且必含有顶点 B. 易见以 B 为顶点,对边分别在 AC,AD,AE 上的三角形各有 $3+2+1=6$(个).

于是,不以 A 为顶点(且以 B 为顶点)的三角形共有
$$6 \times 3 = 18(个)$$
由(1),(2)知共有三角形 $24 + 18 = 42$(个).

解法 2(包含排除原理) 如图 7.7,四边形 $OCEH$ 内无三角形.

(1) 有顶点 A 的三角形有 $(3+2+1) \times 4 = 24$(个);

(2) 有顶点 B 的三角形有

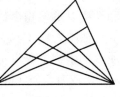

图 7.2

图 7.3

图 7.4

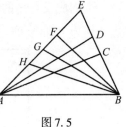

图 7.5

$(4+3+2+1) \times 3 = 30$(个)

(3) 有顶点 A 和 B 的三角形必含边 AB,其对顶点的个数(也即 $OCEH$ 中的点数)为 12,所以有顶点 A 和 B 的三角形有 12 个.

(4) 因为四边形 $OCEH$ 内无三角形,所以每个三角形必定或者有顶点 A,或者有顶点 B. 于是共有三角形

$24 + 30 - 12 = 42$(个)

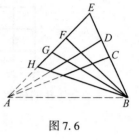

图 7.6

(包含排除原理即容斥原理:对 n 个事物,采用性质 A 和性质 B 去分类,若两种分类有重复.那么或者具有性质 A 或者具有性质 B 的事物个数等于具有性质 A 的事物个数与具有性质 B 的事物个数的和减去同时具有性质 A 和性质 B 的事物个数.

如图 7.8,记具有性质 A 的事物个数为 n_A. 记具有性质 B 的事物个数为 n_B. 同时具有性质 A 和 B 的事物个数 n_{AB},则或有性质 A 或有性质 B 的事物个数等于 $n_A + n_B - n_{AB}$.)

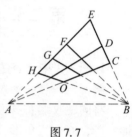

图 7.7

2. 3×3 钉板,如图 7.9,九枚铁钉钉在木板上,问用橡皮筋来套围时,能围成多少正方形?长宽不等的矩形?没直角的平行四边形?三角形?

解法 1 (1) 设两相邻钉子间相距为 1. 易见:

可围成 6 个正方形,其中边长为 1 的 4 个,边长为 $\sqrt{2}$ 和 2 的各 1 个.

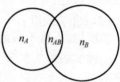

图 7.8

可围成长、宽不等的矩形 4 个,都是长 2 宽 1 的.

可围成没直角的平行四边形 12 个,相邻两边分别为 1 和 $\sqrt{2}$ 的 8 个,相邻两边分别为 1 和 $\sqrt{5}$ 的 4 个,见图 7.10.

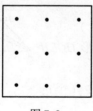

图 7.9

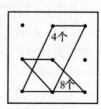

图 7.10

求三角形个数可做分类搜寻:

① 等腰的三角形共有 36 个. 如图 7.11,其中有直角的 $16 + 4 + 8 = 28$(个),没直角的 $4 + 4 = 8$(个).

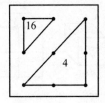

图 7.11

② 三边不等的三角形共有 40 个. 如图 7.12,其中有直角的 16 个,没直角的 $8 + 16 = 24$(个).

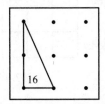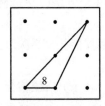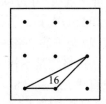

图 7.12

总计有 $36 + 40 = 76$(个) 三角形.

分类法优点:化大为小、化难为易、各个击破.

分类法的隐在优点:分类的原则(规定)为每类继续求解增加了一个极有用的已知条件.

分类原则必须不违背不重复,不遗漏.

解法 2(组合法) 不共线的 3 点作顶点确定一个三角形,反之亦然. 9 枚钉子组成的 3×3 钉板"3 点共线"有 8 种(三行、三列及两对角线),故三角形个数为

$$C_9^3 - 8 = 84 - 8 = 76(\text{个})$$

推广到 4×4 钉板时,如图 7.13,能围成的三角形个数为

$$C_{16}^3 - 10C_4^3 - 4C_3^3 = 560 - 40 - 4 = 516(\text{个})$$

图 7.13

其中扣除的是处在四行、四列、两对角线的 3 点共线情况有 $10C_4^3$ 种,与两对角线平行排列的四斜行中 3 点共线(斜线)情况有 $4C_3^3$ 种.

3. 考虑 $n \cdot n \cdot n$ 大立方体,它由 n^3 个小立方体组成,记钢钎一次最多刺入

(透,穿挂在钢钎上,成方块串)的小立方体个数为 $f(n)$. 求 $f(n)$ 的表达式.

解 ① 收缩方式1:减小数目. 如图7.14, $n=1$, 显然 $f(1)=1$, $n=2$, 好似 $f(2)=4$; $n=3$, 不太容易了! 欠效果.

② 收缩方式2:减少问题的维数. 看平面情境: $n \cdot n$ 大正方形由 n^2 个小正方形组成. 一直线可最多穿过的小正方形数目记为 $g(n)$.

考虑 $n=3$, 如图7.15, 横、竖各4条格线, 其中4条为边格线, 4条为内格线. 8条格线产生 $3 \times 3 = 9$(个)格, 并称两格线交点为格点.

图7.14

直线穿过某正方形, 必有一入点, 一出点, 也即与该正方形边(格线)相交2次. 于是有直线 l 与格线相交 k 次等价于直线 l 穿过 $(k-1)$ 个方格(l 穿过格点时算与格线相交一次).

又直线 l 与4条边格线最多仅能相交2次. 也即直线与某2条边格线是不相交的.

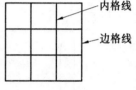

图7.15

所以直线 l 最多与 $8-2=6$(条)格线相交, 即直线 l 至多穿过 $6-1=5$(个)方格. 穿5个方格是容易实现的, 譬如直线 l 由主对角线平移得到, 或主对角线绕中点转一小角得到. 如图7.16, 两直线的共同点是: l 都是从两对角的方格一入, 一出. 目的无非是要与2横内格线(l 由下边入由上边出)和2竖内格线(l 由右面入由左面出)都相交.

图7.16

一般地, 对 $n \cdot n$, 外格线4条, 内格线 $2(n-1)$ 条, l 最多可与格线相交 $2(n-1)+2=2n$(次), l 最多可穿过 $(2n-1)$ 个方格. (有启迪)

③ $3 \times 3 \times 3$ 立方体共有 $4 \times 3 = 12$(张)格面(其中内格面、外格面各半). 且直线 l(钢钎)与柱面相交 k 次等价于直线 l 穿过 $(k-1)$ 个方格(l 过格线(含格点)等价于时算与柱面相交一次).

又直线 l 最多只能与6张外格面中的2张相交, 于是直线 l 最多与格面相交 $12-4=8$(次), 从而 l 至多穿过 $8-1=7$(个)小立方体. 实现 l 从两对角方块一入一出, 且避免与格线相交即可.

推广到 $n \cdot n \cdot n$, 有格面 $3(n+1)$ 张, l 最多与格面相交 $3(n+1)-4=$

$3n-1$(次)，l 最多穿过 $(3n-1)-1=3n-2$(个) 方块，也即有
$$f(n)=3n-1$$

注：① 本题涉及推广、收缩(量角度与情境角度)及等价变换：原问题等价于 l 与格面交点数的计算.

② 关于钢钎(直线 l)穿过 7 个小立方体的实现问题：首先 l 必须从大立方体的对角两小立方体一入一出. 为使 l 不与格线相交，只需 l 在大方块各表面的投影(直线)不与该表面内的内格线相交.

如图 7.17，设大立方体棱长为 3. 一顶点在坐标原点，三个面在坐标面内，可取 l 入、出点分别为：$P(\frac{1}{2},0,0)$ 和 $Q(3,\frac{5}{2},3)$. 进而：

P 在 $ABCD$ 面投影为 $P_1(\frac{1}{2},0,3)$；

P 在 $ADEF$ 面投影为 $E(3,0,0)$；

Q 在 $OCDE$ 面投影为 $D(3,0,3)$.

显然，P_1Q，EQ 和 PD 均不与所在面内的内格线相交，也即 l 从点 P 插入且由点 Q 穿出时，可穿过 7 个小正方体.

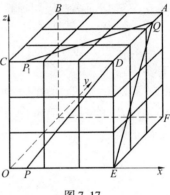

图 7.17

③ 相似的题：对 $3\times3\times3$ 的大立方体切一刀，最多可切到多少个小正方体？

如图 7.18 可知：

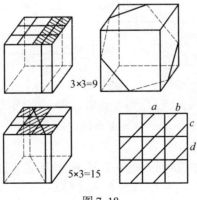

图 7.18

当切面平行于某组格面(仅有一组格线垂直切面)时,最多可切到 $3 \times 3 = 9$(个)小立方体;

当切面仅垂直于某组格面(仅有一组格,线平行切面)时,最多可切到 $5 \times 3 = 15$(个)小立方体;

当切面与格面既不平行又不垂直时,至少可切到19个格面用 a,b,c,d 分别表示切面与格面的交线.

易见,由 a,b 知切面第一层切到6个小块;由 b,c 知切面第二层切到7个小块;c,d 知切面第三层切到6个小块(与第一层对称).

$$6 + 7 + 6 = 19$$

4. 在图7.19中,从 A 沿向右、向上、向右上走到 B 的不同走法有多少?

解法1 分类:如图7.20,将走法分为"经过点 C 的"与"不经过点 C"的两类,而再将后者分成"经过点 D 的"和"经过点 E"的两小类.

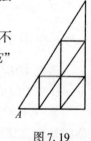

图7.19

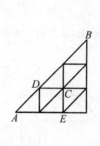 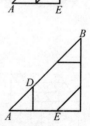

图7.20

A 到 C 有4种走法,接着 C 到 B 也有4种走法.于是 A 经 C 到 B 有
$$4 \times 4 = 16(种)$$
走法.(乘法原理)

A 到 D 有2种走法,D 到 B 也有2种走法.于是 A 经 D 到 B,有
$$2 \times 2 = 4(种)$$
走法.(乘法原理)

又A经E到B有2种走法.故A不经C到B有
$$4+2=6(种)$$
走法.(加法原理)

综合"经C"与"不经C"两类知共有走法 $16+6=22$(种).(加法原理)

解法2 A起点,B终点,其他结点称为中途点.为求A到B的走法数,不妨先求A到中途点的走法数,我们把从A到某点的走法数标于该点,称它为该点的"标数".

易见,某点的标数等于按规定走法可一步走到该点的所有相邻点的标数之和.

如图7.21,先在起点标1,并对最下的一行各点也标1.然后由下到上标各行点的标数,且每行中从左向右逐点进行:(从下向上数)

第2行,$1+1=2,2+1+1=4,4+1+1=6$.
第3行,$2+4=6,6+4+6=16$.
对点B有 $6+16=22$.

所以从A到B按规定有22种走法.

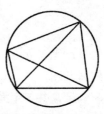

图7.21

递推:要到最终目标,可利用各阶段的目标来辅助解决.

5. 圆周上有n个点,将每两点连一弦,弦将圆域划分为若干个小区域.

$n=2$时,分成2个小区域;
$n=3$时,分成4个小区域;
$n=4$时,分成8个小区域(见图7.22).

问:$n=5$和$n=6$时分别可将圆域最多划分成多少个区域?$n=10$呢?区域是怎样产生的?怎样增多的?有"规律"存在吗?如何证实或否定猜想的真确?

解 等价变换得

区域数 = 1 + 弦数 + 最大的弦交点数

所以有:

n	5	6	10
区域数	16	31	256

相关的问题:

① 三角形的边界上有n个点,将它们彼此连起来,最多可将三角形划分成

多少个区域?

(首先,应解决 n 个点在三边的最佳分布,然后再实施最多区域数的计算)

$$f(n) = \begin{cases} f(k,k,k) = \dfrac{9}{4}k^4 - 3k^3 + \dfrac{15}{4}k^2 + 1, n = 3k \\ f(k+1,k,k) = \dfrac{9}{4}k^4 + \dfrac{7}{4}k^2 + 2k + 1, n = 3k+1 \\ f(k+1,k+1,k) = \dfrac{9}{4}k^4 + 3k^3 + \dfrac{13}{4}k^2 + \dfrac{7}{2}k + 2, n = 3k+2 \end{cases}$$

② 一个西瓜(视为球体)被一般地切了 n 刀(n 张平面)最多可切(分)成多少块?

(收缩:一张圆饼切 n 刀,最多可切成多少块?一根香肠切 n 刀,最多可切成多少段?

一个西瓜切 n 刀,最多能切成 $\dfrac{1}{6}(n+1)(n^2-n+6)$ 块,其中带皮的块为 (n^2-n+2) 块)

第三节　留给你思考的问题

1. 无盖立方体纸盒,沿某些棱剪开并展成一平面图,问可展成多少种不同的展开图?

纸盒共 5 个面,展开后平面图的行(列与行是对称的,图形转 90° 后行列互换)中所含的面数记为 n,易见 $2 \leqslant n \leqslant 4$.

按展开图中含面数最多的行去分类枚举:

最多面数	展开图枚举的情况	个数
$n = 4$		2
$n = 3$		5
$n = 2$		1

由此可知有 8 种不同形式的展开图.

按剪开的棱的情况去分类枚举.

视展平后的平面图中,从某小正方形开始,其他 4 个小正方形是一个一个连贴上去的,每连一个小正方形就有一条公共的棱且仅有一条公共的棱,(因为正方体的任意 4 个面不能交于一点故展开图中不可能有图 7.23 所示的情况发生. 阴影是已有的部分,另一个是新连贴的小正方形.)

图 7.23

所以展开图中有且仅有 4 条公共棱,也即无盖立方体要展成平面图,就必须在其 8 条公共棱中剪开 4 条.

记无盖立方体的底面、前面、右面、后面、左面分别为面 1、面 2、面 3、面 4、面 5,见图 7.24 示. 称面 1 的四边为水平棱,称其他四面间的棱为竖直棱.

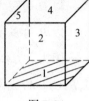

图 7.24

下面按 4 条水平棱中被剪开的条数来分类枚举.

显然,枚举中 4 条水平棱是平等对称的,4 条竖直棱也是平等对称的. 将面 i 与面 j 的公共棱记为 (ij). 列表,有:

剪开棱数		剪开棱情况及展开图实例				个数
水平	竖直					
0	4	(23)(34)(45)(52)				1
1	3	(12),(23)(34)(45)				1
2	2	(12)(13) (45)(23)	(12)(13) (45)(34)	(12)(14) (23)(34)	(12)(14) (23)(45)	4
3	1	(12)(13)(14), (23)		(12)(13)(14),(45)		2

类似问题:

(1) 如图 7.25 所示,在阴影周围的 8 个方块中,与阴影部分一起折成无盖立方盒.有多少折法?

首先对每个方块给以标记.对阴影部分 4 方块分别记 A,B,C,D;对周围 8 个方块分别记为 $1,2,3,\cdots,8$.

以 D 为底 A,B,C 为侧面,则另一侧面可以是 $1,5,7$ 之一;

以 B 为底 A,C,D 为侧面,则另一侧面可以是 $2,3,4$ 之一.

因为立方体的 4 个侧面是不能交于一点的,故 $6,8$ 不能与 A,B,C,D 折成无盖立方盒.所以有 6 种折法.

(2) 正四面体、正方体表面的展开平面图各有多少种形式?(2 种和 11 种)

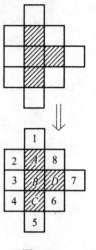

图 7.25

2. 图 7.26 中有多少个三角形?

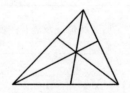

图 7.26

思路:作不重复不遗漏的分类,按类计算,再汇总.为方便对顶点称以字母.

解法 1 如图 7.27 所示,可知:

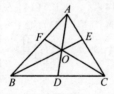 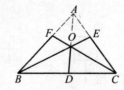

图 7.27

	A 为顶点的三角形	A 不是顶点的三角形	
		B 为顶点的三角形	B 不是顶点的三角形
情况罗列	对边在 BC 上：△ABD, △ABC, △ADC 对边在 BE 上：△ABO, △ABE, △AOE 对边在 FC 上：△AFO, △AFC, △AOC	对边 FC 的 3 个：△BFO, △BFC, △BOC 其他 2 个：△BOD, △BEC	△ODC △OEC
个数	3 × 3 = 9	3 + 2 = 5	2

综合知共有 9 + 5 + 2 = 16(个) 三角形.

解法 2 AD, BE, CF 将 △ABC 划分为 6 个不重叠的基本三角形(即 △OAF, △OFB, △OBD, △ODC, △OCE, △OEA). 此外：

含 2 个基本三角形的三角形有 3 个(即 △OAB, △OBC, △OCA)；

含 3 个基本三角形的三角形有 6 个(即 △ABD, △ACD, △BCE, △BAE, △CAF, △CBF)；

含 6 个基本三角形的三角形有 1 个(即 △ABC).

共有 6 + 3 + 6 + 1 = 16(个) 三角形.

解法 3 按位置分类计算,有：

以边 AD 为界：左侧有 5 个,右侧有 5 个,共 10 个；

一个顶点在 AD 左(右)侧且两个顶点在 AD 右(左)侧的有 1 个；

一个顶点在 AD 上且另外两点分别在 AD 两侧的 4 个(其中的 A 为顶点的有 3 个,以 O 为顶点有 1 个).

综上有 10 + 1 × 2 + 4 = 16(个) 三角形.

3. 图 7.28 中含有多少个矩形？其中包含标有记号 * 的两个正方形在内的矩形又有多少个？

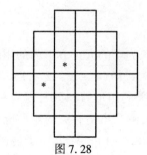

图 7.28

解 （1）先看简单问题：图 7.1 中有多少条线段？
按线段左端分类计：

左端点	右端点及个数		线段数
A	B,C,D,E,F	5	5
B	C,D,E,F	4	4
C	D,E,F	3	3
D	E,F	2	2
E	F	1	1

故有 5 + 4 + 3 + 2 + 1 = 15（条）.

图 7.29 中有多少个矩形？

将 ABCD 中的某矩形的"长"向 AB 投影，"宽"向 AD 投影，则该矩形就与一"线段对"相对应，如图 7.30 矩形 PQRS 与（EF,GH）对应.

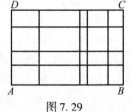

图 7.29

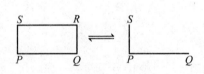

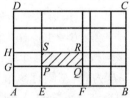

图 7.30

于是 ABCD 内的矩形数就等于从 AB 和 AD 各取一线段所构成的"线段对"的对数. AB 边上有 5 + 4 + 3 + 2 + 1 = 15（条）线段. AD 边上有 4 + 3 + 2 + 1 = 10（条）线段. 所以有 15 × 10 = 150（对）"线段对"，从而矩形 ABCD 中有矩形 150 个.

（2）原题解答：

如图 7.28，首先，在边长为 4 的大正方形内的矩形有

$$(4 + 3 + 2 + 1)(4 + 3 + 2 + 1) = 100（个）$$

其次，考虑与凸出格有关的矩形数. 其中，仅与左边凸出格有关的矩形 5 ×（2 + 1）= 15（个）；同样与右侧凸出格有关的矩形也有 15（个）；而与左侧，右侧凸出格都有关的矩形有 1 ×（2 + 1）= 3（个）. 于是，与左、右两侧凸出的格有关的矩形共有 15 + 15 + 3 = 33（个）. 类似，与上、下面凸出的格有关的矩形也有

33个,从而与上、下、左、右凸出的格有关的矩形有 $33 \times 2 = 66$(个).

综上知共有 $100 + 66 = 166$(个).

如图7.31,欲求含 * 号的两方格在内的矩形数,只需求含阴影正方形的矩形数,而一个矩形由其一对顶点所唯一确定.于是问题只需求"顶点对"数.

当矩形落在边长为4的正方形内时,其左上顶点有2种选择,右下顶点有6种选择(以黑点表示),故有

$$2 \times 6 = 12(个)$$

当矩形不完全落入边长为4的正方形内时,矩形仅能与左、右侧凸出部分 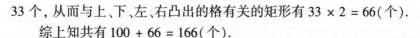 有关.易见,仅含左侧部分的

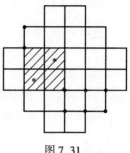

图 7.31

所求矩形有3个;仅含右侧部分的有1个;同时含左、右侧部分的有1个,所以与凸出格有关的含阴影矩形有 $3 + 1 + 1 = 5$(个).

综上知同时含有 * 号的两方格的矩形有 $12 + 5 = 17$(个).

(当然,也可采取"压缩"的办法,视含两 * 号格的边长为2的正方形缩小为一小格,两行合并为一行.将一长一短两列并为一短列,见图7.32.问题相当于在新图形中求含阴影格的矩形数.)

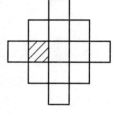

图 7.32

4. "4张一元,2张二元,3张十元"这九张钱币中,可取出多少种不同的总钱数?

解 先粗算:

一元币可取0,1,2,3,4张之一,有5种选择;

二元币可取0,1,2张之一,有3种选择;

十元币可取0,1,2,3张之一,有4种选择.

可知综合共有 $5 \times 3 \times 4 = 60$(种) 取法.

再细调:

显然60种之中有重复的取法.以 (a,b) 表示一元币取 a 张且二元币取 b 张的取法,显然(2,0)与(0,1),(3,0)与(1,1),(3,1)与(1,2),(4,0)与(0,2),(4,0)与(2,1),(4,1)与(2,2)都是重复的总钱数.而十元币又有4种取法,故60种取法中共重复了 $6 \times 4 = 24$(种).

又一元币,二元币和十元都取 0 张时总钱数为 0,实为没取. 细算应扣除 $24+1=25$(种),故可取出的总钱数共有
$$5\times 3\times 4-6\times 4-1=60-24-1=35(种)$$

抓住本质,转化:

"4 张一元,2 张二元"与"8 张一元"本质是一样的,两者都能且只能拿出一元至八元这之间的任一整数元. 于是 8 张一元可取 $0,1,2,\cdots,8$ 张之一,有 9 种选择;3 张十元可取 $0,1,2,3$ 张之一,有 4 种选择.

从而共有 $9\times 4=36$(种)选择. 扣除都取 0 这一种,可取出的总钱数为 35 种.

类似的题(反过来的问题):

1 张二元币欲兑换成一角,二角,五角的钱币,有多少兑换办法?

分类枚举:

(1) 仅换成一角的 1 种;仅换成二角的 1 种;仅换成五角的 1 种. 共 3 种.

(2) 仅换成一角和二角的 9 种(即二角币 $1,2,\cdots,9$ 张);

仅换成一角和五角的 3 种(即五角币 1,2,3 张);

仅换成二角和五角的 1 种(即五角币 2 张).

也即换成两种面值的兑换方法共 $9+3+1=13$(种).

(3) 三种面值都有的换法:

1 张五角的换法种数,即一元五角换成"一角和二角"的换法,共 7 种(即二角币 $1,2,\cdots,7$ 张);

2 张五角的换法种数,即一元换成"一角和二角"的换法,共 4 种(即二角币 1,2,3,4 张);

3 张五角的换法种数,即五角换成"一角和二角"的换法,共 2 种(即二角币 1,2 张). 也即换成三种面值的换法有 $7+4+2=13$(种).

综合(1),(2),(3)知共有换法 $3+13+13=29$(种).

若五元和一百元去兑换成一角,二角,五角和一元的零币,方法数太大. 分类枚举显然会太繁复. 怎么办?

这类问题可以用母函数(生成函数或发生函数)去求解(十元兑换成一角,二角,五角和一元币时,有 2 156 种方法).

观察、猜想、推断的体验

第一节 热身活动,十分钟问答

1. 观察下面式子

$$1 = 0 + 1 \quad ①$$
$$2 + 3 + 4 = 1 + 8 \quad ②$$
$$5 + 6 + 7 + 8 + 9 = 8 + 27 \quad ③$$
$$10 + 11 + 12 + 13 + 14 + 15 + 16 = 27 + 64 \quad ④$$

你能写出第 n 个式子吗?

解 将题中式子重新表述,重新编号有

$$1^2 = 0^3 + 1^3 \quad ⓪$$
$$(1^2 + 1) + \cdots + 2^2 = 1^3 + 2^3 \quad ①$$
$$(2^2 + 1) + \cdots + 3^2 = 2^3 + 3^3 \quad ②$$
$$(3^2 + 1) + \cdots + 4^2 = 3^3 + 4^3 \quad ③$$

猜想第 n 个式子应该是

$$(n^2 + 1) (n^2 + 2) + \cdots + (n + 1)^2 = n^3 + (n + 1)^3 \quad ⓝ$$

证明:左边是公差 $d = 1$ 的等差级数,项数为

$$(n + 1)^2 - (n^2 + 1) + 1 = 2n + 1$$

所以

左方 $= \dfrac{1}{2}[(n^2+1)+(n+1)^2](2n+1) = (n^2+n+1)(2n+1) =$

$2n^3 + 3n^2 + 3n + 1 = n^3 + (n^3 + 3n^2 + 3n + 1) =$

$n^3 + (n+1)^3 =$ 右方

或

左方 $= (n^2+1) + (n^2+2) + \cdots + [n^2+(2n+1)] =$

$n^2(2n+1)(1+2+\cdots+(2n+1)) =$

$n^2(2n+1) + \dfrac{1}{2}(2n+2)(2n+1) =$

$(2n+1)(n^2+n+1) = n^3 + (n+1)^3 =$ 右方

2. 观察下面各和式的值,有规律吗?你能写出第 n 个式子及其和吗?

(1) $1, 1+3, 1+3+5, 1+3+5+7, \cdots$

(2) $1, 1+8, 1+8+27, 1+8+27+64, \cdots$

解 (1) $1=1, 1+3=4, 1+3+5=9, 1+3+5+7=16, \cdots$

猜: $1+3+5+\cdots+(2n-1) = n^2$.

显然是对的,因为上式左方是公差为 2 的等差级数,项数为 n,故

左方 $= \dfrac{1}{2}[(2n-1)+1] \cdot n = n^2 =$ 右方

(2) $1=1, 1+8=9, 1+8+27=36, 1+8+27+64=100, \cdots$

猜:每个式子中,左方的项都是立方数,而右方都是平方数.

$n=4$ 时: $1^3+2^3+3^3+4^3=10^2$.

$n=5$ 时: $1^3+2^3+3^3+4^3+5^3=10^2+5^3=100+125=225=15^2$.

前 n 个自然数的立方和是一个自然数的平方. 记这个自然数为 x_n,则

$$1^3+2^3+\cdots+n^3 = x_n^2$$

罗列结果,并进行分析有:

n	x_n	$x_{n+1}-x_n$	x_n 的一种表达式
1	1	$3-1=2$	1
2	3	$6-3=3$	$3=1+2$
3	6	$10-6=4$	$6=1+2+3$
4	10	$15-10=5$	$10=1+2+3+4$
5	15		$15=1+2+3+4+5$

似乎应该有

$$1^3 + 2^3 + 3^3 + \cdots + n^3 = (1 + 2 + 3 + \cdots + n)^2 = \left[\frac{n(n+1)}{2}\right]^2 \qquad ①$$

证实猜想,数学归纳法.

式①是否对?我们再可检验 $n = 6$,有

$$1^3 + 2^3 + 3^3 + 4^3 + 5^3 + 6^3 = 225 + 216 = 441 = 21^2 = \left(\frac{6 \times 7}{2}\right)^2$$

结果再次正确.当然,我们还可用 $n = 7, 8, 9, \cdots$ 去检验式①的成立.那么,怎样才能验证式①对任何自然数 n 都成立呢?

我们来检验公式①从 n 成立时能否过渡到 $n + 1$ 时也成立?

假设 $n = k$ 时公式①成立,即有

$$1^3 + 2^3 + 3^3 + \cdots + k^3 = \left(\frac{k(k+1)}{2}\right)^2$$

当 $n = k + 1$ 时,于是有

$$1^3 + 2^3 + 3^3 + \cdots + k^3 + (k+1)^3 = \left(\frac{k(k+1)}{2}\right)^2 + (k+1)^3 =$$

$$\frac{(k+1)^2}{4}(k^2 + 4(k+1)) =$$

$$\frac{(k+1)^2}{4}(k+2)^2 =$$

$$\left(\frac{(k+1)(k+2)}{2}\right)^2$$

也即公式①在对 $n = k$ 成立时,必定有对 $n = k + 1$ 也成立.

这样,考虑到公式①对 $n = 1$ 是成立的(也即 $1^3 = \left(\frac{1 \times 2}{2}\right)^2$)由"$n = k$ 成立时 $n = k + 1$ 必成立"推断就可以知道公式①对 $n = 2$ 成立,从而又对 $n = 3$ 成立等.所以①对任一自然数 n 都成立.

上述证法称为"数学归纳法".这一独特证明方法,常常用于"与整数 n 有关的命题"的证明.证法分两大步:

(1)奠基的事实核实,譬如命题对具体的 $n = 1$ 时是对的!

(2)传递性的依据证明,也即"假定命题对 k 正确时必定对 $k + 1$ 也正确"的证明.

3. 观察图 8.1 中的四个平面图,数一数,每个平面图各有几个顶点?有多

少条边？有多少个区域(区域由边围成且其中无其他边)？顶点数 V、边数 A 和区域数 R 之间有什么关系？

(a)

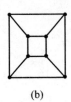
(b)

(c)

(d)

图 8.1

解 列表有：

平面图	顶点数 V	边数 A	区域数 R
(a)	4	6	3
(b)	8	12	5
(c)	6	9	4
(d)	10	15	6

观察、猜想、推断 V, A, R 间的关系，有

$$4 + 3 - 6 = 8 + 5 - 12 = 6 + 4 - 9 = 10 + 6 - 15 = 1$$

$$V + R - A = 1$$

推广到空间，如图 8.2，有：

多面体	顶点数 V	棱数 E	面数 F
(a)	8	12	6
(b)	4	6	4
(c)	10	15	7
(d)	6	12	8

(a)

(b)

(c)

(d)

图 8.2

观察、猜想、推断 V, E, F 关系

$$8 + 6 - 12 = 4 + 4 - 2 = 10 + 7 - 15 = 6 + 8 - 12 = 2$$

$$V + F - E = 2$$

欧拉公式:

平面图
$$V + R = A + 1, 顶点数 + 区域数 = 边数 + 1 \quad ①$$

多面体
$$V + F = E + 2, 顶点数 + 面数 = 棱数 + 2 \quad ②$$

证明:式 ① 将每个平面图视为由一个多边形出发,经扩展而得到.

最初,仅一个多边形,区域数 $R = 1$;又顶点数 V 与边数 A 是一样多的,也即 $V = A$. 所以有 $V + R = A + 1$ 成立. (参见图 8.3 中实线所构成的多边形)

而扩展的方式有两种:(参见图 8.3 中虚线部分构成的扩展)

(1) 利用多边形的凹处,连两顶点,加一条边,增加一个区域.

(2) 利用多边形的某一边向外扩张作一个新的多边形. 当新的多边形为 n 边形 ($n \geq 3$) 时,则新增加 ($n-2$) 个顶点, ($n-1$) 条边和一个区域.

易见,无论哪一种扩展公式,式 ① 两边的增加数都是一样的,也即 $V + R = A + 1$ 仍然成立.

图 8.3

不断采用扩展的手法去产生新的图形. 显然,对所得的任一图,式 ① 总是成立的.

式 ② 将每个多面体视为由一个简单的多面体(如正方体,棱柱等)出发,经在其某个面上加个"塔顶"的手续,不断扩展而得的. 我们不妨从最简单的四面体(三棱锥)出发,易见四面体 4 个面,4 个顶点和 6 条棱,即 $F = 4, V = 4, E = 6$,有 $V + F = E + 2$ 成立. 当在其一个面(三角形)上加"塔顶"三棱锥后得到一个新的多面体. 此时,在扩展过程中新添了 3 张面而减少了原有的那张底面;增加了一个锥顶点,增加了 3 条棱,即有

$$(4 + 1) + [4 + (3 - 1)] = (6 + 3) + 2$$

可见公式 ② 成立.

一般地,对多面体若有 $V + F = E + 2$,在它的有 n 条边的一个面上加一个(向外或向内)棱锥时,会增加 ($n-1$) 个面;增加 1 个顶点;增加 n 条棱. 于是有

$$(V + 1) + (F + n - 1) = (E + n) + 2$$

也即新多面体仍有公式 ② 成立,参见图 8.4 示.

因为任何一个多面体,都可以由简单多面体经重复加"塔顶"的方法来产生.所以对任一多面体式②恒成立.

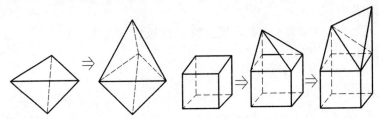

图 8.4

用拓扑学的方法说明两欧拉公式①与②的关系.

拓扑学——橡皮几何学.在拓扑学中不问:"有多长?""有多大?"而问:"在哪儿?""在什么中间?""在里面还是外面?"

这里不关心图形的大小和形状,感兴趣的是图形的位置关系和性质.譬如图 8.5 中每组中的图形是"一样的".

图 8.5

当我们将一个多面体作如下的拓扑变换:

选定多面体的一个面,并将其拉大成一个新的面.而多面体的其他所有的面则成为新的面中的一个区域.使多面体成为一个平面图形,在这个图表中,原多面体的顶点和棱则变成平面图形中的顶点和边.在拉的过程中没有撕裂、折叠、切割、穿孔,如图 8.6 所示.

倘若,将所得平面图形的所围的部分(图形本身)也计成一个区域时,由公式①有

$$V + (R + 1) = (V + R) + 1 = (A + 1) + 1 = A + 2$$

易见这时的区域数 $R+1$ 就等于原多面体的面数 F,而边数 A 等于原多面体的棱数 E,也即有公式②

$$V + F = E + 2$$

反之,将一个平面图的边界上的顶点保持不动,而将其他顶点移到边界不动顶点确定的平面之外,且保持原有的每个区域仍为空间的一个面时,我们将得到一个相应的多面体,此时可由后者的公式②导出前者的公式①.

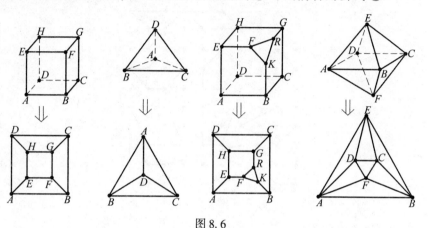

图 8.6

(这里的多面体都是指简单多面体,也即凸多面体或"球"状的多面体,而不含"轮胎"状的,有"洞"的多面体.)

第二节　探究活动,问题解决的实践

1. 见图 8.7,钉板中同行(列)中相邻两钉子间都相距一个长度单位. 橡皮筋绕着钉子可构造出各种各样的多边形. 我们记格多边形 P 的面积为 $S(P)$,并用 I 和 B 分别表示 P 内部和边上的格点数. 我们要问:这些格多边形的 $S(P), I, B$ 之间是否存在着某种相依关系？你不妨多画些格多边形,列出它们的 $S(P), I, B$ 的数据,分析一番,看能发现些什么规律？

图 8.7

解　平面上的格点是指坐标都是整数的点. 格多边形是指顶点都是格点的简单的(边不自交)多边形.

记格多边形 P 的面积为 $S(P)$,并用 B 和 I 分别表示 P 边上和内部的格点数目.

$S(P)$ 和 $B \cdot I$ 有相依关系吗?

画格图,画格多边形如图 8.8 所示.(有目的固定 I 时让 B 逐一增大;或固定 B 时让 I 逐一增大)

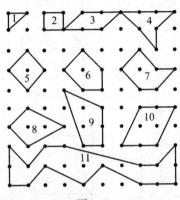

图 8.8

统计 $S(P),B,I$ 的有关数据,收集数据.列表:

图序	1	2	3	4	5	6	7	8	9	10	11
B	3	4	6	7	4	5	6	4	5	6	17
I	0	0	0	0	1	1	1	2	2	2	3
$S(P)$	0.5	1	2	2.5	2	2.5	3	3	3.5	4	10.5

分析数据,猜想结果.

观察表,可知:

(1) I 不变时,B 每增加 1,$S(P)$ 增大 0.5;

(2) B 不变时,I 每增加 1,$S(P)$ 增大 1.

从而应有

$$S(P) = \frac{B}{2} + I + C \quad (C \text{ 为待定常数})$$

任取一具体图数据(譬如 $B = 3, I = 0, S(P) = 0.5$)可推知 $c = -1$.也即有

$$S(P) = \frac{B}{2} + I - 1 \qquad ①$$

上述由一些特例推测出的公式是否对任一格多边形都正确呢?核对"$B = 17, I = 3, S(P) = 10.5$"的情况,自然会更加使人相信猜测是应该无误的.然而这结论还需证明.

结论的证明:

(1) 首先,当 $B=3$ 且 $I=0$ 时,格三角形面积为 $\frac{1}{2}$,称此时的三角形为平凡的,记为 T. 则有 $S(T) = \frac{1}{2} = \frac{3}{2} + 0 - 1$, 公式成立.

(2) 其次公式是可加的. 即当格多边形 P_1 与 P_2 仅有一条公共边时,若公式对 P_1, P_2 都成立,则公式对去掉 P_1, P_2 公共边界所得的格多边形 $P_1 + P_2$ 也必成立. 也即有

$$\left. \begin{array}{l} S(P_1) = \dfrac{B_1}{2} + I_1 - 1 \\ S(P_2) = \dfrac{B_2}{2} + I_2 - 1 \end{array} \right\} \Rightarrow S(P_1 + P_2) = S(P_3) = \dfrac{B_3}{2} + I_3 - 1$$

譬如,见图 8.9 所示

$$S(P_1) = \frac{8}{2} + 0 - 1 = 3$$

$$S(P_2) = \frac{9}{2} + 2 - 1 = 5.5$$

$$S(P_3) = S(P_1 + P_2) = \frac{11}{2} + 4 - 1 = 8.5$$

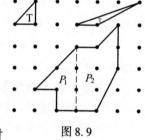

图 8.9

因为当 P_1, P_2 公共边上有 n 个格点 $(n \geq 2)$ 时,对 $P_1 + P_2 = P_3$ 而言

$$B_3 = B_1 + B_2 - 2n + 2$$
$$I_3 = I_1 + I_2 + (n - 2)$$

从而有

$$\frac{B_3}{2} + I_3 - 1 = \frac{1}{2}(B_1 + B_2 - 2n + 2) + (I_1 + I_2 + n - 2) - 1 =$$

$$\left(\frac{B_1}{2} + I_1 - 1\right) + \left(\frac{B_2}{2} + I_2 - 1\right) = S(P_1) + S(P_2) = S(P_3)$$

(3) 因为每个格多边形能由平凡三角形构成,所以利用数学归纳法及(1),(2) 知:公式 $S(P) = \dfrac{B}{2} + I - 1$ 对任一格多边形都成立.

该公式是 G. Pick(奥地利人,1859—1942)在 1899 年发现的. 故公式称为皮克公式.

关于皮克公式的引申：

记格多边形 P 含平凡三角形 T 的个数为 $n(P)$，则

$$\left.\begin{array}{l} S(P) = \dfrac{B}{2} + I - 1 \\ S(T) = \dfrac{1}{2} \end{array}\right\} \Rightarrow n(P) = 2S(P) = B + 2I - 2 \qquad ②$$

至此抛开格点的约束，也不强调平凡三角形，就有："当平面图形 P 有 B 个边界点和 I 个内点，则 P 的一般三角形部分中互不重叠的三角形的个数 $n(p) = B + 2I - 2$."

证明：不失一般，设 P 是凸的（否则，利用反射将凹部变成凸部分）B 边形，并设 P 能剖分成 n 个三角形．

一方面 n 个三角形的内角和为 $n \cdot 180°$．

另一方面 P 内的每个内点对应看一个周角（$360°$），而 P 的内角和为 $180°(B-2)$．于是有

$$n \cdot 180° = I \cdot 360° + (B-2) \cdot 180°$$

也即 $n = B + 2I - 2$．

B 边形 P 作三角形部分后共有多少边？

记剖分中所连的内线有 x 条．

每个三角形有 3 条边 n 个三角形有 $3n$ 条边．又因计算中每条内线作为相邻两三角形的公共边被计算了两次，而 P 的周界的 B 条边分别被计算了一次．故有

$$3n = 2x + B$$

$$x = \dfrac{1}{2}(3n - B)$$

$$B + x = \dfrac{1}{2}(3n + B) = \dfrac{1}{2}[3(B + 2I - 2) + B] = 2B + 3I - 3$$

于是，对剖分后的平面图有顶点 $(B+I)$ 个；有边 $(2B + 3I - 3)$ 条；有区域（三角形）$n(P) = B + 2I - 2$（个）．从而有

$$\text{顶点数} + \text{区域数} = (B + I) + (B + 2I - 2) = (2B + 3I - 3) + 1 = \text{边数} + 1$$

也即欧拉公式 ① 成立．

易见 P 的三角形剖分图中，每舍弃一条内边，就减少一个区域，此时欧拉公式 ① 仍然成立．而任一平面图都可由三角形剖分图通过不断舍弃内边而得到，

也即可推知欧拉公式对任一平面图均成立.

可见 $n(p) = B + 2I - 2$(从而皮克公式) 与 $V + R = A + 1$ 是等价的.

示意例子如图 8.10 所示：

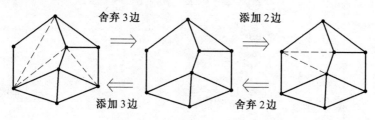

图 8.10

$B = 6, I = 2, n(P) = 8$ 的三角形剖分图. 外边 6 条, 内边 9 条也即

$$V = 8, A = 15, R = 8$$
$$V + R = A + 1$$
$$n(P) = B + 2I - 2$$

平面图
$$V = 8, A = 14, R = 7$$
$$V + R = A + 1$$

2. n 枚围棋子(黑、白子不限) 随意摆成一个圈. 规定：在同色相邻棋子间放一枚新的黑子, 在异色相邻子间放一枚新的白子. 然后拿走原来的 n 枚棋子, 留下 n 枚新子构成的一个圈. 这算做了一次调整. 不断调整下去, 会有什么结果发生呢？请尝试, 作出你的猜想和推断.

解 收缩, 具体化.

(1) $n = 1$, 无意义.

(2) $n = 2$, 肯定调整会终止在"两黑子", 且至多只需调整 2 次.

(3) $n = 3$, 可能会"全黑子", 也可能不会发生"全黑子". 譬如：全黑；

又如永远仅此一种圈, 无法全黑.

(4) $n = 4$ 呢？分类枚举？试一下知至多调整 4 次必全黑.

序号	黑子	白子	状态及调整情况	结果
1	4	0		0次全黑
2	3	1	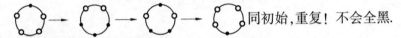	4次全黑
3	2	2		3次全黑
				2次全黑
4	1	3		4次全黑
5	0	4	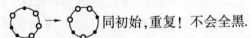	1次全黑

(5) $n=5$ 时，类似 $n=3$，未必会全黑！譬如：

→ → → 同初始，重复！不会全黑.

(6) $n=6$ 时，有：

→ → 同初始，重复！不会全黑.

(7) $n=7$ 时，有：

→ 同初始，重复！不会全黑.

(8) $n=8$ 时，找得到"不会全黑"的例吗？

分类，枚举，去尝试吗？去逐一检验吗？

对8个棋子而言，"圈"有多少个品种？

有30种不同的圈，你能罗列出它们吗？

全部情形的检验，肯定是件十分繁复又乏味的事！你想避开这种简单的操作吗？

尝试，不完全的尝试，不能作为以下结论的依据. 但是，尝试还是可以帮助我们去把握可能的结果！

尝试 $n=8$ 的某些具体"圈"出发的调整，结果全黑. 我们猜想："至多调整8次，可得到全部黑子的一个圈."

猜想的证实可通过数学建模、形式变换、字母代数等方法来实现.

下面将规则调整为：

黑子,黑子间放黑子;
白子,白子间放黑子;
黑子,白子间放白子.(白子,黑子间放白子)
此规则可联想为
$$1 \times 1 = (-1) \times (-1) = 1$$
$$1 \times (-1) = (-1) \times 1 = -1$$

那么原问题等价于:"8 个或为 1 或为 -1 的数围摆成一个圈,用相邻两数相乘所得的 8 个乘积作为新的数圈,……,不断做下去,是否会得到一个由 8 个 1 组成的圈为终结呢?"

我们(对 $n = 8$ 的)猜测是会得到 8 个 1 的终结圈.

为证明的方便,将"圈"剪断并拉直线"链". 也即:

"8 个绝对值为 1 的数摆成一(横排)组,把相邻两数(约定:尾数与首数为相邻)相乘所得的 8 个积依次排成的一横排称为新数组. 按产生新数组的方法不断做下去. 问:是否会终止于一个全由 1 组成的数组?"

为体现出发状态的一般性,我们用字母表示具体数.

令 $|a_i| = 1 (i = 1, 2, 3, \cdots, 8)$. 并将产生数组的过程列表表示,有残缺的表:

数组	数组的状态、项							
1	a_1	a_2	a_3	a_4	a_5	a_6	a_7	a_8
2	$a_1 a_2$	$a_2 a_3$	$a_3 a_4$	$a_4 a_5$	$a_5 a_6$	$a_6 a_7$	$a_7 a_8$	$a_8 a_1$
3	$a_1 a_2^2 a_3$	$a_2 a_3^2 a_4$	$a_3 a_4^2 a_5$					$a_8 a_1^2 a_2$
4	$a_1 a_2^3 a_3^3 a_4$	?						?
⋮	⋮							

问:每个数组中相邻项有什么关系? 每个数组的首项有什么特征? 列表(图 8.11),制造新数组的目的是什么? 我们期望出现的结果应该是什么?

答:每个数组中的项都有一样的形式,相邻项的关系是:后项下标是前项相应下标的"后继数". 当然,约定:数 8 的后继是数 1.

第 i 个数组的首项是由原数组(数组 1)前 i 个数,参加相乘运算形式表出的积. 项中每个数(字母)的方次依次恰是二项式 $(a+b)^{i-1}$ 展开式的系数. 也即第 i 个数组中的项的每个数(字母)的方次为"杨辉三角"的第 i 行.

$$\begin{array}{c} 1 \\ 1 \quad 1 \\ 1 \quad 2 \quad 1 \\ 1 \quad 3 \quad 3 \quad 1 \\ 1 \quad 4 \quad 6 \quad 4 \quad 1 \\ \vdots \\ 1 \quad C_{n-1}^1 \quad C_{n-1}^2 \cdots C_{n-1}^{n-2} \quad 1 \\ 1 \quad C_n^1 \quad C_n^2 \quad \cdots \quad C_n^{n-1} \quad 1 \end{array}$$

图 8.11

制造新数组的目的是:试图发现 8 项都一样的一个

新数组!

我们期望在数组 8 中能得到. 因为数组 8 中的每一项都是原来那 8 个数参与运算且形式相同!

排出每组首项,有

$$a_1, a_1a_2, a_1a_2^2a_3, a_1a_2^3a_3^3a_4, a_1a_2^4a_3^6a_4^4a_5$$

$$a_1a_2^5a_3^{10}a_4^{10}a_5^5a_6, a_1a_2^6a_3^{15}a_4^{20}a_5^{15}a_6^6a_7, a_1a_2^7a_3^{21}a_4^{35}a_5^{35}a_6^{21}a_7^7a_8$$

结果令人兴奋! 因为数组 8 的首项中每个数 a_i 的方次都是奇数! 考虑到 $|a_i|=1$,从而又可推断出数组 8 的每一项都是同一个数

$$a_1a_2a_3a_4a_5a_6a_7a_8 = \pm 1$$

若值为 1,说明已得到了全 1 的数组. 否则,再作一次相邻项的相乘,所得的数组 9 必是全 1 的数组.

产生数组 9,需 8 次(相乘)手续,故原问题对 $n=8$ 而言结论是:"至多经 8 次调整,必定会终结于全黑子的一个圈."

进一步推测问题的一般结果.

$n=2,4,8$ 时,至多调整 n 次必定终结于全黑的圈;

$n=3,5,6,7$ 时,都能找到例子说明,未必终结于全黑的圈.

这不禁使人会猜想:

"$n=2^k$(k 为自然数)时,至多调整 2^k 次,必定会终结于全黑的圈."

猜想是正确的. 它可由数学归纳法(并利用组合有关知识)来证明,请读者今后自己补上这一工作.

此问题来自 1961 年全俄(首届)数学竞赛十年级的一道试题(共 4 题):

"给定 2^k 个或是 1 或是 -1 的数,排成一数组. 规定一次调整为:每个数乘以它后面的数,最后一数乘以第一个数,得一新数组. 不断调整,试证:必能经有限次调整而得到一个全由 1 组成的数组."

我们作了三处改动:

(1) 2^k 改为 n;

(2) ± 1 的数组相乘运算改为黑子、白子的圈的调整;

(3) 试证一个结果(肯定的)改为问会有什么结果(不确定的). 目的:创造探究的情境,给学生以尝试、猜想、推断的机会;情景化中培养学生数学抽象、建模的能力;问题终结的开放性,设置研究的结果的多可能性,使学习更加贴近实际.

问题一般结果(2^k 个,至多 2^k 次,必全黑!)的证明类似于 $n=8$ 的证明. 令

$n = 2^k (k \in \mathbf{N})$,$|a_i| = 1$,$(i = 1, 2, \cdots, n)$.

从数组 $1:(a_1, a_2, \cdots, a_n)$ 开始,用相邻项乘的方法构造新数组.

首先,证明第 $(i+1)$ 个数组首项为
$$a_1^{C_i^0} a_2^{C_i^1} a_3^{C_i^2} \cdots a_{i+1}^{C_i^i}$$

(1) $i = 1$ 时,数组 2 的首项为 $a_1 a_2 = a_1^{C_1^0} a_2^{C_1^1}$.

(2) 假设 $i = k$ 时,数组 $(k+1)$ 的首项为 $a_1^{C_k^0} a_2^{C_k^1} \cdots a_{k+1}^{C_k^k}$,则 $i = k+1$ 时,数组 $(k+2)$ 的首项为
$$(a_1^{C_k^0} a_2^{C_k^1} a_3^{C_k^2} \cdots a_{k+1}^{C_k^k}) \cdot (a_2^{C_k^0} a_3^{C_k^1} a_4^{C_k^2} \cdots a_{k+2}^{C_k^k}) =$$
$$a_1^{C_k^0} a_2^{C_k^1 + C_k^0} a_3^{C_k^2 + C_k^1} \cdots a_{k+1}^{C_k^k + C_k^{k-1}} a_{k+2}^{C_k^k} =$$
$$a_1^{C_{k+1}^0} a_2^{C_{k+1}^1} a_3^{C_{k+1}^2} \cdots a_{k+1}^{C_{k+1}^k} a_{k+2}^{C_{k+1}^{k+1}}$$

由(1),(2)知(数学归纳法),经 $(n-1)$ 次调整后所得的数组 n 的各项依次为
$$a_1^{C_{n-1}^0} a_2^{C_{n-1}^1} a_3^{C_{n-1}^2} \cdots a_{n-1}^{C_{n-1}^{n-2}} a_n^{C_{n-1}^{n-1}}$$
$$a_2^{C_{n-1}^0} a_3^{C_{n-1}^1} a_4^{C_{n-1}^2} \cdots a_n^{C_{n-1}^{n-2}} a_1^{C_{n-1}^{n-1}}$$
$$\vdots$$
$$a_n^{C_{n-1}^0} a_1^{C_{n-1}^1} a_2^{C_{n-1}^2} \cdots a_{n-2}^{C_{n-1}^{n-2}} a_{n-1}^{C_{n-1}^{n-1}}$$

下面,显然只需证明 $C_{n-1}^i (i = 0, 1, 2, \cdots, n-1)$ 都是奇数.

若如此,则数组 n 的 n 项都因为
$$a_1 a_2 \cdots a_n = \pm 1$$
则结论成立.

现来证明:当 $n = 2^k$ 时,$C_{n-1}^i (i = 0, 1, 2, \cdots, n-1)$ 为奇数.

易见 $C_{n-1}^0 = 1$ 是奇数. $i = 1, 2, \cdots, n-1$ 时,令 $i = 2^p \cdot q$,其中 p 为非负整数且 q 为奇数. 于是
$$C_{n-1}^i = C_{2^k-1}^i = \frac{(2^k-1)(2^k-2)(2^k-3)(2^k-4)\cdots(2^k-i)}{1 \cdot 2 \cdot 3 \cdot 4 \cdots i} =$$
$$\frac{2^k-1}{1} \cdot \frac{2^k-2}{2} \cdot \frac{2^k-3}{3} \cdot \frac{2^k-4}{4} \cdots \frac{2^k-i}{i} =$$
$$\frac{2^k-1}{1} \cdot \frac{2^{k-1}-1}{1} \cdot \frac{2^k-3}{3} \cdot \frac{2^{k-2}-1}{1} \cdots \frac{2^{k-p}-q}{q} =$$
奇数 $\quad (2^p \leq 2^p q = i \leq n-1 = 2^k - 1 < 2^k, p < k)$

第三节　留给你思考的问题

1. 热身活动中有关猜想的证实.（见前面相关部分）

对算法设计的初步体验

第一节 热身活动,十分钟问答

1. 计算下列各题:

(1) $\dfrac{19\frac{5}{9} + 3\frac{9}{10} - 5.22}{19\frac{5}{9} - 6\frac{27}{50} + 5.22} \div \left(\dfrac{2\,000 \times 0.4}{2\,002 \times 0.5} + \dfrac{1.6}{2\,002}\right);$

(2) $11 + 192 + 1\,993 + 19\,994 + 199\,995;$

(3) $1 + 3 + 5 + 7 + \cdots + 17 + 19;$

(4) $1 + 2 + 4 + 8 + \cdots + 512 + 1\,024.$

解 (1) 记原式 $= A \div B$,变形,并注意添出相同或相近的项.

$$A = \dfrac{17\frac{5}{9} + \frac{9}{10} - \frac{11}{50}}{17\frac{5}{9} + (1 - \frac{27}{50}) + \frac{11}{50}} = \dfrac{17\frac{5}{9} + \frac{34}{50}}{17\frac{5}{9} + \frac{34}{50}} = 1$$

$$B = \dfrac{2\,000}{2\,002} \times \dfrac{4}{5} + \dfrac{1}{2\,002} \times \dfrac{8}{5} = \dfrac{1}{2\,002} \times \dfrac{4}{5} \times (2\,000 + 2) = \dfrac{4}{5}$$

$$原式 = 1 \div \dfrac{4}{5} = \dfrac{5}{4}$$

(2) 原式 $= (20 + 200 + 2\,000 + 20\,000 + 200\,000) - (9 + 8 + 7 + 6 + 5) = 222\,220 - 35 = 222\,185$

(3) 记和为 S 又 $19 = 2 \times 10 - 1$ 是第 10 个奇数，式中有 10 项．配对

$$S = (1 + 19) + (3 + 17) + (5 + 15) + (7 + 13) + (9 + 11) =$$
$$20 \times 5 = 100$$

(或算 $2S$，有

$$S = 1 + 3 + 5 + \cdots + 17 + 19$$
$$S = 19 + 17 + 15 + \cdots + 3 + 1$$
$$2S = (1 + 19) + (3 + 17) + (5 + 15) + \cdots + (17 + 3) + (19 + 1)$$

即 $2S = 20 \times 10 = 200, S = 100, S = \dfrac{1}{2}(1 + 19) \times 10.$)

(4) 记

$$S = 1 + 2 + 4 + 8 + \cdots + 512 + 1\,024 =$$
$$1 + (2 + 2^2 + 2^3 + \cdots + 2^9 + 2^{10}) \qquad ①$$

为采用错位相减抵消其主要求和部分，又

$$2S = (2 + 2^2 + 2^3 + \cdots + 2^{10}) + 2^{11} \qquad ②$$

式 ② - ① 得

$$S = 2^{11} - 1 = 2\,048 - 1 = 2\,047$$

2. 问：$A = 54\,321 \times 12\,345$ 与 $B = 54\,322 \times 12\,344$ 哪个大？

解 清理出同样的部分，有

$$A = 54\,321 \times (12\,344 + 1) = 54\,321 \times 12\,344 + 54\,321$$
$$B = (54\,321 + 1) \times 12\,344 = 54\,321 \times 12\,344 + 12\,344$$

易见 $A > B$．

第二节　探究活动，问题解决的实践

1. 求和：(1) $S = 1 + \dfrac{2}{3} + \dfrac{3}{3^2} + \dfrac{4}{3^3} + \cdots + \dfrac{11}{3^{10}}$；

(2) $S = \dfrac{1}{1 \times 2 \times 3} + \dfrac{1}{2 \times 3 \times 4} + \dfrac{1}{3 \times 4 \times 5} + \cdots + \dfrac{1}{98 \times 99 \times 100}$；

(3) $S = 1 \times 2 \times 3 + 2 \times 3 \times 4 + 3 \times 4 \times 5 + \cdots + 98 \times 99 \times 100$；

(4) $S = \dfrac{1}{2} + \dfrac{2}{2 \times 3} + \dfrac{3}{2 \times 3} + \dfrac{3}{2 \times 3 \times 4} + \dfrac{4}{2 \times 3 \times 4 \times 5} + \cdots +$

$$\frac{10}{2\times 3\times \cdots \times 10\times 11}.$$

解 分母成等比,分子成等差. 故

$$S = 1 + \frac{2}{3} + \frac{3}{3^2} + \frac{4}{3^3} + \cdots + \frac{11}{3^{10}} \quad ①$$

① $\cdot \frac{1}{3}$ 得

$$\frac{S}{3} = \frac{1}{3} + \frac{2}{3^2} + \frac{3}{3^3} + \cdots + \frac{10}{3^{10}} + \frac{11}{3^{11}} \quad ②$$

① − ② 得

$$\frac{2}{3}S = \left(1 + \frac{1}{3} + \frac{1}{3^2} + \frac{1}{3^3} + \cdots + \frac{1}{3^{10}}\right) - \frac{11}{3^{11}}$$

因为

$$\sigma = 1 + \frac{1}{3} + \frac{1}{3^2} + \frac{1}{3^3} + \cdots + \frac{1}{3^{10}}$$

$$\frac{\sigma}{3} = \frac{1}{3} + \frac{1}{3^2} + \frac{1}{3^3} + \cdots + \frac{1}{3^{10}} + \frac{1}{3^{11}}$$

$$\left(1 - \frac{1}{3}\right)\sigma = 1 - \frac{1}{3^{11}}, \sigma = \frac{1 - \frac{1}{3^{11}}}{1 - \frac{1}{3}} = \frac{3^{11} - 1}{2 \times 3^{10}}$$

所以

$$\frac{2}{3}S = \frac{3^{11} - 1}{2 \times 3^{10}} - \frac{11}{3^{11}} = \frac{3^{12} - 25}{2 \times 3^{11}}$$

$$S = \frac{3}{2}\left(\frac{3^{12} - 25}{2 \times 3^{11}}\right) =$$

$$\frac{9}{4}\left(1 - \frac{25}{3^{12}}\right) \approx \frac{9}{4} \quad \left(\frac{25}{3^{12}} \approx 0.0001058\right)$$

求解过程体现了"化生疏为熟悉","化未知为已知"的策略.

(2) 收缩,求和 $\sigma = \frac{1}{1\times 2} + \frac{1}{2\times 3} + \frac{1}{3\times 4} + \cdots + \frac{1}{98\times 99}$.

分析通项(一般项) $a_n = \frac{1}{n(n+1)}$ 变形,拆成两数之差,有

$$a_n = \frac{(n+1) - n}{n(n+1)} = \frac{1}{n} - \frac{1}{n+1} \quad (n = 1, 2, 3, \cdots, 98)$$

从而

$$\sigma = \frac{1}{1\times 2} + \frac{1}{2\times 3} + \frac{1}{3\times 4} + \cdots + \frac{1}{97\times 98} + \frac{1}{98\times 99} =$$

$$\left(1 - \frac{1}{2}\right) + \left(\frac{1}{2} - \frac{1}{3}\right) + \left(\frac{1}{3} - \frac{1}{4}\right) + \cdots + \left(\frac{1}{97} - \frac{1}{98}\right) + \left(\frac{1}{98} - \frac{1}{99}\right) =$$

$$1 - \frac{1}{99} = \frac{98}{99}$$

作类似处理即可解原题

$$a_n = \frac{1}{n(n+1)(n+2)} = \frac{1}{2(n+1)}\left[\frac{(n+2)-n}{n(n+2)}\right] =$$

$$\frac{1}{2}\left[\frac{1}{n(n+1)} - \frac{1}{(n+1)(n+2)}\right] \quad (n = 1,2,3,\cdots,99)$$

$$S = \frac{1}{1\times 2\times 3} + \frac{1}{2\times 3\times 4} + \frac{1}{3\times 4\times 5} + \cdots + \frac{1}{97\times 98\times 99} + \frac{1}{98\times 99\times 100} =$$

$$\frac{1}{2}\left[\left(\frac{1}{1\times 2} - \frac{1}{2\times 3}\right) + \left(\frac{1}{2\times 3} - \frac{1}{3\times 4}\right) + \left(\frac{1}{3\times 4} - \frac{1}{4\times 5}\right) + \cdots + \right.$$

$$\left.\left(\frac{1}{97\times 98} - \frac{1}{98\times 99}\right) + \left(\frac{1}{98\times 99} - \frac{1}{99\times 100}\right)\right] =$$

$$\frac{1}{2}\left(\frac{1}{1\times 2} - \frac{1}{99\times 100}\right) = \frac{1}{4} - \frac{1}{19\,800} = \frac{4\,949}{19\,800}$$

记 $\sum_{i=1}^{n} a_i = a_1 + a_2 + a_3 + \cdots + a_n$，那么可将问题进行推广.

项结构推广：设 k 为自然数，有

$$a_i = \frac{1}{i(i+1)\cdots(i+k)} =$$

$$\frac{1}{k(i+1)(i+2)\cdots(i+k-1)} \cdot \frac{k}{i(i+k)} =$$

$$\frac{1}{k(i+1)(i+2)\cdots(i+k-1)} \cdot \left(\frac{1}{i} - \frac{1}{i+k}\right) =$$

$$\frac{1}{k}\left[\frac{1}{i(i+1)\cdots(i+k-1)} - \frac{1}{(i+1)(i+2)\cdots(i+k)}\right]$$

$$(i = 1,2,3,\cdots,n)$$

$$\sum_{i=1}^{n} \frac{1}{i(i+1)\cdots(i+k)} =$$

$$\frac{1}{1\cdot 2\cdot\cdots\cdot k(1+k)} + \frac{1}{2\cdot 3\cdot\cdots\cdot(2+k)} + \cdots + \frac{1}{n(n+1)\cdots(n+k)} =$$

$$\frac{1}{k}\Big[\Big(\frac{1}{1\cdot 2\cdot\cdots\cdot k} - \frac{1}{2\cdot 3\cdot\cdots\cdot(1+k)}\Big) +$$

$$\Big(\frac{1}{2\cdot 3\cdot\cdots\cdot(1+k)} - \frac{1}{3\cdot 4\cdot\cdots\cdot(2+k)}\Big) + \cdots +$$

$$\Big(\frac{1}{n(n+1)\cdots(n-1+k)} - \frac{1}{(n+1)(n+2)\cdots(n+k)}\Big)\Big] =$$

$$\frac{1}{k}\Big[\frac{1}{1\cdot 2\cdot\cdots\cdot k} - \frac{1}{(n+1)(n+2)\cdots(n+k)}\Big] =$$

$$\frac{1}{k}\Big[\frac{1}{k!} - \frac{n!}{(n+k)!}\Big] \quad (k \in \mathbf{N})$$

$$\Big(\text{原题 } n = 98, k = 2, \sum_{i=1}^{98}\frac{1}{i(i+1)(i+2)} = \frac{1}{2}\Big(\frac{1}{2!} - \frac{98!}{100!}\Big)\Big)$$

项数的推广

$$\sum_{i=1}^{\infty}\frac{1}{i(i+1)(i+2)} = \frac{1}{1\times 2\times 3} + \frac{1}{2\times 3\times 4} + \frac{1}{3\times 4\times 5} + \cdots =$$

$$\frac{1}{2}\times\frac{1}{2!} = \frac{1}{4}$$

$$\sum_{i=1}^{\infty}\frac{1}{i(i+1)\cdots(i+k)} = \frac{1}{k}\cdot\frac{1}{k!}$$

(3) 分析通项,拆成两数之差,有

$$a_n = n(n+1)(n+2) = n(n+1)(n+2)\cdot\frac{1}{4}[(n+3) - (n-1)] =$$

$$\frac{1}{4}[n(n+1)(n+2)(n+3) - (n-1)n(n+1)(n+2)]$$

$$(n = 1, 2, 3, \cdots, 98)$$

$$S = \sum_{n=1}^{98}a_n = 1\times 2\times 3 + 2\times 3\times 4 + 3\times 4\times 5 + \cdots + 98\times 99\times 100 =$$

$$\frac{1}{4}[(1\times 2\times 3\times 4 - 0) + (2\times 3\times 4\times 5 - 1\times 2\times 3\times 4) +$$

$$(3\times 4\times 5\times 6 - 2\times 3\times 4\times 5) + \cdots +$$

$$(98\times 99\times 100\times 101 - 97\times 98\times 99\times 100)] =$$

$$\frac{1}{4}(98\times 99\times 100\times 101 - 0) = 24\,497\,550$$

推广至项数为 n 时,有

$$\sum_{i=1}^{n} i(i+1)(i+2) = 1\times 2\times 3 + 2\times 3\times 4 + \cdots + n(n+1)(n+2) = \frac{1}{4}n(n+1)(n+2)(n+3)$$

每项有连续 $(k+1)$ 个数相乘时,有

$$\sum_{i=1}^{n} i(i+1)(i+2)\cdots(i+k) = 1\cdot 2\cdot 3\cdots(1+k) + 2\cdot 3\cdot 4\cdots(2+k) + \cdots + n(n+1)(n+2)\cdots(n+k) = \frac{1}{k+2}\cdot n(n+1)(n+2)\cdots(n+k-1)$$

$(k \in \mathbf{N})$

(4) 分拆通项,有

$$a_n = \frac{n}{2\cdot\cdots\cdot(n+1)} = \frac{(n+1)-1}{1\cdot 2\cdot\cdots\cdot(n+1)} = \frac{1}{n!} - \frac{1}{(n+1)!} \quad (n=1,2,\cdots,10)$$

$$S = \left(1 - \frac{1}{2!}\right) + \left(\frac{1}{2!} - \frac{1}{3!}\right) + \left(\frac{1}{3!} - \frac{1}{4!}\right) + \cdots + \left(\frac{1}{10!} - \frac{1}{11!}\right) =$$

$$1 - \frac{1}{11!} = \frac{39\,916\,799}{39\,916\,800} \approx 1$$

2. 求积 (1) $p = \left(1 - \frac{1}{2^2}\right)\left(1 - \frac{1}{3^2}\right)\left(1 - \frac{1}{4^2}\right)\cdots\left(1 - \frac{1}{10^2}\right)$;

(2) $p = (1+2)(1+2^2)(1+2^4)(1+2^8)(1+2^{16})$.

解 (1) 利用公式 $a^2 - b^2 = (a-b)(a+b)$ 有

$$1 - \frac{1}{n^2} = \left(1 - \frac{1}{n}\right)\left(1 + \frac{1}{n}\right)$$

$$p = \left[\left(1 - \frac{1}{2}\right)\left(1 - \frac{1}{3}\right)\left(1 - \frac{1}{4}\right)\cdots\left(1 - \frac{1}{10}\right)\right] \times$$

$$\left[\left(1 + \frac{1}{2}\right)\left(1 + \frac{1}{3}\right)\left(1 + \frac{1}{4}\right)\cdots\left(1 + \frac{1}{10}\right)\right] =$$

$$\left(\frac{1}{2} \times \frac{2}{3} \times \frac{3}{4} \times \cdots \times \frac{9}{10}\right)\left(\frac{3}{2} \times \frac{4}{3} \times \frac{5}{4} \times \cdots \times \frac{11}{10}\right) = \frac{1}{10}\cdot\frac{11}{2} = \frac{11}{20}$$

(2) 乘个 1 因子 $(2-1)$,有

$$p = (2-1)(2+1)(2^2+1)(2^4+1)(2^8+1)(2^{16}+1) =$$
$$(2^2-1)(2^2+1)(2^4+1)(2^8+1)(2^{16}+1) =$$

$$(2^4-1)(2^4+1)(2^8+1)(2^{16}+1)=\cdots=$$
$$(2^{16}-1)(2^{16}+1)=2^{32}-1=4\,294\,967\,295$$

3. 已知
$$A=1-\frac{1}{2}+\frac{1}{3}-\frac{1}{4}+\cdots+\frac{1}{1\,999}-\frac{1}{2\,000}+\frac{1}{2\,001}-\frac{1}{2\,002}$$
$$B=\frac{1}{1\,002}+\frac{1}{1\,003}+\frac{1}{1\,004}+\cdots+\frac{1}{2\,001}+\frac{1}{2\,002}$$

问:A 和 B 谁大？为什么？

解 收缩试一试！

原题中,A 为前 $2n(n=1\,001)$ 个自然数的倒数用"+"、"-"交错连接构成；B 为这些倒数的后一半（第 1 002 个到第 2 002 个）的和. 取 $n=1,2,3$,有:

$n=1$ 时,$\left(1,\frac{1}{2}\right)$,$1-\frac{1}{2}=\frac{1}{2}$;

$n=2$ 时,$\left(1,\frac{1}{2},\frac{1}{3},\frac{1}{4}\right)$,$1-\frac{1}{2}+\frac{1}{3}-\frac{1}{4}=\frac{1}{3}+\frac{1}{4}$;

$n=3$ 时,$\left(1,\frac{1}{2},\frac{1}{3},\frac{1}{4},\frac{1}{5},\frac{1}{6}\right)$,$1-\frac{1}{2}+\frac{1}{3}-\frac{1}{4}+\frac{1}{5}-\frac{1}{6}=\frac{1}{4}+\frac{1}{5}+\frac{1}{6}$.

猜:应有 $A=B$.

证明:可得
$$A=1-\frac{1}{2}+\frac{1}{3}-\frac{1}{4}+\cdots+\frac{1}{2\,001}-\frac{1}{2\,002}=$$
$$\left(1+\frac{1}{2}+\frac{1}{3}+\frac{1}{4}+\cdots+\frac{1}{2\,001}+\frac{1}{2\,002}\right)-$$
$$2\left(\frac{1}{2}+\frac{1}{4}+\cdots+\frac{1}{2\,002}\right)=$$
$$\left(1+\frac{1}{2}+\frac{1}{3}+\frac{1}{4}+\cdots+\frac{1}{2\,001}+\frac{1}{2\,002}\right)-$$
$$\left(1+\frac{1}{2}+\frac{1}{3}+\cdots+\frac{1}{1\,001}\right)=$$
$$\frac{1}{1\,002}+\frac{1}{1\,003}+\cdots+\frac{1}{2\,002}=B$$

或从
$$A+\left(1+\frac{1}{2}+\frac{1}{3}+\frac{1}{4}+\cdots+\frac{1}{1\,001}\right)=$$

$$B + \left(1 + \frac{1}{2} + \frac{1}{3} + \frac{1}{4} + \cdots + \frac{1}{1\ 001}\right)$$

成立与否去考察.

推广,有一般结论

$$\frac{1}{1\cdot 2} + \frac{1}{3\cdot 4} + \frac{1}{5\cdot 6} + \cdots + \frac{1}{(2n-1)\cdot 2n} = \frac{1}{n+1} + \frac{1}{n+2} + \frac{1}{n+3} + \cdots + \frac{1}{2n}$$

(*)

易见

$$S(n) = \frac{1}{1\cdot 2} + \frac{1}{3\cdot 4} + \cdots + \frac{1}{(2n-1)\cdot 2n} =$$

$$\frac{1}{1} - \frac{1}{2} + \frac{1}{3} - \frac{1}{4} + \cdots + \frac{1}{2n-1} - \frac{1}{2n}$$

$$T(n) = \frac{1}{n+1} + \frac{1}{n+2} + \frac{1}{n+3} + \cdots + \frac{1}{2n}$$

当 $n = 1\ 001$ 时,$S(1\ 001) = A$;$T(1\ 001) = B$.

关于式(*)的证明如下:

证法 1:(构造恒等式) 因为有

$$\frac{1}{(2k-1)2k} = \frac{1}{2k-1} - \frac{1}{2k} = \frac{1}{2k-1} + \frac{1}{2k} - \frac{1}{k}$$

在上述恒等式中令 k 分别取 $1,2,3,\cdots,n$ 并将所得的 n 个式子两边各自相加,得

$$\frac{1}{1\cdot 2} + \frac{1}{3\cdot 4} + \cdots + \frac{1}{(2n-1)\cdot 2n} =$$

$$\left(\frac{1}{1} + \frac{1}{2} - \frac{1}{1}\right) + \left(\frac{1}{3} + \frac{1}{4} - \frac{1}{2}\right) + \cdots + \left(\frac{1}{2n-1} + \frac{1}{2n} - \frac{1}{n}\right) =$$

$$\left(\frac{1}{1} + \frac{1}{2} + \frac{1}{3} + \frac{1}{4} + \cdots + \frac{1}{2n-1} + \frac{1}{2n}\right) - \left(\frac{1}{1} + \frac{1}{2} + \cdots + \frac{1}{n}\right) =$$

$$\frac{1}{n+1} + \frac{1}{n+2} + \cdots + \frac{1}{2n}$$

证法 2:(数学归纳法)

(1) $n = 1$ 时,$S(1) = \frac{1}{1\times 2} = \frac{1}{1+1} = T(1)$,式(*)对 $n = 1$ 正确.

(2) 假设对 $k \geqslant 2$ 有 $S(k-1) = T(k-1)$,于是由

$$T(k) - T(k-1) = \frac{1}{2k-1} + \frac{1}{2k} - \frac{1}{k} =$$

$$\frac{1}{2k-1} - \frac{1}{2k} =$$

$$\frac{1}{(2k-1)2k} = S(k) - S(k-1)$$

知 $T(k) = S(k)$. 也即式($*$)在 $k-1$ 时成立,就必有 k 时也成立.

由(1),(2) 知:对所有的自然数 n 式($*$)都成立.

4. 用多种方法求和: $S = 1^2 + 2^2 + 3^2 + 4^2 + \cdots + 20^2$.

解 不妨考虑更一般的情形

$$\sum_{i=1}^{n} i^2 = S_{2,n} = 1^2 + 2^2 + 3^2 + \cdots + n^2 \quad (n \in \mathbf{N})$$

方法 1:化未知为已知

$$a_i = i^2 = (i^2 + i) - i = i(i+1) - i$$

$$S_{2,n} = \sum_{i=1}^{n} i^2 = \sum_{i=1}^{n} [i(i+1) - i] = \sum_{i=1}^{n} i(i+1) - \sum_{i=1}^{n} i$$

在第 3 题的推广公式中,令 $k = 1$ 有

$$\sum_{i=1}^{n} i(i+1) = 1 \cdot 2 + 2 \cdot 3 + 3 \cdot 4 + \cdots + n \cdot (n+1) = \frac{1}{3} n(n+1)(n+2)$$

又

$$S_{1,n} = \sum_{i=1}^{n} i = 1 + 2 + 3 + \cdots + n = \frac{1}{2} n(n+1)$$

从而

$$S_{2,n} = \frac{1}{3} n(n+1)(n+2) - \frac{1}{2} n(n+1) = \frac{1}{6} n(n+1)(2n+1)$$

方法 2: $a_i = i^2 = (i^2 - 1) + 1 = (i-1)(i+1) + 1$,又因为

$$(i-1)(i+1) = \frac{1}{6}[(i+3) - (i-3)](i-1)(i+1) =$$

$$\frac{1}{6}[(i-1)(i+1)(i+3) - (i-3)(i-1)(i+1)]$$

或者 $i(i+2) = \frac{1}{6}[i(i+2)(i+4) - (i-2)i(i+2)]$,故有

$$S_{2,n} = \sum_{i=1}^{n} i^2 = \sum_{i=1}^{n} [(i-1)(i+1) + 1] = n + \sum_{i=1}^{n} (i-1)(i+2)$$

$$\sum_{i=1}^{n}(i-1)(i+1) = 0+1\cdot3+2\cdot4+3\cdot5+4\cdot6+\cdots+$$
$$(n-2)\cdot n+(n-1)\cdot(n+1) =$$
$$\frac{1}{6}\{[1\cdot3\cdot5-(-1)\cdot1\cdot3]+$$
$$[2\cdot4\cdot6-0\cdot2\cdot4]+$$
$$[3\cdot5\cdot7-1\cdot3\cdot5]+$$
$$[4\cdot6\cdot8-2\cdot4\cdot6]+\cdots+$$
$$[(n-2)\cdot n\cdot(n+2)-(n-4)\cdot(n-2)\cdot n]+$$
$$[(n-1)\cdot(n+1)\cdot(n+3)-$$
$$(n-3)\cdot(n-1)\cdot(n+1)]\} =$$
$$\frac{1}{6}[(n-2)\cdot n\cdot(n+2)+$$
$$(n-1)\cdot(n+1)\cdot(n+3)-$$
$$(-1)\cdot1\cdot3-0\cdot2\cdot4] =$$
$$\frac{1}{6}(2n^3+3n^2-5n)$$

从而

$$S_{2,n} = n+\frac{1}{6}(2n^3+3n^2-5n) = \frac{1}{6}n(n+1)(2n+1)$$

方法3：由两数和立方公式，有

$$(k+1)^3 = k^3+3k^2+3k+1$$

用 $k=1,2,3,\cdots,n$ 代入上式，有

$$2^3 = 1^3+3\times1^2+3\times1+1$$
$$3^3 = 2^3+3\times2^2+3\times2+1$$
$$4^3 = 3^3+3\times3^2+3\times3+1$$
$$5^3 = 4^3+3\times4^2+3\times4+1$$
$$\vdots$$
$$n^3 = (n-1)^3+3\cdot(n-1)^2+3\cdot(n-1)+1$$
$$(n+1)^3 = n^3+3\cdot n^2+3\cdot n+1$$

将 n 个式子相加，得

$$(n+1)^3 = 1^3+3\cdot S_{2n}+3\cdot S_{1,n}+n$$

考虑到 $S_{1,n} = 1 + 2 + 3 + \cdots + n = \frac{1}{2}n(n+1)$，有

$$S_{2,n} = \frac{1}{3}\left[(n+1)^3 - (n+1) - \frac{3}{2}n(n+1)\right] = \frac{1}{6}n(n+1)(2n+1)$$

其他方法还有：积分法、利用双重和去伸缩法、母函数法、图解法、……

另外，可利用 $S_{1,n}$ 和 $S_{2,n}$ 去求 $S_{3,n} = \sum_{i=1}^{n} i^3$，从而将方法 3 推广.

5. 是否存在常数 a, b, c 使等式

$$1 \cdot 2^2 + 2 \cdot 3^2 + \cdots + n \cdot (n+1)^2 = \frac{n(n+1)}{12}(an^2 + bn + c)$$

对一切自然数 n 都成立？并证明你的结论.

解法 1 （1）假设存在 a, b, c 使等式成立，令 $n = 1, 2, 3$ 分别代入得 3 个条件等式（三元一次方程组），解出 $a = 3, b = 11, c = 10$. 至此，等式仅对 $n = 1, 2, 3$ 成立. 接着再用数学归纳法证明

$$1 \cdot 2^2 + 2 \cdot 3^2 + \cdots + n \cdot (n+1)^2 = \frac{n(n+1)}{12}(3n^2 + 11n + 10)$$

对任何自然数成立.

（2）化通项 $a_i = i(i+1)^2 = i^3 + 2i^2 + i$ 后，利用

$$\sum_{i=1}^{n} i = \frac{n(n+1)}{2}, \sum_{i=1}^{n} i^2 = \frac{1}{6}n(n+1)(2n+1), \sum_{i=1}^{n} i^3 = \left[\frac{n(n+1)}{2}\right]^2$$

便可将等式左推导出等式右.

记 $a_i = i(i+1)^2 = i(i+1)[(i+2) - 1] = i(i+1)(i+2) - i(i+1)$

则利用第 3 题结论有

$$S_n = 1 \cdot 2^2 + 2 \times 3^2 + \cdots + n(n+1)^2 =$$

$$\sum_{i=1}^{n} i(i+1)(i+2) - \sum_{i=1}^{n} i(i+1) =$$

$$\frac{1}{4}n(n+1)(n+2)(n+3) - \frac{1}{3}n(n+1)(n+2) =$$

$$\frac{1}{12}n(n+1)[3(n+2)(n+3) - 4(n+2)] =$$

$$\frac{1}{12}n(n+1)(3n^2 + 11n + 10)$$

所以 $a = 3, b = 11, c = 10$ 使等式对一切自然数 n 成立.

解法 2 用组合数及组合公式,有

$$a_i = i(i+1)^2 = i(i+1)(i+2) - i(i+1) = 6C_{i+2}^3 - 2C_{i+1}^2$$

$$S_n = 1 \cdot 2^2 + 2 \cdot 3^2 + \cdots + n \cdot (n+1)^2 = \sum_{i=1}^{n}[6C_{i+2}^3 - 2C_{i+1}^2] =$$

$$6(C_3^3 + C_4^3 + \cdots + C_{n+2}^3) - 2(C_2^2 + C_3^2 + \cdots + C_{n+1}^2)$$

考虑到 $C_3^3 = C_4^4, C_2^2 = C_3^3, C_i^k + C_i^{k-1} = C_{i+1}^k$,有

$$S_n = 6C_{n+3}^4 - 2C_{n+2}^3 = \frac{1}{12}n(n+1)(3n^2+11n+10)$$

也即存在 $a = 3, b = 11, c = 10$ 使等式对一切自然数成立.

6. 求 $S = 1 + \dfrac{1}{\sqrt{2}} + \dfrac{1}{\sqrt{3}} + \cdots + \dfrac{1}{\sqrt{1\,004\,004}}$ 的整数部分.

解 所求问题等价于确定 S 介于哪两个连续整数之间.

记式子右方第 k 项为 a_k,则

$$a_k = \frac{1}{\sqrt{k}} = \frac{2}{\sqrt{k}+\sqrt{k}} > \frac{2}{\sqrt{k}+\sqrt{k+1}} = 2(\sqrt{k+1}-\sqrt{k})$$

$$a_k = \frac{1}{\sqrt{k}} = \frac{2}{\sqrt{k}+\sqrt{k}} < \frac{2}{\sqrt{k}+\sqrt{k-1}} = 2(\sqrt{k}-\sqrt{k-1})$$

从而,将每项缩小有

$$S > 2(\sqrt{2}-\sqrt{1}) + 2(\sqrt{3}-\sqrt{2}) + 2(\sqrt{4}-\sqrt{3}) + \cdots +$$
$$2(\sqrt{1\,004\,005}-\sqrt{1\,004\,004}) =$$
$$2(\sqrt{1\,004\,005}-1) > 2(\sqrt{1\,004\,004}-1) =$$
$$2(1\,002-1) = 2\,002$$

并将第 2 项起放大,有

$$S < 1 + 2(\sqrt{2}-\sqrt{1}) + 2(\sqrt{3}-\sqrt{2}) + \cdots +$$
$$(\sqrt{1\,004\,004}-\sqrt{1\,004\,003}) =$$
$$1 + 2(\sqrt{1\,004\,004}-\sqrt{1}) =$$
$$1 + 2(1\,002-1) = 2\,003$$

于是

$$2\,002 < S < 2\,003$$

也即 S 的整数部分是 $2\,002$.

第三节　留给你思考的问题

1. 求和：

(1) $\dfrac{7}{16} + \dfrac{19}{64} + \dfrac{1}{4} + \dfrac{3}{8}$；

(2) $\dfrac{1}{3} + \dfrac{1}{8} + \dfrac{1}{15} + \dfrac{1}{24} + \dfrac{1}{35} + \dfrac{1}{48} + \dfrac{1}{63} + \dfrac{1}{80} + \dfrac{1}{99} + \dfrac{1}{120}$；

(3) $1\dfrac{1}{10} + 4\dfrac{1}{40} + 7\dfrac{1}{88} + 10\dfrac{1}{154} + \cdots + 28\dfrac{1}{928}$；

(4) $2 + 22 + 222 + \cdots + \underbrace{22\cdots 2}_{n\text{个}2}$．

解　(1) 用"凑 1"的方法即

$$\dfrac{7}{16} + \dfrac{19}{64} + \dfrac{1}{4} + \dfrac{3}{8} = \left(\dfrac{7}{16} + \dfrac{1}{4} + \dfrac{3}{8}\right) + \dfrac{19}{64} =$$

$$\left(\dfrac{7}{16} + \dfrac{4}{16} + \dfrac{6}{16} - \dfrac{1}{16}\right) + \dfrac{19}{64} + \dfrac{1}{16} =$$

$$1 + \dfrac{19}{64} + \dfrac{4}{64} = 1\dfrac{23}{64}$$

(2) 裂项抵消：第 i 项变形有

$$a_i = \dfrac{1}{i(i+2)} = \dfrac{1}{2} \cdot \dfrac{(i+2)-i}{i(i+2)} = \dfrac{1}{2}\left(\dfrac{1}{i} - \dfrac{1}{i+2}\right) \quad (i = 1,2,3,\cdots,10)$$

$$\dfrac{1}{3} + \dfrac{1}{8} + \dfrac{1}{15} + \dfrac{1}{24} + \dfrac{1}{35} + \dfrac{1}{48} + \dfrac{1}{63} + \dfrac{1}{80} + \dfrac{1}{99} + \dfrac{1}{120} =$$

$$\dfrac{1}{1\cdot 3} + \dfrac{1}{2\cdot 4} + \dfrac{1}{3\cdot 5} + \cdots + \dfrac{1}{10\cdot 12} =$$

$$\dfrac{1}{2}\left[\left(1 - \dfrac{1}{3}\right) + \left(\dfrac{1}{2} - \dfrac{1}{4}\right) + \left(\dfrac{1}{3} - \dfrac{1}{5}\right) + \cdots + \left(\dfrac{1}{10} - \dfrac{1}{12}\right)\right] =$$

$$\dfrac{1}{2}\left[\left(1 + \dfrac{1}{2} + \dfrac{1}{3} + \cdots + \dfrac{1}{10}\right) - \left(\dfrac{1}{3} + \dfrac{1}{4} + \dfrac{1}{5} + \cdots + \dfrac{1}{12}\right)\right] =$$

$$\dfrac{1}{2}\left[\left(1 + \dfrac{1}{2}\right) - \left(\dfrac{1}{11} + \dfrac{1}{12}\right)\right] = \dfrac{175}{264}$$

(3) 重新组合，等比，裂项抵消．

原式 $= (1 + 4 + 7 + 10 + \cdots + 28) + \left(\dfrac{1}{10} + \dfrac{1}{40} + \dfrac{1}{88} + \dfrac{1}{154} + \cdots + \dfrac{1}{928}\right) =$

$[1 + (1 + 3 \times 1) + (1 + 3 \times 2) + (1 + 3 \times 3) + \cdots + (1 + 3 \times 9)] +$

$\left(\dfrac{1}{2 \times 5} + \dfrac{1}{5 \times 8} + \dfrac{1}{8 \times 11} + \dfrac{1}{11 \times 14} + \cdots + \dfrac{1}{29 \times 32}\right) =$

$\dfrac{1}{2}(1 + 28) \times 10 + \dfrac{1}{3}\left[\left(\dfrac{1}{2} - \dfrac{1}{5}\right) + \left(\dfrac{1}{5} - \dfrac{1}{8}\right) + \left(\dfrac{1}{8} - \dfrac{1}{11}\right) + \cdots + \left(\dfrac{1}{29} - \dfrac{1}{32}\right)\right] = 145 + \dfrac{1}{3}\left(\dfrac{1}{2} - \dfrac{1}{32}\right) = 145\dfrac{5}{32}$

(4) 可得

原式 $= \dfrac{2}{9}(9 + 99 + 999 + \cdots + \underbrace{99\cdots9}_{n \uparrow 9}) =$

$\dfrac{2}{9}[(10 + 10^2 + 10^3 + \cdots + 10^n) - n] =$

$\dfrac{2}{9}\left[\dfrac{10^{n+1} - 10}{10 - 1} - n\right] = \dfrac{2}{81}(10^{n+1} - 9n - 10)$

$S = 10 + 10^2 + 10^3 + \cdots + 10^n$

$10S = 10^2 + 10^3 + 10^4 + \cdots + 10^{n+1}$

$(10 - 1)S = 10^{n+1} - 10$

$S = \dfrac{10^{n+1} - 10}{10 - 1}$

2. 确定数 $A = \dfrac{1}{\dfrac{1}{100} + \dfrac{1}{101} + \dfrac{1}{102} + \cdots + \dfrac{1}{199}}$ 的整数部分.

解 分子不变,分母变大(小)时,分数的值就变小(大).

由

$1 = \dfrac{1}{\dfrac{1}{100} + \dfrac{1}{100} + \cdots + \dfrac{1}{100}} < A < \dfrac{1}{\dfrac{1}{199} + \dfrac{1}{199} + \cdots + \dfrac{1}{199}} = 1.99$

知 A 整数部分为 1.

3. 求 $1, 2, 3, \cdots, 10^n - 1$ 这 $(10^n - 1)$ 个数中的所有数字之和 A_n.

解 譬如 $n = 2$ 时,$1, 2, 3, \cdots, 98, 99$ 这 99 个数的所有数字之和为

$A_2 = 1 + 2 + 3 + 4 + 5 + 6 + 7 + 8 + 9 + (1 + 0) + (1 + 1) + \cdots + (9 + 8) + (9 + 9) = 900$

将 $0,1,2,\cdots,99$ 这 100 个数分成 10 段:$0\sim 9,10\sim 19,20\sim 29,30\sim 39,\cdots,90\sim 99$.每段 10 个数的个位数字之和都等于 $1+2+3+\cdots+9=45$;各段 10 个数的十位数字之和分别为 $10k(i=0,1,2,3,\cdots,9)$.于是所求数为

$$A_4 = 45\times 10 + (1+2+3+\cdots+9)\times 10 = 900$$

对一般的自然数 n 怎么办?

对 $n=2$:先补个数 0,然后将 $0,1,2,\cdots,99$ 这 100 个两两配对:0 与 99,1 与 98,2 与 97,$\cdots$,49 与 50.易见每对两数的数字和皆为 $9+9=18=9\times 2$,故 100 个数的数字之和为

$$A_2 = (9\times 2)\times \frac{100}{2} = 900$$

推广到一般,有

$1,2,3,\cdots,10^n-1$ 这 (10^n-1) 个数的所有数字之和.也即 $0,1,2,3,\cdots,10^n-1$ 这 10^n 个数的所有数字之和 A_n.将 10^n 个数配成 $\frac{10^n}{2}$ 对,而 0 与 9$\cdots$99,1 与 9$\cdots$98,2 与 9$\cdots$97,$\cdots$,49$\cdots$9 与 50$\cdots$0,每对两数的数字之和为 $9n$,故

$$A_n = 9n\cdot\frac{10^n}{2} = 45n\cdot 10^{n-1}$$

4. 计算 $\dfrac{1^2+2^2}{1\times 2}+\dfrac{2^2+3^2}{2\times 3}+\dfrac{3^2+4^2}{3\times 4}+\cdots+\dfrac{100^2+101^2}{100\times 101}$.

解 考虑通项

$$a_i = \frac{i^2+(i+1)^2}{i(i+1)} = \frac{i}{i+1} + \frac{i+1}{i} = \frac{i+1-1}{i+1}+\frac{i+1}{i} = 2+\frac{1}{i}-\frac{1}{i+1} \quad (i=1,2,\cdots,100)$$

于是

原式 $= 2\times 100 + (\dfrac{1}{1}+\dfrac{1}{2}+\dfrac{1}{3}+\cdots+\dfrac{1}{100}) - (\dfrac{1}{2}+\dfrac{1}{3}+\dfrac{1}{4}+\cdots+\dfrac{1}{101}) =$

$200 + (1-\dfrac{1}{101}) = 200 + \dfrac{100}{101}$

推广到一般,有

$$\frac{1^2+2^2}{1\cdot 2}+\frac{2^2+3^2}{2\cdot 3}+\frac{3^2+4^2}{3\cdot 4}+\cdots+\frac{n^2+(n+1)^2}{n\cdot(n+1)} =$$

$$2n + (1-\frac{1}{n+1}) = 2n + \frac{n}{n+1}$$

奇偶性分析

第一节　热身活动,十分钟问答

1. 能否将 $1,2,3,\cdots,9$ 这九个数分别填入图 10.1 的九个方格中,使每行 3 格中的三个数的和都为偶数?

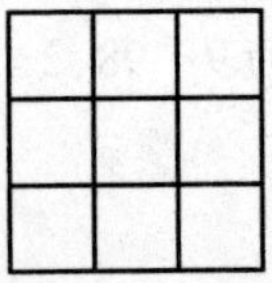

解　不能! 假如每行三数之和都是偶数,则填入的九个数的和等于 3 个偶数之和,它仍为偶数. 但是

$$1+2+3+\cdots+9=45$$

是奇数! 矛盾.

图 10.1

2. 从 300 到 1 000 中的所有 3 的倍数的和是奇数还是偶数?

解　为奇数.

300~1 000 内 3 的倍数由小到大排列为

$$300,303,306,309,\cdots,996,999$$

共有 $(999-300)\div 3+1=234$(个). 其中奇数为

$$303,309,315,\cdots,993,999$$

共有 $(999-303)\div 6+1=117$(个). 这 117 个奇数的和是奇数,所以 234 个 3 的倍数的和仍为奇数.

3. 若 a,b,c 中有一个是 2 001,有一个是 2 002,有一个是 2 003.请判定乘积 $(a-1)(b-2)(c-3)$ 的奇偶性.

解法 1 2 001,2 002,2 003 中有两个奇数,所以 a 和 c 中至少一个是奇数.若 a 为奇数,则 $(a-1)$ 是偶数;若 c 是奇数,则 $(c-3)$ 是偶数.于是乘积 $(a-1)(b-2)(c-3)$ 必定为偶数.

解法 2 因为 $(a-1)+(b+2)+(c-3)=(a+b+c)-6=(2\ 001+2\ 002+2\ 003)-6$ 是偶数,所以 $(a-1),(b-2),(c-3)$ 中至少有一个为偶数(否则三个奇数之和必为奇数!),从而乘积 $(a-1)(b-2)(c-3)$ 为偶数.

推广:假设 $a_1,a_2,\cdots,a_n$ 是数 $1,2,\cdots,n$ 的某种排列.证明:当 n 是奇数时,乘积 $(a_1-1)(a_2-2)\cdots(a_n-n)$ 是偶数.

证法 1:设 $n=2k-1$(k 为某自然数),它是乘积

$$(a_1-1)(a_2-2)\cdots(a_n-n)$$

的因子数.在每个因子中包含两个数:被减数和减数.在被减数和减数中分别都有 k 个奇数,即

$$1=2\times 1-1, 3=2\times 2-1, n=2k-1$$

于是在 $2k-1$ 个因子中有 $2k$ 个奇数,于是至少有一个因子含有两个奇数,从而这个因子是偶数,整个乘积也是偶数.

证法 2:乘积因子个数为奇数,而所有因子的和等于

$$(a_1-1)+(a_2-2)+\cdots+(a_n-n)=0$$

零为偶数.如果因子都是奇数,那么它们的和是(奇数个奇数的和)奇数.所以乘积因子中至少有一个偶数,于是乘积是偶数.

4. 四个自然数之和为 19,问它们的平方和能否等于 100?

解 不能!

设自然数 a,b,c,d 的和为 19(奇数),则 a,b,c,d 之中应该是"一奇三偶"或"三奇一偶".又因奇数的平方为奇数,偶数的平方为偶数.故 a^2,b^2,c^2,d^2 中也是"一奇三偶"或"三奇一偶",从而 $a^2+b^2+c^2+d^2$ 为奇数.而 100 为偶数,所以不可能.

5. 点数为 2,6,10 的纸牌各四张,问能否从这 12 张牌中找出和为 52 的 7 张牌?

解 不能!由 $2=2\times 1, 6=2\times 3, 10=2\times 5$ 和,12 张牌的每一张的点数都是奇数的 2 倍,从而 7 张牌的点数和为 7 个奇数和的 2 倍,它仍是一个奇数的 2 倍.而 $52=2\times 26$ 是一个偶数的 2 倍.故不能.

关于奇数、偶数的一些简单事实的罗列.

1. 自然数分两大类:

不能被 2 整除的一类,奇数:$1,3,5,\cdots$ 记为 $2n-1(n\in \mathbf{N})$.

能被 2 整除的一类,偶数:$2,4,6,\cdots$ 记为 $2n(n\in \mathbf{N})$.

(有时将奇、偶扩展到整数范围,这样 0 也为偶数)

2. 一个数要么是奇数要么是偶数,但不能既是奇数又是偶数. 也即一个整数非奇即偶.

3. 奇数不等于偶数.

4. 同奇偶的两数之和为偶数;不同奇偶的两数之和为奇数. 推广有:

奇数个奇数的和为奇数.

偶数个奇数的和为偶数.

任意有限个偶数的和为偶数.

5. 两个奇数的乘积为奇数;两个偶数之积或一个奇数和一个偶数之积都是偶数. 推广可知若干个整数相乘时,有:

乘积为奇数等价于每个乘数都为奇数;

乘积为偶数等价于乘数中至少有一个是偶数.

整数 n 加一个偶数,和与 n 的奇偶性相同;

整数 n 加一个奇数,和与 n 的奇偶性不同;

整数 n 乘一个奇数,积与 n 的奇偶性相同.

相邻两整数的和(积)必为奇(偶)数.

k 个偶数的积必是 2^k 的倍数.

运用上述结论去解决问题的方法就是奇偶性分析.

第二节 探究活动,问题解决的实践

1. 9 枚硬币每次翻其中 6 枚时,不可能将它们全部翻个个儿!

证明 因为将一枚硬币从"面"朝上翻成"背"朝上,必须翻动奇数次. 将 9 枚硬币从"面"朝上都翻成"背"朝上,所需翻动的总次数是 9 个奇数之和,仍为一个奇数! 而另一方面规定的操作为每次选定 6 枚且每枚都翻一次,也即一次操作(同时)翻动6次.若干次操作的翻动总次数始终是6的倍数,是一个偶数!奇数不等于偶数,故不可能!

若"9枚硬币"改成"10枚硬币",操作可以使10枚都从"面"朝上翻成"背"朝上.不妨考虑其一半的情形(5枚;每次翻3枚)有:(以"+"、"-"分别表示"面"、"背"朝上)

硬币序号	1	2	3	4	5	6	7	8	9	10
初始状态	+	+	+	+	+	+	+	+	+	+
1次操作后	-	-	-	+	+	+	+	-	+	+
2次操作后	-	+	+	-	+	-	+	-	-	+
3次操作后	-	-	+	-	-	-	-	-	-	-

2. 条件1:五个两位数和最小;

条件2:五个两位数和为奇数.

求满足条件1,2的五个两位数的和.

解 逐一考虑条件,并作适当调整.考虑条件1,则五个两位数的五个十位数字必须取1,2,3,4,5;从而个位数字取0,6,7,8,9.易见此时五个两位数中仅有两个奇数,也即五个两位数之和为偶数.考虑到条件2,知五个两位数中的奇数必须有奇数个!于是,需将"十位数字"与"个位数字"作对调.再考虑到条件1,易见应将"6"与"5"互换.

从而知五个两位数的十位数字分别取1,2,3,4,6且个位数字分别为0,5,7,8,9时,五个两位数的和为最小奇数

$$(1+2+3+4+6) \times 10 + (0+5+7+8+9) = 189$$

3. 开始灯全关,每盏灯都不亮.于是,易见当开关被拉了奇数(偶数)次的电灯最后是亮(不亮)的.而第n号灯的开关,被拉的次数应等于n的正约数的个数.譬如:

第15号灯被4人(第1,3,5,15个小孩)拉过4次,它不亮;

第36号灯被9人(第1,2,3,4,5,6,9,12,18,36个小孩)拉过9次,它亮.

所以,问题即确定1~100中哪些数有奇数个正约数.考察分析最初的情况,有:

n	n 的约数	个数
1	1	①
2	1,2	2
3	1,3	2
4	1,2,4	③
5	1,5	2
6	1,2,3,6	4
7	1,7	2
8	1,2,4,8	4
9	1,3,9	③
10	1,2,5,10	4
11	1,11	2
12	1,2,3,4,6,12	6
13	1,13	2
14	1,2,7,14	4
15	1,3,5,15	4
16	1,2,4,8,16	⑤
17	1,17	2
18	1,2,3,6,9,18	6
19	1,19	2
20	1,2,4,5,10,20	6
21	1,3,7,21	4
22	1,2,11,22	4
23	1,23	2
24	1,2,3,4,6,8,12,24	8
25	1,5,25	③

从中发现:非平方数 n 的约数有偶数个;平方数 n 的约数有奇数个.

证实上述发现:

设 n 为非平方数,正整数 a 为 n 的一个约数,且 $n \div a = b$. 则 b 也为 a 的一个正约数,即有

$$n = a \cdot b$$

因为 n 不是平方数,故 $a \neq b$. 也即 a, b 为 n 的两个不同约数,这说明非平方数 n 的约数是两两成双配对出现的,所以非平方数 n 的约数有偶数个.

又设 n 为平方数且 $n = a^2$,对约数 a 而言,它与自己配对,a 只是一个约数,易见除 a 之外的约数仍然是成双配对出现的,故平方数 n 的约数有奇数个.

由上可知100之内的平方数有10个:1,4,9,16,25,36,49,64,81和100.所以号码为 $n = k^2(k = 1,2,3,\cdots,10)$ 的10盏灯最终是亮的.

4. 方程 $x^2 - 16nx + 5^3 = 0 (n \in \mathbf{Z})$ 是否有整数解?

解 取具体的 n 试试,有:

n	方程	解
1	$x^2 - 16x + 125 = 0$	$8 \pm \sqrt{61}i$
2	$x^2 - 32x + 125 = 0$	$16 \pm \sqrt{131}$
-3	$x^2 + 48x + 125 = 0$	$-24 \pm \sqrt{451}$
$\vdots$	$\vdots$	$\vdots$

猜想:无整数解.

证明(猜想):设题设方程有两根 x_1 和 x_2,由韦达定理知
$$x_1 + x_2 = 16n, x_1 \cdot x_2 = 5^3$$
可见若一根为整数则另一个根也必为整数.考虑到5为质数,两根可表示为
$$x_1 = 5^k, x_2 = 5^h, 或 x_1 = -5^k, x_2 = -5^h$$
其中 $k + h = 3$,从而 $5^k + 5^h = \pm 16n$,不妨设 $k > h$,此时有
$$k - h = (k + h) - 2h = 3 - 2h$$
为奇数,于是
$$\pm 16n = 5^k + 5^h = 5^h(5^{k-h} + 1) \qquad ①$$
利用恒等式: n 为奇数时有
$$a^n + b^n = (a + b)(a^{n-1} - a^{n-2}b + a^{n-3}b^2 - \cdots - ab^{n-2} + b^{n-1})$$
$$b = 1: a^n + 1 = (a + 1)(a^{n-1} - a^{n-2} + a^{n-3} - \cdots - a + 1)$$
得
$$5^{k-h} + 1 = 6(5^{k-h-1} - 5^{k-h-2} + 5^{k-h-3} - \cdots - 5 + 1) \qquad ②$$

式②右方的括号中每项都是奇数,且项数 $k - h = 3 - 2h$ 也为奇数,故括号中的代数和为奇数,记它为 l. 则由式① 得
$$\pm 16n = 5^h \cdot 6l$$
也即
$$\pm 8n = 5^h \cdot 3l$$
上式左方是偶数而右方为奇数,矛盾! 故方程无整数解.

下面对本题作进一步地讨论:

1. 考虑到 x_1, x_2 为整数的假设,又 $\begin{cases} k + h = 3 \\ k > h \end{cases}$,故可由 $k = 3, h = 0$ 和 $k = 2$, $h = 1$ 两情况分别代入

$$5^k + 5^h = \pm 16n$$

导出矛盾去证. 有:

(1) $k=3, h=0$ 时,代入式 ① 有

$$\pm 16n = 5^3 + 5^0 = 5^3 + 1 = 126$$
$$\pm 8n = 63$$

矛盾!

(2) $k=2, h=1$ 时,代入式 ① 有

$$\pm 16n = 5^2 + 5 = 30$$
$$\pm 8n = 15$$

矛盾!

题设方程的常数项 "5^3" 可换成更一般的形式,"3" 可换成任一正奇数;"5" 可换成某些质数,如:3,7,11,…,29 等. 只需这些质数与 1 的和都不能被 16 除尽. 当然,"5" 不能换成 31 $(31+1=32=16\times 2)$ 易见方程

$$x^2 - 16nx + 31 = 0$$

在 $n=2$ 时有整数解 $x=1, x=31$.

5. 对 $1,1,2,2,\cdots,n,n$ 这 $2n$ 个数,是否能排成一行,使两个 k 之间夹着 k 个数 $(k=1,2,\cdots,n-1,n)$. 若可能,则请给出一个具体的符合要求的排法来. 否则,请说清楚(证明) 不可能的理由.

解 收缩,感受一下简单的情形并企图得到点启示.

$n=1$ 时,易见不存在符合要求的排法;

$n=2$ 时,同样不存在符合要求的排法;

$n=3$ 时, $n=4$ 时,符合要求的排法都存在,譬如:3,1,2,1,3,2 和 4,1,3,1,2,4,3,2;

$n=5$ 时,费尽心思也没找到符合要求的排法,这使人猜想:符合要求的排法是否不存在!

我们对 $n=5$ 时 10 个数排成一行的 10 个位置从左到右依次编号 1,2,3,…,10 号. 如果 $n=5$ 时符合要求的排法存在,并设两个 1 中排在左边的 1 在第 a 号位置,于是另一个 1 必定在第 $(a+2)$ 号位置,同样,设两个 2 分别排在第 b 号和第 $(b+3)$ 号;两个 3 分别排在第 c 号和第 $(c+4)$ 号;两个 4 分别排在第 d 号和第 $(d+5)$ 号;两个 5 分别排在第 e 号和第 $(e+6)$ 号.

考虑到 10 个编号之和为常数,有

$$a+(a+2)+b+(b+3)+c+(c+4)+d+(d+5)+e+(e+6)=$$

$1 + 2 + 3 + \cdots + 10 = 55 =$ 奇数

易见上式左边为偶数 $2(a + b + c + d + e) + 20$,矛盾!说明 $n = 5$ 时符合要求的排法不存在!

$n = 2\,002$ 时,符合要求的排法也不存在.可用反证法证明如下:

假设符合要求的排法存在,$4\,004$ 个数按某种次序排在有序的 $4\,004$ 个位置上,并且两个数 i 被分别排在第 x_i 号和第 $(x_i + i + 1)$ 号位置 $(i = 1, 2, 3, \cdots, 2\,002)$. 考虑到 $4\,004$ 个序号的和时,有

$$x_1 + (x_1 + 2) + x_2 + (x_2 + 3) + \cdots + x_{2\,002} + (x_{2\,002} + 2\,003) =$$
$$1 + 2 + 3 + \cdots + 4\,004$$

上式左边为

$$2(x_1 + x_2 + \cdots + x_{2\,002}) + (2 + 3 + \cdots + 2\,003) =$$
$$2(x_1 + x_2 + \cdots + x_{2\,002}) + (\frac{1}{2} \times 2\,003 \times 2\,004 - 1) = \text{奇数}$$

而右边为 $\frac{1}{2} \times 4\,004 \times 4\,005$ 为偶数,矛盾!

推广、引申:

1. "能排成"的必要条件是什么?

解法 1:对一行 $2n$ 个位置编号 $1, 2, 3, \cdots, 2n - 1, 2n$.

设 $2n$ 个数能排成符合要求的一行,并设两个数 k 分别占据 a_k 号和 b_k 号位,其中 $k \in \{1, 2, \cdots, n\}$ 且

$$1 \leq a_k \leq b_k \leq 2n$$

依排列要求有 $b_k - a_k = k + 1$,也即有

$$a_k + b_k = 2a_k + k + 1$$

求和,有

$$\sum_{k=1}^{n}(a_k + b_k) = (1 + 2 + 3 + \cdots + 2n) = n(2n + 1) = 2n^2 + n$$

又

$$\sum_{k=1}^{n}(a_k + b_k) = \sum_{k=1}^{n}(2a_k + k + 1) = 2\sum_{k=1}^{n} a_k + \sum_{k=1}^{n}(k + 1) =$$
$$2\sum_{k=1}^{n} a_k + [2 + 3 + \cdots + n + (n + 1)] =$$
$$2\sum_{k=1}^{n} a_k + \frac{1}{2}n(n + 1) + n$$

从而有
$$\frac{1}{2}n(n+1) = 2n^2 - 2\sum_{k=1}^{n}a_k = 偶数$$

也即
$$n(n+1) = 4t \quad (t \in \mathbf{N})$$

当 n 是奇数时,$n+1$ 应为 4 的倍数,也即 $n = 4m - 1$;当 n 是偶数时,n 应为 4 的倍数,也即 $n = 4m$. 也即存在符合条件排列的必要条件是:$n \equiv 0$ 或 $3 \pmod{4}$.

解法 2:由解法 1 知 $b_k - a_k = k + 1$,于是:

k 为奇数时,b_k 和 a_k 同奇偶性;

k 为偶数时,b_k 和 a_k 不同奇偶性.

也即在符合要求的排列中:两个相同的奇数要么都在奇数位,要么都在偶数位. 不妨设 m 对奇数排在奇号位,而其余 l 对奇数排在偶号位,其中 $m + l = \left[\dfrac{n+1}{2}\right]$ 是前 n 个自然数中的奇数个数.

又因两个相同的偶数在排列中的序号必定是一奇一偶. 不妨设 $2n$ 个数中有 p 个不同偶数排在奇号位,而另外 p 个偶数排在偶号位,其中 $p = \left[\dfrac{n}{2}\right]$ 是前 n 个自然数中的偶数个数.

由上可知排在奇号位上的数的个数为 $2m + p = n$,且排在偶号位上的数的个数为 $2l + p = n$,从而有 $m = l$. 可见在 $1, 2, 3, \cdots, n$ 这 n 个数中的奇数的个数为偶数

$$m + l = 2m$$

也即 $n = 4m - 1$ 或 $n = 4m$(前 n 个自然数中,偶数个数比奇数个数或者一样多,或者少一个)是"能排成"的必要条件.

解法 3:设 i 和 j 是 $1, 2, 3, \cdots, n$ 中的任意两个不同数. 因为"i, i, j, j"这四个数在排列中的位置关系仅有以下几种:

(1) 两个 i 都夹在两个 j 之间

$$\cdots j \cdots i \cdots i \cdots j \cdots$$

(2) 恰有一个 i 夹在两个 j 之间

$$\cdots j \cdots i \cdots j \cdots i \cdots$$

(3) 没有 i 夹在两个 j 之间

$$\cdots i \cdots j \cdots j \cdots i \cdots$$
$$\cdots j \cdots j \cdots i \cdots i \cdots$$

也即两个 i 或同在两个 j 之间,或同不在两个 j 之间;或仅一个 i 在两个 j 之间(且仅一个 j 在两个 i 之间).

所以夹在两个 1,两个 2,两个 3,……,两个 n 之间的数的个数之和(若干个 0,若干个 2,若干个 $1+1$ 的和)是偶数.

又符合要求的排列中,相同数之间所夹数的个数总和为
$$1 + 2 + 3 + \cdots + n = \frac{1}{2}n(n+1)$$

于是有 $\quad\quad \frac{1}{2}n(n+1) = 2t \quad (t \in \mathbf{N})$

也即 $n(n+1) = 4t$,从而 $n \equiv 0$ 或 $3 \pmod 4$.

2. 由"能排成"必要条件的解法 2 知: $m = l$. 也即 $1,2,\cdots,n$ 中奇数的个数应有偶数个,且符合要求的排列中必须有一半奇数排在奇号位而另一半奇数排在偶号位.

3. 关于条件"$n \equiv 0$ 或 $3 \pmod 4$"对"能排成"是否充分? 据说国外有人作出了肯定的回答.

4. 对于 $n = 7,8,11$ 时,符合要求的排列不难找到且结果都不唯一. 下面给出我找出的排列(各给出两个):

$n = 7$ 时

$\quad\quad\quad$ 7,3,6,2,5,3,2,4,7,6,5,1,4,1

$\quad\quad\quad$ 7,2,4,6,2,3,5,4,7,3,6,1,5,1

$n = 8$ 时

$\quad\quad\quad$ 8,1,3,1,7,4,3,5,6,8,4,2,7,5,2,6

$\quad\quad\quad$ 8,2,7,1,2,1,6,4,5,8,7,3,4,6,5,3

$n = 11$ 时

$\quad\quad\quad$ 11,4,5,10,6,9,4,8,5,3,7,6,11,3,10,9,8,2,7,1,2,1

$\quad\quad\quad$ 11,9,7,5,3,10,8,6,3,5,7,9,11,4,6,8,10,2,4,1,2,1

5. 当 $n = 1\,986$ 时,所求问题就是我国第一届奥林匹克数学竞争赛中的试题.

第三节　留给你思考的问题

1. 证明有奇数个面且每个面有奇数条边的空间多面体是不存在的. (北京

1956年数学竞赛试题)

证明 设多面体有 n 个面, n 个面分别有 $s_1, s_2, \cdots, s_n$ 条边,其中 n 和 $s_i (i = 1, 2, \cdots, n)$ 都是奇数.

因为每条边为两相邻面的公共边,所以该多面体的总棱数为

$$s = \frac{1}{2}(s_1 + s_2 + \cdots + s_n)$$

因为奇数个数之和 $(s_1 + s_2 + \cdots + s_n)$ 是奇数,从而棱数 s 不是整数,矛盾说明不存在那样的多面体.

2. 2 的乘幂是否能表示为连续自然数之和?

解 首先考虑连续自然数之和的一般形式.

设 k 和 n 是两个任意的自然数,则从 k 开始连续 $(n+1)$ 个自然数之和为

$$s = k + (k+1) + (k+2) + \cdots + (k+n) = \frac{1}{2}(2k+n)(n+1)$$

若 n 是偶数,则 s 有奇因数 $(n+1)$;

若 n 是奇数,则 s 有奇因数 $(2k+n)$.

也即 s 能被奇数整除.

反之,有奇因数的数 s,不妨记 $s = (2t+1)m$,我们可以将 s 表示为连续自然数的和.

当 $m > t$ 时,先化为 $(2t+1)$ 个 m 的和,再化为 $(2t+1)$ 个连续自然数之和

$$s = m + m + \cdots + m + m + m + \cdots + m + m =$$
$$(m-t) + \cdots + (m-1) + m + (m+1) + \cdots + (m+t)$$

①

当 $m \leqslant t$ 时,有

$$s = (2t+1)m = [2(t-m) + (2m+1)]m =$$
$$(t-m)2m + \frac{2m(2m+1)}{2} =$$
$$[(t-m)+1] + [(t-m)+2] + \cdots + [(t-m)+2m] =$$
$$(t-m+1) + (t-m+2) + \cdots + (t+m)$$

综上知 $s = (2t+1)m$ 可表示为连续自然数之和. 也即当且仅当 s 是含奇因数的大于 1 的自然数时, s 能表示为连续自然数之和. 也即 2 的乘幂不能表示为连续自然数之和.

注1:当 $t \not< m$ 时式①右方可能从负项或零项开始,此时这些项可以与绝对

值相等的正项相抵消,于是所剩下的必然是由自然数组成的和式,且和仍为 $(2t+1)m$.

$t \geq m$ 时,有
$$s = ^{①}(m-t) + (m-t+1) + \cdots + 0 + \cdots +$$
$$(t-m) + (t-m+1) + \cdots + (m+t) =$$
$$(t-m+1) + (t-m+2) + \cdots + (m+t).$$

注2:本题是匈牙利(1950)、加拿大(1976)竞赛题.

3. 证明:$2^n - 1 (n \in \mathbf{N})$ 不可能是一奇数的平方或立方.

证明(反证法) 设存在整数 a,使 $2^n - 1 = a^2$,则 a 为奇数,不妨设 $a = 2k+1$,则
$$2^n = a^2 + 1 = (2k+1)^2 + 1 = 4k^2 + 4k + 2$$
$$2^{n-1} = 2k^2 + 2k + 1$$

当 $n > 1$ 时,上式左边为偶数而右边为奇数,矛盾!故 $2^n - 1$ 在 $n > 1$ 时不是整数的平方.

再设 $2^n - 1 = a^3$,其中 a 为整数,a 应为奇数,设 $a = 2k+1$. 则
$$2^n = a^3 + 1 = (2k+1)^3 + 1 = (2k+2)(4k^2 + 2k + 1)$$

当 $n > 1$ 时,$k \neq 0$,上式左边为2的方幂而右方含奇因数,矛盾!故 $2^n - 1$ 在 $n > 1$ 时不是整数的立方.

对数及数运算的再认识

第一节 热身活动,十分钟问答

1. 根据规律填空:

(1) 1,2,2,4,8,( );(中央电视台 2002 年 8 月 11 日"开心辞典"问题)

(2) 2,3,5,7,( ),13,( ).

解 (1) $a_1=1, a_2=2, a_n=a_{n-2}\cdot a_{n-1}(n\geq 3) \Rightarrow a_6=4\times 8=32$.

(2) 2,3,5,7,?,13,? 似乎是质数由小到大的排列,所以 $a_5=11, a_7=17$.

2. 已知数列 $\{a_n\}$ 前 10 项为 1,2,4,8,16,32,64,128,256,512 且 $a_n=a_{n-10}+a_{n-9}+\cdots+a_{n-1}(n\geq 11)$,求 a_{15}, a_{16}.

解 依前 10 项及递推式,可得:

n	1	2	3	4	5	6	7	8	9	10
a_n	1	2	4	8	16	32	64	128	256	512
n	11		12		13		14		15	16
a_n	1 023		2 045		4 088		8 172		16 336	32 656

3. 不用符号,求三个 2 表示的数中最大的数.

解 不用运算符号,三个2表示的数有如下四种
$$222, 22^2, 2^{22}, 2^{2^2}$$
易见
$$2^{2^2} = 2^4 = 16, 22^2 = 484$$
$$2^{22} = 2^{10} \times 2^{10} \times 2^2 = 1\,024 \times 1\,024 \times 4$$
所以 $2^{22} = 4\,194\,304$ 最大.

第二节 探究活动,问题解决的实践

1. 同第一节第1题.

解 (1)在自然的理解下,似乎有规律:

n	1	2	3	4	5	6	7	8	…
a_n	1	2	2	4	8	㉜	256	8 192	…
	2^0	2^1	2^1	2^2	2^3	2^5	2^8	2^{13}	…

于是,可见 a_n 都是2的幂,且 $a_n = 2^{f_{n-1}}$,其中指数 f_{n-1} 是斐波那契数列 $\{f_n\}$ 的第 $(n-1)$ 项. 且
$$\{f_n\}: f_1 = f_2 = 1, f_n = f_{n-2} + f_{n-1} \quad (n \geq 3)$$
$$f_n = \frac{1}{\sqrt{5}}\left[\left(\frac{1+\sqrt{5}}{2}\right)^n - \left(\frac{1-\sqrt{5}}{2}\right)^n\right] \quad (n \in \mathbf{N})$$

然而,在认真思考下,未必肯定有"$a_6 = 32$". 我们可以构造一个具体的规律(法则),譬如
$$\varphi(n) = 2^{f_{n-1}} + \frac{k}{5!}(n-1)(n-2)(n-3)(n-4)(n-5)$$
其中 $f_0 = 0, f_n (n \geq 1)$ 是斐波那契数;k 是任意实数. 显然,有
$$\varphi(n) = 1, \varphi(2) = 2, \varphi(3) = 2, \varphi(4) = 4, \varphi(5) = 8$$
但是 $\varphi(6) = 2^{f_5} + k = 32 + k = $ 不确定!

(2) "$a_5 = 11, a_7 = 17$" 也仅仅是在片面理解下的一个结果!因为我们可以构造一个 $\{a_n\}$ 的通项公式 $f(n)$,使 $n = 1, 2, 3, 4, 6$ 时的项分别是 $2, 3, 5, 7, 13$. 而 $f(5) \neq 11$ 且 $f(7) \neq 17$. 譬如
$$f(n) = 2 \cdot \frac{(n-2)(n-3)(n-4)(n-5)(n-6)(n-7)}{(1-2)(1-3)(1-4)(1-5)(1-6)(1-7)} +$$

$$3 \cdot \frac{(n-1)(n-3)(n-4)(n-5)(n-6)(n-7)}{(2-1)(2-3)(2-4)(2-5)(2-6)(2-7)} +$$

$$5 \cdot \frac{(n-1)(n-2)(n-4)(n-5)(n-6)(n-7)}{(3-1)(3-2)(3-4)(3-5)(3-6)(3-7)} +$$

$$7 \cdot \frac{(n-1)(n-2)(n-3)(n-5)(n-6)(n-7)}{(4-1)(4-2)(4-3)(4-5)(4-6)(4-7)} +$$

$$p \cdot \frac{(n-1)(n-2)(n-3)(n-4)(n-6)(n-7)}{(5-1)(5-2)(5-3)(5-4)(5-6)(5-7)} +$$

$$13 \cdot \frac{(n-1)(n-2)(n-3)(n-4)(n-5)(n-7)}{(6-1)(6-2)(6-3)(6-4)(6-5)(6-7)} +$$

$$q \cdot \frac{(n-1)(n-2)(n-3)(n-4)(n-5)(n-6)}{(7-1)(7-2)(7-3)(7-4)(7-5)(7-6)}$$

其中 p,q 为任意实数.

显然,有
$$f(1)=2, f(2)=3, f(3)=5, f(4)=7, f(6)=13$$
但是
$$f(5)=p, f(7)=q, f(8)=35p+7q-432, \cdots$$

可见(1),(2)的漏项的值不唯一. 我们可以构造一个规律使漏项的值可以是任意指定的数值(由 k,p,q 定).

2. 同第一节第2题.

解 首先 $\quad a_n = 2^{n-1} \quad (n=1,2,3,\cdots,10)$

其次,由 $a_{11} = a_1 + (a_2 + a_3 + \cdots + a_9 + a_{10})$ 及
$$a_{12} = (a_2 + a_3 + \cdots + a_9 + a_{10}) + a_{11}$$
知(利用 $a_2 + a_3 + \cdots + a_{10}$ 是重复运算)
$$a_{12} = (a_{11} - a_1) + a_{11} = 2a_{11} - a_1$$
将"9次相加"化为"一乘一减"是计算的合理优化. 类似,有
$$a_{13} = 2a_{12} - a_2, a_{14} = 2a_{13} - a_3, a_{15} = 2a_{14} - a_4, \cdots$$
又因为
$$a_1 + a_2 + \cdots + a_9 = 1 + 2 + \cdots + 2^8 = 2^9 - 1 = a_{10} - 1$$
也即 $\qquad 1 + a_1 + a_2 + \cdots + a_9 = a_{10}$
故
$$a_{11} = a_1 + a_2 + \cdots + a_9 + a_{10} =$$
$$(1 + a_1 + a_2 + \cdots + a_9) + (a_{10} - 1) =$$

$$2a_{10} - 1$$

令 $a_0 = 1$，有 $a_{11} = 2a_{10} - a_0$，于是 $\{a_n\}$ 的简捷表达式为

$$\begin{cases} a_0 = 1 \\ a_n = 2^{n-1} \quad (n = 1, 2, 3, \cdots, 10) \\ a_n = 2a_{n-1} - a_{n-11} \quad (n = 11, 12, 13, \cdots) \end{cases}$$

这样求 a_{15}, a_{16} 为

$$a_{11} = 2a_{10} - a_0 = 2 \times 512 - 1 = 1\ 023$$
$$a_{12} = 2a_{11} - a_1 = 2 \times 1\ 023 - 1 = 2\ 045$$
$$a_{13} = 2a_{12} - a_2 = 2 \times 2\ 045 - 2 = 4\ 088$$
$$a_{14} = 2a_{13} - a_3 = 2 \times 4\ 088 - 4 = 8\ 172$$
$$a_{15} = 2a_{14} - a_4 = 2 \times 8\ 172 - 8 = 16\ 336$$
$$a_{16} = 2a_{15} - a_5 = 2 \times 16\ 336 - 16 = 32\ 656$$

3. 不用运算符号，求三(四)个 $a(a \in \mathbf{N}^*)$ 表示的数中最大的数.

解 （1）三个 a 的情形：

①$a = 1$ 时

$$1 = 1^{11} = 1^{11} < 11^1 < 111$$

最大 111.

②$a = 2$ 时

$$2^{2^2} = 16, 22^2 = 484$$
$$2^{22} = 2^{20} \times 2^2 = (2^{10})^2 \times 4 = 1\ 024^2 \times 4 = 4\ 194\ 304$$

即有 $16 = 2^{2^2} < 222 < 22^2 < 2^{22} = 4\ 194\ 304$，最大 2^{22}.

③$a = 3$ 时

$$3^{3^3} > 3^{27} = 3^{33} = (3^{3 \times 3})^3 = (27^3)^3 > 33^3 = 33 \times 33 \times 33 > 333$$

即有

$$333 < 33^3 < 3^{33} < 3^{3^3}$$

最大 3^{3^3}.

④$a = 4$ 时

$$444 < 10^4 < 44^4 < (4^{11})^4 = 4^{44} < 4^{256} = 4^{4^4}$$

最大 4^{4^4}.

⑤$a \geq 5$ 时，易见 $a \geq 4$ 时有

$$\overline{aaa} < 10^4 < \overline{aa}^4 \leq \overline{aa}^a < 100^a < (4^{11})^a \leq (a^{11})^a = a^{\overline{aa}}$$

也即必有
$$\overline{aaa} < \overline{aa}^a < a^{\overline{aa}}$$

欲比较 $a^{\overline{aa}}$ 与 a^{a^a} 大小,只需比较 $\overline{aa}$ 与 a^a 的大小,也即比较 $11a$ 与 a^a 的大小,11 与 a^{a-1} 的大小.

显然:

$a \leqslant 3$ 时,$a^{a-1} \leqslant 3^{3-1} = 3^2 = 9 < 11$;

$a \geqslant 4$ 时,$a^{a-1} \geqslant 4^{4-1} = 4^3 = 64 > 11$.

所以 $a \geqslant 4$ 时必有
$$a^a > 11a = \overline{aa}, a^{a^a} > a^{\overline{aa}}$$

从而
$$\overline{aaa} < \overline{aa}^a < a^{\overline{aa}} < a^{a^a}$$

故 $a \geqslant 5$ 时,与 $a = 4$ 时情形类似,最大为 a^{a^a}.

(2) 四个 a 的情形:

先列出对四个 a 表示的数,应该有 8 种形式,即
$$\overline{aaaa}, \overline{aaa}^a, \overline{aa}^{\overline{aa}}, a^{\overline{aaa}}, \overline{aa}^{a^a}, a^{\overline{aa}^a}, a^{a^{\overline{aa}}}, a^{a^{a^a}}$$

① $a = 1$ 时,易见除 n 个同为 1 的数之外,有
$$1 < 11^{11} < 111^1 < 1111 < 11^{11}$$

最大为 $11^{11} \approx 2.853 \times 10^{11}$(2 853 亿).

② $a = 2$ 时,先考虑前 4 种形式,有
$$\underline{2222} < \underline{222^2} < (22^{11})^2 = \underline{22^{22}} < 32^{22} = (2^5)^{22} = 2^{110} < \underline{2^{222}}$$

也即前 4 种中,第 4 个数 2^{222} 最大.

现只需用 2^{222} 与后 4 种形式表示的数比较大小,因为
$$22^{22} = 22^4 < 32^4 = 2^{20}$$
$$2^{22^2} = 2^{484}$$
$$2^{2^{22}} = 2^{4\,194\,304}$$
$$2^{2^{2^2}} = 2^{16}$$

故 $2222 < 222^2 < 2^{2^2} < 22^{22} < 22^{22} < 2^{222} < 2^{222} < 2^{222}$

所以最大为 $2^{2^{22}}$.

粗估一下 $2^{2^{22}}$ 有多么大.

$2^{10} = 1\,024 \approx 10^3, 2^{22} = 2^{10} \times 2^{10} \times 2^2 \approx 4 \times 10^6$

$2^{2^{22}} \approx 2^{4\,000\,000} = (2^4)^{1\,000\,000} > 10^{1\,000\,000}$ (一百万位以上的数)

③ $a=3$ 时,首先有

$$3333 < 333^3 < (33^{11})^3 = 33^{33} < 81^{33} = (3^4)^{33} = 3^{132} < 3^{333}$$

又 $33^{33} = 33^{27} = (33^9)^3 > 333^3$,且 $33^{27} < 33^{33}$,由(1)③ 知

$$333 < 33^3 < 3^{33} < 3^{33}$$

故有 $3^{333} < 3^{333} < 3^{333} < 3^{333}$.

综上知

$$3333 < 333^3 < 33^{33} < 33^{33} < 3^{333} < 3^{333} < 3^{333} < 3^{333}$$

所以最大为 3^{333}.

④ $a \geq 4$ 时,首先有

$$\overline{aaaa} < 100^4 < \overline{aaa}^4 \leq \overline{aaa}^a < (\overline{aa}^{11})^a = \overline{aa}^{\overline{aa}} < (a^a)^{\overline{aa}} < a^{\overline{aa0}} < a^{\overline{aaa}}$$

又由(1)⑤ 和 $\overline{aaa} < \overline{aa}^a < a^{\overline{aa}} < a^{a^a}$,故有

$$a^{\overline{aaa}} < a^{\overline{aa}^a} < a^{a^{\overline{aa}}} < a^{a^{a^a}}$$

于是只需考察 $\overline{aa}^{a^a}$ 的大小.

$a=4$ 时, $44^{44} = 44^{256} > (6^2)^{256} = 6^{512} > 4^{444}$

$a \geq 5$ 时, $a^a > \overline{aaa}$ 且 $\overline{aa} > a$,故 $\overline{aa}^{a^a} > a^{\overline{aaa}}$,即 $a \geq 4$ 时有 $\overline{aa}^{a^a} > a^{\overline{aaa}}$.

下面证 $\overline{aa}^{a^a} < a^{a^{a^a}}$ ($a \geq 4$):由

$$\overline{aa} < a^a, a+1 < 2a, a^2 < 11a$$

知

$$\overline{aa}^{a^a} < (a^a)^{a^a} = a^{a \cdot a^a} = a^{a^{a+1}} < a^{a^{2a}} = a^{(a^2)^a} < a^{(11a)^a} = a^{\overline{aa}^a}$$

所以

$$\overline{aaaa} < \overline{aaa}^a < \overline{aa}^{a^a} < a^{\overline{aaa}} < a^{\overline{aa}^a} < a^{a^{\overline{aa}}} < a^{a^{a^a}} \quad (a \geq 4)$$

故 $a \geq 4$ 时最大数为 $a^{a^{a^a}}$.

第三节　留给你思考的问题

1. 式子 "$46 \times 96 = 4\,416 = 64 \times 69$" 说明:数 46 和 96 有如此的特性,将它们的个位与十位数字对调后,它们的乘积不变.

你能将如此的"成对的两位数"都找出来吗?

解 设所求的两个两位数为$\overline{xy}$和$\overline{zt}(\overline{xy} \neq \overline{tz})$,依题意,有$\overline{xy} \cdot \overline{zt} = \overline{yx} \cdot \overline{tz}$,即
$$(10x+y)(10z+t)=(10y+x)(10t+z)$$

化简整理,得$xz = yt$. 因为x, y, z, t都是小于10的正整数,我们可以找出满足$xz = yt$的所有乘式,按四数字最小的枚举有九组,由每组等式可推出1个或2个解,具体如下:

乘式	解(两位数对)
$1 \times 4 = 2 \times 2$	(12,42)
$1 \times 6 = 2 \times 3$	(12,63),(13,62)
$1 \times 8 = 2 \times 4$	(12,84),(14,82)
$1 \times 9 = 3 \times 3$ ⇒	(13,93)
$2 \times 6 = 3 \times 4$	(23,64),(24,63)
$2 \times 8 = 4 \times 4$	(24,84)
$2 \times 9 = 3 \times 6$	(23,96),(26,93)
$3 \times 8 = 4 \times 6$	(34,86),(36,84)
$4 \times 9 = 6 \times 6$	(46,96)

共有14对两位数具有此性质.

2. 两商人将他俩共有的一群牛卖掉,每头牛的售价(元)就等于牛的头数. 然后他俩又用卖牛所得的钱买回一群羊,每只羊进价为10元,钱的零头以搭只小羊相抵. 两人将买回的羊数平分,为体现公正,甲必须给分得小羊的乙一些补偿金,问甲应给乙多少找补?

解 设牛数为x头,羊数为y头,小羊价为z元.

依题意知售牛所得为x^2元且羊数y为偶数(因为羊数能平分),于是大羊有$y-1$头. 由售牛所得钱全部用于买羊知,应有
$$x^2 = 10(y-1)+z$$

因小羊价为不足10元的零头,故z是小于10的正整数. 从而z是整数x^2的个位数字,且x^2的十位数字$(y-1)$是奇数.

"求z"也即解决"平方数的十位数字为奇数时,这个平方数的个位数是什么?"考虑平方数展开式

$$(\overline{\cdots ab})^2 = [100A + (10a+b)]^2 = 10\,000A^2 + 200A(10a+b) + (10a+b)^2 =$$
$$[100A^2 + 2A(10a+b)] \cdot 100 + (100a^2 + 20ab + b^2) =$$

$$[100A^2 + 2A(10a+b) + a^2] \cdot 100 + 2ab \cdot 10 + b^2$$

易见平方数$(\overline{\cdots ab})^2$的十位数字仅与$(2ab \cdot 10 + b^2)$有关,又因为$2ab$是偶数,所以平方数$(\overline{\cdots ab})^2$的十位数字为奇数时,b^2的十位数字必为奇数. 列表:

b	0	1	2	3	4	5	6	7	8	9
b^2	0	1	4	9	⑯	25	㊱	49	64	81

知b^2的十位数字是奇数的仅有16和36,它们个位数字都是6. 所以$z=6$,$(10-6) \div 2 = 2$,故甲应给乙找补2元.

3. 求一个数,使该数的一半是一个平方数,该数的三分之一是立方数,该数的五分之一是五次方数.

解 设所求数为N,则N能被$2,3,5$整除,不妨记
$$N = 2^a \cdot 3^b \cdot 5^c$$

由题设条件知:

$\dfrac{N}{2}$为平方数可得a为奇数,b,c都为偶数;

$\dfrac{N}{3}$为立方数可得a,c都为3的倍数,b除以3时余1;

$\dfrac{N}{5}$为五次方数可得a,b都为5的倍数,c除以5时余1.

即a为15的奇数倍;b是10的倍数且被3除余1;c是6的倍数且被5除余1. 易见最小的a,b,c分别为$15,10,6$. 故最小的N为
$$N_{\min} = 2^{15} \times 3^{10} \times 5^6 = 30\ 233\ 088\ 000\ 000$$

而全部解为
$$N = 2^{15(2k_1+1)} \cdot 3^{10+30k_2} \cdot 5^{6+30k_3} \quad (k_1, k_2, k_3 = 0, 1, 2, \cdots)$$

4. 若干个正整数之和为100,试求它们乘积的最大值.

解 和为100的正整数组总存在且只有有限多组,所以最大乘积是存在的. 让我们从一些具体个例去感受一下问题的情境,从中找出规律. 譬如
$$1 + 99 = 100, 1 \times 99 = 99$$
$$2 + 98 = 100, 2 \times 98 = 196$$
$$1 + 2 + 97 = 100, 1 \times 2 \times 97 = 194$$
$$5 + 95 = 100, 5 \times 95 = 475$$
$$2 + 3 + 95 = 100, 2 \times 3 \times 95 = 570$$

$$2+3+3+3+89=100, 2\times3\times3\times3\times89=4\,806$$
$$\vdots$$

感到"加数中有 1 不好","加数个数多一些好","加数 5 不如分成 2 和 3"等. 似乎加数只能是"2,3,4".

猜测是对的! 现在来证明并解答.

解法 1:设 n 个正整数和为 100,即

$$x_1 + x_2 + \cdots + x_n = 100 \quad (1 < n \leq 100)$$

且它们的乘积 $x_1 \cdot x_2 \cdot \cdots \cdot x_n$ 最大. (记 $x_1 \cdot x_2 \cdot \cdots \cdot x_n = \prod_{i=1}^{n} x_i$)

首先 $x_i \neq 1$. 否则,设 $x_1 = 1$,将 1 合并到另一加数,不妨合并到 x_2,则和不变,即

$$(1 + x_2) + x_3 + \cdots + x_n = 100$$

但乘积增大了,因为

$$1 \cdot x_2 \cdot x_3 \cdot \cdots \cdot x_n = x_2 \cdot x_3 \cdot \cdots \cdot x_n < (1 + x_2) \cdot x_3 \cdot \cdots \cdot x_n$$

与假设 $x_1 \cdot x_2 \cdot \cdots \cdot x_n$ 最大,矛盾! 故 $x_i \neq 1 (i = 1, 2, \cdots, n)$.

其次 $x_i \leq 4$. 否则,设 $x_1 > 4$,并记 $x_1 = 2 + a (a > 2)$. 将 x_1 拆成 2 和 a 两个加数,则和不变,即

$$2 + a + x_2 + \cdots + x_n = x_1 + x_2 + \cdots + x_n = 100$$

但乘积增大了,因为

$$2 \cdot a = 2(x_1 - 2) = 2x_1 - 4 = x_1 + (x_1 - 4) > x_1$$

时有

$$(2 + a) \cdot x_2 \cdot x_3 \cdot \cdots \cdot x_n = x_1 \cdot x_2 \cdot x_3 \cdot \cdots \cdot x_n < 2 \cdot a \cdot x_2 \cdot x_3 \cdot \cdots \cdot x_n$$

与假设 $x_1 \cdot x_2 \cdot \cdots \cdot x_n$ 最大,矛盾! 故 $x_i \leq 4 (i = 1, 2, \cdots, n)$.

由上可知最大乘积中的因子 x_i 只能是:2,3,4 中的数. 进一步因为 $4 = 2 + 2$ 且 $4 = 2 \times 2$,所以一个"4"可以等价地化为两个"2",也即 x_i 仅在 2 和 3 中选取. 又因为

$$2 + 2 + 2 = 3 + 3 \text{ 且 } 2 \times 2 \times 2 = 8 < 9 = 3 \times 3$$

所以三个"2"用两个"3"替换时和不变,但积增大,可见最大乘积 $x_1 \cdot x_2 \cdot \cdots \cdot x_n$ 中的因数 2 的个数必须小于 3.

综上可知:34 个加数中是"32 个 3 和 2 个 2"时,和为 100,且乘积 $2^2 \times 3^{32} = 4 \times 3^{32}$ 为最大. ($4 \times 3^{32} \approx 7.412 \times 10^5$)

解法 2:最大乘积中的因数 $x_i \leq 4$,以下用反证法证明.

假设存在自然数 i，使 $x_i > 4$，则 $x_i \geq 5$，于是有
$$2x_i \geq 10 > 9, 2x_i - 9 > 0, 3x_i - 9 > x_i$$
即有
$$x_i < 3(x_i - 3)$$
说明将 x_i 换成 3 和 $(x_i - 3)$ 时，和不变但乘积变大，矛盾！故最大乘积中的因数 $x_i \leq 4$.

其余部分同解法 1.

5. 试将七个数字 3,4,5,6,7,8,9 分成两组，由它们去构成一个三位数和一个四位数，使这两数的乘积最大．问：应如何去构成？说明理由，并给出这个最大乘积．

解 首先几个数字排成一个多位数时，为使多位数的值大，越大的数字应放在越高的数位上．譬如：对数字 $a > b > c$，有
$$9a > 9b, 9a + (a + b) > 9b + (a + b)$$
也即
$$\overline{ab} = 10a + b > 10b + a = \overline{ba}$$
类似有
$$\overline{abc} > \overline{acb} > \overline{bac} > \overline{bca} > \overline{cab} > \overline{cba}$$

下一步怎么办？对乘积的比较，让我们先分析较简单的情况．

对数字 $a > b > c$，有二位数乘一位数情况
$$\left.\begin{array}{l}\overline{ab} \cdot c = (10a + b)c = 10ac + bc \\ \overline{ac} \cdot b = (10a + c)b = 10ab + bc \\ \overline{bc} \cdot a = (10b + c)a = 10ab + ac\end{array}\right\} \Rightarrow \overline{bc} \cdot a > \overline{ac} \cdot b > \overline{ab} \cdot c$$
$$(a, b \text{ 分到两数中}, c \text{ 随 } b)$$

对数字 $a > b > c > d$，考虑两个二位数的积时，两个高位（十位）数字必为 a 和 b，比较 $\overline{ac} \cdot \overline{bd}$ 和 $\overline{ad} \cdot \overline{bc}$ 的大小，有
$$\overline{ad} \cdot \overline{bc} - \overline{ac} \cdot \overline{bc} = (10a + d)(10b + c) - (10a + c)(10b + d) =$$
$$10(ac + bd) - 10(ad + bc) =$$
$$10(a - b)(c - d) > 0 \qquad \text{①}$$

也即 $\overline{ad} \cdot \overline{bc} > \overline{ac} \cdot \overline{bd}$，可见：大数 a 后应排较小数 d，且小数 b 后应放较大数 c.

对数字 9,8,7,6 四数字分两组构成两个两位数时，96 × 87 乘积最大．而对数字 9,8,7,6,5,4 六个数字分两组构成两个三位数时，记 96 = A, 87 = B，因为 $A > B$，由式①，类似有
$$964 \times 875 = (10A + 4)(10B + 5) > (10A + 5)(10B + 4) = 965 \times 874$$
也即两个三位数的乘积以 964 × 875 最大．仍然，遵循大数 A 后面排较小数 4，且

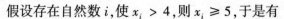

149

小数 B 后面排较大数 5.

还剩下一个数字 3,怎么排？当然,只需比较一下

$$9\,643 \times 875 \text{ 和 } 964 \times 8\,753$$

的大小即可. 下面采用补个辅助数 0 的手法来处理：

对 0,3,4,5,6,7,8,9 八个数字分两组构成四个四位数时,以 $9\,640 \times 8\,753$ 为乘积最大,(缩小 10 倍) 然后去掉补上的 0,知原题最大乘积为 $964 \times 8\,753$.

注:式①及结论的实质为：

两数和一定时,两数相等时乘积最大.

$y = x(a-x) \leq (\dfrac{a}{2})^2$,等号当且仅当 $x = \dfrac{a}{2}$ 时成立. 当 a 不是偶数且 x 取整数时,x 越接近 $\dfrac{a}{2}$,乘积越大.

$y = f(x) = x(a-x) = ax - x^2$ 在 $x < \dfrac{a}{2}$ 时单调增加；在 $x > \dfrac{a}{2}$ 时单调减少.

解应用题

第十二讲

第一节 热身活动,十分钟问答

1. 老师像学生那么大时,学生才 2 岁;若学生像老师这么大时,老师将 44 岁. 问师、生现在年龄分别是多少?

解法 1 规范解法:(方程组求解)

设学生、老师现在年龄分别为 x 岁,y 岁,则两人年龄差为 $(y-x)$,依题意,有

$$\begin{cases} x-(y-x)=2 \\ y+(y-x)=44 \end{cases}$$

解之,得 $x=16$,$y=30$. 现在学生 16 岁,老师 30 岁.

解法 2 重新解:(算术解法)

依题意,画图 12.1(题中第一句话为细线;第二句话为粗线)

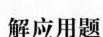

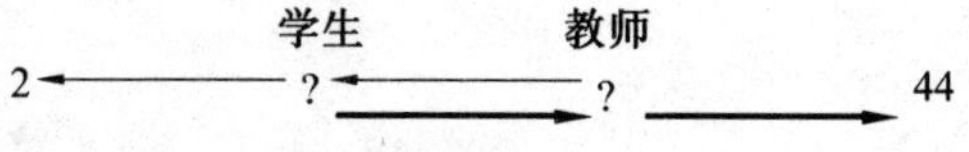

图 12.1

知年龄差为 $(44-2)÷3=14$,故:

学生为 $2+14=16$(岁);

老师为 $16+14=30$(岁)(或 $44-14=30$).

显然,后一解法抓住了问题的本质所在.直观、简捷! 而前一解法是对套路的实施.

2. 同学聚会,大家彼此两两握手,共握手66次,问到会多少人?

解 设到会n个人,每人握手$n-1$次,好似总共握手次数为$n(n-1)$,但是"甲与乙握手"和"乙与甲握手"是同一次,排除重复有$\dfrac{n(n-1)}{2}=66$,也即

$$n(n-1)=132 \text{ 或 } n^2-n-132=0$$

易见$n=12$($n=-11$舍去).故到会共12人.

3. 船从汉口沿长江航行到九江要行驶5小时,返程因逆水要行驶7小时.问水流速度是多少?

解 设船在静水中航速为v,水流速度为u,又设从汉口到九江航程为s,则依题意有

$$\begin{cases} v+u=\dfrac{s}{5} \\ v-u=\dfrac{s}{7} \end{cases}$$

解之,得$u=\dfrac{\dfrac{s}{5}-\dfrac{s}{7}}{2}=\dfrac{s}{35}$.即水流速度为$\dfrac{s}{35}$千米/时.(若是水中漂浮物,从汉口到九江需要35个小时.)

4. 某人上山每小时行4千米,下山每小时行6千米.问这个人上下山的全程平均速度为多少?

解 设上山路程为1,则上下山全程为2.设平均速度为$\bar{v}$.依题意,有

$$\dfrac{1}{4}+\dfrac{1}{6}=\dfrac{2}{\bar{v}}$$

解之得

$$\bar{v}=\dfrac{2}{\dfrac{1}{4}+\dfrac{1}{6}}=\dfrac{48}{10}=4.8(\text{千米}/\text{时})$$

注:介绍一些关于调和平均、几何平均和算术平均的知识.

调和平均:称$\dfrac{2}{\dfrac{1}{a}+\dfrac{1}{b}}$为$a$和$b$的调和平均;

几何平均：a,b 为两正数，称 $\sqrt{a\cdot b}$ 为 a 和 b 的几何平均.

算术平均：称 $\dfrac{a+b}{2}$ 为 a 和 b 的算术平均.

原始定义：算术平均是这样的数，它超过一个数的量等于另一个数超过它的量. a,b 的几何平均 G 是满足式子 $\dfrac{G-a}{b-G}=\dfrac{a}{G}(\Leftrightarrow \dfrac{G-a}{a}=\dfrac{b-G}{G}\overset{+1}{\Leftrightarrow}\dfrac{G}{a}=\dfrac{b}{G}\Leftrightarrow G^2=ab)$ 的数. a,b 的调和平均 H 是满足式子 $\dfrac{H-a}{b-H}=\dfrac{a}{b}(\Leftrightarrow \dfrac{H-a}{a}=\dfrac{b-H}{b}\Leftrightarrow \dfrac{H}{a}+\dfrac{H}{b}=2\Leftrightarrow \dfrac{2}{H}=\dfrac{1}{a}+\dfrac{1}{b})$ 的数.

例如：将长为 a 宽为 b 的长方形"化为"一个正方形.

当正方形面积等于长方形时，正方形边长为 $\sqrt{a\cdot b}$；

当正方形周长等于长方形时，正方形边长为 $\dfrac{a+b}{2}$.

当 $a=6, b=4$ 时，则 $\sqrt{4\times 6}=4.899, \dfrac{4+6}{2}=5$. 也即有

$$\dfrac{2}{\dfrac{1}{4}+\dfrac{1}{6}} < \sqrt{4\times 6} < \dfrac{4+6}{2}$$

事实上有：$a_1, a_2, \cdots, a_n$ 是任意 n 个正数，它们的算术平均、几何平均、调和平均分别为

$$A=\dfrac{a_1+a_2+\cdots+a_n}{n}, G=\sqrt[n]{a_1\cdot a_2\cdots a_n}, H=\dfrac{n}{\dfrac{1}{a_1}+\dfrac{1}{a_2}+\cdots+\dfrac{1}{a_n}}$$

则 $H\leq G\leq A$ 永远成立. 显见其中等号当且仅当 $a_1=a_2=\cdots=a_n$ 时成立.

结论对 $n=2$ 时的情形是简单的. 因为对任意两实数 x 和 y 永远有：$(x-y)^2\geq 0$，展开并变形，得

$$xy\leq \dfrac{x^2+y^2}{2} \qquad ①$$

在式 ① 中令 $x=\sqrt{a_1}, y=\sqrt{a_2}$，得

$$\sqrt{a_1 a_2}\leq \dfrac{a_1+a_2}{2} \qquad ②$$

在式 ① 中令 $x=\dfrac{1}{\sqrt{a_1}}, y=\dfrac{1}{\sqrt{a_2}}$，得

$$\frac{1}{\sqrt{a_1 a_2}} \leqslant \frac{\frac{1}{a_1}+\frac{1}{a_2}}{2}$$

即有

$$\frac{2}{\frac{1}{a_1}+\frac{1}{a_2}} \leqslant \sqrt{a_1 a_2} \qquad ③$$

综合式②,③,有

$$\frac{2}{\frac{1}{a_1}+\frac{1}{a_2}} \leqslant \sqrt{a_1 \cdot a_2} \leqslant \frac{a_1 + a_2}{2} \qquad ④$$

请读者完成上述结论的证明.

5. 一只蜘蛛有 8 条腿;一只蜻蜓有 6 条腿和 2 对翅膀;一只蝉有 6 条腿和 1 对翅膀. 现在这三种小虫共 18 只,它们共有 118 条腿和 20 对翅膀. 问其中蜘蛛、蜻蜓、蝉各多少只?

解法 1 先列统计表:

	蜘蛛	蜻蜓	蝉	品种数
腿条数	8	6	6	2 种
翅膀对数	0	2	1	3 种

腿数仅 2 个品种,从腿条数入手.

若三种小虫都有 6 条腿则应有腿 $6 \times 18 = 108$(条),现多了 $118 - 108 = 10$(条). 又因一只蜘蛛实际上是 8 条腿(少算 2 条),故蜘蛛数为 $10 \div (8 - 6) = 5$(只).

于是蜻蜓和蝉共有 $18 - 5 = 13$(只),且它们共有 20 对翅膀. 所以蜻蜓有 $20 - 13 = 7$(只). 从而蝉有 $13 - 7 = 6$(只).

综上知有 5 只蜘蛛,7 只蜻蜓,6 只蝉.

解法 2 按套路,设蜘蛛 x 只,蜻蜓 y 只,蝉 z 只. 则依题意,有

$$\begin{array}{rl} 头 & x + y + z = 18 \qquad ① \\ 腿 & 8x + 6y + 6z = 118 \qquad ② \\ 翅 & 2y + z = 20 \qquad ③ \end{array}$$

$8 \cdot ① - ② - ③$ 得

$$z = 18 \times 8 - 118 - 20 = 6 \Big\}③ \Rightarrow \left.\begin{array}{l} y = (20-6) \div 2 = 7 \\ z = 6 \end{array}\right\}① \Rightarrow x = 5$$

所以有 $x = 5, y = 7, z = 6$.

第二节　探究活动, 问题解决的实践

1. 两农妇共带 300 个鸡蛋上市出售, 两人蛋数不等, 但卖得了同样多的钱. 这时农妇甲对乙说:"如果你的鸡蛋换给我, 我就可卖得 45 元钱." 乙又说:"那么你的鸡蛋换给我, 我只能卖得 20 元钱." 问甲、乙各带来了多少鸡蛋?(欧拉《代数引论》中的问题)

解法 1(列方程求解)　分析:(见表)

	原有蛋数	互换后蛋数	互换后售得钱数	单位(元/个)	实际售得钱数
甲	x	$300-x$	45	$\dfrac{45}{300-x}$	$\dfrac{45}{300-x} \cdot x$
乙	$300-x$	x	20	$\dfrac{20}{x}$	$\dfrac{20}{x} \cdot (300-x)$

两人所得相等, 则有

$$\dfrac{45}{300-x} \cdot x = \dfrac{20}{x} \cdot (300-x) \qquad ①$$

化简整理式①, 得

$$x^2 + 480x - 72000 = 0 \qquad ②$$

解式②, 得

$$x = 120 \quad (x = -600 \text{ 舍去})$$

也即甲带鸡蛋 120 只, 乙带鸡蛋 $300 - 120 = 180$(只).

解法 2　设甲的鸡蛋是乙的 k 倍, 因为卖得同样多的钱, 故乙的售价应该是甲的 k 倍.

如果互换鸡蛋, 那么乙的鸡蛋数是甲的 k 倍, 且售价也是甲的 k 倍, 于是甲所得钱数应该是乙的 k^2 倍. 故有

$$k^2 = \dfrac{20}{45} = \dfrac{4}{9}, k = \dfrac{2}{3}$$

即甲占全体鸡蛋的 $\frac{2}{5}$，乙占 $\frac{3}{5}$．所以甲有 $300 \times \frac{2}{5} = 120$（只），乙有 $300 \times \frac{3}{5} = 180$（只）．

解法 1 是死套规则；解法 2 是抓住问题的本质．

即便在开始想不到解法 2，采用解法 1 去做，在反思、回味时，也应可以想到解法 2．因为由式①，有

$$\left(\frac{x}{300-x}\right)^2 = \frac{20}{45} = \frac{4}{9}$$

这正是解法 2（$k^2 = \frac{4}{9}$）的关键结论！想想这一结论的缘由，可得到解法 2 的思路．

2. 五筐水果重量都不同，若每两筐合称一次，可得 10 种重量（单位公斤）：87,89,90,92,93,95,95,98,100 和 101．问五筐水果的重量分别是多少？

解 不妨设五筐水果重量为 $x < y < z < u < v$．每筐需分别与其他 4 筐各合称一次，计 4 次．但甲筐与乙筐合称和乙筐与甲筐合称是同一次，故总共合称 $4 \times 5 \div 2 = 10$（次）．

为直观反映合称的 10 种重量，构造合称重量表：

合重	y	z	u	v
x	87	89	·	·
y		·	·	·
z			·	100
u				101

小→大   小↓大

易见表中同行中重量数从左到右由小变大；同列中从上到下由小变大．易见 10 个重量中最小两数和最大两数是明确的，即有

$$x + y = 87 \qquad ①$$
$$x + z = 89 \qquad ②$$
$$z + v = 100 \qquad ③$$
$$u + v = 101 \qquad ④$$

又因为 10 种重量 i 和（每筐被称 4 次，也计入 4 次）应等于 5 筐总重量的

4倍，即

$$x+y+z+u+v=\frac{1}{4}(87+89+90+92+93+95+$$
$$95+98+100+101)=235 \quad ⑤$$

由 ⑤ － (① + ④) 知 $z = 235 - (87+101) = 47$，从而
$$x = 89 - z = 42^{②}, y = 87 - x = 45^{①}$$
$$v = 100 - z = 53^{③}, u = 101 - v = 48^{④}$$

所以五筐水果重量依次为 42,45,47,48,53 公斤．

表是可全部推导填出的，并可由完整表推出各筐重量：

	y	z	u	v
x	87	89		
y				
z				100
u				101

$(1) \left.\begin{array}{l} u - z = 1 \\ x + z = 89 \end{array}\right\} \Rightarrow x + u = 90$

$\Rightarrow (2) \left.\begin{array}{l} x - y = 2 \\ z + v = 100 \end{array}\right\} \Rightarrow y + v = 98$

$(3)\; y + z < y + u + < z + u$

	y	z	u	v
x	87	89	90	m
y		n	n+1	98
z			n+3	100
u				101

$\Rightarrow$

	y	z	u	v
x	87	89	90	95
y				
z			95	100
u				101

$\Rightarrow$

$(4)\; m = 95 \Rightarrow \left.\begin{array}{l} y - x = (y+z) - (x+z) = 92 - 89 = 3 \\ y + x = 87 \\ x + z = 89 \\ x + u = 90 \\ x + v = 95 \end{array}\right\} \Rightarrow \left.\begin{array}{l} x = 42 \\ y = 45 \end{array}\right\} \Rightarrow$

$z = 47, u = 48, v = 53$

3. 学生在农忙时去帮农民收割小麦，麦地有小、大两块，且甲块面积恰好是乙块面积的两倍．8 点整开始所有学生集中在甲地收割，到 9 点钟时，分一半学

生去收割乙地,剩下一半学生仍在甲地继续收割.到10点钟时,甲地刚好收割完;而乙地还剩下一小块未割光,若由一人去割的话,到12点可割完乙地.问:学生共有多少人?

解法1 设学生共 x 人,又设1人1小时能割完的地的面积为 y. 依题意列出各时间段内甲、乙块内已割完的面积并汇总,有:

	8~9	9~10	10~12	汇总面积
甲	$y \cdot x$	$y \cdot \dfrac{x}{2}$	0	$yx + \dfrac{1}{2}yx = \dfrac{3}{2}xy$
乙	0	$y \cdot \dfrac{x}{2}$	$2y \cdot 1$	$\dfrac{1}{2}yx + 2y = \dfrac{1}{2}xy + 2y$

因甲面积是乙的两倍,即有

$$\dfrac{3}{2}xy = 2\left(\dfrac{1}{2}xy + 2y\right)$$

整理并约去 y,得 $\dfrac{3}{2}x = x + 4$,于是 $x = 8$(人).

解法2 设甲面积为2,乙面积为1.

因为甲要"所有学生割1小时和一半学生割1小时",也即"一半学生1小时可割甲地的 $\dfrac{1}{3}$",也就是"一半学生1小时割麦地 $\dfrac{2}{3}$". 从而,乙地由一半学生割1小时后剩下的未割麦地面积为 $1 - \dfrac{2}{3} = \dfrac{1}{3}$.

$\dfrac{1}{3}$ 由1人2小时割完,而全体学生2小时割 $2 + \dfrac{1}{3} = \dfrac{8}{3}$,故学生数为 $\dfrac{8}{3} \div \dfrac{1}{3} = 8$(人).

图示如下:

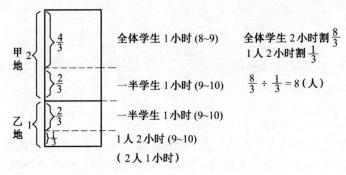

4. 三片牧场的草长得一样密,一样快.面积为10公顷的那片可供36头牛吃4周;面积为30公顷的那片可供63头牛吃9周;问:72公顷的那片牧场可供多少牛吃18周?

"有点奇怪!"有人说:

"30公顷那片可供63头牛吃9周,也即10公顷草地可供63头牛吃3周.那么10公顷草地就应该可供$\frac{63 \times 3}{4} = 47.25$(头)牛吃4周呀!怎么题中又说'10公顷那片可供36头牛吃4周'呢?"原因何在?

解法1 原因是忽略了草是始终在长的.考虑到草随时间而长,"30公顷,63头牛,9周"与"10公顷,63头牛,3周"是不一样的!但是"30公顷,63头牛,9周"与"10公顷,21头牛,9周"是相当的.

我们从10公顷的牧场"36头牛吃4周"或"21头牛吃9周"入手来先求出1公顷牧场1周长出的草量.由于

36头牛4周吃草量 = $36 \times 4 = 144$(份) = 原有草 + 4周新生草

21头牛9周吃草量 = $21 \times 9 = 189$(份) = 原有草 + 9周新生草

从而知10公顷一周新生草量 = $(189 - 144) \div (9 - 4) = 9$(份)

$$10 \text{公顷原草量} = 144 - 9 \times 4 = 108(\text{份})$$

即1公顷一周新生草量 = 0.9(份)且1公顷原草量 = 10.8(份)于是,72公顷原有草与其18周新生草总量为

$$(10.8 + 0.9 \times 18) \times 72 = 1\,944(\text{份})$$

因为1份草量是1头牛1周的草量,所以72公顷牧场可供

$$1\,944 \div 18 = 108(\text{头})$$

牛吃18周.

解法2(列方程) 设1公顷原草量为x,1公顷1周新生草量为y,72公顷牧场可供t头牛吃18周.依题意,有

$$\begin{cases} 10(x+4y) = 36 \times 4 \\ 30(x+9y) = 63 \times 9 \\ 72(x+18y) = 18t \end{cases}$$

也即

$$\begin{cases} x + 4y = 14.4 & \text{①} \\ x + 9y = 18.9 & \text{②} \\ x + 18y = \dfrac{t}{4} & \text{③} \end{cases}$$

解式①,②知 $\begin{cases} x = 10.8 \\ y = 0.9 \end{cases}$,代入式③得 $t = 108$.

答:72 公顷那片可供 108 头牛吃 18 周.

5. 某工程,甲队 12 天可完成,乙队 20 天可完成. 现先由甲队做若干天后再由乙队接着做,结果两队先后用 14 天完成了这项工程. 问甲队干了几天?

预备问题:鸡兔同笼,有 50 个头,140 只脚,问鸡、兔各多少?

解法 1:① 假设全是兔,应有脚 $4 \times 50 = 200$(只),比实际多了 $200 - 140 = 60$(只).1 只鸡当一只兔多算 $4 - 2 = 2$(只)脚,故有鸡 $60 \div 2 = 30$(只),兔 $50 - 30 = 20$(只).

解法 2:假设全是鸡,应有脚 $2 \times 50 = 100$(只),比实际少了 $140 - 100 = 40$(只).1 只兔当一只鸡少算 $4 - 2 = 2$(只)脚,故有兔 $40 \div 2 = 20$(只),鸡 $50 - 20 = 30$(只).

解法 3:让"每只鸡单脚独立且每只兔只用两只后脚站着". 于是成为"50 头,70 脚",70 只脚中每只鸡计入一只脚且每只兔计入两只脚,故兔子有 $70 - 50 = 20$(只),从而鸡有 $50 - 20 = 30$(只).

对原问题求解:

解法 1 取 12 和 20 的最小公倍数 $3 \times 4 \times 5 = 60$,将工程分成 60 份,由 $60 \div 12 = 5, 60 \div 20 = 3$ 知:

甲一天干 5 份,乙一天干 3 份,(甲、乙)14 天干 60 份.(视为:1 头 5 脚"鸡",一头 3 脚"兔",共有 14 个头 60 只脚)

若 14 天全由乙干,则干了 $3 \times 14 = 42$(份). 少了 $60 - 42 = 18$(份),乙代甲一天会少干 $5 - 3 = 2$(份),于是甲干了 $18 \div 2 = 9$(天).

(甲干了 $(60 - 3 \times 14) \div (5 - 3) = 9$(天);或者乙干了 $(5 \times 14 - 60) \div (5 - 3) = 5$(天),甲干了 $14 - 5 = 9$(天).)

解法 2 设甲干 x 天,乙干 y 天,则

$\begin{cases} \dfrac{x}{12} + \dfrac{y}{20} = 1 \\ x + y = 14 \end{cases} \Rightarrow \begin{cases} 5x + 3y = 60 \\ 3x + 3y = 42 \end{cases} \Rightarrow \begin{cases} 2x = 18 \\ x = 9 \end{cases}$(天)

($\begin{cases} x + y = 14 \\ 5x + 3y = 60 \end{cases}$ 就是 14 天干 60 份,14 头 60 只脚. 解方程组的步骤就是解法 1 中的算式 $(60 - 3 \times 14) \div (5 - 3) = 9$.)

解法 3 乙一天干工程的 $\dfrac{1}{20}$,14 天全由乙干完成工程的 $\dfrac{14}{20}$,尚缺工程的 $1 -$

$\frac{14}{20} = \frac{6}{20}$. 甲一天比乙一天多干 $\frac{1}{12} - \frac{1}{20} = \frac{1}{30}$, 故甲干的天数为 $\frac{6}{20} \div \frac{1}{30} = 9$(天).

解法4(凑,调整) 工程由甲12天或乙20天完成可知甲干3天的量等于乙干5天的量(1份活＝工程量·$\frac{1}{4}$,即干一份活,甲比乙少用2天);

工程由甲12天或甲、乙先后14天完成可知时间差 14 − 12 = 2(天),可见甲应少于一份活(即3天的工作)让乙干(5天完成).

所以甲干 12 − 3 = 9(天),乙干5天.

6. 用5元钱买了铅笔和圆珠笔各10支. 剩下的钱若再买2支铅笔则还缺8分,若改买一支圆球笔则还余2分. 问能否买铅笔和圆珠笔各适当支,使5元钱恰好刚刚用完?

解法1 先求铅笔和圆珠笔的单价. 由题意知:

①508分可买12支铅笔和10支圆珠笔,②498分可买10支铅笔和11支圆珠笔,③2支铅笔比1支圆珠笔贵 8 + 2 = 10(分).

易见,利用①,②,③中任两项都可求出铅笔和圆珠笔的单价. 譬如:利用①和③知12支铅笔单价等于6支圆珠笔与60分之和,于是

$$\text{圆珠笔单价}^{①} = (508 - 60) \div (6 + 10) = 28(\text{分})$$

$$\text{铅笔单价}^{②} = (28 + 10) \div 2 = 19(\text{分})$$

下面再分析能否恰好用完5元钱. 因为

$$500 \div 19 = 26 \cdots 6$$

所以5元钱买26支铅笔且余6分. 假定少买 n 支铅笔,使余下钱恰好是28的整数倍,即有

$$19n + 6 = 28k \quad (k \in \mathbf{N})$$

由 $4 \times 7 \times k = 28k = 19n + 6 = 4(4n+1)(3n+2)$

知 $3n + 2$ 为4的倍数.

若 $n = 4m$,则 $3n + 2 = 12m + 2 = 2(6m + 1)$ 不是4的倍数;若 n 是奇数,则 $3n + 2$ 也是奇数. 所以 n 为偶数且不为4的倍数.

于是只需从 $n = 2, 6, 10, \cdots, 26$ 中去尝试. 令 $n = 2p(p = 1, 3, 5, 13)$ 则

$$19n + 6 = 38p + 6 = 28p + (10p + 6)$$

只需制定 $10p + 6$ 是否是28的倍数,列表知:

p	1	3	5	7	9	11	13
$10p+6$	16	36	㊇	76	96	116	136

$p=5,n=10$ 时余下钱为 $19\times10+6=196=28\times7.$ 也即余下钱恰好可买 7 支圆珠笔. 所以买 $26-10=16$(支)铅笔和 7 支圆珠笔时,5 元钱恰好用完.

解法 2(利用方程,规范求解) 设铅笔,圆珠笔单价分别为 x 分和 y 分,$(x,y$ 正整数)则依题意有

$$\begin{cases}12x+10y=508 & ①\\ 10x+11y=498 & ②\end{cases}$$

解式①,②知 $x=19,y=28.$

设买铅笔 n 支,圆珠笔 m 支,若不定方程

$$19n+28m=500 \qquad ③$$

有正整数解时,5 元钱恰好用完.

因为 $19n=500-28m=4(125-7m)$,故 n 是 4 的倍数,不妨令 $n=4l$,则

$$19l=125-7m \qquad ④$$

易知 $m\geq1$,故 $19l\leq125-7=118,l\leq6$,将 $l=1,2,3,4,5,6$ 分别代入④知:仅当 $l=4$ 时 m 取整数 7. 此时 $n=4\times4=16$,所以方程③有整数解 $n=16,m=7.$ 也即买 16 支铅笔和 7 支圆珠笔时恰好用完 5 元钱.

7. 荒岛上有 5 个乘船遇难者和一只猴子,他们采集了一堆椰子并准备在第二天瓜分. 半夜一个人悄悄起来,将椰子分成相同的 5 份,并将剩余的一个椰子给猴子吃了,出于对同伴缺乏信任,他将自己的那份藏起来后,又重新去睡觉. 余下的 4 人也心存猜疑,他们逐一重复了第一人的行径(私藏当时椰子的五分之一,并将多余一个椰子给猴子吃了). 最后,第二天留下的椰子恰好可平分成 5 份. 问:原来的椰子至少有多少个?

解 我们将"5 个人 1 只猴"情境下的问题简记为问题 $(5,1)$,则问题推广到"n 个人和 1 只猴"的情境时的问题可记为问题 $(n,1)$.

收缩:考虑 $n=3$ 的特例.

为求解方便我们将问题稍稍变化一下. 因为"第 i 人$(i=1,2,3)$ 分时面对的椰子数除以 3 都余 1,于是他将一个椰子给猴子吃了,自己留下一份". 我们不妨假想添人 2 个"虚椰子"充数,使得每人平分时都能均分成 3 份. 当然,大家在自己那份中都不拿"虚椰子",而将这两个"虚椰子"永远放在留下的那部分中. 因为能平分了,规定原来给猴子吃的椰子,也由分的人一起取走藏起来. 这样,

每个人面对含两个"虚椰子"在内的一堆椰子时,都取走它的三分之一且留下三分之二.

设原有椰子 x 个,加两"虚椰子"后总数为 $x+2$ 个,并记第 i 人藏起那份椰子数为 $x_i+1(i=1,2,3)$. 于是,"分、取、留"的过程及状态可列表给出,有:

第 i 人	分前椰子数	藏起椰子数	留下椰子数
1	$x+2=3(x_1+1)$	x_1+1	$2(x_1+1)$
2	$2(x_1+1)=3(x_2+1)$	x_2+1	$2(x_2+1)$
3	$2(x_2+1)=3(x_3+1)$	x_3+1	$2(x_3+1)$

在留下的 $2(x_3+1)$ 中扣掉两个虚拟添入的后,所剩的 $2x_3$ 个椰子的数目应该是 3 的倍数,记 $2x_3=3k(k\in \mathbf{N})$. 于是

$$x+2=3(x_1+1)=3\times\frac{3}{2}(x_2+1)=3\left(\frac{3}{2}\right)^2(x_3+1)=$$

$$\left(\frac{3}{2}\right)^3(2x_3+2)=\left(\frac{3}{2}\right)^3(3k+2)$$

易见使 $x+2$ 为整数的最小的 $k=2$,此时 $x_3=3, x+2=3^3=27$.

所以,实际上原来有 $x=25$(个) 椰子,而最后剩下 $2x_3=6$(个) 椰子.

回到原问题,$n=5$ 时,同样,我们加入 4 只"虚椰子"后:

第 1 人面对椰子为 $x+4=5(x_1+1)$;

第 i 人面对椰子数为 $4(x_{i-1}+1)=5(x_i+1), (i=2,3,4,5)$.

最终留下椰子数为 $4(x_5+1)$,且实际剩下的椰子数 $4x_5$ 是 5 的倍数,记 $4x_5=5k(k\in\mathbf{N})$,有

$$x+4=5(x_1+1)=5\times\frac{5}{4}(x_2+1)=5\left(\frac{5}{4}\right)^4(x_5+1)=$$

$$\left(\frac{5}{4}\right)^5(4x_5+4)=\left(\frac{5}{4}\right)^5(5k+4)$$

易见使 $x+4$ 为整数的最小的 $k=(4^5-4)\div 5=204$,此时

$$4x_5=204\times 5=1\,020, x+4=5^5=3\,125, x=3\,121$$

也即原来至少有椰子 3 121 个,最终剩下椰子则为 1 020 个.

推广:考虑问题 $(n,1)$.

类似处理,加入 $(n-1)$ 个虚椰子后:

……

最终留下椰子数为 $(n-1)(x_n+1)=(n-1)x_n+(n-1)$,其中实际所剩

的椰子数 $(n-1)x_n$ 是 n 的倍数，记 $(n-1)x_n = nk, (k \in \mathbf{N})$. 有

$$x + (n-1) = n(x_1+1) = n \cdot \frac{n}{n-1}(x_2+1) = \cdots = n \cdot \left(\frac{n}{n-1}\right)^{n-1}(x_n+1) =$$

$$\left(\frac{n}{n-1}\right)^n [(n-1)x_n + (n-1)] = \left(\frac{n}{n-1}\right)^n [nk + (n-1)] \qquad ①$$

则原来椰子至少要有

$$x = \left(\frac{n}{n-1}\right)^n [nk + (n-1)] - (n-1) \text{（个）} \qquad ②$$

最终相应留下的椰子有 nk（个）. 其中正整数 k 是使

$$\frac{1}{(n-1)^n}(nk+(n-1))$$

是整数的最小数.

譬如：$n = 8$ 时，$\frac{1}{7^8}(8k+7)$ 是整数，考虑 $8k+7 = 7^8 \cdot p$ 由 $8k+7$ 可知 p 奇，

检查 $1,3,5,7,\cdots$ 知 $p = 7$ 时，$k = 5\,044\,200$，$\frac{1}{7^8}(8k+7) = 7$. 此时

$$x = 8^8 \times 7 - 7 = 117\,440\,505 \quad \text{（开始数目）}$$

$$7x_8 = 8k = 40\,353\,600 \quad \text{（留下数目）}$$

$(n, 1)$ 结论的再化简：

由式 ① 反解出由 x 表达 $(n-1)x_n$ 的结果，有

$$(n-1)x_n = (n-1)^n \cdot \frac{x + (n-1)}{n^n} - (n-1)$$

记 $\frac{x+(n-1)}{n^n} = P$，有

$$(n-1)x_n = (n-1)^n P - (n-1) \qquad ③$$

因为实际留下的椰子数 $(n-1)x_n$ 是 n 的倍数，故式 ③ 右方是 n 的倍数. 由 $(n-1)^n$ 的展开式知

$$(n-1)^n = nQ + (-1)^n$$

其中 Q 为整数.

从而式 ③ 右方可化为

$$(n-1)^n P - (n-1) = [nQ + (-1)^n]P - n + 1 =$$
$$n(QP - 1) + (-1)^n P + 1$$

于是知$(-1)^n P + 1$是n的倍数,所以存在整数l,使

$$P = nl \pm 1 \quad (n \text{ 奇数时取 } +, n \text{ 偶数时取 } -)$$

代入式③,有

$$y = (n-1)x_n = (n-1)^n(nl \pm 1) - (n-1) \qquad ④$$

将上式再代入式①,有

$$x + (n-1) = n^n(nl \pm 1)$$

从而

$$x = n^n(nl \pm 1) - (n-1)$$

或者

$$x = n^n[nl + (-1)^{n-1}] - (n-1) \qquad ⑤$$

显然,式⑤比②更简捷些. 为求最小的x,可按n是奇数还是偶数,分别取$l=0$和$l=1$,于是最小x为

$$x = \begin{cases} n^n - (n-1) & (n \text{ 为奇数}, l=0) \\ n^n(n-1) - (n-1) = (n-1)(n^n-1) & (n \text{ 为偶数}, l=1) \end{cases} \qquad ⑥$$

此时相应的最后留下椰子数y为

$$y = (n-1)x_n = \begin{cases} (n-1)^n - (n-1) & (n \text{ 为奇数}, l=0) \\ (n-1)[(n-1)^n - 1] & (n \text{ 为偶数}, l=1) \end{cases} \qquad ⑦$$

计算举例:

n	x	y
3	$3^3 - (3-1) = 25$	$(3-1)^3 - (3-1) = 6$
4	$(4-1)(4^4-1) = 765$	$(4-1)[(4-1)^4 - 1] = 240$
5	$5^5 - (5-1) = 3\ 121$	$(5-1)^5 - (5-1) = 1\ 020$
6	$(6-1)(6^6-1) = 233\ 275$	$(6-1)[(6-1)^6 - 1] = 78\ 120$
7	$7^7 - (7-1) = 823\ 537$	$(7-1)^7 - (7-1) = 279\ 930$
8	$(8-1)(8^8-1) = 117\ 440\ 505$	$(8-1)[(8-1)^8 - 1] = 40\ 353\ 600$
9	$9^9 - (9-1) = 387\ 420\ 481$	$(9-1)^9 - (9-1) = 134\ 217\ 720$
10	$(10-1)(10^{10}-1) =$ 89 999 999 991	$(10-1)[(10-1)^{10} - 1] =$ 31 381 059 600

再推广:考虑"n个人,r只猴"情境下的问题$(n, r)(1 \leqslant r < n)$.

小心! 类似$r=1$的方式去类比推导将十分危险,极易深入陷阱而导致最终结果的错误!

$r=1$时添加$(n-1)$个虚椰子,能保证使每个人平分椰子并"多分"一个(给猴子吃的那个). 而$r>1$时添加$(n-r)$个虚椰子,却不能保证每人"平分椰子并多分r个".

换个角度去做(n,r).

设开始有 x 个且最终有 y 个椰子，y 是 n 的倍数. 并记比值 $\dfrac{n-1}{n}=a$，于是

$$a-1=-\dfrac{1}{n},\dfrac{1}{a-1}=-n.$$ 考虑第 i 人留下的椰子数 $(i=1,2,\cdots,n)$，有：

第 1 人留下 $(x-r)a$；

第 2 人留下 $[(x-r)a-r]a=(x-r)a^2-ra$；

第 3 人留下 $[(x-r)a^2-ra-r]a=(x-r)a^3-r(a^2+a)$；

第 4 人留下 $[(x-r)a^3-r(a^2+a)-r]a=(x-r)a^4-r(a^3+a^2+a)$；

……

第 n 人留下

$$(x-r)a^n-r(a+a^2+\cdots+a^{n-1})=(x-r)a^n-r\dfrac{a^n-a}{a-1}=$$

$$(x-r)a^n+nr(a^n-a)=(x-r+nr)a^n-nar=$$

$$(n-1)^n\dfrac{x-r+nr}{n^n}-(n-1)r$$

记 $\dfrac{x-r+nr}{n^n}=p$，则有 $x=n^np-(n-1)r$，且

$$y=(n-1)^np-(n-1)r$$

因为 y 是 n 的倍数，由上式知 $(-1)^np+r$ 是 n 的倍数，所以存在整数 l 使

$$p=nl+(-1)^{n-1}r$$

于是，有

$$x=n^n[nl+(-1)^{n-1}r]-(n-1)r \qquad ⑧$$
$$y=(n-1)^n[nl+(-1)^{n-1}r]-(n-1)r \qquad ⑨$$

(l 是使 x,y 非负的任意整数)

当 n 是奇数(偶数)时，可取 $l=0(l=1)$ 去求出最小的 x 和 y.

譬如 $n=5,r=2$ 时，有

$$\begin{cases} x=5^5(0+2)-(5-1)\times 2=6\,242 \\ y=4^5(0+2)-(5-1)\times 2=2\,040 \end{cases}$$

$n=6,r=4$ 时，有

$$\begin{cases} x=6^6(6-4)-(6-1)\times 4=93\,292 \\ y=5^6(6-4)-(6-1)\times 4=31\,230 \end{cases}$$

令 $r=1$，式 ⑧，⑨ 收缩为式 ⑤ 和 ④.

第三节 留给你思考的问题

1. 父、子两人岁数之和为 56. 当父亲岁数是儿子现在岁数 2 倍的时候,儿子岁数是父亲现在岁数的五分之一. 问儿子现在岁数是多少?

解法 1 画图 12.2, 点 A, B, D 分别表示父亲出生时, 儿子出生时和现在. 点 C 表示某年, 也即父亲岁数是儿子现在岁数 2 倍的那年.

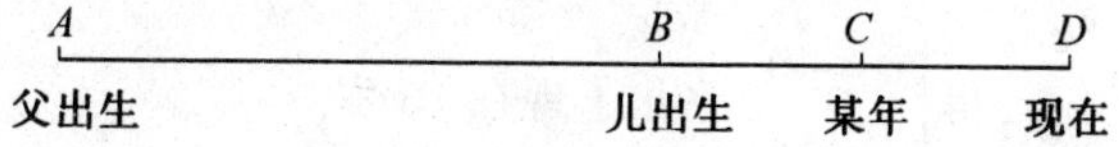

```
A              B      C      D
父出生        儿出生   某年   现在
```

图 12.2

题中第 1 句话, 即 $AD + BD = 56$, 第 2 句话就是 $AC = 2BD$ 且 $BC = \dfrac{AD}{5}$. 于是

$$\left.\begin{aligned} AD &= AC + CD = 2BD + CD \\ AD &= 5BC = 5(BD - CD) = 5BD - 5CD \end{aligned}\right\} \Rightarrow \begin{aligned} 2BD + CD &= 5BD - 5CD \\ 2CD &= BD \\ CD &= \tfrac{1}{2}BD \end{aligned}$$

从而

$$56 = AD + BD = (2BD + CD) + BD = 3BD + CD = 3BD + \tfrac{1}{2}BD = \tfrac{7}{2}BD$$

所以现在儿子 $BD = 56 \div \dfrac{7}{2} = 16$(岁)

解法 2 重新另画图 12.3, 记儿子现在岁数为 a, 某年到现在年数为 b.

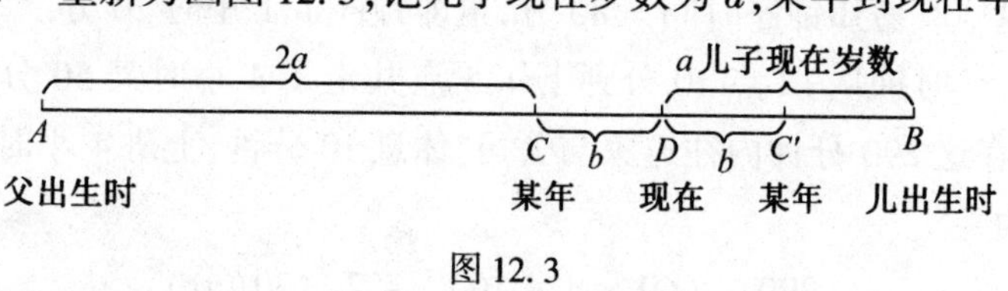

```
       2a              a 儿子现在岁数
A            C  b  D  b  C'           B
父出生时      某年  现在  某年      儿出生时
```

图 12.3

题中第 1 句话为 $(2a + b) + a = 56$; 题中第 2 句话为 $a - b = \dfrac{1}{5}(2a + b)$. 即

$$\begin{cases} 3a + b = 5b \\ a = 2b \end{cases} \Rightarrow \begin{cases} a = 16 \\ b = 8 \end{cases}$$

故儿子现在16岁.

解法3(规范法,列方程组)　设父亲、儿子现在年龄分别为x岁和y岁,则
$$x+y=56.$$

又因父亲为$2y$岁时,是现在的$(x-2y)$年前,那时儿子岁数为
$$y-(x-2y)=3y-x$$
而这岁数是父亲现在岁数x的五分之一,即有
$$3y-x=\frac{x}{5}$$

解 $\begin{cases} x+y=56 \\ 3y-x=\dfrac{x}{5} \end{cases}$,得 $\begin{cases} x=40 \\ y=16 \end{cases}$,故儿子现在16岁.

2. 某人应在下午2点整到公司上班.午休起来发现时钟停在12点10分,他匆忙上了发条却忘了校拨指针.随后即离家去公司,到公司时离上班时间还差10分钟.晚6点下班时他准时返家,到家时看到家中那时钟恰好是5点整.若他上、下班途中所用时间一样,且上发条的时间少得可忽略不计,那么他家时钟停了多久?

解法1　12点10分到离家时刻即为钟停时间.易见他1点50分到公司,于是离家时刻到1点50分即为途中时间.又12点10分到1点50分,共计100分钟.所以有
$$\text{钟停时间}+\text{途中时间}=100(\text{分}) \qquad ①$$
又因为下班到家的时刻是6点+途中时间,也是5点+钟停时间,从而又有
$$\text{钟停时间}-\text{途中时间}=60(\text{分}) \qquad ②$$
由式①,②易知钟停时间$=80$分,也即钟停了1小时20分.

解法2　时钟从12点10分到下午5点共走了4小时又50分,也即走了290分钟.在这290分钟内往返家与公司,休息10分钟,上班4小时,所以单程途中时间为
$$[290-(60\times 4+10)]\div 2=20(\text{分})$$
他1点50分到公司,扣去20分,应1点30分离家.于是,12点10分到1点30分之间的一段"1小时20分钟"就是停钟的时间如图12.4.

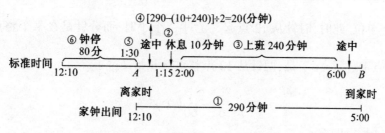

图 12.3

3. 一片牧场的草,27 头牛吃 6 周可吃完,23 头牛吃 9 周可吃完.问:21 头牛几周可吃完?又问要使草永远吃不完至多放牧几头牛?

解 设原草 a 份,每周新生草 b 份(1 份 = 1 头牛吃 1 周的草量).并设 21 头牛 x 周吃完.则

$$\left.\begin{cases} a + 6b = 27 \times 6 \\ a + 9b = 23 \times 9 \\ a + bx = 21x \Rightarrow x = \dfrac{a}{21-b} \end{cases} \Rightarrow \begin{cases} a = 72 \\ b = 15 \end{cases}\right\} \Rightarrow x = 12(周)$$

即 21 头牛 12 周吃完.

设牧草永远吃不完时至多放牧 y 头牛,则 $x \to \infty$ 时,有

$$a + bx \geq yx \text{ 或 } \frac{a}{x} + b \geq y, \frac{72}{x} + 15 \geq y$$

易见 $y \leq 15$,即牧草永吃不完时至多放牧 15 头牛.

4. 钟表在什么位置的时候,时针与分针可以对调(位置),使对调后的两针的新位置仍能指示实际上可能的时间?

又问:正常走动的时钟,时针与分针重合的位置有多少?

解 显然 12 点钟时两针重合于同一位置,两针对调后它们仍然重合于同一位置,显示时间仍是 12 点.那么除此之外还有哪些时刻符合要求呢?我们将一个圆周的 $\dfrac{1}{60}$ 作为单位(1 单位 6°).(时针 12 小时走 60 单位,即 1 小时走 5 个单位,x 个单位走 $\dfrac{x}{5}$ 小时;分针 1 分钟,也即 $\dfrac{1}{60}$ 小时走 1 个单位,y 个单位要走 y 分钟或 $\dfrac{y}{60}$ 小时.)

假设某符合要求的时刻,时针从 12 点起走过 x 个单位,分针从 12 点起走过

了 y 个单位. 此时,时针从 12 点起又走过 $\dfrac{x}{5}$ 个小时,而分针是在某个整点后又从 12 点走过了 $\dfrac{y}{60}$. 于是,两针从 12 点整重合开始又过了

$$\dfrac{x}{5} - \dfrac{y}{60}(个)$$

整数小时,也即有

$$\dfrac{x}{5} - \dfrac{y}{60} = m \quad (整数 m: 0 \leqslant m \leqslant 11) \qquad ①$$

两针对调(即从 12 点起时针走过 y 个单位且分针走过 x 个单位)后,同样分析,有

$$\dfrac{y}{5} - \dfrac{x}{60} = n \quad (整数 n: 0 \leqslant n \leqslant 11)$$

解方程组

$$\begin{cases} \dfrac{x}{5} - \dfrac{y}{60} = m \\ \dfrac{y}{5} - \dfrac{x}{60} = n \end{cases} \quad (m,n 是 0 到 11 的整数)$$

得

$$\begin{cases} x = \dfrac{60(12m+n)}{143} \\ y = \dfrac{60(m+12n)}{143} \end{cases} \quad \begin{pmatrix} m = 0,1,2,\cdots,11 \\ n = 0,1,2,\cdots,11 \end{pmatrix}$$

因为一组确定的 m 和 n 的值,唯一确定 x(或 y). 所以要确定所求的时刻的针的位置,只需确定 m,n 的不同取值组合的种数. 注意到 $m = n = 0$ 和 $m = n = 11$ 是重复于 12 点的同一时刻,所以符合要求的时刻有 $12 \times 12 - 1 = 143$(种). ("时刻对"!)

譬如: $m = 1, n = 1$ 时, $x = y = \dfrac{60 \times 13}{143} = \dfrac{60}{11} = 5\dfrac{5}{11}$,即在时刻 1 点 $5\dfrac{5}{11}$ 分时两针(重合)可以彼此对调.

又如: $m = 8, n = 5$ 时 $x = \dfrac{60(12 \times 8 + 5)}{143} \approx 42.38, y = \dfrac{60(8 + 12 \times 5)}{143} \approx 28.53 (42.38 \div 5 \approx 8.48, 28.53 \div 5 \approx 5.71)$. 也即相应时刻为 8 点 28.53 分和 5 点 42.38 分. 两针对调时一时刻变成另一时刻. (后一时刻由图 12.5 所示大致

表示出)

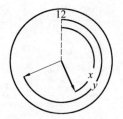

图 12.5

正常的时钟,时针和分针什么位置会重合?重合意味着 $x=y$,由式 ① 知 $\frac{x}{5} - \frac{x}{60} = m$,即 $x = \frac{60m}{11}(m = 0, 1, 2, \cdots, 11)$. 考虑到 $m=0$ 时 $x=0$, $m=11$ 时 $x=60$,而 $x=0$ 和 $x=60$ 是同一位置. 所以两针重合的位置共有 11 个,也即

$$x = \frac{60m}{11} \quad (m = 0, 1, 2, \cdots, 10)$$

11 次重合是容易理解的. 开始两针在 12 点整第 1 次重合后,第 i 次重合情形是:时针在 $(i-1)$ 点时分针在 12,时针到 i 点时分针转一圈后又到 12,于是在 $(i-1)$ 点到 i 点之间时针与分针重合一次 $(i = 2, 3, \cdots, 10, 11)$. 总共重合 $1 + 10 = 11$(次).

5. 双线铁道的东、西有两个车站. 甲、乙两列车于同一时刻出发,甲车从西站开向东站,乙车从东站开向西站,运行中两列车都匀速行驶. 从两车在途中相遇时起,甲车再行驶一小时就可以到达东站,而乙车还需两个小时又一刻钟才能到达西站. 问甲车车速是乙车车速的几倍?

解法 1 设甲车车速为 u,乙车车速为 v(单位:千米/时),并设两站相距为 s 千米. 于是从出发到相遇的时间为 $\frac{s}{u+v}$,而甲、乙行驶全程的时间分别为 $\frac{s}{u}$ 和 $\frac{s}{v}$. 依题意,有

$$\begin{cases} \dfrac{s}{u} - \dfrac{s}{u+v} = 1 & \text{①} \\ \dfrac{s}{v} - \dfrac{s}{u+v} = 2.25 & \text{②} \end{cases}$$

列方程组的目的是什么?

不清醒的盲目操作者认为是"先求出 u 和 v,然后得 $\frac{u}{v}$". 于是,从原方程组

去导出

$$\begin{cases} \dfrac{v}{u(u+v)} = \dfrac{1}{s} \\ \dfrac{u}{v(u+v)} = \dfrac{9}{4s} \end{cases} \quad \text{③} \\ \text{④}$$

$$\begin{cases} v = \dfrac{u(u+v)}{s} \\ u = \dfrac{9v(u+v)}{4s} \end{cases} \quad \text{⑤} \\ \text{⑥}$$

式⑤代入式⑥分子中的因子 v 得

$$u = u(u+v)^2 \cdot \dfrac{9}{4s^2}$$

$$u + v = \dfrac{2s}{3} \quad \text{⑦}$$

式⑦代入式⑤得

$$v = \dfrac{2}{3}u \quad \text{⑧}$$

解 $\begin{cases} ⑦ \\ ⑧ \end{cases}$,得 $u = \dfrac{2s}{5}, v = \dfrac{4s}{5}$,从而 $\dfrac{u}{v} = \dfrac{3}{2}$.

而头脑清醒者始终明确"目标是 $\dfrac{u}{v}$ 的值!". 其实,由比 $\dfrac{④}{③}$,或者 $\dfrac{⑥}{⑤}$ 都可得到 $(\dfrac{u}{v})^2 = \dfrac{9}{4}$;由式⑧则可直接得到 $\dfrac{u}{v} = \dfrac{3}{2}$. 那么,为何要去求出 u 和 v 呢?

当然,仅求比 $\dfrac{u}{v}$ 时,还可令 $s = 1$.

解法 2(分析法) 如图 12.6,设出发到相遇的时间为 t. 于是甲行驶全程 s 所用时间为 $t + 1$,乙行驶全程 s 所用时间为 $t + 2.25$. 易见甲速 u 大于乙速 v. 又因为行驶相同距离时,速度与时间成反比,所以有

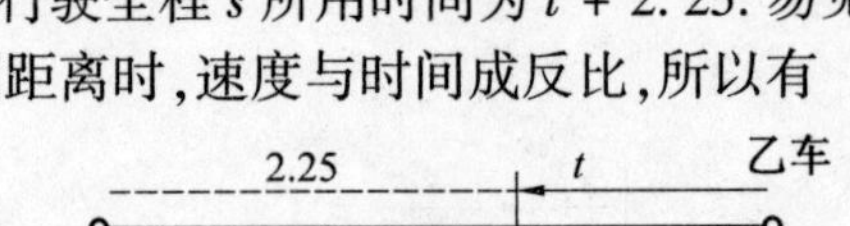

图 12.6

$$\dfrac{u}{v} = \dfrac{t}{1} = \dfrac{2.25}{t} = \sqrt{\dfrac{t}{1} \cdot \dfrac{2.25}{t}} = \sqrt{2.25} = \sqrt{\dfrac{9}{4}} = \dfrac{3}{2}$$

6. 某人先沿平路行走,然后上山、到山顶后又沿原路返回到出发地.假定走平路、上山、下山每小时分别走 4 千米、3 千米、6 千米.又知往返全程共走了 5 个小时.问他走过的总路程为多少千米?

解法 1(波利亚《数学的发现(第一卷)》§2.8)

设 x 为走过的总路程,y 为上山走的路程.于是行程可分为四段:平路($\frac{x}{2}-y$),上山 y,下山 y,平路($\frac{x}{2}-y$).考虑时间,有

$$\frac{\frac{x}{2}-y}{4}+\frac{y}{3}+\frac{y}{6}+\frac{\frac{x}{2}-y}{4}=5$$

(好似 2 个未知量,一个方程.不充分!)整理,有

$$\frac{x}{4}=5, x=20(千米) \quad (问题确定且结果唯一)$$

答:全程为 20 千米.

解法 2 设平路(往返)走 x 小时,上山走 y 小时,下山走 z 小时由题设知

$$\left.\begin{array}{l}3y=6z\\x+y+z=5\end{array}\right\}\Rightarrow x+3z=5$$

则总路程为

$$S=4x+3y+6z=4x+6z+6z=4(x+3z)=\\4\times 5=20(千米)$$

注意:一般平路、上山、下山速度分别为 u,v,w 时

$$\frac{\frac{x}{2}-y}{u}+\frac{y}{v}+\frac{y}{w}+\frac{\frac{x}{2}-y}{u}=5$$

也即

$$\frac{x}{u}+(\frac{1}{v}+\frac{1}{w}-\frac{2}{u})y=5$$

当 $\frac{1}{v}+\frac{1}{w}\neq\frac{2}{u}$ 时,y 的系数不为零,x 则无法确定.所以仅当平路速度是上山速度和下山速度的调和平均值时,也即

$$u=\frac{2}{\frac{1}{v}+\frac{1}{w}}$$

时,问题才确定并有唯一解.而这里选的"4"正是"3"和"6"的调和平均.

行程问题求解的体验

第一节 热身活动，十分钟问答

1. 甲和乙从东西两地同时出发，相对而行，东、西两站相距 10 千米. 甲每小时走 6 千米，乙每小时走 4 千米. 甲带的一只小狗与甲同时出发，并以每小时 10 千米的速度奔向乙，遇乙后狗就回头奔向甲，遇甲后狗再回头奔向乙，⋯⋯ 直到甲、乙两人相遇时狗才停止跑动. 问这只狗共跑了多少路？

解 切入点是时间. 狗跑的时间就是甲、乙相遇的时间，因为甲、乙相遇所需时间为 $10 \div (6+4) = 1$（小时）. 故狗在 1 小时内共跑了 $10 \times 1 = 10$（千米）.

2. 两列火车分别从东、西两站同时相对开出，第一次在离西站 40 千米处相遇. 之后两车仍以原速度行驶，并在到达各自彼站后立即返回，结果在离东站 20 千米处又第二次相遇. 问两站相距多少？

解法 1（方程法） 设东、西两站相距 x 千米，由东站开出的甲车速度为 u 千米/时，由乙站开出的乙车车速为 v 千米/时.

第 1 次相遇时乙行驶了 40 千米，甲行驶了 $(x-40)$ 千米；

第 2 次相遇时乙行驶了 $(x+20)$ 千米，甲行驶了 $(2x-20)$ 千米.

因为从开到相遇,两车行驶的时间相同,故有

$$\begin{cases} \dfrac{40}{v} = \dfrac{x-40}{u} \\ \dfrac{x+20}{v} = \dfrac{2x-20}{u} \end{cases} \Rightarrow \dfrac{u}{v} = \dfrac{x-40}{40} = \dfrac{2x-20}{x+20} \xrightarrow{\text{两边}+1}$$

$$\dfrac{x}{40} = \dfrac{3x}{x+20} \xrightarrow{x\neq 0} \dfrac{1}{40} = \dfrac{3}{x+20}, x = 100(\text{千米})$$

(一般三个未知量 u, v, x 需有三个方程,譬如补 $\dfrac{x}{u+v} = \dfrac{40}{v}$,但此处不需要. x 是真正的未知量,而 u, v 只是辅助求解的量.)

解法 2 设东、西两站相距 x 千米.

若第 1 次相遇两车合行 x 千米用了时间 t,则第 1 次相遇两车合行 $3x$ 千米用了时间 $3t$.

考虑乙车,从西站开出后第 1 次相遇时用 t 小时行驶了 40 千米,那么到第 2 次相遇时用 3 小时应行驶 $40 \times 3 = 120$(千米). 扣除折返的 20 千米,故有 $x = 120 - 20 = 100$(千米).

示意图见图 13.1:

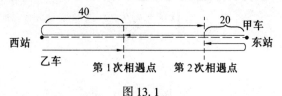

图 13.1

3. 某人沿电车行驶路线匀速行走时,发现每隔 10 分钟有一辆电车迎面开来,而每隔 15 分钟有一辆电车从身后赶超过他. 若电车是匀速行驶的,问起(终)点站几分钟发一辆电车呢?

解法 1 设起(终)点站每隔 x 分钟发一辆电车. 见图 13.2,设电车甲在某时刻在 B 处追上行人,而电车甲的后一辆电车乙在 A 处. 过了 15 分钟,电车乙在 C 处追上行人. 因为人从 B 到 C 走 15 分钟,而电车乙从 A 到 B 走 x 分钟,故电车乙从 B 到 C 走 $(15-x)$ 分钟. 于是(路程 BC 相同,速度与时间成反比)有

$$\dfrac{v_{\text{人}}}{v_{\text{车}}} = \dfrac{15-x}{15}$$

又设某时刻人与电车丙迎面相遇于点 D,此时电车丙的后一辆电车丁在 F 处. 过 10 分钟后,人与电车丁相遇在点 E. 人从 D 到 E 走 10 分钟,而电车丁从 F

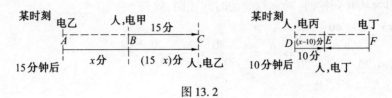

图 13.2

到 D 走 x 分钟,故电车丁从 E 到 D 走 $(x-10)$ 分钟. 于是有

$$\frac{v_人}{v_车} = \frac{x-10}{10}$$

从而有

$$\frac{15-x}{15} = \frac{x-10}{10}$$

解之得 $x = 12$(分钟).

解法 2 不妨改数字为文字. 考虑"a 分钟迎面来一辆电车, 且 b 分钟后面赶来一辆电车"的一般情形.

设电车车速为 u, 人步行速度为 v, 两相邻车相距 s, 则两车发车的时间间隔 $x = \frac{s}{u}$. 由题设知: 与人步行同向的电车在时间 b 内可追赶行人 s 路程; 而与人逆向的车在时间 a 内与人合行总路程 s. 也即有

$$\begin{cases}(u-v)b = s \\ (u+v)a = s\end{cases}$$

或

$$\begin{cases}u - v = \dfrac{s}{b} & \text{①} \\ u + v = \dfrac{s}{a} & \text{②}\end{cases}$$

解之, 得 $2u = s\left(\dfrac{1}{a} + \dfrac{1}{b}\right)$, 从而知

$$x = \frac{s}{u} = \frac{2}{\dfrac{1}{a} + \dfrac{1}{b}}$$

可见发车间隔时间 x 是 a 和 b 的调和平均.

又由式 ①, ② 可求出 $2v = s\left(\dfrac{1}{a} - \dfrac{1}{b}\right)$, 从而有电车车速与人行速度之比

$$\frac{u}{v} = \frac{\dfrac{1}{a} + \dfrac{1}{b}}{\dfrac{1}{a} - \dfrac{1}{b}} = \frac{a+b}{b-a}$$

将 $a=10(\text{分}), b=15(\text{分})$ 代入文字结果 $x=\dfrac{2}{\dfrac{1}{a}+\dfrac{1}{b}}, \dfrac{u}{v}=\dfrac{a+b}{b-a}$ 可知

$$x=12(\text{分}) \text{ 及 } \dfrac{u}{v}=5(\text{倍})$$

注:① 当 u,v,s 中再已知一个量时,就可求出其他两个量.

② 令 $a=b$ 时,则 $v=0, x=a, u=\dfrac{s}{a}$. 也即"行人站着不动".

解法3 设发车间隔为 x 分钟,两车间距为 s. 由题设知:行人与迎面来的车每分钟缩短 $\dfrac{s}{10}$ 的距离;而行人与后面追来的车每分钟缩短 $\dfrac{s}{15}$ 的距离.

假设行人先向前走1分钟,然后立即返回走到原地. 这样,车第1分钟内,行人与迎面来的车缩短了 $\dfrac{s}{15}$;而在第2分钟内,行人与(原迎面来的)后面追来的车缩短了 $\dfrac{s}{15}$;于是,在这两分钟内行人与这辆车的距离就缩短了 $\dfrac{s}{10}+\dfrac{s}{15}=\dfrac{s}{6}$. 这完全相当于行人站着不动时,两分钟内与迎面开来的车缩短 $\dfrac{s}{6}$ 的距离. 所以要行人与迎面来的车"合走完" s 的距离,需要

$$s \div \dfrac{s}{6} \cdot 2 = 12(\text{分钟})$$

也即对一个站着不动的观察者而言每隔12分钟过一辆电车,所以发车间隔为12分钟.

解法2,3的示意图见图13.3.

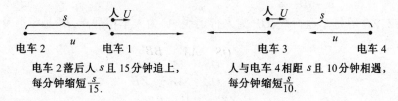

图 13.3

解法1的示意图见图13.4.

图13.4中 $OS=s, OA=a, OB=b, OZ=x$,车速为 u,人速为 v.

注:③ 令 $b=\infty$ 时,则 $u=v$. 也即车速慢得与人徒步速度一样,于是,当人与

某辆车开进时,其他同行车与人永远保持确定的距离 s,此时 $a = \dfrac{s}{2u}$.

④ 因为发车时间间隔 x 预先确定 (x 是车速 u 和两车欲保持的间距 s 决定的, 即 $x = \dfrac{s}{u}$), x 与 "人速 v 和车速 u 之间关系" 无直接的因果关系.

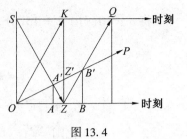

图 13.4

x 确定时, 可导出任一速度比值的 u 和 v. 令 $k = \dfrac{u}{v}$, 有

$$k = \dfrac{u}{v} = \dfrac{a+b}{b-a}, \dfrac{k+1}{k-1} = \dfrac{2b}{2a} = \dfrac{b}{a} \quad (合分比)$$

$$(k+1)a = (k-1)b$$

$$x = \dfrac{2}{\dfrac{1}{a} + \dfrac{1}{b}} = \dfrac{2b}{\dfrac{b}{a} + 1} = \dfrac{2b}{\dfrac{k+1}{k-1} + 1} = \dfrac{k-1}{k}b = \dfrac{k+1}{k}a$$

$$a = \dfrac{k}{k+1}x, \quad b = \dfrac{k}{k-1}x$$

编题时, 可先定出 x 值和一个合乎实际的速度比 k, 然后导出 a 和 b. 譬如: $x = 24 (分), k = 7 (倍)$ 时

$$a = \dfrac{7}{7+1} \times 24 = 21 (分), \quad b = \dfrac{7}{7-1} \times 24 = 28 (分)$$

而有些书中给出 "$a = 4, b = 12$, 结果导出 $x = 6$". 而此时车速与人徒步速度之比为 $k = \dfrac{u}{v} = \dfrac{a+b}{b-a} = \dfrac{16}{8} = 2$. 这显然不符合一般的常理.

SZ, ZQ 等是车运行线; OP 为人行走线. A' 为人车相遇点, B' 是车追及人的点. 易见

$$u = \dfrac{s}{x} = \dfrac{OS}{OZ} = \dfrac{AA'}{AZ} = \dfrac{BB'}{ZB}$$

$$v = \dfrac{ZZ'}{OZ} = \dfrac{AA'}{OA} = \dfrac{BB'}{OB}$$

也即 $\left. \begin{aligned} u &= \dfrac{AA'}{x-a} = \dfrac{BB'}{b-x} \\ v &= \dfrac{AA'}{a} = \dfrac{BB'}{b} \end{aligned} \right\} \Rightarrow \dfrac{u}{v} = \dfrac{a}{x-a} = \dfrac{b}{b-x}$

解之得
$$x = \frac{2ab}{a+b} = \frac{2}{\frac{1}{a}+\frac{1}{b}}$$

将 x 代入可得
$$\frac{u}{v} = \frac{a+b}{b-a} = \frac{ZR}{ZZ'}$$

第二节　探究活动,问题解决的实践

1. 高速列车从广州开往汕头. 若将车速提高 20% 的话,可比原计划早 1 小时到汕头. 如果以原速度先行驶 156 千米后再提速 25% 的话,可比原计划提早 48 分钟到汕头. 问广州到汕头车行驶全程为多少千米?

解法1　设全程为 s 千米,原车速为 v,则正常行驶时间 $t = \frac{s}{v}$. 提速 20% 后车速为 v_1,则 $v_1 = 1.2v, \frac{v_1}{v} = 1.2 = \frac{6}{5}$,从而提速后行驶全程的时间 $t_1 = \frac{v}{v_1}t = \frac{5}{6}t$, 于是比计划提早
$$t - t_1 = t - \frac{5}{6}t = \frac{t}{6}$$
到. 由于 $\frac{t}{6} = 1$,故 $t = 6$(小时).

类似,若提速 25%,则车速 $v_2 = 1.25v = \frac{5}{4}v$,以速度 v_2 行驶全程的时间 $t_2 = \frac{v}{v_2}t = \frac{4}{5} \times 6 = \frac{24}{5}$(小时),从而比原计划少用时间 $6 - \frac{24}{5} = \frac{6}{5}$(小时). 而实际上仅提早了 48(分) = $\frac{4}{5}$(小时),少提前了 $\frac{6}{5} - \frac{4}{5} = \frac{2}{5}$(小时). 若前 156 千米按原速行驶改为提速 25% 行驶,就可提前 $\frac{2}{5}$ 小时. 于是,有
$$\frac{S}{156} = \frac{\frac{6}{5}}{\frac{2}{5}} = 3, s = 156 \times 3 = 468(千米)$$

解法2 统一考虑下,令"提速 $a\%$ 后早 b 小时到"且提速前、后速度为 v_1 和 v_2,行驶某段路程相应时间为 t_1 和 t_2. 则

$$\frac{V_2}{V_1} = 1 + \frac{a}{100} = \frac{100+a}{100} \Rightarrow \frac{t_1}{t_2} = \frac{v_2}{v_1} = \frac{100+a}{100} \Rightarrow$$

$$\frac{b}{t_2} = \frac{t_1 - t_2}{t_2} = \frac{a}{100}, t_2 = \frac{100b}{a}, t_1 = \frac{100b}{a} + b$$

于是,利用上式有:

令 $a = 20$ 且 $b = 1$ 时,$t_2 = 5$,$t_1 = 6$;

令 $a = 25$ 且 $b = 0.8$ 时,$t_2 = 3.2$,$t_1 = 4$. (0.8 小时 = 48 分)

也即知按原速度用6小时跑完全程 s;按原速度跑 $(s - 156)$ 需4小时. 从而 $(s - 156)$ 是全程 s 的 $\frac{4}{6} = \frac{2}{3}$,也就是 156 是全程的 $\frac{1}{3}$,故全程 $s = 156 \times 3 = 468$(千米).

2. 某时刻慢车从甲站出发开往乙站,3小时后快车从乙站出发并行驶了4小时整到达甲站. 如果慢车驶完全程也需整数小时,问快车出发后多少时间与慢车相遇?

解 设慢车驶完全程需 x 小时,快车发出后 y 小时与慢车相遇且甲、乙相距为1. 于是慢车每小时行驶 $\frac{1}{x}$,因为它发车后 $(3+y)$ 小时与快车相遇,故相遇前行驶了 $\frac{3+y}{x}$. 类似,可知相遇前快车行驶了 $\frac{y}{4}$. 从而有 $\frac{3+y}{x} + \frac{y}{4} = 1$. 变形得

$$x = \frac{12 + 4y}{4 - y} = \frac{28 + 4(y - 4)}{4 - y} = \frac{28}{4 - y} - 4 \qquad ①$$

于是 $(x+4)(4-y) = 28$,由于 x 是正整数,故 y 也为整数且小于4. 又由题意知 $0 < y < 4 < x$. 将 $y = 1, 2, 3$ 分别代入式①有:

y	1	2	3
x	$\frac{16}{3}$	10	24

可见问题有两个解:快车出发后2小时或3小时与慢车相遇. 也即慢车10小时驶完全程时:

慢车3小时走 $\frac{3}{10}$,再接着2小时走 $\frac{2}{10}$,共走 $\frac{3}{10} + \frac{2}{10} = \frac{1}{2}$. 快车2小时走 $\frac{2}{4} =$

$\frac{1}{2}$,与慢车在甲、乙两站中点相遇见图 13.5 所示.

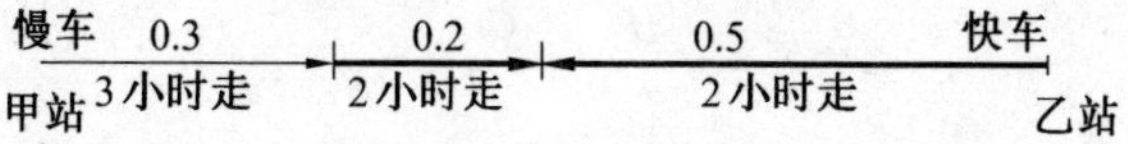

```
慢车   0.3      0.2        0.5      快车
甲站 3小时走  2小时走   2小时走           乙站
```

图 13.5

慢车 24 小时驶完全程时：

慢车 3 小时走 $\frac{1}{8}$,再接着 3 小时又走 $\frac{1}{8}$,共走 $\frac{1}{4}$.快车 3 小时走 $\frac{3}{4}$,与慢车在靠近甲站的四分点处相遇见图 13.6 所示.

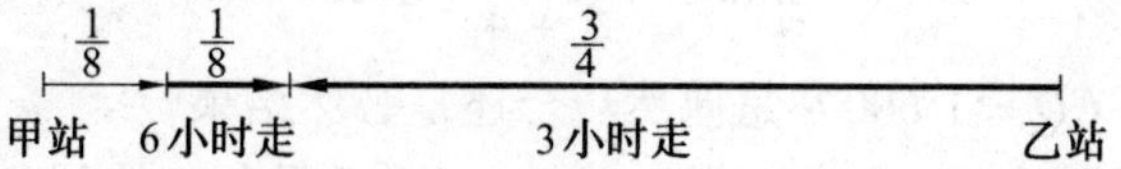

```
   1/8   1/8       3/4
甲站    6小时走    3小时走    乙站
```

图 13.6

3. 甲、乙两车分别从 A,B 两地相向而行,甲车车速是每分钟 1 200 米,若两车同时出发,那么两车将在途中点 C 相遇. 如果乙车先出发 3 分钟,那么两车在距点 C 处 1 600 米远的点 P 相遇. 如果甲车先出发 3 分钟的话,问两车相遇点 Q 距点 C 有多远?

解 两车同时出发在点 C 相遇,也即两车在同样的时间内,甲行了路程 AC,乙行了路程 BC.

若乙先出发 3 分钟,也即甲比乙晚出发 3 分钟. 设乙到达点 C 时甲到达点 D, 由题设易知 $DC = 1\,200 \times 3 = 3\,600$(米). 从而,问题相当于"甲、乙两车分别从 D, C 同时出发,相向而行且相遇于点 P". 因为 $PC = 1\,600$,故 $DP = 3\,600 - 1\,600 = 2\,000$, 于是：

甲、乙两车合行 DC 的时间为

$$2\,000 \div 1\,200 = \frac{5}{3}(\text{分})$$

乙车速度为

$$1\,600 \div \frac{5}{3} = 960(\text{米}/\text{分})$$

参见图 13.7,类似处理甲车先出发 3 分钟的情形,视乙车晚甲 3 分钟出发,设甲车到点 C 时乙车到达点 E. 于是

$$CE = 960 \times 3 = 2\,880$$

易见甲、乙两车速度比为 $\frac{1\,200}{960} = \frac{5}{4}$,故甲车在两车合走的 2 880 米路程中

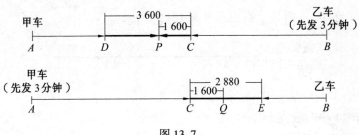

图13.7

走了

$$CQ = 2\,880 \times \frac{5}{5+4} = 1\,600(\text{米})$$

为何 $PC = CQ = 1\,600$？是偶然巧合还是必然结果？

你不妨将"甲速1 200米/分,3分钟,相遇于距点 C 处1 600米远"换成别的数据,再试一下,以便于判断.

考虑一般情形：

设甲车车速为 a,乙车车速为 b；提早出发时间为 t. 两车同时出发时相遇点为 C.

乙先开 t(分) 到点 C 时,甲到点 D,即 $DC = at$. 设甲、乙合行 DC 时相遇点为 P,则其中乙走了

$$PC = \frac{at}{a+b} \cdot b = \frac{abt}{a+b}$$

甲先开 t(分) 到点 C 时,乙到点 E,则 $CE = bt$. 记甲、乙合行 CE 时相遇点为 Q,则其中甲走了

$$CQ = \frac{bt}{a+b} \cdot a = \frac{abt}{a+b}$$

于是,有 $PC = CQ$. 当然其值大小取决于 a,b 和 t 见图13.8.

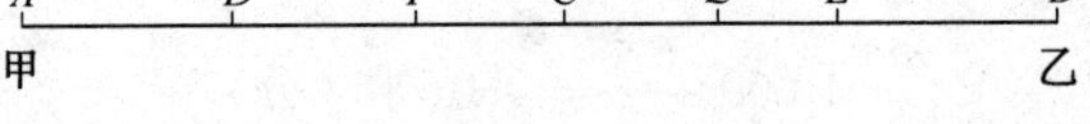

```
A      D     P     C     Q     E         B
甲                                        乙
```

图13.8

4. 一条大河有 A,B 两个港口,水由 A 流向 B,水速4千米/时. 甲、乙两船从 A 同时出发,各自不停地在 A,B 之间往返航行. 在静水中甲、乙两船的速度分别为28千米/时和20千米/时. 已知两船第二次迎面相遇的地点与甲船第二次追上乙船(开始两船在点 A 那次不计入)的地点相距40千米,问 A,B 两港间的距

离为多少?

本题涉及情形较复杂,是顺水、逆水中往返行驶中的相遇和追及问题.

解法1 ① 设 A,B 两港口相距 s 千米,甲船第 2 次迎面相遇乙船的地点距 A 港口 x 千米,乙船在第 n 次往返途中行驶 y 千米时被甲船第二次追及.

记甲船在顺水,逆水中的航速分别为 v_1 和 v_2;乙船在顺水、逆水中的航速分别为 u_1 和 u_2(单位:千米／时),则

$$v_1 = 28 + 4 = 32, v_2 = 28 - 4 = 24$$
$$u_1 = 20 + 4 = 24, u_2 = 20 - 4 = 16$$

速度比为

$$v_1 : u_1 : v_2 : u_2 = 32 : 24 : 24 : 16 = 4 : 3 : 3 : 2$$

② 如图 13.9,易见,第二次迎面相遇时两船共行驶了 $4s$. 又因为 $v_2 = u_1$,也即甲返程的 s 与乙从 A 到 B 的 s 所用时间一样. 在 $4s$ 中甲顺水走了 $s+x$,乙逆水走了 $s-x$,考虑到同时出发到第二次相遇两船航行时间一样,有

$$\frac{s+x}{32} = \frac{s-x}{16}, x = \frac{s}{3}$$

(或:考虑 $4s$ 中,甲顺水航程与乙逆水航程的总航程 $2s$,因为

$$\frac{v_1}{u_2} = \frac{4}{2} = 2$$

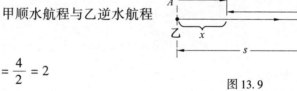

图 13.9

故甲顺水航程为 $\frac{2}{2+1} \cdot 2s = \frac{4s}{3}$,从而 $s + x = \frac{4s}{3}$, $x = \frac{s}{3}$.)

③ 甲船往返一次走 $2s$ 航程需时间 $t = \frac{s}{32} + \frac{s}{24} = \frac{7s}{96}$;

乙船往返一次走 $2s$ 航程需时间 $T = \frac{s}{24} + \frac{s}{16} = \frac{10s}{96}$.

又甲船第二次追上乙船时,甲船比乙船多航行了 $4s$,其中顺水航行和逆水航行各占一半.

乙船在第 n 次往返 A,B 的途中行驶了 y 千米时被甲船第 2 次追及. 此时,甲

船在第 $n+2$ 次往返 A,B 的途中也行驶了 y 千米. 因为两船从同时出发到第二次追及航行的时间一样, 所以当 $0 < y \leq s$ 时(即甲在顺流中追上乙), 有

$$(n-1)T + \frac{y}{24} = (n+1)t + \frac{y}{32} \qquad ①$$

$$\frac{y}{24} - \frac{y}{32} = t + T + n(t - T)$$

$$\frac{y}{96} = \frac{17s}{96} - \frac{3ns}{96}$$

$$y = (17 - 3n)s$$

考虑到 $0 < y \leq s$ 有

$$0 < (17-3n)s \leq s, 0 < 17 - 3n \leq 1, \frac{16}{3} \leq n < \frac{17}{3}$$

易见方程①此时无整数解 n.

当 $s < y \leq 2s$ 时(即甲在逆流中追上乙), 类似有

$$(n-1)T + \frac{s}{24} + \frac{y-s}{16} = (n+1)t + \frac{s}{32} + \frac{y-s}{24} \qquad ②$$

$$2y = 96n(t-T) + 96(t+T) + s$$

$$2y = (18 - 3n)s, y = \left(9 - \frac{3}{2}n\right)s \qquad ③$$

考虑到 $s < y \leq 2s$, 有

$$s < \left(9 - \frac{3}{2}n\right)s \leq 2s, 1 < 9 - \frac{3}{2}n \leq 2, \frac{14}{3} \leq n < \frac{16}{3}$$

故 $n = 5$. 代入式③得 $y = \frac{3s}{2}$, 也即甲船在第 $n+2 = 5+2 = 7$ (次) 往返 A,B 的途中走了 $\frac{3s}{2}$ 时追上乙船, 也就是在第 7 次往返的返程中, 逆水行驶到 B,A 中点时第 2 次追及乙船. (追及距点 A 处 $\frac{s}{2}$ 远)

④ 由 $\frac{s}{2} - \frac{s}{3} = 40$ (千米) 知 $s = 240$ (千米).

解法 2 记 $\frac{s}{96}$ (小时) 为 1 时间单位, 则列表有:

	往单程时间 $(A \to B)$	单位	返单程时间 $(B \to A)$	单位	往返双程时间 $(A \to B \to A)$	单位
甲船	$\frac{s}{32} = \frac{3s}{96}$	3	$\frac{s}{24} = \frac{4s}{96}$	4	$\frac{3s}{96} + \frac{4s}{96} = \frac{7s}{96}$	7
乙船	$\frac{s}{24} = \frac{4s}{96}$	4	$\frac{s}{16} = \frac{6s}{96}$	6	$\frac{4s}{96} + \frac{6s}{96} = \frac{10s}{96}$	10

我们将两船的航行路线情况(位置与时间的关系)用图 13.10 来表示. 用实线表示甲船航行及到达 A,B 的情况,用虚线表示乙船的航行及到达 A,B 的情况.

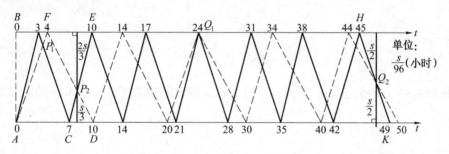

图 13.10

易见,P_2 是甲、乙第二次迎面相遇的点;Q_2 是第二次甲追及乙的点. 又因为
$$\triangle CP_2D \sim \triangle EP_2F$$

故
$$\frac{CP_2}{EP_2} = \frac{CD}{EF} = \frac{10-7}{10-4} = \frac{3}{6} = \frac{1}{2}$$

也即
$$CP_2 = \frac{1}{2}P_2E = \frac{1}{3}CE$$

故 A 到第二次迎面相遇点为单程 s 的三分之一.

同理可推出 $HQ_2 = Q_2K$,A 到第二次甲追及乙的点为单程 s 的二分之一.
于是 $\frac{s}{2} - \frac{s}{3} = 40$,$s = 240$(千米).

解法 3 设 A,B 两港口间距离为 1(单位). 其船位置记为 a,表示该位置距 A 港口为 a 远($0 \leq a \leq 1$),于是位置 A 记为 0,B 记为 1.

以记号"$\to a$"表示某船顺水航行到距 A 远为 a 的位置;

以记号"$\leftarrow b$"表示某船逆水航行到距 A 远为 b 的位置.

由题设条件知

$\dfrac{\text{甲顺速}}{\text{乙顺速}}=\dfrac{4}{3}$,$\dfrac{\text{甲顺速}}{\text{乙逆速}}=\dfrac{2}{1}$,$\dfrac{\text{甲逆速}}{\text{乙顺速}}=\dfrac{1}{1}$,$\dfrac{\text{甲逆速}}{\text{乙逆速}}=\dfrac{3}{2}$

开始,甲从 A 到 B 时,乙走到距 A 远 $\dfrac{3}{4}$ 处. 该情形简记为

$$\text{甲} \quad 0 \to 1$$

$$\text{乙} \quad 0 \to \dfrac{3}{4}$$

接着乙继续行驶到 B 时,甲又逆水走了 $\dfrac{1}{4}$ 到距 A 远 $\dfrac{3}{4}$ 处. 即有

$$\text{甲} \quad 0 \to 1 \leftarrow \dfrac{3}{4}$$

$$\text{乙} \quad 0 \to \dfrac{3}{4} \to 0$$

再接着甲又继续逆水走了 $\dfrac{3}{4}$ 到达 A 时,乙又逆水相应走了 $\dfrac{3}{4} \times \dfrac{2}{3} = \dfrac{1}{2}$ 到距 A 远 $1 - \dfrac{1}{2} = \dfrac{1}{2}$ 处. 即有

$$\text{甲} \quad 0 \to 1 \leftarrow \dfrac{3}{4} \leftarrow 0$$

$$\text{乙} \quad 0 \to \dfrac{3}{4} \to 0 \leftarrow \dfrac{1}{2}$$

如此不断推下去,并注意任一同时刻两船距 A 的距离上下对应排列,有

甲 $\quad 0 \to 1 \underset{②}{\leftarrow} \dfrac{3}{4} \leftarrow 0 \underset{④}{\to} 1 \leftarrow 0 \to 1 \underset{⑦}{\leftarrow} \dfrac{1}{4} \leftarrow 0 \underset{⑨}{\to} 1$

乙 $\quad 0 \to \dfrac{3}{4} \to 1 \leftarrow \dfrac{1}{2} \leftarrow 0 \to 1 \leftarrow \dfrac{1}{2} \leftarrow \dfrac{1}{4} \to 1$

$\quad \leftarrow 0 \to \dfrac{2}{3} \to 1 \leftarrow \dfrac{1}{4} \leftarrow 0 \to \dfrac{1}{2} \to 1 \leftarrow \dfrac{2}{3} \leftarrow 0$

$\quad \dfrac{1}{3} \leftarrow 0 \to \dfrac{1}{4} \to 1 \leftarrow \dfrac{5}{6} \leftarrow \dfrac{1}{3} \to \dfrac{1}{2} \to 1 \leftarrow \dfrac{5}{6} \underset{⑳}{\leftarrow} \dfrac{1}{6}$

易见,在某段行驶中甲、乙航向(箭头)相反时,两船在该段必将迎面相遇,所以在第②段两船第一次相遇. 在第④段两船第二次迎面相遇,此时甲顺水乙逆水合行 $\dfrac{1}{2} - 0 = \dfrac{1}{2}$,故相遇点距 A 港

$$\dfrac{1}{2} \times \dfrac{2}{2+1} = \dfrac{1}{3}$$

又如果在某段行驶中甲、乙船向(箭头)相同,且甲从乙的后方变到乙的前

方或同位置时,那么在该段行驶中甲将追及乙.譬如在第 ⑦ 段中,虽然两船都逆水而行,但开始时甲在 B 港而乙在距 A 港 $\frac{1}{2}$ 远处,当乙行至 A 港时,甲才走了 $\frac{1}{2} \times \frac{3}{2} = \frac{3}{4}$ 而还距 A 港 $\frac{1}{4}$ 远.所以在该段中甲始终在乙的后方,即甲没能追及乙.又如:在第 ⑨ 段中,开始甲从 A 港出发,乙从 $\frac{1}{4}$ 处出发,终了两船顺水航行同时到达 B 港,也即甲第一次在 B 港处追及乙.如此,经观察判断可知在第 ⑳ 段中,两船逆水航行时甲第二次追及乙.在该段航行开始,甲从 B 港出发而乙从距 A 港 $\frac{5}{6}$ 远处出发,甲多走 $1 - \frac{5}{6} = \frac{1}{6}$ 时可追及乙,故在该段中从出发到追及的时间为

$$(1 - \frac{5}{6}) \div (24 - 16) = \frac{1}{48}$$

在这段时间内甲航行了路程

$$24 \times \frac{1}{48} = \frac{1}{2}$$

从而第二次甲追及乙的地点距 A 港为 $1 - \frac{1}{2} = \frac{1}{2}$,于是第二次追及点与第二次迎面相遇点相距为

$$\frac{1}{2} - \frac{1}{3} = \frac{1}{6}$$

所以 A, B 两港之间距离为

$$40 \div \frac{1}{6} = 240(千米)$$

5. 摩托手甲与两朋友乙、丙外出旅行.甲骑车每小时行 60 千米,乙和丙步行每小时都走 6 千米.三人按如下计划行进:甲先带乙骑车,丙步行,同时出发.过一段时间后,甲让乙下车步行,自己返回接上丙后再去追乙,直至赶上乙.此时乙与丙再交换一下,像最初出发那样.……整个行进过程如此重复下去.问:

(1) 他们三人行进的速度为多少?(3 人每小时可行多少千米?)

(2) 摩托手甲自己一人骑车的时间占全部时间的几分之几?你能将问题一般化吗?能设计与本问题有关的实际问题的具体情境吗?

分析:显然问题只需研究一个"单元"的情形,也即"从同时出发到三人第一次再次相遇"的行进过程.因为整个行进过程由若干个单元过程所构成.当

然,一个单元过程所用的时间和行程,完全由甲从出发到第一次折返这段时间所决定.我们应将这个"单元过程"研究清楚.

显然,从同时出发到三人重新相遇,大家都走了相同的距离(位移),用了同样的时间.不妨将这个行进过程分三个阶段:

① 甲带乙骑车用时间 t_1,行程 PP_1,此时丙步行行程为 PQ_1;

② 甲用时间 t_2 单独返程行为 P_1Q_2,此时乙步行行程 P_1P_2,丙步行行程 Q_1Q_2 且与甲在点 Q_2 会合;

③ 甲带丙用时间 t_3 行程 Q_2Q,此时乙步行行程 P_2Q,三人在点 Q 第一次相遇.

解法1 如图 13.11 所示:

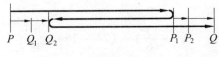

图 13.11

易见, $t_1 = t_3$,从而

$$PP_1 = Q_2Q, PQ_1 = P_2Q, P_1P_2 = Q_1Q_2, PQ_2 = P_1Q$$

由题设知 $v_车 : v_步 = 60 : 6 = 10 : 1$,于是,有

$$PP_1 = 10PQ_1, Q_1P_1 = PP_1 - PQ_1 = 9PQ_1$$

$$Q_1Q_2 = \frac{1}{10+1}Q_1P_1 = \frac{1}{11}Q_1P_1 = \frac{9}{11}PQ_1$$

$$P_1Q = PQ_2 = PQ_1 + Q_1Q_2 = PQ_1 + \frac{9}{11}PQ_1 = \frac{20}{11}PQ_1 = \frac{2}{11}PP_1$$

$$\frac{P_1Q}{PP_1} = \frac{2}{11}, \frac{PQ}{PP_1} = \frac{13}{11}$$

也即有 $PP_1 = \frac{11PQ}{13}, P_1Q = \frac{2PQ}{13}$.

所以三人行进速度为

$$\bar{v} = \frac{PQ}{\frac{PP_1}{60} + \frac{P_1Q}{6}} = \frac{PQ}{\frac{1}{60} \times \frac{11}{13}PQ + \frac{1}{6} \times \frac{2}{13}PQ} = \frac{13}{\frac{11}{60} + \frac{2}{6}} = \frac{780}{31}(千米/时) \quad ①$$

又因为 $PP_1 = \frac{11PQ}{13}, PQ_2 = P_1Q = \frac{2PQ}{13}$,故甲自己一人骑车的行程为

$$Q_2P_1 = PP_1 - PQ_2 = \frac{9PQ}{13}$$

又摩托手甲骑车的总路程为

$$2PP_1 + Q_2P_1 = \frac{22PQ}{13} + \frac{9PQ}{13} = \frac{31PQ}{13}$$

所以甲一人骑车的时间占全部时间的

$$\frac{\frac{9PQ}{13}}{\frac{31PQ}{13}} = \frac{9}{31}$$ ②

解法1是从路程和路程比入手去求解的.下面改成从时间和时间比去求解.为将问题一般化,不妨令骑车速度为 u,步行速度为 v.且记甲、乙、丙三人分别为 A, B_1, B_2.

解法2 为更直观地给出形象表示,我们作二维的行程图.取横轴为时间轴 t,纵轴为位置(行程)轴 s,见图13.12.(粗线为车行轨迹,其斜率为速度 v;OQ 斜率为 $\bar{v}$)

从开始经时间 t_1,A 和 B_1 骑车超前 B_2 的距离为 $(u-v)t_1$ 千米而 A 单独返行与 B_2 会合所需的时间为

$$t_2 = \frac{(u-v)t_1}{u+v}(\text{小时})$$

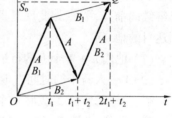

图 13.12

也即有

$$\frac{t_1}{t_2} = \frac{u+v}{u-v}$$

由于 $t_3 = t_1$,故在时间 $2t_1 + t_2$ 小时里三人完成了一个"单元过程"的行进.在这个单元里 A 的总位移为

$$s_0 = u \cdot 2t_1 - u \cdot t_2 = u(2t_1 - t_2)$$

(而 B_1 和 B_2 的总行程都为 $s_0 = ut_1 + v(t_2 + t_3) = ut_1 + v(t_1 + t_2)$)

于是3人行进的速度为

$$\bar{v} = \frac{u(2t_1 - t_2)}{2t_1 + t_2} = \frac{u(2 \cdot \frac{t_1}{t_2} - 1)}{(2 \cdot \frac{t_1}{t_2} + 1)} = \frac{u\left(\frac{2(u+v)}{u-v} - 1\right)}{\frac{2(u+v)}{u-v} + 1} = \frac{(u+3v)u}{3u+v}$$ ③

又因为

$$\frac{t_2}{2t_1+t_2} = \frac{1}{2\cdot\frac{t_1}{t_2}+1} = \frac{1}{\frac{2(u+v)}{u-v}+1} = \frac{u-v}{3u+v} \qquad ④$$

所以 A 一人单独骑车的时间占总时间的 $\frac{u-v}{3u+v}$.

显然,由一般结果式③、④,令 $u = 60, v = 6$ 时可得到结果式①和②.

一般 $0 < v < u$,而极端情况为:

$v = 0$("步行者"不动)时有 $\bar{v} = \frac{u}{3}$ 和 $u\frac{1}{3}$;

$v = u$("步行者"快得同车速)时有 $\bar{v} = u$ 和比 0.

结果符合事实是自然的!

由解法 2 出发,可给出问题的推广及相应的结果.

摩托车 A 和 n 个朋友 $B_i (i = 1, 2, \cdots, n)$ 的问题,车速为 u,每个朋友步行速度都是 v. 开始 A 带 B_1,其他人步行,过一段时间后 A 让 B_1 下车步行. 自己返回接上 B_2 又继续向前开,又过一段时间后 A 又让 B_2 下车步行. 自己又返回接上 B_3 又继续向前开,……如此反复直至 A 返回接上 B_n 又继续向前开,最终大家同时到达目的地. 问:

(1) 他们 $n + 1$ 个人的行进速度为多少?

(2) A 一人骑车的时间占他全部骑车时间的几分之几?

解:仿原题解法 2,先将一个单元过程分成 $2n - 1$ 个阶段.

第一阶段: A 带 B_1 前行 t_1 时间; $B_2, \cdots, B_n$ 步行.

第二阶段: A 单独返行 t_2 时间; $B_1, B_2, \cdots, B_n$ 步行.

第三阶段: A 带 B_2 前行 t_3 时间; $B_1, B_3, \cdots, B_n$ 步行.

……

第 $2n - 2$ 阶段: A 单独返行 t_{2n-2} 时间; $B_1, \cdots, B_{n-1}, B_n$ 步行.

第 $2n - 1$ 阶段: A 带 B_n 前行 t_{2n-1} 时间; $B_1, \cdots, B_{n-1}$ 步行, $n + 1$ 人在 Q 会合.

二维的行程图如图 13.13 所示.

因为大家步行速度都为 v,车速 u 也不变,又大家同时到达目的地 Q. 所以 $B_1, \cdots, B_n$ 这 n 个人每人步行的路程(时间)都一样,乘车的路程(时间)也都一样. 也即 $t_1 = t_3 = \cdots = t_{2n-1}, t_2 = t_4 = \cdots = t_{2n-2}$. 并有

$$t_2 = \frac{u-v}{u+v}t_1, \frac{t_1}{t_2} = \frac{u+v}{u-v}, \frac{t_{2k-1}}{t_{2k}} = \frac{u+v}{u-v} \quad (k = 1, 2, \cdots, n)$$

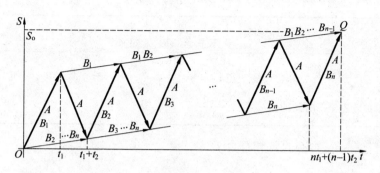

图 13.13

于是在一个单元过程的行进中,甲的总位移为

$$s_0 = unt_1 - u(n-1)t_2$$

又一个单元行程所用的总时间为

$$nt_1 + (n-1)t_2$$

所以 $n+1$ 个人行进的速度为

$$\bar{v} = \frac{unt_1 - u(n-1)t_2}{nt_1 + (n-1)t_2} = \frac{n\dfrac{t_1}{t_2} - (n-1)}{n\dfrac{t_1}{t_2} + (n-1)}u =$$

$$\frac{n \cdot \dfrac{u+v}{u-v} - (n-1)}{n \cdot \dfrac{u+v}{u-v} + (n-1)} \cdot u =$$

$$\frac{u + (2n-1)v}{(2n-1)u + v}u \qquad\qquad ⑤$$

而 A 单独一人骑车的时间占总时间的比为

$$\frac{(n-1)t_2}{nt_1 + (n-1)t_2} = \frac{n-1}{n \cdot \dfrac{t_1}{t_2} + (n-1)} = \frac{n-1}{n \cdot \dfrac{u+v}{u-v} + (n-1)} =$$

$$\frac{(n-1)(u-v)}{(2n-1)u + v} \qquad\qquad ⑥$$

式⑤,⑥是③,④的更一般结果. 令 $n=2$ 时由式⑤,⑥可得③,④;再令 $u=60, v=5$ 时又可得式①和②.

考察特例有:

	$v=0$ 人不走	$v=u$ 车、人同速	$n=1$	$n=\infty$
行进速度 $\bar{v}$	$\dfrac{u}{2n-1}$	u	u	v
A 单独骑占全部时间的比	$\dfrac{n-1}{2n-1}$	0	0	$\dfrac{u-v}{2u}$

除 $\dfrac{u-v}{2u}$ 外,都与直觉相符合.

编个相关问题:

某校有 200 名学生要到离学校 30 千米远的工厂去参观,现仅有一辆能坐 50 人的大客车可供使用. 为使学生能尽快到达目的地. 决定采用步行与乘车相结合的办法前往. 若学生步行速度为 5 千米/时,而汽车车速为 45 千米/时. 问如何安排可使大家以最短的时间到达工厂?最短时间为多少?对一名学生而言乘车时间是多少?汽车空跑多少路程?

解: 可得

$$200 \div 50 = 4(\text{批})$$

因为大家步行速度一样,车速也不变,所以"时间最少"意味着大家在同时出发又同时到达的过程中每个学生都乘车同样时间,都步行同样时间.

于是问题是 "$n=4, u=45, v=5$" 情境,又知 $s=30$. 求最短时间的行程方案等.

由公式 ⑤ 知全体学生行进速度为

$$\bar{v} = \frac{45 + (2\times 4 - 1)\times 5}{(2\times 4 - 1)\times 45 + 5} \times 45 = \frac{45}{4}$$

于是最短时间为 $t = \dfrac{s}{\bar{v}} = 33 \div \dfrac{45}{4} = \dfrac{8}{3}$(小时).

一名学生乘车时间也即一批学生乘车时间,记为 t_0. 因为

$$45 t_0 + 5\left(\frac{8}{3} - t_0\right) = 30$$

解之得 $t_0 = \dfrac{5}{12}$(小时). 也即一名学生乘车 $\dfrac{5}{12}$ 小时,步行 $\dfrac{8}{3} - \dfrac{5}{12} = \dfrac{9}{4}$(小时).

(或解: 由公式 ⑥ 知 $\dfrac{\text{空车行驶时间}}{\text{车行驶总时间}} = \dfrac{(4-1)\times(45-5)}{(2\times 4-1)\times 45 + 5} = \dfrac{3}{8}$,于是 $\dfrac{\text{载人行驶时间}}{\text{车行驶总时间}} = \dfrac{5}{8}$,从而载入行车时间为 $\dfrac{8}{3} \times \dfrac{5}{8} = \dfrac{5}{3}$(小时),因为载人行驶为

4 批,故一批人乘车时间为 $\frac{5}{3} \div 4 = \frac{5}{12}$(小时))

汽车空跑 $\frac{8}{3} - \frac{5}{12} \times 4 = 1$(小时). (或 $\frac{8}{3} \times \frac{3}{8} = 1$(小时))

第三节 留给你思考的问题

1. 甲、乙两人同时分别从游泳池左右两端相向出发,以常速作折返游泳练习. 如果第一次相遇点距右边的距离是第二次相遇点距左边的距离的两倍,问甲、乙两人游速比为多少?

解 见图 13.14,设第一次相遇点为 C,第二次相遇点为 D,且
$$CB = 2, AD = 1$$
则全程 $AB = 2 \times 3 - 1 = 5$,于是 $AC = 5 - 2 = 3$,
故 $\frac{甲速}{乙速} = \frac{3}{2}$.

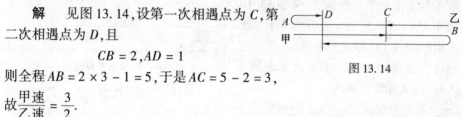

图 13.14

2. 某航运公司长期以来,每天中午从广州发出一只货轮开往天津,并且每天同时也有一只货轮从天津出发开往广州. 轮船在途中所花的时间,来去都是五昼夜. 问今天从广州开出的船在整个航行途中将会遇到几只本公司的轮船从对面开来?

解 由图 13.15 解,有答案 11 只.

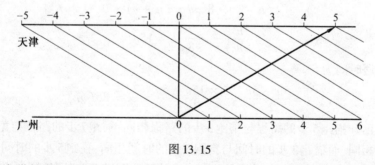

图 13.15

图中带箭头的斜线表示今天广州中午出发的船经 5 昼夜到达天津的航线. 而另一簇斜线则表示从天津开往广州的各轮船的航线,其中连 "-4 和 1" 的斜线表示 4 天前天津发出且于明天到达广州的那只船的航线. 易见今天广州开出

的船将与天津发出的 11 只船相遇(也即 -5,-4,-3,-2,-1,0,1,2,3,4,5 各天发的这 11 只),其中出发时和到达时各遇 1 只,途中遇到 9 只.

(答 5 只船的读者请注意,该船开出时,彼港出发的多只船已在海上了)

3. 沿铁路线旁的小路两人迎面相对而行,两人速度是一样的. 一列火车开过来,整个列车从第一个人身边开过用了 8 秒钟. 火车与第一个人相遇 5 分钟后与第二人相遇,整列火车从第二人身边开过只用了 7 秒钟. 问火车遇到第二人后多少分钟,两人才能相遇?

解法 1 设火车在点 A 追上第 1 人,在点 B 超过第 1 人,也即在 8 秒钟内火车比人多走一个车身长度.

又设火车在点 C 迎面遇见第 2 人,在点 D 离开第 2 人,也即在 7 秒钟内人与火车合走了一个车身长度. 见图 13.16 知

火车走 8-7=1(秒) 的距离等于等于人走 8+7=15(秒) 的距离,火车速度是行人速度的 15 倍. 于是火车遇第 2 人时,两人相距距离为

s = 火车 5 分钟距离 - 人 5 分钟距离 =

人 5 × 15 分钟距离 -

人 5 分钟距离 =

人 70 分钟距离

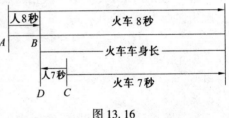

图 13.16

因两人相向而行,故 70 ÷ 2 = 35(分钟) 后可两人相遇.

解法 2 设火车车速为 u,人步行速度为 v,车身长为 l. 则由题意知

$$(u-v) \cdot 8 = l = (u+v) \cdot 7$$

即有

$$\frac{u-v}{u+v} = \frac{7}{8}, u = 15v$$

故两相遇时间为

$$t = \frac{5u-5v}{2v} = \frac{5 \times 15v - 5v}{2v} = \frac{70}{2} = 35(分)$$

4. 已知猫跑 5 步的路程与狗跑 3 步的路程相同;猫跑 7 步的路程与兔跑 5 步的路程相同. 而猫跑 3 步的时间与狗跑 5 步的时间相同;猫跑 5 步的时间与兔跑 7 步的时间相同. 猫、狗、兔沿周长为 300 米的圆形跑道,同时同地同向出发. 问:当它们出发后第一次相遇时各跑了多少路?

解法 1 设猫、狗、兔的速度分别为 v_m, v_g 和 v_t. (因题设中没有确定"相同

路程"、"相同时间"是多少,故 v_m, v_g, v_t 是求不出的!但我们可以求出它们之间的比.)由题设知在相同时间 t 内狗跑 5 步,猫跑 3 步,则狗每步所需时间约为 $\frac{t}{5}$,猫为 $\frac{t}{3}$;又相同距离 s 狗跑 3 步,猫跑 5 步,则狗步距为 $\frac{s}{3}$,猫为 $\frac{s}{5}$. 从而知

$$\frac{v_g}{v_m} = \frac{\frac{s}{3} \div \frac{t}{5}}{\frac{s}{5} \div \frac{t}{5}} = \frac{\frac{5}{3} \cdot \frac{s}{t}}{\frac{3}{5} \cdot \frac{s}{5}} = \frac{25}{9}$$

同理,有 $\frac{v_t}{v_m} = \frac{49}{25}$,于是 v_g, v_t, v_m 之比为

$$v_g : v_t : v_m = 25^2 : 21^2 : 15^2$$

可见狗跑得最快,兔次之,猫最慢.

设经时间 T 后猫、兔、狗三者相遇,此时狗比兔多跑了 n_1 圈,兔比猫多跑了 n_2 圈,则

$$T(v_g - v_t) = n_1 l$$
$$T(v_t - v_m) = n_2 l \quad (l = 300 \text{ 米})$$

于是

$$\frac{n_1}{n_2} = \frac{v_g - v_t}{v_t - v_m} = \frac{\frac{v_g}{v_m} - \frac{v_t}{v_m}}{\frac{v_t}{v_m} - 1} = \frac{(\frac{25}{15})^2 - (\frac{21}{15})^2}{(\frac{21}{15})^2 - 1} = \frac{23}{27}, n_1 = \frac{23}{27} n_2$$

因为 n_1, n_2 为整数,第一次相遇时 $n_2 = 27, n_1 = 23$,从而狗比猫多跑了 $n_1 + n_2 = 50$(圈). 而

$$T(v_g - v_m) = 300 \times 50 = 15\ 000$$

又

$$T(v_g - v_m) = Tv_g(1 - \frac{v_m}{v_g}) = Tv_g(1 - \frac{9}{25}) = \frac{16}{25} Tv_g$$

故狗跑了

$$Tv_g = 15\ 000 \times \frac{25}{16} = 23\ 437.5 (\text{米})$$

兔跑了

$$Tv_t = 23\ 437.5 - 300 \times 23 = 16\ 537.5 (\text{米})$$

猫跑了

$$Tv_m = 23\ 437.5 - 300 \times 50 = 8\ 437.5 (\text{米})$$

解法2 由题设条件列表可推出速度比:

	狗	兔	猫		狗	兔	猫
相同距离步数比	3 21	5 5 25	7 35	每步距离的比	$\frac{1}{21}$:	$\frac{1}{25}$:	$\frac{1}{35}$
相同时间步数比	5 25	7 21	3 5 15	每步时间的比	$\frac{1}{25}$:	$\frac{1}{21}$:	$\frac{1}{15}$
狗、兔、猫速度的比					$\frac{25}{21}$: $\frac{21}{25}$: $\frac{15}{35}$ = $25^2 : 21^2 : 15^2$		

设狗、兔、猫速度分别为 $v_g = 25^2 v, v_t = 21^2 v, v_m = 15^2 v$(米/秒),则:

狗追上兔一圈所用时间为 $\frac{300}{(25^2 - 21^2)v} = \frac{75}{46v}$(秒);

狗追上猫一圈所用时间为 $\frac{300}{(25^2 - 15^2)v} = \frac{3}{4v}$(秒);

兔追上猫一圈所用时间为 $\frac{300}{(21^2 - 15^2)v} = \frac{25}{18v}$(秒).

设自然数 k, m, l 满足

$$\frac{75}{46v}k = \frac{3}{4v}m = \frac{25}{18v}l$$

即

$$\frac{k}{23} = \frac{m}{50} = \frac{l}{27}$$

求满足上式的最小的 k, m, l,因为23为质数,故

$$k = 23, m = 50, l = 27$$

于是第一次狗、兔、猫相遇时,它们都跑了 $\frac{75}{46v} \times 23 = \frac{75}{2v}$(秒),此时:

狗跑了 $25^2 v \cdot \frac{75}{2v} = \frac{1}{2} \cdot 25^2 \cdot 75 = 23\ 437.5$(米);

兔跑了 $21^2 v \cdot \frac{75}{2v} = \frac{1}{2} \cdot 21^2 \cdot 75 = 16\ 537.5$(米);

猫跑了 $15^2 v \cdot \frac{75}{2v} = \frac{1}{2} \cdot 15^2 \cdot 75 = 8\ 437.5$(米).

题中虚设的 $25^2v, 21^2v$ 和 15^2v 中的量 v 最终是约掉的！问题仅与狗、兔、猫的速度比有关，并不依赖它们的具体速度值. 具体速度大小，或它们每一种的步子多长，每步需时间都无法算出，所以也不能问：它们各"跑了多少步"？或各"跑了多少时间"？

图形的剖分、拼合

第一节 热身活动,十分钟问答

1. 试将下面的图形剖分成 8 个形状大小都一样的部分:

(1) 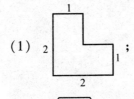 ;

(2) 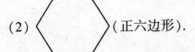 (正六边形).

解 (1) 如图 14.1,不妨将图形细分为 24 份,图中一小格为 2 份. $24 \div 8 = 3$(份),即每个部分占一格半. 剖分方式很多,这里给出其中一种.

(2) 取每边中点,连适当的网格线将正六边形平分为 24 个小正三角形,$24 \div 8 = 3$,即每个部分占 3 个小正三角形. 图 14.2 给出半个图形分成 4 个部分的图示.

当然,剖分办法是不唯一的,譬如图 14.3 也是符合要求的一种剖分. 图中设正六边形的边长为 8(长度单位).

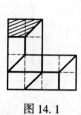
图 14.1

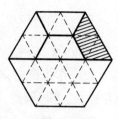
图 14.2

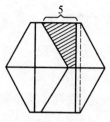
图 14.3

2. 如何将下面的图形分成 n 块,并使这 n 块可以拼合成一个正方形?

(1) $n=2$,边长分别为 4,9 的矩形

(2) $n=3$,边长分别为 9,16 的矩形

解 (1) $4 \times 9 = 36 = 6^2$,正方形边长为 6.

若分成 3 块,是容易的,因为矩形可分成 4×6 和 4×3 两块,而后者又可分成两块 2×3. 又 4×6 和 $2 \times 3, 2 \times 3$ 可拼成 6×6,见图 14.4 所示.

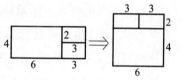

图 14.4

现要求为 $n=2$,考虑到 "$9 = 3 \times 3, 4 = 2 \times 2$, $6 = 3 \times 2$",不妨将 4×9 的矩形和 6×6 的正方形都剖分成 6 个 3×2 的小矩形. 此时剖分和拼合的方式就自然出现了. 见图 14.5.

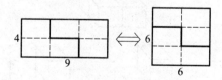

图 14.5

(2) $9 \times 16 = 144 = 12^2$,正方形边长为 12.

若分成 4 块是容易的,见图 14.6 所示.

现在要求 $n=3$,(因为 (1) 中的 "4,9,6" 满足 $9 = \frac{3}{2} \times 6$ 且 $4 = \frac{2}{3} \times 6$,而这

里的"9,6,12"却$16 \neq \frac{3}{2} \times 12, 9 \neq \frac{2}{3} \times 12$,所以也不能仿(1)中方法分成2块去拼合.)我们将9×16的矩形分成12块3×4的小矩形,先按剖分2块作拼合尝试,见图14.7左边. 发现A块重叠且B块空块,进行调整,将两块中含5小块那部分的左上小块算单独一部分,则可得所要的剖分,见图14.7右边.

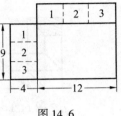

图14.6

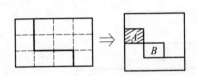 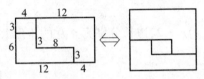

图14.7

当然,剖分拼合还有其他方法,譬如图14.8所示的方法.

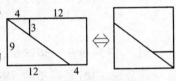

图14.8

3. 由8个单位立方体累叠成一个$2 \times 2 \times 2$的大立方体.试按格面将其分拆成各由4个单位立方体组成的形状大小都一样的两个部分,问有多少种拆法?并画出多种分拆下的一个部分.

解 4个单位立方体同在一层的分拆有一种;4个单位立方体不在同一层的有3种,共有4种. 4种分拆下的一个部分如图14.9所示.

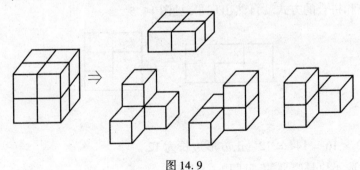

图14.9

第二节 探究活动,问题解决的实践

1. 在 6×6 的格图中放了 4 黑 4 白的 8 只棋子,如图 14.10. 问如何将该图剖分成 4 块形状大小都一样的部分,使每个部分中含一个黑子和一个白子?

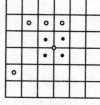

图 14.10

解 如图 14.11,首先,剖分线必须将相邻黑子,相邻白子分开,见图(a). 从中可见每个部分的图形中必含一个直角,且在该角的小格子中有一黑子. 其次,因为 4 部分图的形状大小都一样,由图(a) 又知,这 4 部分图有一个公共的顶点,即原图形的中心点 O. 于是,可设想 4 个部分关于点 O 是中心对称的. 所以可利用对称性让已有割线绕点 O 旋转 $90°$,$180°$ 和 $270°$ 得到更完整的剖分线,见图(b).

最后应注意到,每个部分应含 $36 \div 4 = 9$(格). 由直觉又可知处在右下角的黑子应和处在第一列的白子在同一部分,考虑这一部分!在图(b) 基础上,再补几条剖分线,造就一块由 9 格组成且含黑子,白子各一个的区域,见图(c). 由图(c) 阴影区域绕中心点依顺(逆) 时针旋转 $90°$,$180°$,$270°$ 可得剖分的解,见图(d).

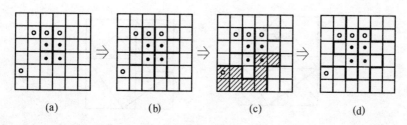

图 14.11

2. 勾股定理(商高定理,毕达哥拉斯定理):如图 14.12,有"勾平方 + 股平方 = 弦平方". 由于线段长的平方在数值上等于线段为边的正方形的面积,所以定理一定可以通过面积去证明. 试找出定理的证法.

证明 如图 14.13,欲证 $a^2 + b^2 = c^2$. 也即证"在直角三角形边上作正方形,则斜边上的正方形面积等于两直角边上的正方形的面积之和."

图 14.12

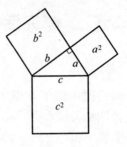

图 14.13

据说证法有几百种. 让我们从图形的剖分和拼合来证,见图 14.14 ~ 14.26.

① 因为图 14.14 与图 14.15 中阴影部分面积之和相等,故
$$c^2 = a^2 + b^2$$

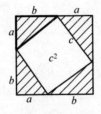

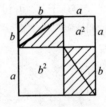

图 14.14 　　　　　　图 14.15

② 将图 14.16 中阴影剪下,补到图 14.17 中阴影部分,得
$$a^2 + b^2 = c^2$$

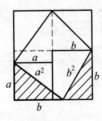

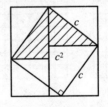

图 14.16 　　　　　　图 14.17

③ 如图 14.18,O 为正方形的中心过 O 的两相互垂直的直线分正方形为四个相同的部分,这四个部分贴围在小正方形周围可拼成一个大正方形.

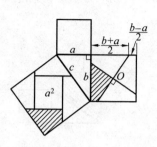

图 14.18

④ 如图 14.19,将 $a^2 + b^2$ 内的图形 1 和 2,放到新的位置与阴影部分拼成面积 c^2.

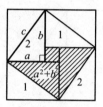

图 14.19

以下仅给出各方法的图示,请读者自己写出证明过程.

⑤

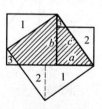

图 14.20

⑥

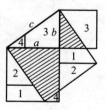

图 14.21

⑦

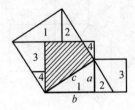

图 14.22

⑧

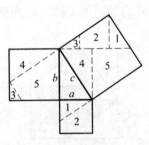

图 14.23

⑨

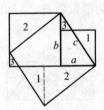

图 14.24

⑩

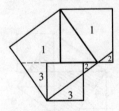

图 14.25

⑪

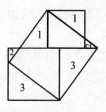

图 14.26

倘若由面积计算去证,方法也颇多,典型的有:

① 如图 14.27,可知
$$S_{ABCD} = (a+b)^2 = a^2 + b^2 + 2ab$$
$$S_{EFGH} = c^2$$
$$S_{AFH} = S_{BFE} = S_{CGF} = S_{DHG} = \frac{ab}{2}$$

因为 $S_{ABCD} = S_{EFGH} + 4S_{AEH}$

所以 $a^2 + b^2 + 2ab = c^2 + 4 \cdot \frac{ab}{2}$

所以 $a^2 + b^2 = c^2$.

② 如图 14.28,可得 4 个三角形面积与小正方形面积的和是大正方形面积. 即有
$$4 \times \frac{1}{2}ab + (b-a)^2 = c^2$$

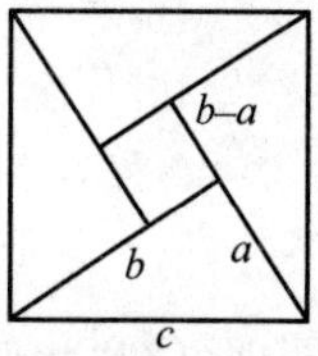

化简有 $a^2 + b^2 = c^2$

图 14.27

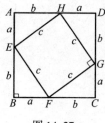

图 14.28

③ 如图 14.29,连 DE 延长交 AB 于 F,$\angle FBD + \angle FDB = 90°$,故 $AB \perp DF$. 又

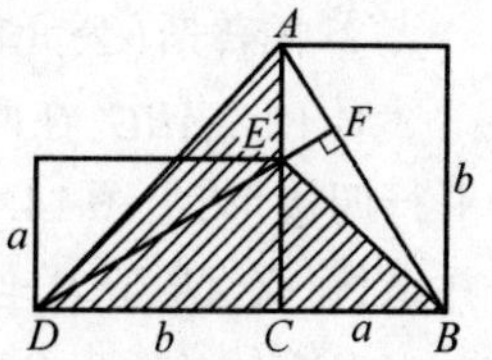

$$S_{阴} = S_{\triangle BCE} + S_{\triangle DCA} = \frac{a^2}{2} + \frac{b^2}{2}$$

$$S_{阴} = S_{\triangle ADE} + S_{\triangle BDE} =$$
$$\frac{1}{2}DE \cdot AF + \frac{1}{2}DE \cdot BF =$$
$$\frac{1}{2}DE \cdot (AF + BF) = \frac{c^2}{2}$$

图 14.29

所以 $a^2 + b^2 = c^2$.

关于勾股定理的变形和推广：

① 对直角三角形而言，立于直角边上的两正方形面积之和等于立于斜边上的正方形面积．

将上述定理中立于边上的正方形由其他任意的相似图形（如：正三角形，正六边形，半圆等）来替代时，定理依然成立如图 14.30 所示．

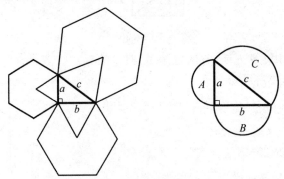

图 14.30

$$S_A = \frac{\pi}{2}(\frac{a}{2})^2 = \frac{\pi}{8}a^2$$
$$S_B = \frac{\pi}{2}(\frac{b}{2})^2 = \frac{\pi}{8}b^2$$
$$S_C = \frac{\pi}{2}(\frac{c}{2})^2 = \frac{\pi}{8}c^2$$
$$a^2 + b^2 = c^2$$
$$\Rightarrow S_A + S_B = S_C$$

同理可知"相似多边形面积比等于它们对应边的平方比"．

② 帕普斯（公元前 300 年希腊人）变形：

对 $Rt\triangle ABC$，在两直角边上向外各作一个任意的平行四边形，见图 14.31．延长 DE 和 FG 交于 P，连 PC 并延长，交 AB 于 R，使 $RQ = PC$．再以 AB 为边向外作 $\square ABHK$，使 $AK \parallel RQ$．则必有

$$S_{\square ADEC} + S_{\square BFGC} = S_{\square ABHK}$$

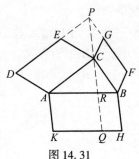

图 14.31

（这一结论与 $\triangle ABC$ 为直角三角形有必然关系吗？否！）

帕普斯变形的推广：

对任意 $\triangle ABC$，在两边上向外各作一个任意的平行四边形，见图 14.32，延

长 DE 和 FG 交于 P,连 PC 并延长,交 AB 于 R,使 $RQ = PC$. 再以 AB 为边向外作平行四边形 $ABHK$, 使 $AK \parallel RQ$,则有
$$S_{\square ADEC} + S_{\square BFGC} = S_{\square ABHK}$$

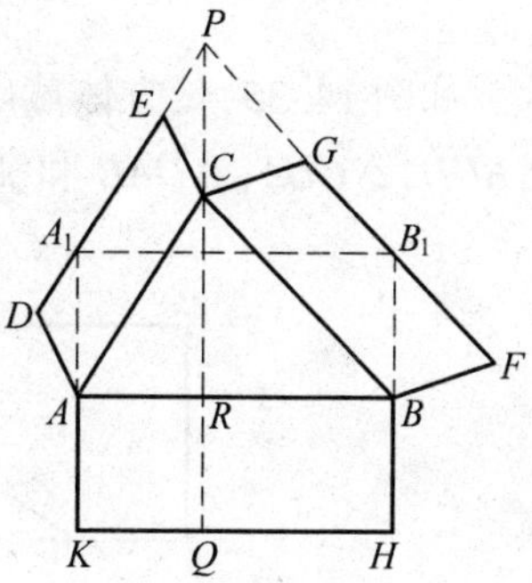

证明:延长 KA 交 DP 于 A_1,延长 HB 交 FP 于 B_1,连 A_1B_1.

因 $A_1P \parallel AC, AA_1 \parallel CP$,故 $\square AA_1PC$ 中
$$AA_1 = CP, AC = A_1P$$
同理 $\square BB_1PC$ 中 $BB_1 = CP, BC = B_1P$. 从而
$$AA_1 \parallel BB_1$$
又
$$AA_1 = CP = QR$$
故
$$S_{\square ABHK} = S_{\square A_1B_1BA}$$
易见
$$\triangle ABC \cong \triangle A_1B_1P \quad (SSS)$$

于是,考虑五边形 PA_1ABB_1 的面积,有
$$S_{\square AA_1PC} + S_{\square BB_1PC} + S_{\triangle ABC} = S_{\square ABB_1A_1} + S_{\triangle A_1B_1P}$$
从而
$$S_{\square AA_1PC} + S_{\square BB_1PC} = S_{\square ABB_1A_1}$$
由知
$$S_{\square ADEC} = S_{\square AA_1PC}, S_{\square BFGC} = S_{\square BB_1PC}, S_{\square ABHK} = S_{\square ABB_1A_1}$$

$$S_{\square ADEC} + S_{\square BFGC} = S_{\square ABHK} \quad \text{①}$$

可见帕普斯变形的推广形式成立.

收缩:如图 14.33,令 $\triangle ABC$ 中 $\angle C = 90°$ 且 $ADEC$ 和 $BFGC$ 皆为正方形时
$$\triangle PCG \cong \triangle ABC$$
$$PC = AB = c$$
且
$$PC \perp AB$$
故 $ABHK$ 是边长为 c 的正方形.

由式①知
$$a^2 + b^2 = c^2$$
也即由帕普斯变形的结论可导出勾股定理成立.

③勾股定理在三维空间中的推广:

如图 14.34,矩形截出一角,得 $Rt\triangle ABC$,记 $BC = a, CA = b, AB = c$ 时,有

图 14.32

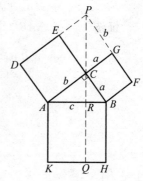

图 14.33

$$a^2 + b^2 = c^2$$

如图 14.35,长方体截出一角,得三条侧棱相互垂直的四面体 $D-ABC$,记 $\triangle BCD,\triangle CDA,\triangle DAB$ 和 $\triangle ABC$ 的面积分别为 S_A,S_B,S_C 和 S_D,则

$$S_D^2 = S_A^2 + S_B^2 + S_C^2$$

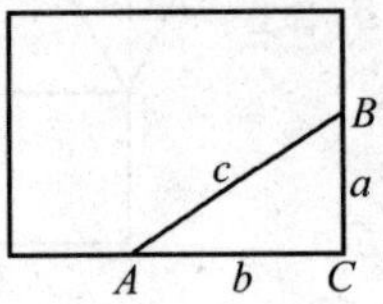

图 14.34

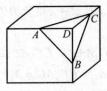

图 14.35

证法 1 如图 14.36,记 $DA = a, DB = b, DC = c$,在 $\triangle ABC$ 内作 $AE \perp BC$ 交 BC 于 E,连 DE,记 $DE = e, AE = h$. 由三垂线定理知 $DE \perp BC$.

从而有

$$S_D^2 = \left(\frac{BC \cdot h}{2}\right)^2 = \frac{1}{4}BC^2 \cdot h^2 =$$

$$\frac{1}{4}(b^2 + c^2)(a^2 + e^2) =$$

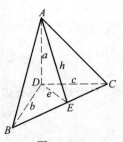

图 14.36

$$\frac{1}{4}a^2b^2 + \frac{1}{4}a^2c^2 + \frac{1}{4}(b^2 + c^2)e^2 =$$

$$\frac{1}{4}a^2b^2 + \frac{1}{4}a^2c^2 + \frac{1}{4}BC^2 e^2 =$$

$$S_C^2 + S_B^2 + S_A^2$$

证法 2 在 $\triangle ABC$ 中用余弦定理,有

$$\cos \angle BAC = \frac{AB^2 + AC^2 - BC^2}{2AB \cdot AC} =$$

$$\frac{(a^2 + b^2) + (a^2 + c^2) - (b^2 + c^2)}{2\sqrt{a^2 + b^2} \cdot \sqrt{a^2 + c^2}} =$$

$$\frac{a^2}{\sqrt{a^2 + b^2} \cdot \sqrt{a^2 + c^2}}$$

于是,有

$$S_D^2 = \left(\frac{1}{2}AB \cdot AC \cdot \sin \angle BAC\right)^2 =$$

$$\frac{1}{4}(a^2+b^2)(a^2+c^2)(1-\cos^2\angle BAC)=$$

$$\frac{1}{4}(a^2+b^2)(a^2+c^2)\cdot\left[1-\frac{a^4}{(a^2+b^2)(a^2+c^2)}\right]=$$

$$\frac{1}{4}(a^2+b^2)(a^2+c^2)\cdot\frac{a^2b^2+a^2c^2+b^2c^2}{(a^2+b^2)(a^2+c^2)}=$$

$$\frac{1}{4}(a^2b^2+a^2c^2+b^2c^2)=$$

$$S_C^2+S_B^2+S_A^2$$

当然,也可利用海伦公式或锥体体积运算去证明.

注:代数公式与几何图形.(代数公式的几何表示或几何解释或几何证明)

(1) 两数和的平方公式

$$(a+b)^2=a^2+2ab+b^2$$

几何表示:如图 14.37 所示.

几何证明:如图 14.38,设 $S_{\triangle AOB}=a^2$,$S_{\triangle COD}=b^2$,因为

$$\triangle ABO\backsim\triangle COD$$

设 $AB=ax$,$CD=bx$,则 O 到 AB,CD 距离分别为 $h_a=\frac{2a}{x}$,$h_b=\frac{2b}{x}$. 从而

$$S_{ABCD}=\frac{1}{2}(ax+bx)(h_a+h_b)=(a+b)^2 \qquad ①$$

又 $\dfrac{S_{\triangle AOB}}{S_{\triangle AOD}}=\dfrac{OB}{DO}=\dfrac{a}{b}$,$S_{\triangle AOD}=\dfrac{b}{a}S_{\triangle AOB}=\dfrac{b}{a}a^2=ab$

同理有 $S_{\triangle BOC}=ab$

故

$$S_{ABCD}=a^2+b^2+ab+ab \qquad ②$$

由 ①,② 知 $\qquad (a+b)^2=a^2+2ab+b^2$

图 14.37

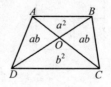

图 14.38

(2) 三数和的平方公式

$$(a+b+c)^2 = a^2 + b^2 + c^2 + 2bc + 2ca + 2ab$$

几何表示：如图 14.39 所示.

几何证明：如图 14.40，对任给 △ABC 任取一内点 O，过 O 分别作三边的平行线 PQ, EF, MN.

设 $S_{OQM} = a^2, S_{POF} = b^2, S_{NEO} = c^2$，因为

$△OQM \backsim △POF \backsim △NEO \backsim △AEF \backsim △NBM \backsim △PQC \backsim △ABC$

$QM:OF:EO:EF:BM:QC:BC =$
$a:b:c:(b+c):(c+a):(a+b):(a+b+c)$

故有

$S_{AEF} = (b+c)^2, S_{NBM} = (c+a)^2, S_{PQC} = (a+b)^2, S_{ABC} = (a+b+c)^2$

进而有

$S_{ANOP} = (b+c)^2 - b^2 - c^2 = 2bc$

$S_{BQOE} = (c+a)^2 - a^2 - c^2 = 2ca$

$S_{CEOM} = (a+b)^2 - a^2 - b^2 = 2ab$

所以　　$(a+b+c)^2 = S_{ABC} = a^2 + b^2 + c^2 + 2bc + 2ca + 2ab$

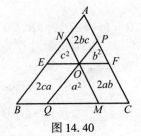

图 14.39　　　　　图 14.40

(3) 两数平方差公式 $a^2 - b^2 = (a+b)(a-b)$.

几何解释：如图 14.41 所示.

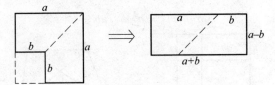

图 14.41

(4) 两数差的平方公式 $(a-b)^2 = a^2 - 2ab + b^2$.

几何解释：如图 14.42 所示.

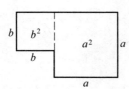
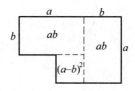

图 14.42

(5) $(a+b)^2 - (a-b)^2 = 4ab.$

几何解释:如图 14.43 所示.

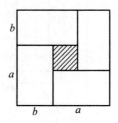

图 14.43

(6) $\dfrac{1}{2} + \dfrac{1}{2^2} + \dfrac{1}{2^3} + \dfrac{1}{2^4} = 1 - \dfrac{1}{2^4}$; $\sum_{k=1}^{\infty} \dfrac{1}{2^k} = \dfrac{1}{2} + \dfrac{1}{2^2} + \dfrac{1}{2^3} + \dfrac{1}{2^4} + \cdots = 1.$

几何解释:如图 14.44 所示.

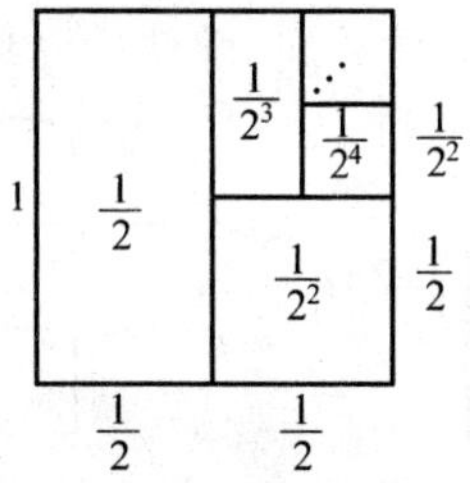

图 14.44

(7) $\sum_{k=1}^{\infty} (1-r)^k = \dfrac{1}{r} - 1 \,(0 < r < 1).$

由(6) 推广,有

$$r + r(1-r) + r(1-r)^2 + r(1-r)^3 = 1 - (1-r)^4$$
$$r + r(1-r) + \cdots + r(1-r)^4 = 1 - (1-r)^5$$
$$r + r(1-r) + \cdots + r(1-r)^5 = 1 - (1-r)^6$$
$$\vdots$$
$$r + r(1-r) + r(1-r)^2 + r(1-r)^3 + \cdots = 1$$

$$1 + (1-r) + (1-r)^2 + r(1-r)^3 + \cdots = \frac{1}{r}$$

$$\sum_{k=1}^{\infty}(1-r)^k = \frac{1}{r} - 1$$

(令上式中 $r = \frac{1}{2}$ 时,得(6)结果 $\sum_{k=1}^{\infty} \frac{1}{2^k} = 1$)

几何解释:如图 14.45 所示.

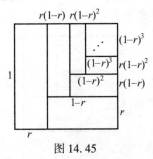

图 14.45

第三节　留给你思考的问题

1. 如何将下面所给图形分成 n 块,并使这 n 块可以拼合成为一个正方形?

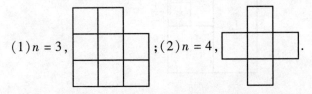

(1) $n = 3$,　　　　;(2) $n = 4$,　　　　.

解　(1)图形面积为 8(面积单位),故拼成的正方形边长为 $\sqrt{8} = 2\sqrt{2}$(长度单位). $n = 3$,"切两刀(或剪两处)",有如图 14.46 所示:

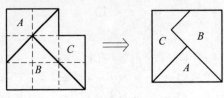

图 14.46

(2) 图形面积为 5(面积单位),故拼成的正方形边长为 $\sqrt{5}$(长度单位). $n=4$,剖分成 4 块. 我们希望切出长为 $\sqrt{5}$ 的分割线,譬如 AB. 易见,此时由 AB 线分成的两部分都不能作为一块去挤正方形(因为图形超出了 AB 的同方向的宽度). 所以必须将这两部分再剖分,从而想到分割线 CD. 拼法如图 14.47 所示.

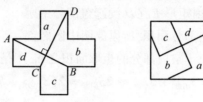

图 14.47

(若画在一起如图 14.48 所示)

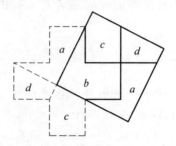

图 14.48

其他解:将多个希望十字拼成较大的图形,然后将任意一组来自四个相邻"十字"的对应点(同位置的点)连起来,所得正方形为拼成的结果,此时剖分方法也就自然产生. 当然,要注意分成四块的要求! 图 14.49 给出了几个解的图示.

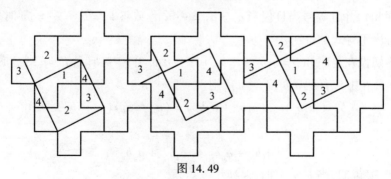

图 14.49

2. 一个大矩形被划分为四个小矩形,见图 14.50. 其中 $a_1 \leqslant a_2, b_1 \leqslant b_2$,考虑阴影部分面积时,可推导出怎样的代数不等式?

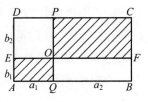

图 14.50

解 沿 EF 线将矩形 $ABFE$ 翻折过去盖住矩形 $EFCD$ 的下面一部分,因矩形 $EFCD$ 没遮盖部分中阴影部分面积不小于空白部分面积,所以原图中阴影部分的矩形面积之和不小于空白部分的矩形面积之和. 于是有

$$S_{ABCD} = S_{阴影} + S_{空白} \leqslant 2S_{阴影} = 2(S_{AQOE} + S_{OFCP})$$

即

$$(a_1 + a_2)(b_1 + b_2) \leqslant 2(a_1b_1 + a_2b_2) \qquad ①$$

其中 $a_1 \leqslant a_2, b_1 \leqslant b_2$,当且仅当 $a_1 = a_2$ 或者 $b_1 = b_2$ 时等号成立.

注:式 ① 也可写成

$$\frac{a_1 + a_2}{2} \cdot \frac{b_1 + b_2}{2} \leqslant \frac{a_1b_1 + a_2b_2}{2}$$

$$a_1b_2 + a_2b_1 \leqslant a_1b_1 + a_2b_2$$

一般地,有(排序不等式):设 $a_1 \leqslant a_2 \leqslant \cdots \leqslant a_n, b_1 \leqslant b_2 \leqslant \cdots \leqslant b_n$,则

$$\frac{a_1 + a_2 + \cdots + a_n}{n} \cdot \frac{b_1 + b_2 + \cdots + b_n}{n} \leqslant \frac{a_1b_1 + a_2b_2 + \cdots + a_nb_n}{n}$$

或

$$a_1b_n + a_2b_{n-1} + \cdots + a_nb_1 \leqslant a_1b_{j_1} + a_2b_{j_2} + \cdots + a_nb_{j_n} \leqslant$$
$$a_1b_1 + a_2b_2 + \cdots + a_nb_n \qquad ②$$

其中 $j_1, j_2, \cdots, j_n$ 是 $1, 2, \cdots, n$ 的任一排序(即逆序和小于等于乱序和小于等于顺序和),并且等号当且仅当 $a_1 = a_2 = \cdots = a_n$ 或者 $b_1 = b_2 = \cdots = b_n$ 时成立.

排序不等式的证明:

不妨设在乱序和 $S = a_1b_{j_1} + a_2b_{j_2} + \cdots + a_nb_{j_n}$ 中 $j_n \neq n$(若 $j_n = n$ 则考虑 j_{n-1},类推)且 S 中含有项 $a_kb_n(k \neq n)$,则

$$(a_kb_{j_n} + a_nb_n) - (a_kb_n + a_nb_{j_n}) = (a_n - a_k)(b_n - b_{j_n}) \geqslant 0$$

即

$$a_kb_n + a_nb_{j_n} \leqslant a_kb_{j_n} + a_nb_n \qquad ③$$

不等式 ③ 说明,当 $j_n \neq n$ 时,调换

$$S = a_1 b_{j_1} + a_2 b_{j_2} + \cdots + a_k b_{j_k} + \cdots + a_n b_{j_n}$$

中 b_n 和 b_{j_n} 的位置而其余 $n-2$ 项不变,则所得新和 $S_1 \geq S$.

调整好 a_n 及 b_n 后,类似再调整 a_{n-1} 及 b_{n-1},使 $S_2 \geq S_1$. 如此,至多经 $n-1$ 次调整可以得到顺序和,并知顺序和不小于乱序和,即有

$$a_1 b_1 + a_2 b_2 + \cdots + a_n b_n \geq a_1 b_{j_1} + a_2 b_{j_2} + \cdots + a_n b_{j_n} \quad ④$$

易见当 $a_1 = a_2 = \cdots = a_n$ 或 $b_1 = b_2 = \cdots = b_n$ 时式 ④ 中等号成立. 反之,必存在 j_n 和 k 使 $b_n > b_{j_n}, a_n > a_k$. 此时式 ③ 中不等号成立,从而对这个排列式 ④ 中不等号成立.

类似可证式 ② 中逆序和不大于乱序和.

排序不等式应用实例:(1978 年全国高中数学竞赛第二试第五题).

10 人各拿一桶去打水,设自来水龙头注满第 i 人的水桶需 t_i 分钟,假定 t_i 各不相同($i = 1, 2, \cdots, 10$). 问仅有一个水龙头时,如何安排 10 人次序,可使他们花费的总时间最少?

解:设 $i_1, i_2, \cdots, i_{10}$ 是 $1, 2, \cdots, 10$ 的一个排列,第 k 个接水的人是第 i_k 个人,他接水时间为 $t_{i_k} (k = 1, 2, \cdots, 10)$ 于是花费总时间为

$$T = t_{i_1} + (t_{i_1} + t_{i_2}) + (t_{i_1} + t_{i_2} + t_{i_3}) + \cdots + (t_{i_1} + t_{i_2} + \cdots + t_{i_{10}}) =$$
$$10 t_{i_1} + 9 t_{i_2} + 8 t_{i_3} + \cdots + 2 t_{i_9} + t_{i_1}$$

由排序不等式 ② 知. 当 T 为逆序和时为最小,也即

$$t_{i_1} < t_{i_2} < t_{i_3} < \cdots < t_{i_{10}}$$

时 T 最小.

3. 将 $27 \times 8 \times 8$ 的长方体剖分成四个部分,使这四部分能拼合成棱长为 12 的正方体. 问应如何剖分和拼合?

解 将立体剖分转化为二次"平面"剖分. 如图 14.51 所示,分步走!

4. 如何将任意给定的一个正方形和一个等腰直角三角形剪拼成一个正方形?

解 设给定正方形边长为 a,给定的等腰直角三角形斜边长为 $2b$,则两图形面积和为 $a^2 + b^2$. 记所拼成正方形边长为 c,则 $c^2 = a^2 + b^2$.

见图 14.52 所示,将 △AEF 斜边 AE 重合于正方形 ABCD 的 AD 边,取线段 $BG = b$,连 FG, CG. 则 FG 和 GC 为所求正方形的两相邻边.

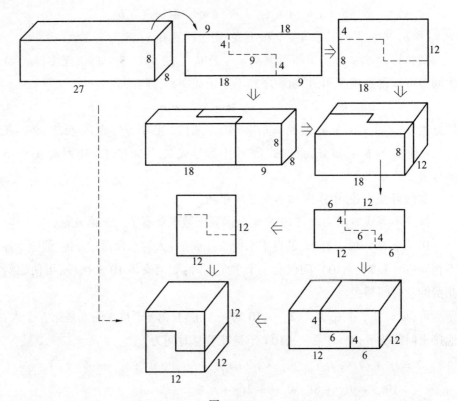

图 14.51

5. (1) 给出两块相同的正三角形纸片. 要求用其中一块剪拼成一个正三棱锥模型, 另一块剪拼成一个正三棱柱模型, 使它们的全面积都等于原三角形的面积, 请设计一种拼法, 分别用图示加简要说明给出解法.

(2) 对(1)中剪拼成的正三棱锥与正三棱柱, 比较它们的体积大小.

(3) 给出一块任意三角形纸片, 要求剪拼成一个直三棱柱, 使它的全面积与给出的三角形的面积相等, 请设计一种拼法, 用图示加简要说明给出解法. (2002 高考文史 22 题)

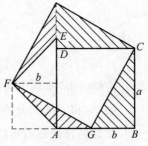

图 14.52

解 (1) 如图 14.53,沿正三角形的三边中点连线折起,可拼成一个正三棱锥.

如图 14.54,在正三角形的三个角上剪出三个相同的四边形,使四边形较长的一组邻边长都为原三角形边长的 $\frac{1}{4}$,且有一组对角都为直角. 这三个相同的四边形可拼成一个小正三角形作正三棱柱的上底. 而剩余部分沿虚线折起可成为正三棱柱的下底和侧面.

图 14.53

图 14.54

(2) 如图 14.55,设正三角形边长为 2. 那么正三棱锥和正三棱柱的底面都是边长为 1 的正三角形,其面积为 $s = \frac{1}{2} \times 1 \times \frac{\sqrt{3}}{2} = \frac{\sqrt{3}}{4}$. 计算它们的高,有

$$h_{\text{锥}} = \sqrt{1 - \left(\frac{2}{3} \times \frac{\sqrt{3}}{2}\right)^2} = \sqrt{1 - \left(\frac{\sqrt{3}}{3}\right)^2} = \frac{\sqrt{6}}{3}$$

$$h_{\text{柱}} = \sqrt{\left(\frac{\sqrt{3}}{3}\right)^2 - \left(\frac{1}{2}\right)^2} = \frac{\sqrt{3}}{6}$$

(或 $h_{\text{柱}} = \frac{1}{2}\tan 30° = \frac{\sqrt{3}}{6}$)

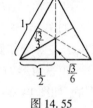

图 14.55

于是

$$V_{\text{锥}} - V_{\text{柱}} = \frac{1}{3}Sh_{\text{锥}} - Sh_{\text{柱}} = \left(\frac{1}{3}h_{\text{锥}} - h_{\text{柱}}\right)S =$$

$$\left(\frac{1}{3} \cdot \frac{\sqrt{6}}{3} - \frac{\sqrt{3}}{6}\right)S =$$

$$\frac{\sqrt{3}}{3}\left(\frac{\sqrt{2}}{3} - \frac{1}{2}\right)S = \frac{\sqrt{3}}{3} \cdot \frac{2\sqrt{2} - 3}{6} \cdot S < 0$$

故 $V_{\text{柱}} > V_{\text{锥}}$.

(3) 仿(1)中剪拼正三棱柱的做法:连三角形内心(三条角平分线的交点)O 与各顶点得三线段 OA, OB, OC,连这三线段中点 E, F, G 得 $\triangle EFG$. 如图 14.56,过 E, F, G 向 $\triangle ABC$ 的边作 6 条垂线,沿 6 条垂线剪下三个四边形,并将它们拼成直三棱柱的上底. 余下部分沿 $\triangle EFG$ 的边折起,成为直三棱柱的下底和侧面. 如此可得所求的直三棱柱模

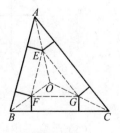

图 14.56

型.

问题是开放性的,解法及结果具有不唯一性. 给解答者以自由发挥的空间和展现能力的余地. 譬如:

(1) 正三角形纸片剪拼正三棱柱模型的方法. (如图 14.57,举出两种)

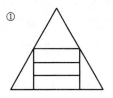
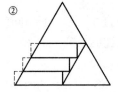

图 14.57

(2) 正三角形纸片剪拼底面面积小,高较长的正三棱柱的方法. 底三角形边长为原三角形边长的 $\frac{1}{3}$ 或 $\frac{1}{4}$.

正三角形 ABC 边长为 3,正三角形 AEF,正三角形 HGC 边长为 1.

如图 14.58,将 △EBK 及 △FGH 剪开,并拼成长方形 KPQG. 再将长方形 EPQF 三等分作侧面. △AEF 和 △HGC 作上、下底.

正三角形 ABC 边长为 4,正三角形 AEF,正三角形 HGC 边长为 1,分别作上、下底. 如图 14.59,将 △EBK 和四边形 FRGH,剪开并拼成长方形 KPQR. 再将长方形 EPQF 三等分作为侧面.

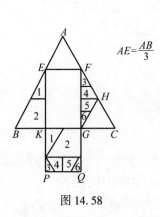

图 14.58

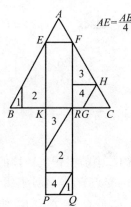

图 14.59

(3) 任意三角形剪拼成三棱锥的方法. 如图 14.60 所示,将三角形三边中点两两连成中位线,按中位线折起,可拼成一个三棱锥.

(4) 任意三角形剪拼成直三棱柱的方法.(举出两种,其中一种还拼成正三棱柱)

① 如图 14.61,对任意 △ABC,引中位线 DE, EF 和 FD.

以 △ADF 和 △FEC 为上、下底面.

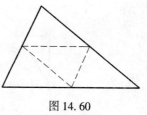

图 14.60

设 G,H 分别为 △DBE 和 △EFD 的内心. 连内心和顶点,▱DBEF 被分成6块,将全等两块配对剪拼. 例如将 △DHF 和 △GBE 沿 HF 和 BG 重合拼成 ▱DHEF,进而再将它剪拼成长方形 DPQF 并作为三棱柱与 DF 相连的侧面. 同样,可得另两个侧面. 如此得到一个解.

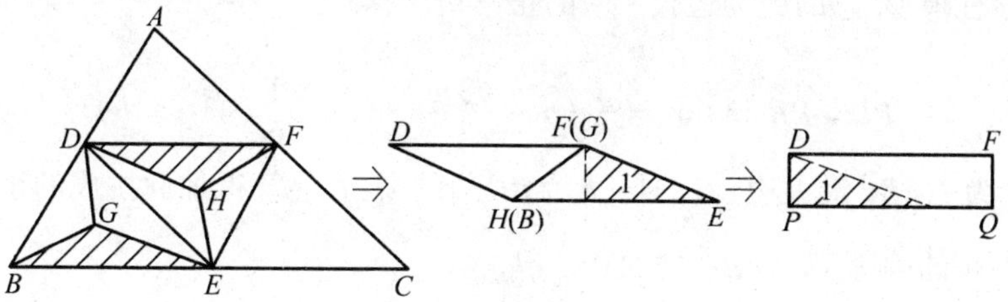

图 14.61

② 如图 14.62,设 $BC = a$ 为 △ABC 最长边先利用中线 DE 延长,将 △ABC 剪拼成面积相等的长方形 BCHG. 剪下 △ADF 和 △AEF,拼到 △BDG 和 △CEH 处,得与 △ABC 等面积的长方形 BCHG,其中 $BC = a$,$BG = \dfrac{AK}{2} = \dfrac{h}{2}$.

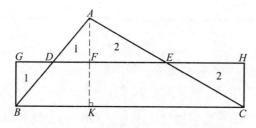

图 14.62

然后如图 14.63,再将长方形 BCHG 剪成一个等边三角形,两个直角三角形和三个平行四边形. 其中正三角形 BPQ 边长为 $\dfrac{\sqrt{3}h}{3}$,$PC = BC - BP = a - \dfrac{\sqrt{3}h}{3}$,$R$,$M$ 为 PC 的三等分点,过 R,M,C 分别作 PQ 的平行线交 GH 于点 S,N,T.

于是 △BPQ 为下底,△BQG 与 △CTH 拼成上底,并将 ▱PRSQ,▱RMNS,

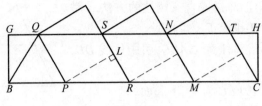

图 14.63

▱$MCTN$ 剪拼化为长为 $\frac{\sqrt{3}h}{3}$(即 BP 长)的矩形作为三个侧面. 如何可拼成一个正三棱柱模型. 它的底为边长 $\frac{\sqrt{3}h}{3}$ 的正三角形,高为

$$PL = PR\sin 60° = \frac{1}{3}(a - \frac{\sqrt{3}h}{3}) \cdot \frac{\sqrt{3}}{2} = \frac{1}{6}(\sqrt{3}a - h)$$

a 为 $\triangle ABC$ 最大边 BC 的长,h 为 BC 边的高,容易算得如此拼成的正三棱柱的全面积的确等于 $\triangle ABC$ 的面积 $\frac{1}{2}ah$.

注:(4)②中 $\triangle ABC$ 化为等积矩形剪拼法及后者剪拼成正三棱柱的方法也可如图 14.64:$\triangle KRQ$ 与 $\triangle FPQ$ 拼成上底;$\triangle FQK$ 为下底;三个矩形为侧面.

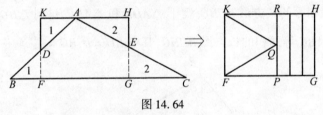

图 14.64

我们不妨将原问题推广到更为一般的情境.

对给出的任意 $\triangle ABC$ 纸片要求剪拼成一个三棱柱并满足:

(1) 直三棱柱,要求直三棱柱底面与 $\triangle ABC$ 相似且对应边之比为 $\frac{1}{n}$(n 为大于 1 的自然数).

(2) 正三棱柱,要求正三棱柱底面边长为 $\triangle ABC$ 某边或某高的 $\frac{1}{n}$(n 为大于 1 的自然数).

请设计一种剪拼的方法,并计算拼成的柱体的体积.

(一) 为给出对 n 而言统一的剪拼方法,可先设计一些简单的剪拼(步骤)

操作. 具体如下.

操作 1：将一个任意的三角形剖分成 n^2 个全等的小三角形，小三角形与原三角形相似且边长为原三角形相应边长的 $\dfrac{1}{n}$.

先将给定三角形的每条边 n 等分，然后连对应分点得平行于三角形边的连线，这 $3(n-1)$ 条连线将原三角形剖分成

$$1 + 3 + 5 + \cdots + (2n-1) = n^2 (\text{个})$$

小三角形. 它们全等且与原三角形相似. 图 14.65 所示的情形为 $n = 4$ 的例.

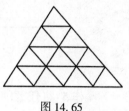

图 14.65

操作 2：将一个任意的 △ABC 剖分成三个三角形，使三个小三角形各有一边分别为 △ABC 的三边 BC, CA, AB 且三个小三角形这三边对应的高相等.

如图 14.66，记 △ABC 的内心为 I，也即 △ABC 的 3 条内角平分线相交于 I. 连 IA, IB, IC，则 △ABC 被剖分成 △IBC, △ICA, △IAB. 易见 I 到 BC, CA, AB 等距离，有

$$h_1 = h_2 = h_3 = r \quad (r 为 \triangle ABC 内切圆半径)$$

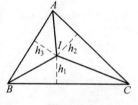

图 14.66

操作 3：将一个任意的三角形剪拼成等面积的长方形，使长方形的长、宽分别等于原三角形的某边及其对应的高的一半.

见图 14.67，DE 为 △ABC 的中位线，高 AK 交 DE 于 F，剪下 △ADF 和 △AEF 分别移拼到 △BDG 和 △CEH 处，则所得长方形 BCHG 与 △ABC 面积相等.

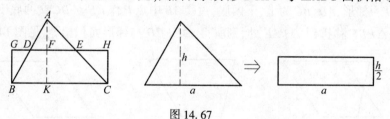

图 14.67

操作 4：将一个任意三角形剪拼成等面积的长方形，使长方形的两边分别等于原三角形某边的一半及该边对应的高.

见图 14.68，过 AB 中点 D 和 AC 中点 E 分别作 BC 的垂线，两垂线交过 A 平行 BC 的直线于 G 和 H. 剪下 △BDM 和 △CEN 分别移拼到 △ADG 和 △AEH 处，

则所得长方形 MNHG 与 △ABC 面积相等.

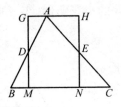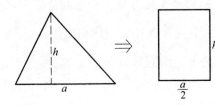

图 14.68

操作 5：将任意的 △ABC 剪拼成 3 个长方形,它们有相同的宽 $\frac{r}{2}$ 且长分别为 a,b,c (a,b,c 为 △ABC 的三边长, r 为 △ABC 内切圆的半径).

连续做操作 2 和操作 3 就可实现目的,见图 14.69.

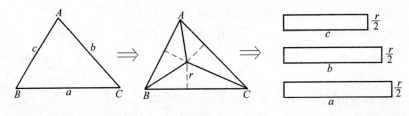

图 14.69

操作 6：将任意梯形剪拼成等面积的长方形,使长方形的一边等于梯形的高.

若梯形不是平行四边形的话,先将其剪拼成等面积的平行四边形,设 ABCD 为梯形, AD, BC 为上、下两底,过腰 AB 中点 P 作 EF ∥ DC 交两底于 E, F. 剪下 △PBF 移拼到 △PAE 处,则所得 ▱EFCD 与梯形面积相等,见图 14.70.

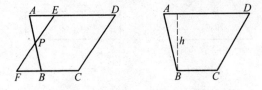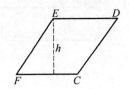

图 14.70

然后再将 ▱EFCD 剪拼成等面积的长方形,过 E 作 EH ⊥ FC 交 FC 于 H,剪下 △EFH 移拼到 △DCG 处,则所得长方形 EHGD 与 ▱EFCD 从而也与梯形

$ABCD$ 面积相等,见图 14.71.

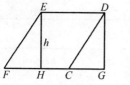
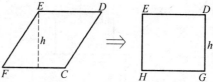

图 14.71

若 H 在 FC 延长线上,则分几次剪拼来完成,见图 14.72 所示. 先将 △AEF, △EHP, △HBM 剪下分别拼到 △DFG, △FPQ, △PCN 处,然后再将长方形 $AFGD$, $EPQF$, $HMNP$ 拼成长方形 $AMND$.

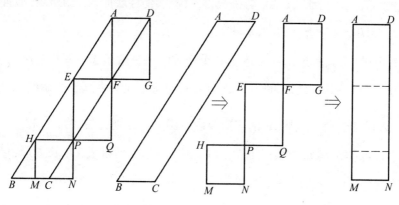

图 14.72

操作 7:将任意一个三角形剪拼成一个长方形,使长方形的一边等于三角形某高的 $\frac{1}{n}$.

设 AD 为 △ABC 中 BC 边的高,将高 AD n 等分,过 $n-1$ 个分点作 BC 边的平行线,将 △ABC 分成 n 个部分,其中除一个部分是三角形外,其他 $n-1$ 个部分都是等高的梯形. 由操作 4 和操作 6 知,这 n 个部分都可剪拼成等宽的长方形,再将这 n 个等宽的长方形简单连接可拼成一个同宽的大长方形,易知所得长方形宽为 $\frac{AD}{n}$. 图 14.73 为 $n=3$ 的示意.

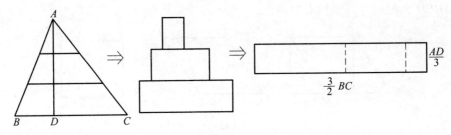

图 14.73

(二) 求解推广情境的问题.

设 △ABC 为任意三角形.

(1) 首先,考虑将 △ABC 剪拼成直三棱柱,使柱底面与 △ABC 相似且底面边长是 △ABC 对应边长的 $\frac{1}{n}(n \geqslant 2)$.

① 由操作1,将 △ABC 剖分成 n^2 个全等的小三角形 $\Delta_i(i=1,2,\cdots,n^2)$. 它们都与 △ABC 相似,且 Δ_i 的边与 △ABC 对应边之比为 $\frac{1}{n}$. 若 △ABC 三边长为 a,b,c,内切圆半径为 r,则 Δ_i 的三边及内切圆半径分别为 $\frac{a}{n},\frac{b}{n},\frac{c}{n}$ 和 $\frac{r}{n}$.

② 由操作5,将每个小三角形 $\Delta_i(i=3,4,\cdots,n)$ 剪拼成3个长方形,它们有相同的宽 $\frac{r}{2n}$,且长分别为 $\frac{a}{n},\frac{b}{n}$ 和 $\frac{c}{n}$.

③ 用小三角形 Δ_1 和 Δ_2 分别作上、下底面,并将相同长的 n^2-2 个小长方形拼成宽为 $\frac{(n^2-2)r}{2n}$,长分别为 $\frac{a}{n},\frac{b}{n},\frac{c}{n}$ 的3个长方形作侧面,可拼成一直三棱柱.

所得直三棱柱的底面三角形 Δ_1 的三边边长为 $\frac{a}{n},\frac{b}{n},\frac{c}{n}$,面积为 $\frac{S_{\triangle ABC}}{n^2}$,而柱高为

$$h = \frac{(n^2-2)r}{2n} = \frac{n^2-2}{2n} \cdot \frac{S_{\triangle ABC}}{\frac{a+b+c}{2}} = \frac{(n^2-2)S_{\triangle ABC}}{n(a+b+c)}$$

$$\left(\text{或 } h = \frac{S_{\text{侧}}}{\frac{a+b+c}{n}} = \frac{S_{\triangle ABC} - \frac{2}{n^2}S_{\triangle ABC}}{\frac{a+b+c}{n}} = \frac{(n^2-2)S_{\triangle ABC}}{n(a+b+c)}\right)$$

体积为

$$V_1 = \frac{S_{\triangle ABC}}{n^2} \cdot \frac{(n^2-2)S_{\triangle ABC}}{n(a+b+c)} = \left(\frac{n^2-2}{n^3}\right)\frac{S_{\triangle ABC}^2}{a+b+c}$$

图 14.74 为 $n=3$ 时的示意图.

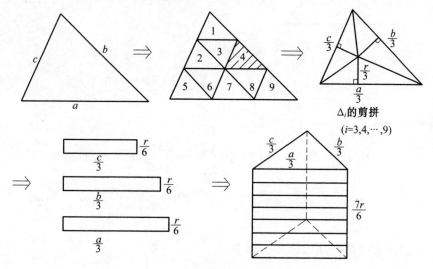

图 14.74

(2) 其次,考虑将 $\triangle ABC$ 剪拼成正三棱柱,使柱底面边长为 $\triangle ABC$ 的某边或某高的 $\frac{1}{n}(n \geq 2)$.

设 $\triangle ABC$ 的三边长为 a,b,c,且 $a \geq b \geq c$. 从而3条高线长为 $h_a \leq h_b \leq h_c$.

(A) 先考虑底面边长为 $\frac{h_a}{n}(n \geq 2)$.

① 由操作7,将 $\triangle ABC$ 剪拼成一个长方形,使其宽为 $\frac{h_a}{n}$(从而长为 $\frac{na}{2}$). 记所得长方形为 $EFMN$,其中 $EF = \frac{h_a}{n}, FM = \frac{na}{2}$.

② 作正三角形 $\triangle EFR$,过 R 作 $PQ \parallel FE$ 交 FM, EN 分别于点 P,Q,见图 14.75. 将 $\triangle EQR$ 与 $\triangle FPR$ 拼成一正三角形作柱的上底,$\triangle EFR$ 作柱的下底,并将长方形 $MNQP$ 三等分后作3个侧面,可拼成一正三棱柱.

所得正三棱柱底面正三角形边长为 $\frac{h_a}{n}$,底面面积为 $\frac{\sqrt{3}}{4}\left(\frac{h_a}{n}\right)^2$. 而柱高为

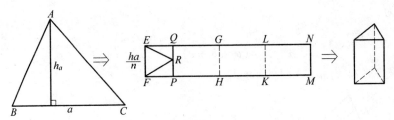

图 14.75

$$h = PH = \frac{1}{3}(FM - FD) = \frac{1}{3}\left(\frac{na}{2} - \frac{\sqrt{3}h_a}{2n}\right)$$

体积为

$$V_2 = \frac{\sqrt{3}}{4}\left(\frac{h_a}{n}\right)^2 \cdot \frac{1}{3}\left(\frac{na}{2} - \frac{\sqrt{3}h_a}{2n}\right) = \frac{\sqrt{3}h_a^2}{24n^3}(n^2 a - \sqrt{3}h_a) =$$

$$\frac{\sqrt{3}}{24n^3}\left(\frac{2S_{\triangle ABC}}{a}\right)^2\left(n^2 a - \sqrt{3} \cdot \frac{2S_{\triangle ABC}}{a}\right) = \frac{\sqrt{3}S_{\triangle ABC}^2}{6na} - \frac{S_{\triangle ABC}^3}{n^3 a^3}$$

(B) 再考虑底面边长为 $\frac{c}{n}(n \geqslant 2)$.

① 由操作 3,将 $\triangle ABC$ 剪拼成长方形 $EFMN$,使

$$EF = \frac{h_c}{2}, FM = c$$

② 将长方形按 FM 边 n 等分为 n 个 $\frac{c}{n} \cdot \frac{h_c}{2}$ 的长方形,并将这 n 个长方形连接拼成 $\frac{c}{n} \cdot \frac{nh_c}{2}$ 的一个大长方形 $PQHG$.

③ 将长方形 $PQHG$ 剪拼成底边长为 $\frac{c}{n}$,高为 $\frac{1}{3}\left(\frac{nh_c}{2} - \frac{\sqrt{3}}{2} \cdot \frac{c}{n}\right)$ 的正三棱柱,见图 14.76.
所得正三棱柱的体积为

$$V_3 = S_底 \cdot h = \frac{\sqrt{3}}{4}\left(\frac{c}{n}\right)^2 \cdot \frac{1}{3}\left(\frac{nh_c}{2} - \frac{\sqrt{3}}{2} \cdot \frac{c}{n}\right) =$$

$$\frac{\sqrt{3}}{24}\left(\frac{c^2 h_c}{n} - \frac{\sqrt{3}c^3}{n^3}\right) =$$

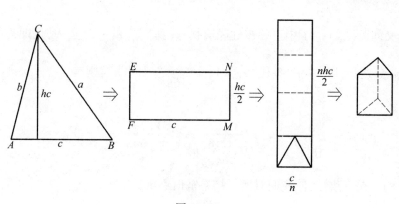

图 14.76

$$\frac{\sqrt{3}}{12} \cdot \frac{cS_{\triangle ABC}}{n} - \frac{c^3}{8n^3}$$

(三) 收缩检验.
可得

$$V_1 = \frac{n^2 - 2}{n^3} \cdot \frac{S^2_{\triangle ABC}}{a+b+c} \qquad ①$$

$$V_2 = \frac{\sqrt{3} S^2_{\triangle ABC}}{6na} - \frac{S_{\triangle ABC}}{n^3 a^3} \qquad ②$$

$$V_3 = \frac{\sqrt{3}}{12} \cdot \frac{cS_{\triangle ABC}}{n} - \frac{c^3}{8n^3} \qquad ③$$

令 △ABC 为等边三角形且边长为 1,即有

$$a = b = c = 1, h_a = h_b = h_c = \frac{\sqrt{3}}{2}, S_{\triangle ABC} = \frac{\sqrt{3}}{4}$$

代入式①,②,③ 得

$$V_1 = \frac{n^2 - 2}{n^3} \cdot \frac{1}{3} \cdot \left(\frac{\sqrt{3}}{4}\right)^2 = \frac{n^2 - 2}{16n^3}$$

$$V_2 = \frac{\sqrt{3}}{6n}\left(\frac{\sqrt{3}}{4}\right)^2 - \frac{1}{n^3}\left(\frac{\sqrt{3}}{4}\right)^3 = \frac{\sqrt{3}(2n^2 - 3)}{64n^3}$$

$$V_3 = \frac{\sqrt{3}}{12} \cdot \frac{1}{n} \cdot \frac{\sqrt{3}}{4} - \frac{1}{8n^3} = \frac{n^2 - 2}{16n^3}$$

$V_1 = V_3$ 与"问题(一)同问题(二)(B)在收缩情境下是一个问题的事实"
相符.

又问题(二)(A) 中正三棱柱底边长为(高) $\frac{\sqrt{3}}{2}$ 的 n 分之一,也即为(边)1 的 $\frac{2}{\sqrt{3}}n$ 分之一,用 "$\frac{2}{\sqrt{3}}n$" 替代 "$V_1 = V_3 = \frac{n^2 - 2}{16n^3}$ 中的 n",则有

$$\frac{\left(\frac{2}{\sqrt{3}}\right)^2 - 2}{16\left(\frac{2}{\sqrt{3}}n\right)^3} = \frac{\frac{4}{3}n^2 - 2}{16 \cdot \frac{8}{3\sqrt{3}}n^3} = \frac{\sqrt{3}(2n^2 - 3)}{64n^3} = V_2$$

结果的内在一致性,使我们对所得结果坚信不疑!

从平均值不等式谈起
—— 知识的拓展与应用

第十五讲

第一节　热身活动,十分钟问答

1. 证明平均值不等式:对任给两正数 a 和 b,有

$$\frac{a+b}{2} \geqslant \sqrt{ab} \quad ①$$

式中等号当且仅当 $a=b$ 时成立.

证明　设 $a,b \in \mathbf{R}^*$,则由平方数非负知

$$(\sqrt{a}-\sqrt{b})^2 \geqslant 0$$

$$a-2\sqrt{ab}+b \geqslant 0, a+b \geqslant 2\sqrt{ab}, \frac{a+b}{2} \geqslant \sqrt{ab}$$

易见 $a=b$ 时,$\sqrt{a}=\sqrt{b}$,所证不等式中等号成立. 反之,所证不等式中等号成立时,也必有 $a=b$.

显然,有

$$\frac{a^2+b^2}{2} \geqslant ab, (a,b \in \mathbf{R}) \quad ②$$

$$\left(\frac{a+b}{2}\right)^2 \geqslant ab, (a,b \in \mathbf{R}) \quad ③$$

$$2(a^2+b^2) \geqslant (a^2+b^2)+2ab=(a+b)^2 \quad (a,b \in \mathbf{R}) \quad ④$$

$$\frac{a}{b}+\frac{b}{a}=\frac{a^2+b^2}{ab}\geqslant 2 \quad (a,b\in \mathbf{R},\text{且}ab\geqslant 0) \qquad ⑤$$

式②~⑤中,当且仅当 $a=b$ 时等号成立.

2. 证明:对任给三个正实数 a,b,c,有

$$\frac{1}{a}+\frac{1}{b}+\frac{1}{c}\geqslant 2\left(\frac{1}{a+b}+\frac{1}{b+c}+\frac{1}{c+a}\right) \qquad ⑥$$

$$\frac{a^2}{b}+\frac{b^2}{c}+\frac{c^2}{a}\geqslant a+b+c \qquad ⑦$$

$$a^2+b^2+c^2\geqslant ab+bc+ca \qquad ⑧$$

$$\frac{1}{3}(a+b+c)\geqslant \sqrt{\frac{ab+bc+ca}{3}} \qquad ⑨$$

式⑥~⑨中,当且仅当 $a=b=c$ 时等号成立.

证明　因为

$$(a+b)^2\stackrel{③}{\geqslant} 4ab,\frac{a+b}{ab}\geqslant \frac{4}{a+b},\frac{1}{a}+\frac{1}{b}\geqslant \frac{4}{a+b},$$

所以

$$\frac{1}{a}+\frac{1}{b}+\frac{1}{c}=\frac{1}{2}\left[\left(\frac{1}{a}+\frac{1}{b}\right)+\left(\frac{1}{b}+\frac{1}{c}\right)+\left(\frac{1}{c}+\frac{1}{a}\right)\right]\geqslant$$

$$\frac{1}{2}\left(\frac{4}{a+b}+\frac{4}{b+c}+\frac{4}{c+a}\right)=$$

$$2\left(\frac{1}{a+b}+\frac{1}{b+c}+\frac{1}{c+a}\right).$$

因为

$$a+\frac{b^2}{a}\stackrel{①}{\geqslant} 2\sqrt{a\cdot\frac{b^2}{a}}=2b,\frac{b^2}{a}\geqslant 2b-a,$$

所以

$$\frac{a^2}{b}+\frac{b^2}{c}+\frac{c^2}{a}\geqslant (2a-b)+(2b-c)+(2c-a)=a+b+c.$$

$$a^2+b^2+c^2=\frac{1}{2}\left[(a^2+b^2)+(b^2+c^2)+(c^2+a^2)\right]\stackrel{②}{\geqslant} ab+bc+ca.$$

因为

$$(a+b+c)^2=(a^2+b^2+c^2)+2(ab+bc+ca)\stackrel{⑧}{\geqslant}$$

$$(ab+bc+ca)+2(ab+bc+ca)=$$

$$3(ab+bc+ca),$$

所以 $\dfrac{1}{3}(a+b+c) \geqslant \sqrt{\dfrac{ab+bc+ca}{3}}$

显然,式⑥~⑨中等号成立的重要条件为 $a=b=c$.

易见,公式⑥~⑨都可推广到多于三个正实数的情境.

3. 求最大(小)值:

(1) 求 $y = 3x^2 + \dfrac{16}{2+x^2}$ 的最小值.

(2) 求 $y = \dfrac{1+x^2}{x}(x<0)$ 的最大值.

(3) 求 $y = \dfrac{x}{(1+x)^2}(x>0)$ 的最大值.

解 (1) 可得

$$y = 3x^2 + \dfrac{16}{2+x^2} = \left[3(2+x^2) + \dfrac{16}{2+x^2}\right] - 6 \geqslant$$

$$2\sqrt{3(2+x^2) \cdot \dfrac{16}{2+x^2}} - 6 = 8\sqrt{3} - 6.$$

当 $3(2+x^2) = \dfrac{16}{2+x^2}$,也即 $x = \pm\sqrt{\dfrac{4}{\sqrt{3}} - 2}$ 时,y 取最小值 $8\sqrt{3} - 6$.

(2) $x<0$,对两正数 $\left(-\dfrac{1}{x}\right)$ 和 $(-x)$ 有

$$\left(-\dfrac{1}{x}\right) + (-x) \geqslant 2\sqrt{\left(-\dfrac{1}{x}\right) \cdot (-x)} = 2$$

也即有 $\dfrac{1}{x} + x \leqslant -2$,于是有

$$y = \dfrac{1+x^2}{x} = \dfrac{1}{x} + x \leqslant -2$$

当 $-\dfrac{1}{x} = -x$,也即 $x = -1$ 时,y 取最大值 -2.

(3) 求 y 最大也即求 $\dfrac{1}{y}$ 最小,因为

$$\dfrac{1}{y} = \dfrac{(1+x)^2}{x} = \dfrac{x^2+2x+1}{x} = \left(x + \dfrac{1}{x}\right) + 2 \geqslant 2\sqrt{x \cdot \dfrac{1}{x}} + 2 = 4$$

故当 $x = \dfrac{1}{x}$ 即 $x=1$ 时,$\dfrac{1}{y}$ 取最小值 4,从而 $x=1$ 时 y 取最大值 $\dfrac{1}{4}$.

第二节　探究活动,问题解决的实践

1. 对平均值不等式 ① 进行推广.

解 考虑 n 个正数 $a_1, a_2, \cdots, a_n$ 的算术平均数和几何平均数

$$A = \frac{a_1 + a_2 + \cdots + a_n}{n}, G = \sqrt[n]{a_1 a_2 \cdots a_n}$$

有 $A \geqslant G$,也即

$$\frac{a_1 + a_2 + \cdots + a_n}{n} \geqslant \sqrt[n]{a_1 a_2 \cdots a_n} \qquad ⑩$$

式中等号当且仅当 $a_1 = a_2 = \cdots = a_n$ 时成立.

$n = 3$ 的证明:

$a, b, c \in \mathbf{R}^*$ 时,有

$$\begin{aligned}
a^3 + b^3 + c^3 - 3abc &= (a^3 + ab^2 + ac^2) - (abc + a^2 b + a^2 c) + \\
&\quad (b^3 + a^2 b + bc^2) - (abc + ab^2 + b^2 c) + \\
&\quad (c^3 + a^2 c + b^2 c) - (abc + ac^2 + bc^2) = \\
&\quad (a^2 + b^2 + c^2)(a + b + c) - \\
&\quad (ab + bc + ca)(a + b + c) = \\
&\quad (a + b + c)[(a^2 + b^2 + c^2) - (ab + bc + ca)] \geqslant 0 \quad ⑧
\end{aligned}$$

也即 $\quad a^3 + b^3 + c^3 \geqslant 3ab, \dfrac{a^3 + b^3 + c^3}{3} \geqslant abc$

用 $\sqrt[3]{a}, \sqrt[3]{b}, \sqrt[3]{c}$ 分别替代 a, b, c 时有

$$\frac{a + b + c}{3} \geqslant \sqrt[3]{abc} \qquad ⑪$$

当 $a = b = c$ 时显然上式中等号成立,反之亦然.

$n = 4$ 的证明:

$a, b, c, d \in \mathbf{R}^*$ 时,有

$$\frac{a + b + c + d}{4} = \frac{\frac{a+b}{2} + \frac{c+d}{2}}{2} \stackrel{①}{\geqslant} \sqrt{\frac{a+b}{2} \cdot \frac{c+d}{2}} \stackrel{①}{\geqslant}$$

$$\sqrt{\sqrt{ab} \cdot \sqrt{cd}} = \sqrt[4]{abcd} \qquad ⑫$$

上式等号成立时,$\dfrac{a+b}{2}=\dfrac{c+d}{2}$ 且 $a=b,c=d$,即 $a=b=c=d$. 反之,当 $a=b=c=d$,显然有 $\dfrac{a+b+c+d}{4}=\sqrt[4]{abcd}$.

对一般的 n,式 ⑩ 可用数学归纳法去证明. 我们给出几个有启发性的证法.

证法1:(前进归纳与后退归纳相结合)

(1) 先证明 n 为 2 的幂时,式 ⑩ 成立.

① 首先,由 $(\sqrt{a_1}-\sqrt{a_2})^2=a_1+a_2-2\sqrt{a_1 a_2}\geqslant 0$ 知 $\dfrac{a_1+a_2}{2}\geqslant \sqrt{a_1 a_2}$ 成立. 也即式 ⑩ 对 $n=2$ 成立.

② 其次,假定 $n=k$ 时式 ⑩ 成立. 考虑 $n=2k$ 的情形:对 $2k$ 个正数 $b_1,b_2,\cdots,b_{2k}$,令 b_{2i-1} 和 b_{2i} 的算术平均数为 a_i,则

$$a_i=\dfrac{b_{2i-1}+b_{2i}}{2}\geqslant \sqrt{b_{2i-1}\cdot b_{2i}}\quad (i=1,2,\cdots,k)$$

于是,有

$$\dfrac{b_1+b_2+\cdots+b_{2k}}{2k}=\dfrac{a_1+a_2+\cdots+a_k}{k}\geqslant \sqrt[k]{a_1 a_2\cdots a_k}\geqslant$$
$$\sqrt[k]{\sqrt{b_1 b_2}\cdot \sqrt{b_3 b_4}\cdot\cdots\cdot\sqrt{b_{2k-1} b_{2k}}}=\sqrt[2k]{b_1 b_2\cdots b_{2k}}$$

也即式 ⑩ 对 $n=k$ 成立时,必定对 $n=2k$ 也成立.

由 ①,② 知式 ⑩ 对 $n=2^m$ 都成立.

(2) 假定式 ⑩ 在 $n=k$ 成立时,证明可推出式 ⑩ 对 $n=k-1$ 必成立. 对 k 个正数 $a_1,a_2,\cdots,a_k$,记前 $(k-1)$ 个和为 B,令

$$\dfrac{a_1+a_2+\cdots+a_{k-1}+a_k}{k}=\dfrac{a_1+a_2+\cdots+a_{k-1}}{k-1}$$

也即 $\dfrac{B+a_k}{k}=\dfrac{B}{k-1}$,解之得

$$a_k=\dfrac{kB}{k-1}-B=\dfrac{B}{k-1}=\dfrac{a_1+a_2+\cdots+a_{k-1}}{k-1}$$

于是由假定式 ⑩:$\dfrac{1}{k}(a_1+a_2+\cdots+a_k)\geqslant \sqrt[k]{a_1 a_2\cdots a_k}$ 成立,知

$$\dfrac{1}{k-1}(a_1+a_2+\cdots+a_{k-1})=\dfrac{1}{k}(a_1+a_2+\cdots+a_k)\geqslant$$

$$\sqrt[k]{a_1 a_2 \cdots a_k} = \sqrt[k]{a_1 a_2 \cdots a_{k-1} \cdot \frac{a_1 + a_2 + \cdots + a_{k-1}}{k-1}}$$

上式两边 k 次方,得

$$\left[\frac{1}{k-1}(a_1 + a_2 + \cdots + a_{k-1})\right]^k \geq a_1 a_2 \cdots a_{k-1} \cdot \frac{a_1 + a_2 + \cdots + a_{k-1}}{k-1}$$

整理,得

$$\frac{1}{k-1}(a_1 + a_2 + \cdots + a_{k-1}) \geq \sqrt[k-1]{a_1 a_2 \cdots a_{k-1}}$$

由(1),(2)知式 ⑩ 对任意自然数 n 都成立.

若 n 为 2 的幂,由(1)知式 ⑩ 成立;若 n 不是 2 的幂,譬如 $n = 50$,则有 $50 < 2^6 = 64$,由(1)知对 $n = 64$,式 ⑩ 成立,反复利用(2)中论断知 $n = 50$ 时式 ⑩ 也成立.

证法 2:(数学归纳法)

(1) 先证式 ② 对 $n = 2^m$ 成立(同证法 1 的(1)步).

(2) 假定 n 不是 2 的幂,此时必存在一个适当的 r,使 $n + r$ 是 2 的幂,即有 $n + r = 2^m$.显然,式 ⑩ 对 $n + r$ 个正数是成立的.(譬如 $n = 50$ 时,$r = 14$,$50 + 14 = 64 = 2^6$)

令

$$A = \frac{a_1 + a_2 + \cdots + a_n}{n}$$

即

$$nA = a_1 + a_2 + \cdots + a_n$$

于是,对 $(n + r)$ 个数

$$a_1, a_2, \cdots, a_n, \underbrace{A, A, \cdots, A}_{r \uparrow A}$$

有

$$\sqrt[n+r]{a_1 a_2 \cdots a_n \underbrace{A, A, \cdots, A}_{r \uparrow A}} \leq \frac{a_1 + a_2 + \cdots + a_n + \overbrace{A + A + \cdots + A}^{r \uparrow A}}{n + r} = \frac{nA + rA}{n + r} = A$$

从而有

$$a_1 a_2 \cdots a_n A^r \leq A^{n+r}$$
$$a_1 a_2 \cdots a_n \leq A^n$$
$$\sqrt[n]{a_1 a_2 \cdots a_n} \leq A = \frac{a_1 + a_2 + \cdots + a_n}{n}$$

由(1),(2)知式 ⑩ 对一切自然数 n 成立.

证法 3：(调整变换，磨光原理)

若 $a_1 = a_2 = \cdots = a_n$，显然有 $\dfrac{a_1 + a_2 + \cdots + a_n}{n} = \sqrt[n]{a_1 a_2 \cdots a_n}$，从而式⑩成立.

不妨设 $a_1, a_2, \cdots, a_n$ 不全相等，且其中 a_1 最小，a_2 最大. 于是
$$a_1 < a_2$$
$$na_1 < a_1 + a_2 + \cdots + a_n < na_2, a_1^n < a_1 a_2 \cdots a_n < a_2^n$$
$$a_1 < A = \frac{a_1 + a_2 + \cdots + a_n}{n} < a_2, \ a_1 < G = \sqrt[n]{a_1 a_2 \cdots a_n} < a_2$$

构造新数组 α_1
$$A, a_1 + a_2 - A, a_3, a_4, \cdots, a_n$$

并记数组 α_1 的算术平均数和几何平均数分别为 A_1 和 G_1，易见
$$nA_1 = A + [(a_1 + a_2) - A] + a_3 + \cdots + a_n =$$
$$a_1 + a_2 + a_3 + \cdots + a_n = nA, A_1 = A$$

而由 $a_1 < A < a_2$ 知
$$A(a_1 + a_2 - A) - a_1 a_2 = (A - a_1)(a_2 - A) > 0$$
$$A(a_1 + a_2 - A) > a_1 a_2$$
$$G_1^n = A(a_1 + a_2 - A) a_3 \cdots a_n > a_1 a_2 a_3 \cdots a_n = G^n, G_1 > G$$

可见原数组变换为数组 α_1 时，算术平均数不变，而几何平均数增大，且新数组中有一个数是原数组的算术平均数.

参数组 α_1 中，n 个数都相等，则 $A_1 = G_1$，于是
$$A = A_1 = G_1 > G$$

也即 $A > G$. 命题得证. 否则，数组 α_1 中 n 个数仍不全相等，此时可对数组 α_1 再作类似变换产生数组 α_2 和相应的 A_2, G_2. 同样，有
$$A = A_1 = A_2, G < G_1 < G_2$$

因为数组 α_1 中的最小数比 $A_1 = A$ 小且最大数比 $A_1 = A$ 大，于是数组 α_2 至少还会多出一个 A 来(数组 α_1 中的 A 不会被变掉，它必将保留在数组 α_2 中).

看数组 α_2 中，n 个数都相等，则 $A_2 = G_2$，于是
$$A = A_1 = A_2 = G_2 > G_1 > G$$

也即有 $A > G$，命题得证.

否则，数组 α_2 中 n 个数仍不全相等，此时对数组 α_2 再作类似变换产生数组 α_3 及相应的 A_3 和 G_3……

每次变换，新数组都至少产生一个新数 A. 于是，至多经 $n - 1$ 次变换，必可

得到一个由 n 个 A 组成的数组 α_k,并有
$$A = A_1 = A_2 = \cdots = A_k = G_k > \cdots > G_2 > G_1 > G$$
即
$$A = A_k = G_k > G \quad (k \leq n-1)$$
也即有 $A > G$,命题得证.

注 1. 证法 3 中算术平均数是变换中的不变量.

当然,也可设计另一种变换使变换中几何平均数是不变量. 具体如下
$$a_1 < a_2$$
$$a_1 < G = \sqrt[n]{a_1 a_2 \cdots a_n} < a_2$$

构造数组 $\beta_1 : G, \dfrac{a_1 a_2}{G}, a_3, a_4, \cdots, a_n$,记其算术平均数和几何平均数分别为 A_1 和 G_1,则 $G_1 = G$,又因为

$$(a_1 + a_2) - \left(G + \dfrac{a_1 a_2}{G}\right) = \dfrac{1}{G}[G(a_1 + a_2) - G^2 - a_1 a_2] =$$
$$\dfrac{1}{G}(a_2 - G)(G - a_1) > 0$$

$$a_1 + a_2 > G + \dfrac{a_1 a_2}{G}$$

$$nA = a_1 + a_2 + a_3 + \cdots + a_n > G + \dfrac{a_1 a_2}{G} + a_3 + \cdots + a_n = nA_1$$

所以 $A > A_1$.

注 2:在 $\dfrac{a_1 + a_2 + \cdots + a_n}{n} = A \geq G = \sqrt[n]{a_1 a_2 \cdots a_n}$ 中,令 $a_i = \dfrac{1}{b_i}(i = 1,2,\cdots,n)$,则有

$$\dfrac{\dfrac{1}{b_1} + \dfrac{1}{b_2} + \cdots + \dfrac{1}{b_n}}{n} \geq \sqrt[n]{\dfrac{1}{b_1} \cdot \dfrac{1}{b_2} \cdot \cdots \cdot \dfrac{1}{b_n}} = \dfrac{1}{\sqrt[n]{b_1 b_2 \cdots b_n}}$$

也即
$$\dfrac{n}{\dfrac{1}{b_1} + \dfrac{1}{b_2} + \cdots + \dfrac{1}{b_n}} = H \leq G = \sqrt[n]{b_1 b_2 \cdots b_n}$$

也即有
$$H \leq G \leq A$$

对 n 个正数 $a_1, a_2, \cdots, a_n$ 而言,则有
$$\dfrac{n}{\dfrac{1}{a_1} + \dfrac{1}{a_2} + \cdots + \dfrac{1}{a_n}} \leq \sqrt[n]{a_1 a_2 \cdots a_n} \leq \dfrac{a_1 + a_2 + \cdots + a_n}{n}$$

⑬

即算术平均最大,几何平均次之,调和平均最小.

注3:几个推论.

(1) 若 $a_i > 0 (i = 1, 2, \cdots, n)$ 且 $a_1 a_2 \cdots a_n = 1$,则
$$a_1 + a_2 + \cdots + a_n \geq n$$
⑭

其中等号当且仅当 $a_1 = a_2 = \cdots = a_n$ 时成立.(由式⑬,$G \leq A$ 得)

(2) 若 $a_i > 0 (i = 1, 2, \cdots, n)$,则
$$(a_1 + a_2 + \cdots + a_n)\left(\frac{1}{a_1} + \frac{1}{a_2} + \cdots + \frac{1}{a_n}\right) \geq n^2$$
⑮

其中等号当且仅当 $a_1 = a_2 = \cdots = a_n$ 时成立.(由式⑬,$H \leq A$ 得)

(3) 若 $a_i > 0 (i = 1, 2, \cdots, n)$,则
$$a_1^n + a_2^n + \cdots + a_n^n \geq n a_1 a_2 \cdots a_n$$
⑯

其中等号当且仅当 $a_1 = a_2 = \cdots = a_n$ 时成立.

(因为 $\frac{1}{n}(a_1^n + a_2^n + \cdots + a_n^n) \geq \sqrt[n]{a_1^n a_2^n \cdots a_n^n} = a_1 a_2 \cdots a_n$)

(4) 若 a, b 为任意两个不相等的正数,则
$$ab^n < \left(\frac{a + nb}{n + 1}\right)^{n+1}$$
⑰

(因为 $\sqrt[n+1]{ab^n} = \sqrt[n+1]{\underbrace{abb\cdots b}_{n\uparrow b}} < \frac{a + \overbrace{b + b + \cdots + b}^{n\uparrow b}}{n + 1} = \frac{a + nb}{n + 1}$)

2. (1) 求函数 $y = \frac{x^2 - 3x + 4}{x^2 + 3x + 4}$ 的最大值和最小值.

(2) 设 $x, y, z \in \mathbf{R}^*$,且 $x + y + z = 1$.求函数
$$u = \left(\frac{1}{x} - 1\right)\left(\frac{1}{y} - 1\right)\left(\frac{1}{z} - 1\right)$$
的最小值.

解 (1) 解法1:当 $x = 0$ 时,$y = 1$.当 $x \neq 0$ 时,有
$$y = \frac{(x^2 + 3x + 4) - 6x}{x^2 + 3x + 4} = 1 - \frac{6x}{x^2 + 3x + 4} = 1 - \frac{6}{x + \frac{4}{x} + 3}$$

若 $x > 0$,则 $x + \frac{4}{x} \geq 2\sqrt{x \cdot \frac{4}{x}} = 4$.从而知
$$y \geq 1 - \frac{6}{4 + 3} = \frac{1}{7}$$

其中等号当且仅当 $x = \dfrac{4}{x}$ 即 $x = 2$ 时成立;

若 $x < 0$,则 $-(x + \dfrac{4}{x}) \geqslant 4, x + \dfrac{4}{x} \leqslant -4$. 从而知

$$y \leqslant 1 - \dfrac{6}{-4+3} = 7$$

其中等号当且仅当 $x = \dfrac{4}{x}$ 即 $x = -2$ 时成立. 综上知 $x = -2$ 时 y 取最大值 7,$x = 2$ 时 y 取最小值 $\dfrac{1}{7}$.

解法 2:变形,整理得 x 的一元二次方程

$$(y-1)x^2 + 3(y+1)x + 4(y-1) = 0 \quad (y \neq 1)$$

因为 x 为实数,即方程有实根,故判别式 $\Delta \geqslant 0$,即

$$\Delta = [3(y+1)]^2 - [4(y-1)]^2 = (7y-1)(7-y) \geqslant 0$$

解得 $\dfrac{1}{7} \leqslant y \leqslant 7$. 当 $y = \dfrac{1}{7}$ 时 $x = 2$;当 $y = 7$ 时 $x = -2$. 所以最小值为 $y(2) = \dfrac{1}{7}$,最大值为 $y(-2) = 7$.

(2) 对 u 作恒等变形并利用题设条件,有

$$u = \left(\dfrac{1}{x} - 1\right)\left(\dfrac{1}{y} - 1\right)\left(\dfrac{1}{z} - 1\right) = \dfrac{1}{xyz}(1-x)(1-y)(1-z) =$$

$$\dfrac{1}{xyz}(1 - x - y - z + xy + yz + zx - xyz) =$$

$$\dfrac{1}{xyz}(xy + yz + zx - xyz) =$$

$$\left(\dfrac{1}{x} + \dfrac{1}{y} + \dfrac{1}{z}\right) - 1$$

问题本质:只需在条件 $x + y + z = 1$ 下求 $\dfrac{1}{x} + \dfrac{1}{y} + \dfrac{1}{z}$ 的最小值. 由题设,有

$$\dfrac{1}{x} + \dfrac{1}{y} + \dfrac{1}{z} \geqslant 3\sqrt[3]{\dfrac{1}{xyz}} = \dfrac{3}{\sqrt[3]{xyz}} \geqslant \dfrac{3}{\dfrac{x+y+z}{3}} = \dfrac{3}{\dfrac{1}{3}} = 9$$

从而知当 $\dfrac{1}{x} = \dfrac{1}{y} = \dfrac{1}{z}$ 即 $x = y = z = \dfrac{1}{3}$ 时,u 取最小值 $9 - 1 = 8$.

(由 $H \leqslant A$ 知 $\dfrac{3}{\dfrac{1}{x} + \dfrac{1}{y} + \dfrac{1}{z}} \leqslant \dfrac{x+y+z}{3} = \dfrac{1}{3}$,即有 $\dfrac{1}{x} + \dfrac{1}{y} + \dfrac{1}{z} \geqslant 9$)

3. 试证 $x_n = \left(1 + \dfrac{1}{n}\right)^n$ 是单调递增数列, 而 $y_n = \left(1 + \dfrac{1}{n}\right)^{n+1}$ 是单调递减数列.

证明 即要证 $x_n < x_{n+1}$, 而 $y_n > y_{n+1}$ $(n = 1, 2, 3, \cdots)$ 因为

$$x_{n+1} = \left(1 + \dfrac{1}{n+1}\right)^{n+1} = \left(\dfrac{n+2}{n+1}\right)^{n+1} =$$

$$\left[\dfrac{1 + (n+1)}{n+1}\right]^{n+1} = \left[\dfrac{1 + n\left(1 + \dfrac{1}{n}\right)}{n+1}\right]^{n+1}$$

联想到第 1 题注 3(4) 的结果式 ⑰, 令

$$a = 1, b = i + \dfrac{1}{n}$$

就有

$$x_n = \left(1 + \dfrac{1}{n}\right)^n = 1 \cdot \left(1 + \dfrac{1}{n}\right)^n = ab^n <$$

$$\left(\dfrac{a + nb}{n+1}\right)^{n+1} = \left[\dfrac{1 + n\left(1 + \dfrac{1}{n}\right)}{n+1}\right]^{n+1} =$$

$$\left(\dfrac{n+2}{n+1}\right)^{n+1} = \left(1 + \dfrac{1}{n+1}\right)^{n+1} = x_{n+1}$$

类似, 令 $a = 1, b = 1 - \dfrac{1}{n}$, 运用不等式 ⑰, 有

$$y_n = \left(1 + \dfrac{1}{n}\right)^{n+1} = \dfrac{1}{\left(\dfrac{n}{n+1}\right)^{n+1}} = \dfrac{1}{\left[\dfrac{1 + n\left(1 - \dfrac{1}{n}\right)}{n+1}\right]^{n+1}} < \dfrac{1}{1 \cdot \left(1 - \dfrac{1}{n}\right)^n} =$$

$$\dfrac{1}{\left(\dfrac{n-1}{n}\right)^n} = \left(\dfrac{n}{n-1}\right)^n = \left(1 + \dfrac{1}{n-1}\right)^n = y_{n-1}$$

即 $y_n < y_{n-1}$ 成立, 也即 $y_n > y_{n+1}$, 故 y_n 是单调递减数列.

4. 罐头筒、水桶与浴缸问题:

(1) 罐头筒容积为常数 V_0, 问尺寸怎样时用料最省(表面积最小)?

(2) 容积为常数 V_0 的无盖圆柱形水桶, 问底半径 r 和高 h 为多大时, 用料最省?

(3) 横断面为半圆形的圆柱形张口浴缸, 其表面积为常数 S_0, 问尺寸如何

时,它容积最大?

解 (1) 设罐头筒高为 h,底面圆半径为 r,则

$$\pi r^2 h = V_0, h = \frac{V_0}{\pi r^2}$$

从而表面积 $S = 2\pi r^2 + 2\pi rh$ 可化为 r 的函数,并有

$$S(r) = 2\pi r^2 + 2\pi r \cdot \frac{V_0}{\pi r^2} = 2\pi r^2 + \frac{2V_0}{r} =$$

$$2\pi r^2 + \frac{V_0}{r} + \frac{V_0}{r} \geq 3\sqrt[3]{2\pi V_0^2} \quad (常数)$$

当且仅当 $2\pi r^2 = \frac{V_0}{r}$ 即 $r = \sqrt[3]{\frac{V_0}{2\pi}}$ 时上式中等号成立. 此时

$$h = \frac{V_0}{\pi r^2} = 2\sqrt[3]{\frac{V_0}{2\pi}}$$

即 $h = 2r$. 所以罐头筒的高等于底面圆直径时用料最省.

问题(1) 与"罐头筒表面积为常数 S_0,求其最大容积 V."是两个互为对偶的命题. 两者之一正确时,另一个必定对!

称底直径等于高的圆柱体是"最佳的".

记问题(1) 的解为 P,设 Q 为与 P 同体积的任一圆柱体,而 R 为与 Q 同表面积的最佳圆柱体. 于是由问题(1) 知

$$V_P = V_Q, S_P \leq S_Q \Rightarrow \left.\begin{array}{l} S_R = S_Q \geq S_P \\ R, P \ 同(最佳)\ 型 \end{array}\right\} \Rightarrow V_R \geq V_P = V_Q$$

也即对偶命题得证. 即表面积相同的罐头筒中,高等于底直径的容积最大.

(2) 可模仿(1) 去求解. 有

$$\pi r^2 h = V_0, h = \frac{V_0}{\pi r^2}$$

$$S(r) = \pi r^2 + 2\pi rh = \pi r^2 + \frac{2V_0}{r} = \pi r^2 + \frac{V_0}{r} + \frac{V_0}{r} \geq 3\sqrt[3]{\pi V_0^2}$$

当且仅当 $\pi r^2 = \frac{V_0}{r}$ 即 $r = \sqrt[3]{\frac{V_0}{\pi}}$ 时上式等号成立,此时 $h = \frac{V_0}{\pi r^2} = \sqrt[3]{\frac{V_0}{\pi}}$,所以当高 h 等于底半径 r 时,水桶表面积取最小值 $3\sqrt[3]{\pi V_0^2}$,也即用料最省.

问题(2) 紧随问题(1) 出现;还需具体去执行求解的套路的程序吗? 难道

问题(1)的结论不能帮助问题(2)的解决吗?

假设某个容积为 V_0 的无盖圆柱形小桶具有最小的表面积,不妨再"拷贝"一个完全同样的复制品. 然后,再将这两个一样的水桶口对口地拼合起来,结果是什么? 应该是容积为 $2V_0$(仍是一个常数)的"最佳"罐头筒(它高等于底直径). 否则,将拼合所得的筒再分拆为两个水桶时,将产生与假设的矛盾! 于是,"最佳"水桶的形状应该是"最佳"罐头筒的对称的一半,也即水桶高应等于桶底半径. 形状确定了,尺寸的计算就十分简单了.

(3) 类似(2)中"拼合分拆"的处理,知:

"最佳"浴缸开口是正方形如图 15.1 所示. 设浴缸半圆形横断面的半径为 r,则浴缸长为 $2r$,此时

$$S_0 = \pi r^2 + \pi r \cdot 2r = 3\pi r^2, r = \sqrt{\frac{S_0}{3\pi}}$$

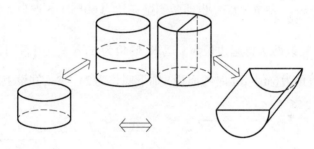

图 15.1

于是横断面半圆半径为 $\sqrt{\dfrac{S_0}{3\pi}}$,长为 $2\sqrt{\dfrac{S_0}{3\pi}}$ 时,浴缸有最大容积.

"最佳"水桶和"最佳"浴缸的形状好似不那么实用! 如何设计问题情境,使问题结果较为贴近生活实际?(底侧材料价不同,改问最小造价即可)

5. 水槽截面问题:

(1) 侧壁倾斜的水槽用 3 块等宽的木板拼成,水槽截面呈等腰梯形. 问侧壁夹角 θ 为何值时,水槽截面的面积最大?

(2) 宽 24 厘米的长方形铁板,将其两边折起来做成一断面为等腰梯形的水槽. 问如何折法才能使断面面积最大?

解 (1) 设木板宽为 a,侧壁与垂直方向成 $\dfrac{\theta}{2}$ 角,记 $a\sin\dfrac{\theta}{2} = x$. 见图 15.2,水槽截面面积为

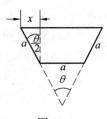

图 15.2

$$S = \frac{\text{上底} + \text{下底}}{2} \cdot \text{高} = \frac{(a+2x)+a}{2}\sqrt{a^2-x^2} =$$

$$(a+x)\sqrt{a^2-x^2} =$$

$$\frac{1}{\sqrt{3}}\sqrt{(a+x)(a+x)(a+x)(3a-3x)} \leqslant$$

$$\frac{1}{\sqrt{3}}\sqrt{\left(\frac{6a}{4}\right)^4} = \frac{9a^2}{4\sqrt{3}}$$

当且仅当 $a+x=3a-3x$ 即 $x=\frac{a}{2}$ 时,上式等号成立. 此时

$$\sin\frac{\theta}{2} = \frac{\frac{a}{2}}{a} = \frac{1}{2}$$

因为 $0 \leqslant \frac{\theta}{2} < \frac{\pi}{2}$,故 $\theta = 60°$. 也即两侧壁夹角为 $60°$ 时,S 取最大值 $\frac{9a^2}{4\sqrt{3}}$.

见图 15.3,设两边折起边长为 x 厘米,倾角为 $\alpha(\alpha \leqslant \frac{\pi}{2}$,否则,$\alpha > \frac{\pi}{2}$ 时,面积必小于折角为 $(\pi-\alpha)$ 时的面积) 则下底长为 $24-2x$,并设上底长为 $24-2x+2y(0 \leqslant y < x)$.

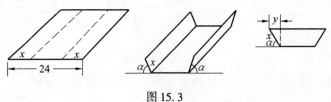

图 15.3

于是梯形高为 $\sqrt{x^2-y^2}$,从而梯形断面面积为

$$S = \frac{1}{2}[(24-2x+2y)+(24-2x)]\sqrt{x^2-y^2} = (24-2x+y)\sqrt{x^2-y^2}$$

凑一下,并利用平均值不等式,有

$$S = \frac{1}{\sqrt{3}}\sqrt{(24-2x+y)(24-2x+y)(x+y)(3x-3y)} \leqslant$$

$$\left[\frac{(24-2x+y)+(24-2x+y)+(x+y)+(3x-3y)}{4}\right]^{\frac{4}{2}} =$$

$$\frac{144}{\sqrt{3}} = 48\sqrt{3}$$

上式中等号当且仅当 $24 - 2x + y = x + y = 3x - 3y$ 即 $x = 8, y = 4$ 时成立.

此时,梯形下底长为 $24 - 8 \times 2 = 8$ 且 $\alpha = \arctan\frac{1}{2} = \frac{\pi}{3} = 60°$. 所以将 24 厘米 宽铁板三等分,并折成 $\alpha = 60°$ 时,断面有最大面积 $48\sqrt{3}$ 平方厘米.

引申问题(2) 为:两边折起的不一定等宽,折起角度不一定相等. 也即去掉等腰梯形的条件下的情境.

问题:在平面四边形中,求三边之和为 24 且面积最大的那个四边形.

这是一个目标函数为四元函数的最值问题! 对此,微分学提供的通法也无能为力. 而真正有效的解法是"分析推断法".

6. 无盖盒子问题:

8×5 的长方形铁板,在各角剪去相同的小正方形,然后将四边折起成为一个无盖的盒子. 为使盒子容积最大,问剪去的小正方形的边长应该为多少?

解 如图 15.4,设剪去的正方形的边长为 $x(0 < x < \frac{5}{2})$,则盒子的容积为

$$V = (8 - 2x)(5 - 2x)x$$

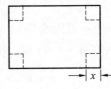
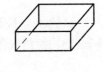

图 15.4

因为 $8 - 2x$ 和 $5 - 2x$ 是恒不相等的,故不能对 V 直接施用平均值不等式. (否则不等式中等号成立条件无法成立) 为此,采用待定系数的小技巧来处理,引入常数 k,将 V 表成

$$V = (8 - 2x)(5 - 2x)x =$$

$$\frac{1}{(2k+2)k}\big[(8k - 2kx) \cdot (5 - 2x) \cdot (2k + 2)x\big] \leqslant$$

$$\frac{1}{(2k+2)k}\left[\frac{(8k - 2kx) + (5 - 2x) + (2k + 2)x}{3}\right]^3 =$$

$$\frac{1}{(2k+2)k}\left(\frac{8k + 5}{3}\right)^3 \quad (常数)$$

当且仅当 $8k - 2kx = 5 - 2x = (2k + 2)x$ 时上式等号成立,即 V 取最大值.

解 $\begin{cases} 8k - 2kx = 5 - 2x \\ (2k + 2)x = 5 - 2x \end{cases}$, 得 $k = \frac{1}{2}, -\frac{5}{4}$. (消去 x 得 $\frac{8k - 5}{2k - 2} = \frac{5}{2k + 4}$,整理得

$8k^2 + 6k - 5 = 0)$

$k = -\dfrac{5}{4}$ 时,$(2k+2)x = -\dfrac{x}{2} < 0$,应舍去.

将 $k = \dfrac{1}{2}$ 代入方程得 $x = 1$,此时 $8k - 2kx = 5 - 2x = (2k+2)x = 3$. 所以当 $x = 1$,V 有最大值 18. 即剪去的小正方形边长应为 1.

7. 已知四面体 $P-ABC$ 中,$\angle APB = \angle BPC = \angle CPA = 90°$,且 6 条棱的长度之和为常数 l. 求四面体的最大体积.

解 如图 15.5,设 $PA = a, PB = b, PC = c$,则

$$AB = \sqrt{a^2+b^2}, BC = \sqrt{b^2+c^2}, CA = \sqrt{c^2+a^2}$$

由题设知

$$a + b + c + \sqrt{a^2+b^2} + \sqrt{b^2+c^2} + \sqrt{c^2+a^2} = l$$

又四面体的体积为

$$V = \dfrac{1}{3}\left(\dfrac{1}{2}bc\right) \cdot a = \dfrac{1}{6}abc$$

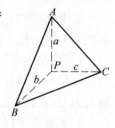

图 15.5

显然,6 条棱是绝不可能全部相等的. 由直觉,猜想 V 最大应该发生在 $a = b = c$ 的均衡情况下,在 $a = b = c$ 时,由题设知

$$a = b = c = \dfrac{l}{3(1+\sqrt{2})}$$

$$V = \dfrac{1}{6}\left[\dfrac{l}{3(1+\sqrt{2})}\right]^3 = \dfrac{5\sqrt{2}-7}{162}l^3$$

欲证明猜得对,只需证明

$$abc \leq \left[\dfrac{l}{3(1+\sqrt{2})}\right]^3$$

也即证明

$$(1+\sqrt{2})^3\sqrt[3]{abc} \leq \dfrac{l}{3} =$$

$$\dfrac{1}{3}(a+b+c) + \dfrac{1}{3}(\sqrt{a^2+b^2} + \sqrt{b^2+c^2} + \sqrt{c^2+a^2})$$

因为 $\sqrt[3]{abc} \leq \dfrac{1}{3}(a+b+c)$,所以只需证明

$$\sqrt{2}\sqrt[3]{abc} \leq \dfrac{1}{3}(\sqrt{a^2+b^2} + \sqrt{b^2+c^2} + \sqrt{c^2+a^2})$$

因为由平均值不等式,有

$$\sqrt{2}\sqrt[3]{abc} = \sqrt[6]{2ab \cdot 2bc \cdot 2ca} \leqslant \sqrt[6]{(a^2+b^2)(b^2+c^2)(c^2+a^2)} =$$
$$\sqrt[3]{\sqrt{a^2+b^2} \cdot \sqrt{b^2+c^2} \cdot \sqrt{c^2+a^2}} \leqslant$$
$$\frac{1}{3}(\sqrt{a^2+b^2} + \sqrt{b^2+c^2} + \sqrt{c^2+a^2})$$

所以猜想正确. 也即当 $a = b = c = \dfrac{l}{3(1+\sqrt{2})}$ 时,四面体有最大的体积 $V = \dfrac{5\sqrt{2}-7}{162}l^3$.

注:"猜个结果,再证明猜得正确"是一种典型的探究式解题法,它更接近于科学研究的实践活动. 遗憾的是学校教学对此太不重视!

8. 如图 15.6,港口 A 和工厂 B 在铁路线 l(直线)的两侧,A 距 l 为 100 千米,B 距 l 为 80 千米. 现欲在铁路线 l 上选点 C 和点 D 各修一个车站,使生产原料沿公路从 A 运到 C,再转铁路运到 D,最后再沿公路运到 B. 倘若汽车公路运费与火车铁路运费(单位公里运价)比为 5∶3. 又 A', B' 两点相距 500 千米. 问:车站 C, D 建在何处可使总运费最省?

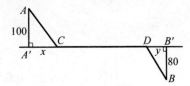

图 15.6

解 易见,C, D 就在线段 $A'B'$ 内. 先考虑点 C 的选择.

设 $A'C = x$(千米),每千米运费公路为 $5k$ 元,铁路为 $3k$ 元,欲使运费最省,应使

$$5k\sqrt{100^2 + x^2} + 3k(A'D - x)$$

取最小值,因为 $k > 0$ 且 $A'D$ 为常数(待确定),所以只需求

$$u = 5\sqrt{100^2 + x^2} - 3x \quad (0 \leqslant x < 500)$$

最小值. 利用拆项、配方、并利用平均值不等式,有

$$u = 5\sqrt{100^2 + x^2} - 3x = \sqrt{500^2 + (5x)^2} - 3x =$$
$$\sqrt{400^2 + 300^2 + (4x)^2 + (3x)^2} - 3x \geqslant$$

$$\sqrt{400^2 + 2 \cdot 300 \cdot 4x + (3x)^2} - 3x =$$

$$\sqrt{(400+3x)^2} - 3x = (400+3x) - 3x = 400 \quad (\text{常数})$$

当且仅当 $300 = 4x$ 也即 $x = 75$ 时上式中等号成立,此时 u 最小值为 400.

同理,设 $B'D = y$(千米),求 $v = 5\sqrt{80^2 + y^2} - 3y$ 的最小值,有

$$v = 5\sqrt{80^2 + y^2} - 3y = \sqrt{400^2 + (5y)^2} - 3y =$$

$$\sqrt{320^2 + 240^2 + (4y)^2 + (3y)^2} - 3y \geqslant$$

$$\sqrt{320^2 + 2 \cdot 240 \cdot 4x + (3y)^2} - 3y =$$

$$\sqrt{(320+3y)^2} - 3y = (320+3y) - 3y = 320 \quad (\text{常数})$$

当且仅当 $240 = 4y$ 也即 $y = 60$ 时上式中等号成立,此时 v 取最小值 320.

综上知 C 距 A' 为 75 千米,D 距 B' 为 60 千米,这时运费可最省. 最小运费为

$$[5(\sqrt{100^2+75^2} + \sqrt{80^2+60^2}) + 3(500-75-60)]k =$$

$$[(5\sqrt{100^2+75^2} - 3\times 75) + (5\sqrt{80^2+60^2} - 3\times 60) + 3\times 500]k =$$

$$(u_{\min} + v_{\min} + 3\times 500)k = (400+320+1\,500)k = 2\,220k(\text{元})$$

注1:倘若只要求确定 $A'C$ 和 $B'D$,也即求出 x 和 y 时,问题与 $A'B'$ 的长度无关.

注2:事实上

$$\begin{cases} u = 5\sqrt{100^2+x^2} - 3 \\ v = 5\sqrt{80^2+y^2} - 3y \end{cases} \Rightarrow \begin{cases} \dfrac{u}{100} = 5\sqrt{1+\left(\dfrac{x}{100}\right)^2} - 3\cdot\dfrac{x}{100} \\ \dfrac{v}{80} = 5\sqrt{1+\left(\dfrac{y}{80}\right)^2} - 3\cdot\dfrac{y}{80} \end{cases}$$

问题本质是求 $w = 5\sqrt{1+t^2} - 3t$ 的最小值,所以使 u,v 最小的 x,y 应满足:$\dfrac{x}{100} = \dfrac{y}{80}$(即 $\tan \angle CAA' = \tan \angle DBB'$).

从而求出 $x = 75$ 时,u 最小就可推出 $y = \dfrac{80}{100} \times 75 = 60$ 时,v 最小. 于是,无需再对 v 去细求.

注3:解答思路是将 u(或 v)缩小为常数,并从"$u \geqslant$ 常数(或 $v \geqslant$ 常数)"中等号取得的充要条件去确定 x(或 y)的取值.

注4:解答中采用的"拆项、配方、利用平均值不等式"的手法是否具有一般

性?有!分析如下:

设公路,铁路运费比为 $m:n(m>n)$,并设 $AA'=d$.

求 $u=m\sqrt{d^2+x^2}-nx$ 的最小值,假设 $(md)^2=a^2+b^2$ 且 $b\sqrt{m^2-n^2}=an$,则有

$$u=m\sqrt{d^2+x^2}-nx=$$
$$\sqrt{(md)^2+(nx)^2}-nx=$$
$$\sqrt{a^2+b^2+(m^2-n^2)x^2+n^2x^2}-nx \geq$$
$$\sqrt{a^2+2b\sqrt{m^2-n^2}x+n^2x^2}-nx=$$
$$\sqrt{a^2+2anx+n^2x^2}-nx=$$
$$\sqrt{(a+nx)^2}-nx=a$$

上式等号当且仅当 $b=\sqrt{m^2-n^2}x$ 即 $x=\dfrac{b}{\sqrt{m^2-n^2}}$ 时成立.

解 $\begin{cases} a^2+b^2=(md)^2 \\ an=b\sqrt{m^2-n^2} \end{cases}$,得 $\begin{cases} a=\sqrt{m^2-n^2}d \\ b=nd \end{cases}$.

所以当 $x=\dfrac{b}{\sqrt{m^2-n^2}}=\dfrac{nd}{\sqrt{m^2-n^2}}$ 时,$u=m\sqrt{d^2+x^2}-nx$ 取最小值

$$u_{\min}=a=\sqrt{m^2-n^2}d$$

注5:本题解法较多,给出两种:

(1) 化 $u=5\sqrt{100^2+x^2}-3x$ 为 x 的二次方程
$$16x^2-6ux+(250\ 000-u^2)=0$$
因为 x 为实数,故方程判别式
$$\Delta=(-6u)^2-4\times 16\times(250\ 000-u^2) \geq 0$$
解 $\Delta \geq 0$ 得 $u \geq 400(u \leq -400$ 舍去$)$,故 $u=400$ 为最小值.此时
$$x=\dfrac{-(-6u)}{2\times 16}=\dfrac{6\times 400}{2\times 16}=75$$
在此省略余下步骤.

(2) 引入辅助角 $\theta=\angle A'CA(0<\theta \leq \dfrac{\pi}{2})$,则
$$u=5\sqrt{100^2+x^2}-3x=\dfrac{500}{\sin\theta}-300\cot\theta=\dfrac{500-300\cos\theta}{\sin\theta}$$

令 $t = \tan\dfrac{\theta}{2}$,则

$$\sin\theta = \dfrac{\sin\theta}{1} = \dfrac{2\sin\dfrac{\theta}{2}\cos\dfrac{\theta}{2}}{\sin^2\dfrac{\theta}{2} + \cos^2\dfrac{\theta}{2}} = \dfrac{2\tan\dfrac{\theta}{2}}{\tan^2\dfrac{\theta}{2} + 1} = \dfrac{2t}{1+t^2}$$

$$\cos\theta = \dfrac{\cos\theta}{1} = \dfrac{\cos^2\dfrac{\theta}{2} - \sin^2\dfrac{\theta}{2}}{\sin^2\dfrac{\theta}{2} + \cos^2\dfrac{\theta}{2}} = \dfrac{1 - \tan^2\dfrac{\theta}{2}}{\tan^2\dfrac{\theta}{2} + 1} = \dfrac{1-t^2}{1+t^2}$$

从而由 $t > 0$ 并利用平均值不等式,有

$$\dfrac{u}{100} = \dfrac{5 - 3\cos\theta}{\sin\theta} = \dfrac{5 - 3\dfrac{1-t^2}{1+t^2}}{\dfrac{2t}{1+t^2}} = \dfrac{1 + 4t^2}{t} = \dfrac{1}{t} + 4t \geq 2\sqrt{\dfrac{1}{t}\cdot 4t} = 4$$

当且仅当 $\dfrac{1}{t} = 4t$,即 $t = \dfrac{1}{2}$,也即 $\tan\theta = \dfrac{2t}{1-t^2} = \dfrac{4}{3}$ 时,$\dfrac{u}{100}$ 取最小值 4. 此时,

$$A'C = \dfrac{AA'}{\tan\theta} = \dfrac{100}{\dfrac{4}{3}} = 75, u = 400$$

在此省略余下步骤.

注6:可得

$$u = 5\sqrt{100^2 + x^2} - 3x$$

$$\dfrac{u}{5} = \sqrt{100^2 + x^2} - \dfrac{3}{5}x$$

视 $\dfrac{u}{5}$ 为双曲线 $y^2 - x^2 = 100^2$ 与直线 $y = \dfrac{3}{5}x$ 上横坐标相同两点的纵坐标之差,也即双曲线与直线间最近距离 d 的 $\dfrac{\sqrt{34}}{5}$ 倍. 或者 $u_{\min} = \sqrt{34}\, d_{\min}$. 见图 15.6 所示

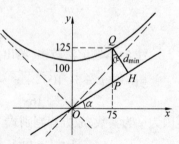

图 15.7

$$\dfrac{u_{\min}}{5} = QP = \dfrac{QH}{\cos\alpha} = \dfrac{d_{\min}}{\dfrac{5}{\sqrt{5^2+3^2}}} = \dfrac{\sqrt{34}}{5}d_{\min}$$

由微积分可求出 $y^2 - x^2 = 100^2$ 上点 $(75, 125)$ 距直线 $y = \dfrac{3}{5}x$ 最近,且最近距离

为

$$d_{\min} = \frac{|3 \times 75 - 5 \times 125|}{\sqrt{3^2 + (-5)^2}} = \frac{400}{\sqrt{34}}$$

从而 $u_{\min} = 400$.

（或 $d_{\min} = (125 - 75 \times \frac{3}{5}) \times 5 = 80 \times 5 = 400$）

第三节　留给你思考的问题

1.考虑几个简单问题：

（1）A,B 两地相距 S，甲、乙两人同时从 A 出发步行去 B. 甲以一半时间用速度 a 行走，另一半时间用速度 b 行走. 而乙则以速度 a 走一半路程，用速度 b 走另一半路程. 问谁先到达 B？

（2）某超市一周内星期一到星期天大米单价分别为 $p_1, p_2, \cdots, p_7$ 元. 甲在这周内每天去买相同数量的大米；而乙每天只买相同钱数的大米. 问：甲、乙两人的购物方式，哪个合算（即谁的购米平均价格低）？

（3）若天平两臂长度略有不同，于是一次称量结果自然不准确. 你能称两次，得到物体真正重量吗？

解　（1）设甲、乙走完 A 到 B 的全程所用时间分别为 $t_甲$ 和 $t_乙$.

则

$$\frac{t_甲}{2} \cdot a + \frac{t_甲}{2} \cdot b = S$$

即

$$t_甲 = \frac{2S}{a+b}$$

又

$$t_乙 = \frac{\frac{S}{2}}{a} + \frac{\frac{S}{2}}{b} = \frac{S}{2a} + \frac{S}{2b} = \frac{S(a+b)}{2ab}$$

变形，有

$$t_甲 = \frac{S}{\frac{a+b}{2}}, \quad t_乙 = \frac{S}{\frac{2ab}{a+b}} = \frac{\frac{S}{2}}{\frac{1}{a} + \frac{1}{b}}$$

因为
$$\frac{a+b}{2} = A \geq H = \frac{2}{\frac{1}{a} + \frac{1}{b}}$$

故 $t_甲 \leq t_乙$. 所以当 $a = b$ 时两人同时到 B, $a \neq b$ 时甲比乙先到 B.

(2) 设甲每天买来 m 千克,而乙每天买 n 元的米. 则

甲购米平均价格 $= \dfrac{p_1 m + p_2 m + \cdots + p_7 m}{7m} = \dfrac{p_1 + p_2 + \cdots + p_7}{7}$ （元／千克）

乙购米平均价格 $= \dfrac{7n}{\dfrac{n}{p_1} + \dfrac{n}{p_2} + \cdots + \dfrac{n}{p_7}} = \dfrac{7}{\dfrac{1}{p_1} + \dfrac{1}{p_2} + \cdots + \dfrac{1}{p_7}}$ （元／千克）

由 $p_1, p_2, \cdots, p_7$ 这 7 个正数的算术平均 A 不小于调和平均 H 知:当每天售价（稳定）不变,即 $p_1 = p_2 = \cdots = p_7$ 时,两人平均价格一样. 否则,乙的购物方式比甲合算.

(3) 第 1 次称:物体放左盘,砝码放右盘,称得结果 a;

第 2 次称:物体放右盘,砝码放左盘,称得结果 b.

$\dfrac{a+b}{2}$ 是物体重量吗？否！

不妨设天平左臂长为 l,右臂长为 s (l, s 是否准确,先不必计较),于是,由物理学知,应有

$$ml = as \text{ 且 } bl = ms \quad (\text{其中 } m \text{ 为物体真实质量})$$

上两式左、右项交换相乘,得 $m^2 sl = absl$,即有 $m^2 = ab, m = \sqrt{ab}$. 可见物体真实重量为 a, b 两测量值的几何平均值为 $\sqrt{ab}$.

2. 求函数最值:

(1) 设 $x > 0$,求 $y = \dfrac{x}{x^3 + 2}$ 的最大值.

(2) 设 $x, y \in \mathbf{R}^*$,且 $x + y = 1$,求 $u = \left(x + \dfrac{1}{x}\right)\left(y + \dfrac{1}{y}\right)$ 的最小值.

解 (1) $\dfrac{1}{y} = \dfrac{x^3 + 2}{x} = x^2 + \dfrac{2}{x} = x^2 + \dfrac{1}{x} + \dfrac{1}{x} \geq 3\sqrt[3]{x^2 \cdot \dfrac{1}{x} \cdot \dfrac{1}{x}} = 3$

当且仅当 $x^2 = \dfrac{1}{x}$ 即 $x = 1$ 时,$\dfrac{1}{y}$ 取最小值 3,从而此时 y 取最大值 $\dfrac{1}{3}$.

(2) 解法 1:因为 $a > 0$ 时,恒有 $a + \dfrac{1}{a} \geq 2$. 所以

$$u = \left(x + \frac{1}{x}\right)\left(y + \frac{1}{y}\right) \geq 2 \times 2 = 4$$

即 u 最小值为 4.

解法 2：由 $x + y = 1$ 知 $x^2 + y^2 + 2xy = 1$，$x^2 + y^2 = 1 - 2xy$. 从而

$$u = \left(x + \frac{1}{x}\right)\left(y + \frac{1}{y}\right) = \frac{x^2 y^2 + x^2 + y^2 + 1}{xy} = \frac{x^2 y^2 - 2xy + 1}{xy} = \frac{1 + (1 - xy)^2}{xy}$$

因为 $0 < xy \leq \left(\frac{x+y}{2}\right)^2 = \left(\frac{1}{2}\right)^2 = \frac{1}{4}$，其中等号当且仅当 $x = y = \frac{1}{2}$ 时成立，所以

$$u \geq \frac{1 + (1 - \frac{1}{4})^2}{\frac{1}{4}} = \frac{25}{4}$$

解法 3：可得

$$u = \left(x + \frac{1}{x}\right)\left(y + \frac{1}{y}\right) = \frac{x^2 y^2 + x^2 + y^2 + 1}{xy} = \frac{x^2 y^2 - 2xy + 2}{xy} =$$

$$\left(xy + \frac{2}{xy}\right) - 2 \geq 2\sqrt{xy \cdot \frac{2}{xy}} - 2 = 2(\sqrt{2} - 1)$$

故 u 最小值为 $2(\sqrt{2} - 1)$.

三种解法下得到三个不同的答案：$4, \frac{25}{4}, 2(\sqrt{2} - 1)$. 显然，至少两种解法错了！

解法 1 中 $u = 4$ 的充要条件是 $x = \frac{1}{x}$ 且 $y = \frac{1}{y}$ 即 $x = y = 1$. 于是与 $x + y = 1$ 矛盾！说明 $u = 4$ 的条件不成立. 故解法 1 错.

解法 3 中 $u = 2(\sqrt{2} - 1)$ 的充要条件是 $\frac{2}{xy} = xy$ 即 $xy = \sqrt{2}$. 这与事实 $0 < xy \leq \left(\frac{x+y}{2}\right)^2 = \frac{1}{4}$ 矛盾！说明 $u = 2(\sqrt{2} - 1)$ 的条件也不成立. 故解法 3 错.

解法 2 及结果是正确的.

另外，由题目中 x 与 y 地位对称、平等可猜测当 $x = y$ 时 u 最小，也即 $x = y = \frac{1}{2}$ 时，$u = \left(\frac{1}{2} + 2\right)^2 = \frac{25}{4}$ 为最小值. 于是，解答剩下的工作只需在题设条件下证明有不等式

$$\left(x+\frac{1}{x}\right)\left(y+\frac{1}{y}\right) \geq \frac{25}{4}$$

成立,即可.(这样求解题就变成了一道证明题)证明如下：

由 $x+y=1, x,y \in \mathbf{R}^*$ 知

$$0 < xy \leq \left(\frac{x+y}{2}\right)^2 = \frac{1}{4} \Rightarrow \frac{3}{4} \leq 1-xy < 1, \frac{9}{16} \leq (1-xy)^2 < 1$$

$$x^2+y^2 = (x+y)^2 - 2xy = 1 - 2xy$$

从而

$$\left(x+\frac{1}{x}\right)\left(y+\frac{1}{y}\right) = \frac{1}{xy}(x^2+y^2+x^2y^2+1) \geq$$

$$\frac{1}{\frac{1}{4}}(1-2xy+x^2y^2+1) =$$

$$4[1+(1-xy)^2] \geq 4\left(1+\frac{9}{16}\right) = \frac{25}{4}$$

3. 求周长为 l 的三角形,使它绕着自己一边旋转所构成的旋转体的体积最大.

分析：困难在于三条边都在变,考虑到三边之和为 l 时,仍有两条边长为独立的变量.解决困难问题的办法之一,是先做一个与原题有关又比原题容易的问题.对此,不妨先考虑如下的辅助问题："三角形一边的边长为 a,另两边长度之和为 $2s$,求这样的三角形,当它绕着长为 a 的边旋转时,所得的旋转体的体积最大."

见图 15.8, $\triangle ABC$ 中 $BC=a, AB+AC=2S, BC$ 边的高 $AD=h$,于是 $\triangle ABC$ 绕 BC 旋转所得的旋转体体积为

$$V = \frac{1}{3}\pi h^2 a$$

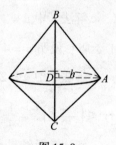

图 15.8

欲 V 大、只需 h 大. 因为 $\triangle ABC$ 的底边 BC 为常数 a,另两边之和一定(常数 $2S$)时,当 $AB=AC=s$ 时,$\triangle ABC$ 面积最大,从而 BC 边的高 $AD=h$ 也最大(为什么？请自行证明). 所以 $\triangle ABC$ 绕长为 a 的 BC 边旋转所设旋转体体积最大的必要条件是另两边等长. 现在对原题进行求解：

解 设 $\triangle ABC$ 周长 $l=2p, BC=2x\left(0<x<\frac{p}{2}\right)$,于是

$$AB + AC = 2p - 2x$$

由辅助问题知：$\triangle ABC$ 绕 BC 边旋转所设旋转体体积最大的必要条件是 $AB = AC$，于是

$$AB = AC = p - x$$

BC 边高为

$$h = \sqrt{AB^2 - (\frac{BC}{2})^2} = \sqrt{(p-x)^2 - x^2}$$

从而得

$$V(x) = \frac{1}{3}\pi h^2 \cdot 2x = \frac{\pi}{3}[(p-x)^2 - x^2] \cdot 2x = \frac{\pi p}{3}(p - 2x) \cdot 2x \leqslant$$

$$\frac{\pi p}{3}\left[\frac{(p-2x) + 2x}{2}\right]^2 = \frac{\pi}{12}p^3 = \frac{\pi}{96}l^3$$

当且仅当 $p - 2x = 2x$ 即 $2x = \frac{p}{2}$ 时上式等号成立. 所以，当 $BC = \frac{p}{2} = \frac{l}{4}$ 且 $AB = AC = \frac{3l}{8}$ 时，且绕 BC 边旋转，所得的旋转体有最大体积 $\frac{\pi}{96}l^3$.

解法利用了"选高个子原理". 全局的最大值(绝对极值)必定是局部的极大值(相对极值)，所以最大值可从"候选者"——局部极大值中去遴选. 解法的本质是减元，使多变量问题化为一次接近解决几个单变量的最值问题.

4. 试求内接于半径为 R 的球体的体积最大的圆锥体的高.

解 设内接圆锥体的高为 h，底圆的半径为 r，因为圆锥体的体积为

$$V = \frac{\pi r^2}{3} \cdot h$$

故只需求 $r^2 h$ 最大时的 h 值. 见图 15.9，由过圆锥高的轴截面图知

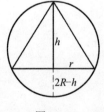

图 15.9

$$h \cdot (2R - h) = r \cdot r$$

从而，有

$$r^2 h = h(2R - h) \cdot h = (2R - h)h^2 =$$
$$4(2R - h) \cdot \frac{h}{2} \cdot \frac{h}{2} \leqslant$$

$$4\left[\frac{(2R-h)+\frac{h}{2}+\frac{h}{2}}{3}\right]^3 = \frac{32R^3}{27}$$

当且仅当 $2R-h=\frac{h}{2}$ 即 $h=\frac{4R}{3}$ 时,r^2h 取最大值 $\frac{32R^3}{27}$,从而 V 取最大值 $\frac{32}{81}\pi R^3$. 故所求高为 $h=\frac{4R}{3}$.

感受面积法

第十六讲

第一节 热身活动,十分钟问答

1. 若两个三角形有一条公共边,则称它们为一对共边三角形. 若两个三角形中一对角相等或互补,则称它们为一对共有三角形. 例如图 16.1 中,△BEF 与 △CEF 为一对共边三角形. △BDE 与 △BFA 是一对共角三角形($\angle DBE = \angle FBA$),△BDE 与 △DFE 也是一对共角三角形($\angle EDB$ 与 $\angle EDF$ 互补). 试问:图中有多少对共边三角形?与 △BDE 共角的三角形有多少个?

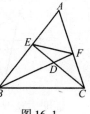

图 16.1

解 图 16.1 中有 32 对共边三角形. 与 △BDE 共有的三角形有 7 个.

显然,一对共边三角形有且仅有一对边是公共边. 于是,可按公共边去分类枚举统计共边三角的对数,有:

公共边	AE	EB	AB	AF	FC	AC	BC	BD	DF	BF	CD	DE	CE	DF	合计
对数	1	3	1	1	3	1	6	1	1	3	1	1	3	6	32

255

与 △BDE 共角的三角形,分类有:

有一角与 ∠DBE 相等的三角形有 2 个:△BEF,△BAF;

有一角与 ∠BED 相等的三角形有 1 个:△BEC;

有一角与 ∠EDB 相等的三角形有 1 个:△FDC;

有一角与 ∠BED 互补的三角形有 1 个:△AEC;

有一角与 ∠EDB 互补的三角形有 2 个:△BDC,△EDF.

可知共计有 7 个. 一般来说共角三角形对比共边三角形对要多.

两个共边三角形总是连在一起的,而两个共角三角形可能是分开的. 两个全等的三角形或两个相似的三角形都是特殊的共角三角形对.

2. 设直线 AB 与直线 CD 相交于点 E,则 $\dfrac{S_{\triangle ACD}}{S_{\triangle BCD}} = \dfrac{AE}{BE}$.(共边定理)

证法 1 情境有四种:

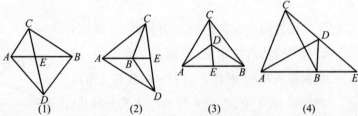

(1)　　　　(2)　　　　(3)　　　　(4)

证明方法是一样的. 若 E 与 D 重合,则结论显然成立. 不妨设 E 与 D 不重合,于是

$$\dfrac{S_{\triangle ACD}}{S_{\triangle BCD}} = \dfrac{S_{\triangle ACD}}{S_{\triangle AED}} \cdot \dfrac{S_{\triangle AED}}{S_{\triangle BED}} \cdot \dfrac{S_{\triangle BED}}{S_{\triangle BCD}} = \dfrac{CD}{ED} \cdot \dfrac{AE}{BE} \cdot \dfrac{ED}{CD} = \dfrac{AE}{BE}$$

证法是"逐步过渡法",等式左方的比难看出,但等式第二项中 3 个比都是显然的,"难的比通过容易的几个比去得出"往往是有效的手法.

证法 2 在 CD 直线上取点 F,使 $EF = CD$(以情况(2)为例) 见图 16.2,有

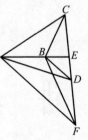

$$\dfrac{S_{\triangle ACD}}{S_{\triangle BCD}} = \dfrac{S_{\triangle AEF}}{S_{\triangle BEF}} = \dfrac{AE}{BE}$$

图 16.2

3. 设 a,b,c 是 △ABC 的三个角 A,B,C 的对边,h_a,h_b,h_c 是边 a,b,c 对应的高. 试以多种方式给出 △ABC 面积的表示式.

解 如图 16.3,可知

$$S_{\triangle ABC} = \frac{1}{2}ah_a = \frac{1}{2}bh_b = \frac{1}{2}ch_c \qquad ①$$

利用 $\dfrac{h_a}{b} = \sin C, \dfrac{h_b}{c} = \sin A, \dfrac{h_c}{a} = \sin B,$ 有

$$S_{\triangle ABC} = \frac{1}{2}ab\sin C = \frac{1}{2}bc\sin A = \frac{1}{2}ca\sin B \qquad ②$$

此外,还有海伦公式

$$S_{\triangle ABC} = \sqrt{s(s-a)(s-b)(s-c)}$$

其中

$$s = \frac{1}{2}(a+b+c) \qquad ③$$

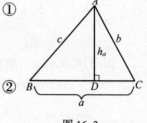

图 16.3

如图 16.4,若 r, R 分别为 $\triangle ABC$ 的内切圆和外切圆的半径,则

$$S_{\triangle ABC} = rs = 2R^2\sin A\sin B\sin C = \frac{abc}{4R} \qquad ④$$

海伦公式的证明:

如图 16.5,设 D 是 $\triangle ABC$ 的 BC 边高的垂足,且令 $BD = x$,则 $DC = a - x$,由勾股定理有

$$c^2 - x^2 = h_a^2 = b^2 - (a-x)^2$$

$$x = \frac{a^2 + c^2 - b^2}{2a}$$

$$h_a^2 = c^2 - x^2 = \frac{1}{4a^2}[4a^2c^2 - (a^2 + c^2 - b^2)^2] =$$

$$\frac{1}{4a^2}(2ac + a^2 + c^2 - b^2)(2ac - a^2 - c^2 + b^2) =$$

$$\frac{1}{4a^2}[(a+c)^2 - b^2][b^2 - (a-c)^2]$$

$$h_a^2 = \frac{1}{4a^2}(a+b+c)(a-b+c) \cdot$$

$$(a+b-c)(-a+b+c) =$$

$$\frac{4}{a^2}\frac{a+b+c}{2} \cdot \frac{a-b+c}{2} \cdot \frac{a+b-c}{2} \cdot \frac{-a+b+c}{2} =$$

$$\frac{4}{a^2}s(s-b)(s-c)(s-a)$$

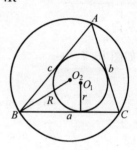

图 16.4

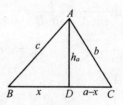

图 16.5

即有 $S_{\triangle ABC} = \dfrac{1}{2}ah_a = \sqrt{s(s-a)(s-b)(s-c)}$

公式④的证明:

如图16.6,连△ABC内切圆圆心 O_1 与 A,B,C,将△ABC 分成三个小三角形,易见

$$S_{\triangle ABO_1} = \dfrac{1}{2}cr, S_{\triangle BCO_1} = \dfrac{1}{2}ar, S_{\triangle CAO_1} = \dfrac{1}{2}br$$

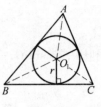

图16.6

故有

$$S_{\triangle ABC} = \dfrac{1}{2}cr + \dfrac{1}{2}ar + \dfrac{1}{2}br =$$

$$\dfrac{1}{2}(a+b+c)r = rs \quad (r\ 为\ \triangle ABC\ 内切圆半径)$$

又公式②知

$$2S_{\triangle ABC} = ab\sin C = bc\sin A = ca\sin B$$

从而

$$\dfrac{abc}{2S_{\triangle ABC}} = \dfrac{c}{\sin C} = \dfrac{a}{\sin A} = \dfrac{b}{\sin B}$$

如图16.7,由

$$\sin A = \sin\left(\dfrac{\angle BO_2C}{2}\right) = \sin\angle BO_2D = \dfrac{BD}{BO_2} = \dfrac{\frac{a}{2}}{R} = \dfrac{a}{2R}$$

即 $2R = \dfrac{a}{\sin A}$ 知: $\dfrac{abc}{2S_{\triangle ABC}} = 2R$,所以

$$S_{\triangle ABC} = \dfrac{abc}{4R} \quad (R\ 为\ \triangle ABC\ 外接圆半径)$$

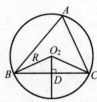

图16.7

由 $\dfrac{a}{\sin A} = \dfrac{b}{\sin B} = \dfrac{c}{\sin C} = 2R$ 知

$$\dfrac{a}{2R} = \sin A, \dfrac{b}{2R} = \sin B, \dfrac{c}{2R} = \sin C$$

于是

$$S_{\triangle ABC} = \dfrac{abc}{4R} = 2R^2 \cdot \dfrac{a}{2R} \cdot \dfrac{b}{2R} \cdot \dfrac{c}{2R} = 2R^2\sin A\sin B\sin C$$

综上有

$$S_{\triangle ABC} = rs = 2R^2\sin A\sin B\sin C = \dfrac{abc}{4R}$$

三角形面积公式多达几十种,其中以①,②,③为基本公式. 由基本公式可

以导出:由三条高、或由三条中线、或由三条角平分线、或由两角一边、或由一边又另两边高、或由一边和该边上中线及该边对角 …… 去求面积的有关公式.

4. 若 △ABC 和 △A'B'C' 中,∠A = ∠A' 或 ∠A + ∠A' = 180°,则

$$\frac{S_{\triangle ABC}}{S_{\triangle A'B'C'}} = \frac{AB \cdot AC}{A'B' \cdot A'C'}$$ (共角定理)

证明 不妨将 △A'B'C' 移动拼到 △ABC 处,也即考虑两三角形中 ∠A 和 ∠A' 重合或互为相邻补角,并连 BC',如图 16.8(1),(2) 所示有

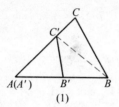(1) 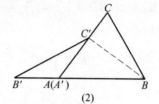(2)

图 16.8

$$\frac{S_{\triangle ABC}}{S_{\triangle A'B'C'}} = \frac{S_{\triangle ABC}}{S_{\triangle ABC'}} \cdot \frac{S_{\triangle ABC'}}{S_{\triangle A'B'C'}} = \frac{AC}{A'C'} \cdot \frac{AB}{A'B'} = \frac{AB \cdot AC}{A'B' \cdot A'C'}$$

证法先利用"移动",显然在移动中角度、边长及面积都是不变量. 然后,又利用了"过渡".

当然,由三角形面积公式 ②,$S_\triangle = \frac{1}{2}bc\sin A$,结论显然!

推广:如图 16.9,过点 O 作不在同一平面内的三条射线 OP, OQ, OR,在三条射线 OP, OQ, OR 上分别各有两点 P_1, P_2, Q_1, Q_2 和 R_1, R_2.

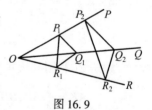

图 16.9

则

$$\frac{V_{OP_1Q_1R_1}}{V_{OP_2Q_2R_2}} = \frac{OP_1 \cdot OQ_1 \cdot OR_1}{OP_2 \cdot OQ_2 \cdot OR_2}$$

第二节 探究活动,问题解决的实践

运用共边定理、共角定理和三角形面积公式去解题.

1. 若 △ABC 面积为 1,又 $AF = \frac{1}{3}AB, BD = \frac{1}{3}BC, CE = \frac{1}{3}CA$,见图 16.10. 求

△PQR 的面积.

解法 1 作 $DH \parallel CF$ 交 AB 于 H. 有

$$\triangle BDH \sim \triangle BCF \Rightarrow \frac{BH}{BF} = \frac{DH}{CF} = \frac{BD}{BC} = \frac{1}{3}, DH = \frac{1}{3}CF$$

$$BH = \frac{1}{3}BF = \frac{1}{3} \times \frac{2}{3}AB = \frac{2}{9}AB, AH = \frac{7}{9}AB$$

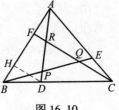

图 16.10

$$\triangle AFR \sim \triangle AHD \Rightarrow \frac{FR}{HD} = \frac{AF}{AH} = \frac{\frac{1}{3}AB}{\frac{7}{9}AB} = \frac{3}{7}$$

$$FR = \frac{3}{7}HD = \frac{3}{7} \times \frac{1}{3}CF = \frac{1}{7}CF$$

所以

$$S_{\triangle AFR} = \frac{1}{7}S_{\triangle AFC} = \frac{1}{7} \times \frac{1}{3}S_{\triangle ABC} = \frac{1}{21}$$

同理, 有

$$S_{\triangle BDP} = S_{\triangle CEQ} = \frac{1}{21}$$

从而有

$$S_{\triangle PQR} = S_{\triangle ABC} - (S_{\triangle ABD} + S_{\triangle BCE} + S_{\triangle CAF}) + (S_{\triangle AFR} + S_{\triangle BDP} + S_{\triangle CEQ}) =$$

$$1 - \frac{1}{3} \times 3 + \frac{1}{21} \times 3 = \frac{1}{7}$$

(注: 从解可知 $S_{ARQE} = S_{BPRF} = S_{CQPD} = \frac{1}{3} - 2 \times \frac{1}{21} = \frac{5}{27}$)

解法 2 (利用共边定理) 不妨考虑一般情形, 令

$$AF = \frac{1}{\lambda}AB, BD = \frac{1}{\mu}BC, CE = \frac{1}{\rho}CA$$

如图 16.11, 连 PC, 由共边定理有

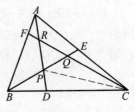

图 16.11

$$\frac{S_{\triangle ABC}}{S_{\triangle ABP}} = \frac{S_{\triangle ABP} + S_{\triangle BCP} + S_{\triangle CAP}}{S_{\triangle ABP}} =$$

$$1 + \frac{CE}{AE} + \frac{CD}{BD} = 1 + \frac{CE}{AC - CE} + \frac{BC - BD}{BD} =$$

$$\frac{1}{\frac{AC}{CE} - 1} + \frac{BC}{BD} = \frac{1}{\rho - 1} + \mu$$

从而

$$S_{\triangle ABP} = \frac{S_{\triangle ABC}}{\frac{1}{\rho - 1} + \mu} = \frac{1}{\frac{1}{\rho - 1} + \mu}$$

同理,有

$$S_{\triangle BCQ} = \frac{1}{\frac{1}{\lambda - 1} + \rho}, S_{\triangle CAR} = \frac{1}{\frac{1}{\mu - 1} + \lambda}$$

于是

$$S_{\triangle PQR} = S_{\triangle ABC} - (S_{\triangle ABP} + S_{\triangle BCQ} + S_{\triangle CAR}) =$$
$$1 - \left(\frac{1}{\frac{1}{\rho - 1} + \mu} + \frac{1}{\frac{1}{\lambda - 1} + \rho} + \frac{1}{\frac{1}{\mu - 1} + \lambda} \right) \quad ①$$

在式①中,令 $\rho = \mu = \lambda$,有

$$S_{\triangle PQR} = \frac{(\lambda - 2)^2}{\lambda^2 - \lambda + 1} \quad ②$$

在式②中,令 $\lambda = 3$,有 $S_{\triangle PQR} = \frac{1}{7}$.

(注:当 $\lambda = 2$ 时, $S_{\triangle PQR} = 0$. 实际上此时 $\triangle PQR$ 收缩为一点 O, O 为 $\triangle ABC$ 的重心. 又如:若 $\lambda = 2, \mu = 3, \rho = 4$ 时,由式①知 $S_{\triangle PQR} = \frac{1}{10}$.)

2. 在凸任意四边形 $ABCD$ 的每边取三等分点,如图 16.12 所示,将每组对边相应的分点连线段. 于是, $ABCD$ 被划分成 9 块. 如果四边形 $ABCD$ 的面积为 1,试求中间那块四边形 $MNOP$ 的面积.

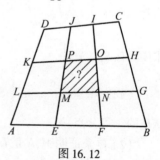

图 16.12

解 任意凸四边形 $ABCD$:

① 如果是矩形时,则 9 小块面积都一样,于是 $S_{MNOP} = \frac{1}{9}$.

② 如果是平行四边形时,同样有 $S_{MNOP} = \frac{1}{9}$.

③ 如果是梯形时,由"平行线截得比例线段"定理可推知,仍有 $S_{MNOP} = \frac{1}{9}$.

(见图 16.13 所示,设 $AB \parallel CD$,则 $KH \parallel LG \parallel AB$, P, O, N, M 都为所在线

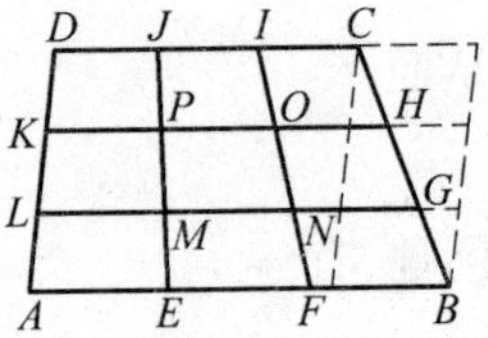

段的三等分点.从而可推出 $S_{LGHK} = \frac{1}{3}$,进而知 $S_{MNOP} = \frac{1}{3}S_{LGHK} = \frac{1}{9}$.)

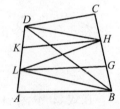

图 16.13

特例的结果使人猜想:对任意凸四边形 $ABCD$,仍有 $S_{MNOP} = \frac{1}{9}$.

下面来证明的确有 $S_{MNOP} = \frac{1}{9}$.

(1)先来证明:$S_{LGHK} = S_{EFIJ} = \frac{1}{3}$(一个较简单的问题!)见图 16.14,有

$$\left.\begin{array}{l} S_{\triangle LAB} = \frac{1}{3}S_{\triangle DAB} \\ S_{\triangle HCD} = \frac{1}{3}S_{\triangle BCD} \end{array}\right\} \xRightarrow{(相加)}$$

$$S_{\triangle LAB} + S_{\triangle HCD} = \frac{1}{3}S_{ABCD} = \frac{1}{3}$$

图 16.14

从而 $S_{\triangle LBH} + S_{\triangle HDL} = S_{LBHD} = 1 - \frac{1}{3} = \frac{2}{3}$

又因为 $S_{\triangle HKD} = S_{\triangle HKL}, S_{\triangle LGB} = S_{\triangle LGH}$,所以

$$S_{LGHK} = S_{\triangle LGH} + S_{\triangle HKL} = \frac{1}{2}(S_{\triangle LBH} + S_{\triangle HDL}) = \frac{1}{2} \times \frac{2}{3} = \frac{1}{3}$$

同理,有 $S_{EFIJ} = \frac{1}{3}$.

(我们希望:$S_{MNOP} = \frac{1}{3}S_{LGHK}$,为此只需证明 M, N 为 LG 的三等分点,P, O 是 KH 的三等分点.)

(2)再来证明 M, N 是 LG 的三等分点,P, O 是 KH 的三等分点.易见,只需证 $MG = 2MK$,只需证 $S_{\triangle GEJ} = 2S_{\triangle LEJ}$.

记 $S_1 = S_{EBCJ}, S_2 = S_{\triangle GEJ}$,易见

$$S_1 = S_2 + S_{\triangle EBG} + S_{\triangle JCG} = S_2 + \frac{1}{3}S_{\triangle EBC} + \frac{2}{3}S_{\triangle JBC} =$$

$$S_2 + \frac{1}{3}(S_1 - S_{\triangle CEJ}) + \frac{2}{3}(S_1 - S_{\triangle BEJ}) = S_2 + S_1 - (\frac{1}{3}S_{\triangle CEJ} + \frac{2}{3}S_{\triangle BEJ})$$

也即

$$S_{\triangle GEJ} = S_2 = \frac{1}{3}S_{\triangle CEJ} + \frac{2}{3}S_{\triangle BEJ} \qquad ①$$

同理,有
$$S_{\triangle LEJ} = \frac{1}{3}S_{\triangle DEJ} + \frac{2}{3}S_{\triangle AEJ} \qquad ②$$

又因为
$$S_{\triangle CEJ} = 2S_{\triangle DEJ}, S_{\triangle BEJ} = 2S_{\triangle AEJ}.$$

由式①,②知 $S_{\triangle GEJ} = 2S_{\triangle LEJ}$,从而 $GM = 2LM$,也即 M 为 LG 的三等分点.同样可证明 N 是 LG 的三等分点,P,Q 是 KH 的三等分点.

(3) 由(2)和(1)可知
$$S_{MNOP} = \frac{1}{3}S_{LGHK} = \frac{1}{3} \times \frac{1}{3} = \frac{1}{9}.$$

证法第(2)步中的式①的本质是什么?

由已知"$S_{\triangle BEJ}, S_{\triangle CEJ}$ 及比 $\dfrac{BQ}{BC}$"的条件,可求出 $S_{\triangle GEJ}$.于是抽象可得定比分点公式:

设线段 PQ 与直线 AB 不相交,点 T 为 PQ 上一点,且 $PT = \lambda PQ$,则
$$S_{\triangle TAB} = \lambda S_{\triangle QAB} + (1-\lambda)S_{\triangle PAB}$$

证明(利用共边定理):若 $PQ \parallel AB$,则
$$S_{\triangle PAB} = S_{\triangle TAB} = S_{\triangle QAB}$$

结论显然成立.

不妨设 $PQ \nparallel AB$,两直线相交于点 M 见图 16.15 所示.由共边定理

$$\frac{b}{a} = \frac{d}{c} = \frac{f}{e}$$

$$\frac{b}{d} = \frac{a}{c}, \frac{d}{f} = \frac{c}{e}$$

$$\frac{b-d}{d} = \frac{a-c}{c}, \frac{d-f}{f} = \frac{c-e}{e}$$

$$\frac{b-d}{a-c} = \frac{d}{c} = \frac{f}{e} = \frac{d-f}{c-e}$$

有
$$\frac{S_{\triangle PAB}}{PM} = \frac{S_{\triangle TAB}}{TM} = \frac{S_{\triangle QAB}}{QM}$$

从而

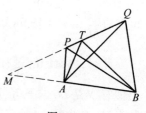

图 16.15

$$\frac{S_{\triangle PAB} - S_{\triangle TAB}}{PM - TM} = \frac{S_{\triangle TAB} - S_{\triangle QAB}}{TM - QM}$$

$$\frac{S_{\triangle PAB} - S_{\triangle TAB}}{S_{\triangle TAB} - S_{\triangle QAB}} = \frac{PM - TM}{TM - QM} = \frac{PT}{TQ} = \frac{\lambda PQ}{PQ - \lambda PQ} = \frac{\lambda}{1 - \lambda}$$

$$(1 - \lambda)(S_{\triangle PAB} - S_{\triangle TAB}) = \lambda(S_{\triangle TAB} - S_{\triangle QAB})$$

$$S_{\triangle TAB} = \lambda S_{\triangle QAB} + (1 - \lambda)S_{\triangle PAB} \qquad ③$$

利用定比分点公式③可解比题 2 更为一般的情形.

问题:在任给定的凸四边形 ABCD 的四边各取一点:E, G, J, L,连 LG 和 EJ 交于点 M,见图 16.16 所示. 若

$$\frac{AE}{AB} = \frac{DJ}{DC} = \lambda, \frac{AL}{AD} = \frac{BG}{BC} = \mu$$

则

$$\frac{LM}{LG} = \lambda, \frac{EM}{EJ} = \mu$$

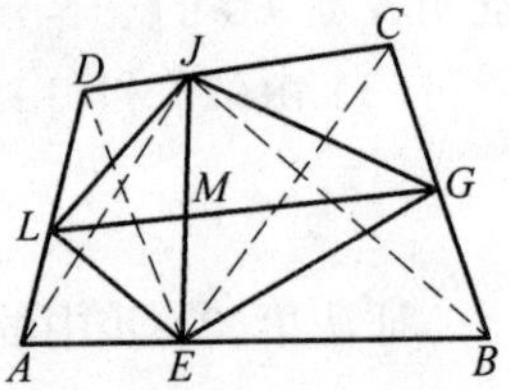

图 16.16

证明:由共边定理和定比分点公式,有

$$\frac{LM}{GM} = \frac{S_{\triangle LEJ}}{S_{\triangle GEJ}} = \frac{\mu S_{\triangle DEJ} + (1-\mu)S_{\triangle AEJ}}{\mu S_{\triangle CEJ} + (1-\mu)S_{\triangle BEJ}} =$$

$$\frac{\mu(\lambda S_{\triangle DEC}) + (1-\mu)(\lambda S_{\triangle ABJ})}{\mu \cdot (1-\lambda)S_{\triangle DEC} + (1-\mu) \cdot (1-\lambda)S_{\triangle ABJ}} =$$

$$\frac{\lambda}{1-\lambda}$$

也即有 $\frac{LM}{LG} = \lambda$. 同理可知 $\frac{EM}{EJ} = \mu$.

此时,再看原问题,由 $\frac{DJ}{DC} = \frac{AE}{AB} = \frac{1}{3}$ 知 $\frac{LM}{LG} = \frac{1}{3}$,也即 M 为 LG 的三等分点. 类似有 N 是 LG 的三等分点;P, O 是 KH 的三等分点. 当然,M, P 也是 EJ 的三等分点,N, O 也是 FI 的三等分点.

引申:将问题中的"三等分"改为"四等分","五等分"时,又会有什么结果呢?(四等分时中间 4 块面积和为 $\frac{1}{4}$;五等分时中间一块面积为 $\frac{1}{25}$.)

若 $\triangle ABD, \triangle ABC, \triangle BCD$ 的面积已知,能否求出 9 小块的各自面积呢? (请读者自己思考回答)

3.(蝴蝶定理)如图 16.17,M 为弦 AB 的中点,过 M 作圆的任两弦 CD, EF,连 CF, DE 分别交 AB 于 G, H. 求证:$MG = MH$.

证法 1 因为 $AM = BM$,故只要证明

$$\frac{MG}{AG} = \frac{MH}{BH} \text{ 或} \frac{MG}{AG} \cdot \frac{BH}{MH} = 1$$

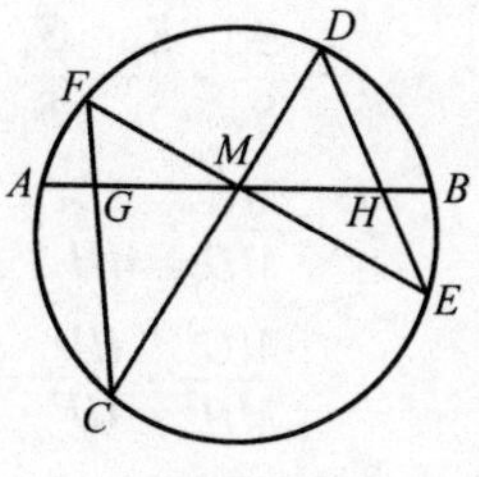

如图 16.18 利用共边定理,共角定理及共圆定理,有

$$\frac{MG}{AG} \cdot \frac{BH}{MH} = \frac{S_{\triangle MCF}}{S_{\triangle ACF}} \cdot \frac{S_{\triangle BDE}}{S_{\triangle MDE}} =$$

$$\frac{S_{\triangle MCF}}{S_{\triangle MDE}} \cdot \frac{S_{\triangle BDE}}{S_{\triangle ACF}} =$$

$$\frac{MC \cdot MF}{MD \cdot ME} \cdot \frac{BD \cdot DE \cdot EB}{AC \cdot CF \cdot FA}$$

又因为

$$\triangle BMD \backsim \triangle CMA$$
$$\triangle EMD \backsim \triangle CMF$$
$$\triangle EMB \backsim \triangle AMF$$

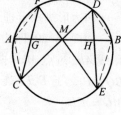

图 16.17

图 16.18

故有

$$\frac{BD}{AC} = \frac{MD}{MA}, \frac{DE}{CF} = \frac{ME}{MC}, \frac{EB}{FA} = \frac{MB}{MF}$$

$$\frac{S_{\triangle BDE}}{S_{\triangle ACF}} = \frac{\dfrac{BD \cdot DE \cdot EB}{4R}}{\dfrac{AC \cdot CF \cdot FA}{4R}} = \frac{BD \cdot DE \cdot EB}{AC \cdot CF \cdot FA} \quad (R \text{ 外接圆半径})$$

从而有

$$\frac{MG}{AG} \cdot \frac{BH}{MH} = \frac{MC}{MD} \cdot \frac{MF}{ME} \cdot \frac{MD}{MA} \cdot \frac{ME}{MC} \cdot \frac{MB}{MF} = \frac{MB}{MA} = 1$$

(消去 G, H,将所有弦(BD, AC, DE, CF, EB 和 FA) 都化为以 M 为端点的线段比!)

证法 2 为方便计,如图 16.19 记

$$S_{\triangle CMG} = S_1, S_{\triangle FMG} = S_3$$
$$S_{\triangle DMH} = S_2, S_{\triangle EMH} = S_4$$

设 $AM = BM = a, MG = x, MH = y$ 则

$$AH = a + y, AG = a - x$$
$$BG = a + x, BH = a - y$$

利用三角形面积循环比,并利用共角定理,有

$$1 = \frac{S_1}{S_2} \cdot \frac{S_2}{S_3} \cdot \frac{S_3}{S_4} \cdot \frac{S_4}{S_1} =$$

$$\frac{MC}{MD} \cdot \frac{MG}{MH} \cdot \frac{MD \cdot HD}{MF \cdot GF} \cdot \frac{MF \cdot MG}{ME \cdot MH} \cdot \frac{ME \cdot HE}{MC \cdot GC} =$$

$$\frac{MG^2}{MH^2} \cdot \frac{HD \cdot HE}{GF \cdot GC} = \frac{MG^2}{MH^2} \cdot \frac{AH \cdot BH}{AG \cdot BG} =$$

$$\frac{x^2}{y^2} \cdot \frac{(a+y)(a-y)}{(a-x)(a+x)} = \frac{x^2(a^2-y^2)}{y^2(a^2-x^2)}$$

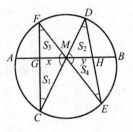

图 16.19

化简得 $x = y$，也即 $MG = MH$.

四边形蝴蝶定理：

如图 16.20，四边形 $AQBP$ 的两对角线交点 M 平分对角线 AB. 过点 M 作两直线分别与 AQ，BP 交于 C，D，与 BQ，AP 交于 E，F. 连 CF，ED 分别与 AB 交 G，H. 求证：$MG = MH$.

证明 因为 $AM = BM$，所以只要证明

$$\frac{MG}{AG} = \frac{MH}{BH} \quad \text{或} \quad \frac{MG}{AG} \cdot \frac{BH}{MH} = 1$$

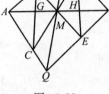

图 16.20

如图 16.21，连 AD，AE，BC 和 BF，有

$$\frac{MG}{AG} \cdot \frac{BH}{MH} = \frac{S_{\triangle MCF}}{S_{\triangle ACF}} \cdot \frac{S_{\triangle BDE}}{S_{\triangle MDE}} =$$

$$\frac{S_{\triangle MCF}}{S_{\triangle MDE}} \cdot \frac{S_{\triangle BDE}}{S_{\triangle BPQ}} \cdot \frac{S_{\triangle BPQ}}{S_{\triangle APQ}} \cdot \frac{S_{\triangle APQ}}{S_{\triangle ACF}} =$$

$$\frac{MC \cdot MF}{MD \cdot ME} \cdot \frac{BD \cdot BE}{BP \cdot BQ} \cdot \frac{BM}{AM} \cdot \frac{AP \cdot AQ}{AF \cdot AC} =$$

$$\frac{MC}{MD} \cdot \frac{MF}{ME} \cdot \frac{BD}{BP} \cdot \frac{BE}{BQ} \cdot \frac{BM}{AM} \cdot \frac{AP}{AF} \cdot \frac{AQ}{AC} =$$

$$\frac{S_{\triangle ABC}}{S_{\triangle ABD}} \cdot \frac{S_{\triangle ABF}}{S_{\triangle ABE}} \cdot \frac{S_{\triangle ABD}}{S_{\triangle ABP}} \cdot \frac{S_{\triangle ABE}}{S_{\triangle ABQ}} \cdot 1 \cdot \frac{S_{\triangle ABP}}{S_{\triangle ABF}} \cdot \frac{S_{\triangle ABQ}}{S_{\triangle ABC}} = 1$$

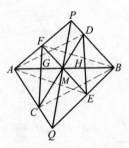

图 16.21

（通过 $\triangle BPQ$，$\triangle APQ$ 的两次过渡将 $\triangle ACF$ 与 $\triangle BDE$ 联系起来）

蝴蝶定理中若 M 不是弦 AB 中点时，有结论

$$\frac{MG}{AG} \cdot \frac{BH}{MH} = \frac{MB}{MA}$$

蝴蝶定理中若 CD 与 EF 交点不在弦 AB 上，如图 16.22 所示. 此时有结论

$$\frac{MG}{AG} \cdot \frac{BH}{NH} = \frac{MB}{NA}$$

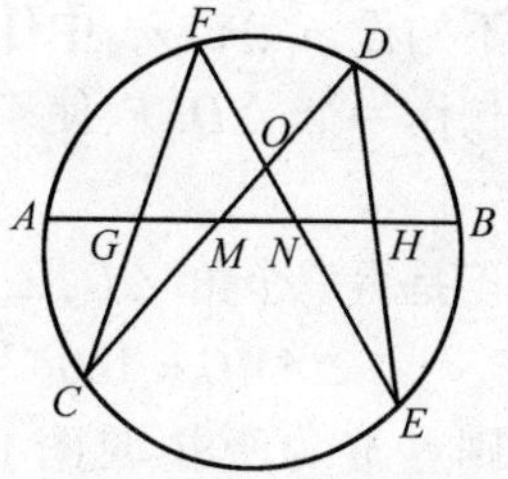

4. 在锐角三角形 △ABC 内有一点 M,使 ∠AMB = ∠BMC = ∠CMA = 120°,又点 P 为 △ABC 内任意一点. 求证

$$PA + PB + PC \geq MA + MB + MC$$

这是 Fermat 问题"已知 △ABC,求一点,使该点到 △ABC 三顶点的距离之和为最小."的特殊情形的变形提法. 而费马(Fermat) 问题,我们在第六讲点间最短线中已用直线法讨论过. 在此,我们利用面积法来重新探究它!

图 16.22

解 如图 16.23,过 A,B,C 分别作 MA,MB,MC 的垂线,三垂线两两相交得 △DEF. 易见

$$\angle ADC = 360° - 2 \times 90° - \angle AMC = 180° - 120° = 60°$$

同理有 ∠CFB = ∠BEA = 60°,也即 △DEF 为正三角形. 不妨设 DE = EF = FD = l,则

$$PA \cdot l \geq 2S_{\triangle PDE}, PB \cdot l \geq 2S_{\triangle PEF}, PC \cdot l \geq 2S_{\triangle PFD}$$

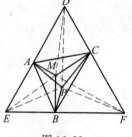

图 16.23

三式相加,有

$$(PA + PB + PC)l \geq 2(S_{\triangle PDE} + S_{\triangle PEF} + S_{\triangle PFD}) = 2S_{\triangle DEF} = 2(S_{\triangle MDE} + S_{\triangle MEF} + S_{\triangle MFD}) = (MA + MB + MC)l$$

也即

$$PA + PB + PC \geq MA + MB + MC$$

推广:加权费马问题.

设 A,B,C 为三个村庄,各有学生 m_1, m_2, m_3. 现欲选一地点 P 建所学校,使所有学生到学校所走路程总和最小. 也即求点 P,使 $m_1 \cdot PA + m_2 \cdot PB + m_3 \cdot PC$ 最小.

首先,若 m_1, m_2, m_3 中最大者不小于两个之和时,譬如: $m_1 \geq m_2 + m_3$ 时,则应选点 P 为点 A. 因为

$$d(P) = m_1 \cdot PA + m_2 \cdot PB + m_3 \cdot PC \geq$$
$$(m_2 + m_3)PA + m_2 \cdot PB + m_3 \cdot PC =$$
$$m_2(PA + PB) + m_3(PA + PC) \geq$$
$$m_2 \cdot AB + m_3 \cdot AC = d(A)$$

不妨设 m_1, m_2, m_3 中任两个之和都大于另一个. 从而可以用 m_1, m_2 和 m_3 为三边长作一个 $\triangle DEF$, 使

$$DE = m_1, EF = m_2, FD = m_3$$

于是得三个角 $\angle D, \angle E, \angle F$. 然后在 $\triangle ABC$ 内找一点 M, 使

$$\angle AMC = 180° - \angle D, \angle BMA = 180° - \angle E, \angle CMB = 180° - \angle F$$

则点 M 为所求, 见图 16.24.

证明类似原题证法.

过 A, B, C 分别作 MA, MB, MC 的垂线, 三垂线两两相交得 $\triangle QRS$. 易见, $\triangle QRS \backsim \triangle DEF$. 此时对任一点 P, 有

$$PA \cdot QR + PB \cdot RS + PC \cdot SQ \geqslant 2S_{\triangle QRS} =$$
$$MA \cdot QR + MB \cdot RS + MC \cdot SQ \qquad ①$$

因为 $QR : RS : SQ = DE : EF : FD$, 也即有

$$QR = km_1, RS = km_2, SQ = km_3$$

代入式 ① 可得 $m_1 \cdot PA + m_2 \cdot PB + m_3 \cdot PC \geqslant m_1 \cdot MA + m_2 \cdot MB + m_3 \cdot MC$

也即点 M 为所求点.

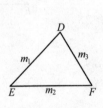 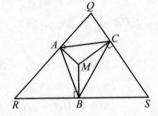

图 16.24

点 M 的具体找法:

① 在 $\triangle ABC$ 外作 $\triangle ACQ'$ 使 $\angle AQ'C = \angle D$. 再作 $\triangle ACQ'$ 的外接圆圆 O_1 则圆 O_1 在 $\triangle ABC$ 内弧 $\overset{\frown}{AC}$ 上任一点 M' 都满足 $\angle AM'C = 180° - \angle D$.

② 类似 ① 作 $\triangle ABR'$ 使 $\angle AR'B = \angle E$. 作 $\triangle ABR'$ 的外接圆圆 O_2. 则圆 O_1 与圆 O_2 交点为 M. 此时

$$\left.\begin{array}{l}\angle AMC = 180° - \angle D \\ \angle AMB = 180° - \angle E\end{array}\right\} \Rightarrow \angle BMC = 180° - \angle F$$

若圆 O_1 与圆 O_2 交点落在 $\triangle ABC$ 之外, 则 $\triangle ABC$ 最大角顶点为所求点.

5. 托勒密(C. Ptolemy 希腊)定理:

已知 $ABCD$ 是圆内接凸四边形. 求证
$$AB \cdot CD + AD \cdot BC = AC \cdot BD$$

分析 1：(1) 如图 16.25 得, $S_{\triangle ABC} = \dfrac{1}{2}ab\sin C$.

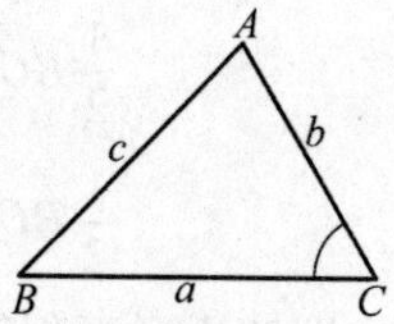

图 16.25

(2) 如图 16.26, 设 P 为 BC 上任意一点, 记 $AP = b'$, $\angle APB$ 或 $\angle APC$ 之一为 C', 则

$$S_{\triangle ABC} = S_{\triangle ABP} + S_{\triangle APC} =$$
$$\dfrac{1}{2}AP \cdot BP\sin C' + \dfrac{1}{2}AP \cdot PC\sin C' =$$
$$\dfrac{1}{2}(BP + PC) \cdot AP\sin C' =$$
$$\dfrac{1}{2}BC \cdot AP\sin C' = \dfrac{1}{2}ab'\sin C'$$

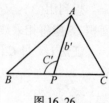

图 16.26

如图 16.27, P 在 BC 延长线上时, 结果自成立.
$$h = AD = b'\sin C'$$
$$S_{\triangle ABC} = \dfrac{1}{2}BC \cdot h = \dfrac{1}{2}ab'\sin C'$$

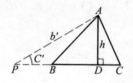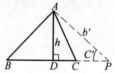

图 16.27

称 AP 为 BC 边的斜高, 称 (2) 中结论为斜高公式.

(3) 若点 P 不在 BC 上.

$ABPC$ 为四边形, 记 $BC = a$, 直线 AP 与 BC 相交所成角及交点 (锐角或钝角任取其一如图 16.28, 16.29) 都记为 C'. 则四边形 $ABPC$ 面积
$$S_{ABPC} = \dfrac{1}{2}ab'\sin C'$$

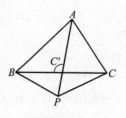

图 16.28

因为
$$S_{ABPC} = S_{\triangle ABC} \pm S_{\triangle PBC} =$$
$$\dfrac{1}{2}BC \cdot AC'\sin C' \pm \dfrac{1}{2}BC \cdot PC'\sin C' =$$

$$\frac{1}{2}BC \cdot (AC' \pm PC')\sin C' =$$
$$\frac{1}{2}BC \cdot AP\sin C' = \frac{1}{2}ab'\sin C'$$

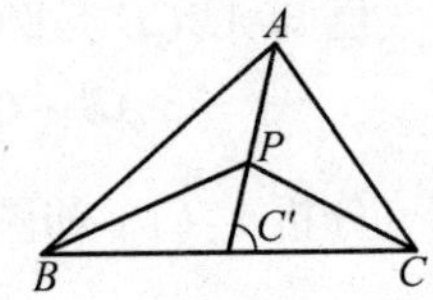

也即四边形面积等于两对角线之积乘以两对角线夹角正弦的一半.

图 16.29

想利用(3),又苦于欲证等式左方两乘积项中相乘线段是对边. 为了利用面积,希望将相乘线段搬到相邻的位置!

证法 1 过 C 作 BD 平行线交圆于点 E,见图 16.30,有
$$DE = BC, BE = DC$$
$$\triangle BDE \cong \triangle DBC$$

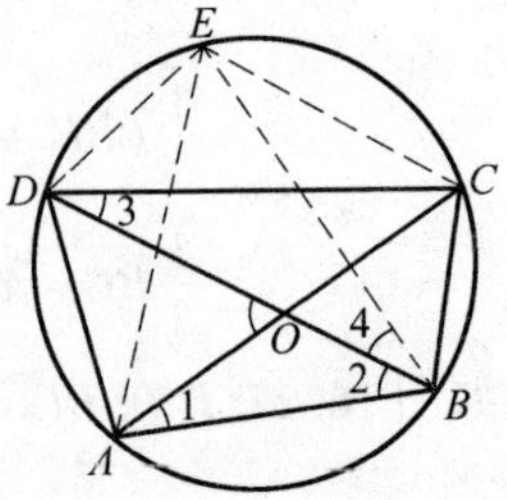

从而
$$S_{ABED} = S_{ABCD}$$

又
$$\angle AOD = \angle 1 + \angle 2 = \angle 3 + \angle 2 = \angle 4 + \angle 2 =$$
$$\angle ABE = 180° - \angle ADE$$
$$\sin \angle AOD = \sin(\angle 2 + \angle 4) = \sin \angle ADE$$

图 16.30

所以
$$1 = \frac{S_{ABED}}{S_{ABCD}} = \frac{S_{\triangle ADE} + S_{\triangle ABE}}{S_{ABCD}} =$$

$$\frac{\frac{1}{2}AD \cdot DE\sin \angle ADE + \frac{1}{2}AB \cdot BE\sin(\angle 2 + \angle 4)}{\frac{1}{2}AC \cdot BD\sin \angle AOD} =$$

$$\frac{AD \cdot DE + AB \cdot BE}{AC \cdot BD} = \frac{AD \cdot BC + AB \cdot CD}{AC \cdot BD}$$

也即
$$AD \cdot BC + AB \cdot CD = AC \cdot BD$$

分析 2:若 $AB \cdot CD + AD \cdot BC = AC \cdot BD$ 成立,则在线段 BD 上必存在一点 E,使 $AB \cdot CD = AC \cdot BE$ 且 $AD \cdot BC = AC \cdot ED$. 也即有
$$\frac{AB}{AC} = \frac{BE}{CD}, \frac{AD}{AC} = \frac{ED}{BC} \qquad ①$$

又因为 $ABCD$ 是圆内接凸四边形,故有
$$\angle ABE = \angle ACD, \angle ADE = \angle ACB \qquad ②$$

由式①,②知应有
$$\triangle ABE \backsim \triangle ACD, \triangle ADE \backsim \triangle ACB$$
从而又应有
$$\angle BAE = \angle CAD, \angle DAE = \angle CAB \quad ③$$

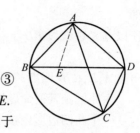

图 16.31

参见图 16.31. 从上可知,证明应按式③在 BD 上取点 E.

证法2 在 $\angle BAD$ 内作 $\angle BAE = \angle CAD, AE$ 交 BD 于点 E. 则
$$\angle DAE = \angle CAB$$
又由题设知 $\angle ABE = \angle ACD, \angle ADE = \angle ACB$. 从而
$$\triangle ABE \backsim \triangle ACD, \triangle ADE \backsim \triangle ACB \quad （AAA）$$
由此得
$$\frac{AB}{AC} = \frac{BE}{CD}, \frac{AD}{AC} = \frac{ED}{BC}$$
即
$$AB \cdot CD = AC \cdot BE, AD \cdot BC = AC \cdot ED$$

题 5 的逆命题是否成立？也即是否有命题："对凸四边形 $ABCD$ 有 $AB \cdot CD + AD \cdot BC = AC \cdot BD$ 成立,则四边形 $ABCD$ 内接于圆."成立？

回答是肯定的！逆命题成立. 证明如下：

如图 16.32,类似原题证法 2 来构造两对相似三角形.

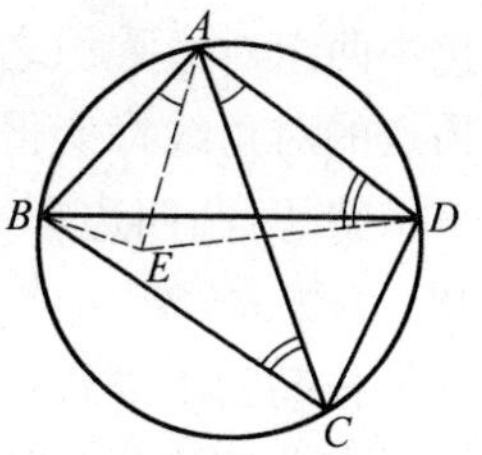

以 AB 为一边作 $\angle BAE = \angle CAD$,以 AD 为一边作 $\angle ADE = \angle ACB, AE, DE$ 相交于点 E. 于是,有 $\angle BAC = \angle EAD$

图 16.32

从而 $\triangle BAC \backsim \triangle EAD$ （AAA）
由此
$$AD \cdot BC = AC \cdot ED \quad ④$$
$$\frac{AB}{AE} = \frac{BC}{ED} = \frac{CA}{DA} \Rightarrow \begin{cases} \frac{AB}{AC} = \frac{AE}{AD} \\ \angle BAE = \angle CAD \end{cases} \Rightarrow \triangle ABE \backsim \triangle CAD \Rightarrow$$
$$\frac{AB}{AC} = \frac{BE}{CD} \Rightarrow AB \cdot CD = AC \cdot BE \quad ⑤$$

④、⑤两式相加,得
$$AB \cdot CD + AD \cdot BC = AC \cdot (BE + ED)$$
由题设知
$$AC \cdot BD = AC(BE + ED)$$

即
$$BE + ED = BD$$

所以点 E 在线段 BD 上,从而
$$\angle ADB = \angle ADE = \angle ACB$$

可见 A, B, C, D 四点共圆.

由原题及其逆命题知,托勒密定理可叙述为:

一个凸四边形内接于圆的充要条件是它两组对边乘积之和等于其对角线的乘积.

那么凸四边形 $ABCD$ 不内接于圆时,它两组对边乘积之和与两对角线的乘积又有什么关系呢?

为猜得结果,不妨用特殊情况去试一试. 譬如有一个角是 $60°$ 的菱形,并设其边长为 1 如图 16.33,则
$$AB \cdot CD + AD \cdot BC = 1 \times 1 + 1 \times 1 =$$
$$2 > 1 \times \sqrt{3} = AC \cdot BD$$

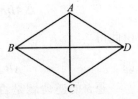

图 16.33

又设想四边形 $ABCD$ 的四边为刚性的棍,而各个顶点为活动的交链接点. 于是,四边形可改变其四个内角. 在变化中两组对边乘积之和是不变量! 而变成一组对角和尽可能大时,联结相应两顶点的对角线将变得较小. 此时两对角线之积不会大!

猜想:凸四边形 $ABCD$ 不内接于圆时,两对角线乘积小于两组对边乘积之和.

托勒密不等式:

在凸四边形 $ABCD$ 中,$AB \cdot CD + AD \cdot BC \geq AC \cdot BD$,其中等号当且仅当 A, B, C, D 四点共圆时成立.

(证明略)

第三节　留给你思考的问题

1. 如图 16.34,梯形 $ABCD$ 两对角线交于点 O 过 O 作平行于下底 AB 的直线交两腰 AD, BC 于 M, N. 求证:$MO = NO$.

证明　如图 16.35,连 MC, AN,将 MO, NO 置于面积相等的 $\triangle MAC$ 和 $\triangle NAC$ 中. 于是

$$AB \parallel CD \parallel MN \Rightarrow \begin{cases} S_{DAC} = S_{DBC} \Rightarrow S_{DAO} = S_{CBO} \\ S_{DMO} = S_{CBO} \Rightarrow S_{DAO} = S_{MAC} \\ S_{ANO} = S_{BNO} \Rightarrow S_{CBO} = S_{NAC} \end{cases} \Rightarrow$$

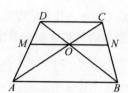

图 16.34

$$S_{MAC} = S_{NAC} \Rightarrow \frac{MO}{NO} = \frac{S_{MAC}}{S_{NAC}} = 1 \quad （共边定理）$$

在梯形 $ABCD$ 中，过腰 AD 上任一点作下底 AB 的平行线交两对角线 BD, AC 和另一腰 BC 分别于点 M 和 N，见图 16.36. 求证：$MG = NH$.

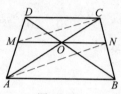

图 16.35

2. 如图 16.37，在平行四边形 $ABCD$ 的四边 AB, BC, CD, DA 上分别取点 P, Q, R, S，使 $AP = 2PB, BQ = 2QC, CR = 2RD, DS = 2SA$. 求由直线 CP, DQ, AR, BS 围成的平行四边形面积是平行四边形 $ABCD$ 面积的几分之几？

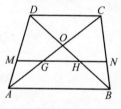

图 16.36

解 如图 16.38，记 AR 与 BS, DQ 分别交于点 H, M，CP 与 BS, DQ 分别交于点 H, M，CP 与 BS, DQ 分别交于点 K, L，并联结 RS, BD, BR，可得

$$\frac{S_{ABH}}{S_{ABCD}} = \frac{S_{ABH}}{S_{ABS}} \cdot \frac{S_{ABS}}{S_{ABD}} \cdot \frac{S_{ABD}}{S_{ABCD}} =$$

$$\frac{BH}{BS} \cdot \frac{AS}{AD} \cdot \frac{1}{2} = \frac{BH}{BS} \cdot \frac{1}{3} \cdot \frac{1}{2} =$$

$$\frac{1}{6} \cdot \frac{BH}{BS} = \frac{1}{6} \cdot \frac{S_{ABR}}{S_{ABR} + S_{ASR}} =$$

$$\frac{1}{6} \cdot \frac{S_{ABC}}{S_{ABC} + \frac{1}{3}S_{ADR}} =$$

$$\frac{1}{6} \cdot \frac{S_{ABC}}{S_{ABC} + \frac{1}{9}S_{ABC}} = \frac{1}{6} \cdot \frac{9}{10} = \frac{3}{20}$$

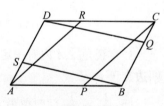

图 16.37

$$S_{ABH} = \frac{3}{20}S_{ABCD}$$

同理可推出 $S_{BCK} = S_{CDL} = S_{DAM} = \frac{3}{20}S_{ABCD}$. 从而

$$S_{HKLM} = (1 - 4 \times \frac{3}{20})S_{ABCD} = \frac{2}{5}S_{ABCD}$$

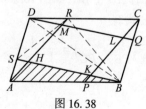

图 16.38

求"几分之几"是容易的. 因为在特殊情形下,譬如平行四边形为边长是 3 的正方形时,如图 16.39.

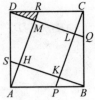

记 $S_{DRM} = x$,则 $S_{ASH} = x$,$S_{ADM} = (1+2)^2 x = 9x$ 则

$$10x = S_{ADR} = \frac{1}{2} \cdot DR \cdot AD = \frac{1}{2} \cdot 1 \cdot 3 = \frac{3}{2}, x = \frac{3}{20}$$

$$S_{ADM} = 9 \times \frac{3}{20} = \frac{27}{20}, S_{HKLM} = 3^2 - 4 \times \frac{27}{20} = \frac{18}{5}, \frac{S_{HKLM}}{S_{ABCD}} = \frac{18}{5} \div 9 = \frac{2}{5}$$

图 16.39

或记

$$\angle COQ = \theta, CQ = 1, CD = 3, OQ = \sqrt{10}$$

$$\sin\theta = \frac{1}{\sqrt{10}}, \cos\theta = \frac{3}{\sqrt{10}}$$

则

$$LQ = MR = DR\sin\theta = 1 \times \frac{1}{\sqrt{10}} = \frac{1}{\sqrt{10}}$$

$$DM = DR\cos\theta = 1 \times \frac{3}{\sqrt{10}} = \frac{3}{\sqrt{10}} \Bigg\} \Rightarrow$$

$$ML = \sqrt{10} - \frac{1}{\sqrt{10}} - \frac{3}{\sqrt{10}} = \frac{6}{\sqrt{10}}$$

$$S_{HKLM} = \left(\frac{6}{\sqrt{10}}\right)^2 = \frac{36}{10}, \frac{S_{HKLM}}{S_{ABCD}} = \frac{\frac{36}{10}}{9} = \frac{2}{5}$$

3. 在锐角 $\angle A$ 内有一定点 P,过 P 作一直线与 $\angle A$ 两边交于 B, C.

问:$\frac{1}{PB} + \frac{1}{PC}$ 何时取最大值?

解法 1 过 P 作 AP 垂线交 $\angle A$ 两边于点 E, F,过 A 作 $AD \perp BC$,如图 16.40. 记 $AP = d, AD = h$. 利用面积公式有

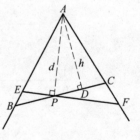

图 16.40

$$\frac{2}{h}\left(\frac{1}{PB} + \frac{1}{PC}\right) = \frac{1}{\frac{1}{2}PB \cdot h} + \frac{1}{\frac{1}{2}PC \cdot h} =$$

$$\frac{1}{S_{ABP}} + \frac{1}{S_{ACP}} = \frac{S_{ACP} + S_{ABP}}{S_{ABP} \cdot S_{ACP}} = \frac{S_{ABC}}{S_{ABP} \cdot S_{ACP}} =$$

$$\frac{S_{ABC}}{S_{AEF}} \cdot \frac{S_{AEF}}{S_{AEP}} \cdot \frac{S_{AEP}}{S_{ABP}} \cdot \frac{S_{AFP}}{S_{ACP}} \cdot \frac{1}{S_{AFP}} =$$

$$\frac{AB \cdot AC}{AE \cdot AF} \cdot \frac{EF}{EP} \cdot \frac{AE}{AB} \cdot \frac{AF}{AC} \cdot \frac{2}{AP \cdot PF} =$$

$$\frac{2EF}{d \cdot EP \cdot PF} = \frac{2}{d}\left(\frac{EP+PF}{EP \cdot PF}\right) = \frac{2}{d}\left(\frac{1}{PE}+\frac{1}{PF}\right).$$

也即有 $\dfrac{\dfrac{1}{PB}+\dfrac{1}{PC}}{\dfrac{1}{PE}+\dfrac{1}{PF}} = \dfrac{h}{d} \leqslant 1$,可见$\dfrac{1}{PB}+\dfrac{1}{PC} \leqslant \dfrac{1}{PE}+\dfrac{1}{PF}$,所以当$BC \perp AP$时(即$h = AP$) $\dfrac{1}{PB}+\dfrac{1}{PC}$ 最大.

解法2 如图16.41,记$\angle BAP = \alpha$, $\angle CAP = \beta$, $AD = h$.

$$\frac{1}{PB}+\frac{1}{PC} = \frac{h}{2}\left(\frac{1}{S_{ABP}}+\frac{1}{S_{ACP}}\right) = \frac{h}{2} \cdot \frac{S_{ABC}}{S_{ABP} \cdot S_{ACP}} =$$

$$\frac{h}{2} \cdot \frac{2AB \cdot AC \cdot \sin(\alpha+\beta)}{AB \cdot AC \cdot AP^2 \sin\alpha\sin\beta} =$$

$$\frac{h}{AP} \cdot \frac{\sin(\alpha+\beta)}{AP\sin\alpha\sin\beta} \leqslant$$

$$\frac{\sin(\alpha+\beta)}{AP\sin\alpha\sin\beta} \quad (\text{常数})$$

当 $h = AP$ 即 $BC \perp AP$ 时 $\dfrac{1}{PB}+\dfrac{1}{PC}$ 取最大值 $\dfrac{\sin\angle A}{AP\sin\alpha\sin\beta}$.

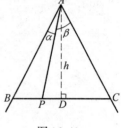

图 16.41

4. 如图16.42,在 $\triangle ABC$ 的三边 AB, BC, CA 上分别取点 M, K, L. 求证: $\triangle LAM, \triangle MBK, \triangle KCL$ 这三个三角形中至少有一个面积不大于 $\triangle ABC$ 面积的 $\dfrac{1}{4}$.

证明 记 $\dfrac{AM}{MB} = \lambda$, $\dfrac{BK}{BC} = \mu$, $\dfrac{CL}{CA} = \sigma$.

易见 λ, μ, σ 都是小于 1 的正数. 也即有

$$AM = \lambda AB, BM = (1-\lambda)AB$$
$$BK = \mu BC, CK = (1-\mu)BC$$
$$CL = \sigma CA, AL = (1-\sigma)CA$$

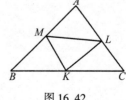

图 16.42

利用公角定理,得

$$\frac{S_{LAM}}{S_{ABC}} \cdot \frac{S_{MBK}}{S_{ABC}} \cdot \frac{S_{KCL}}{S_{ABC}} = \frac{AL \cdot AM}{AC \cdot AB} \cdot \frac{BM \cdot BK}{BA \cdot BC} \cdot \frac{CK}{CB} \cdot \frac{CL}{CA} =$$
$$(1-\sigma) \cdot \lambda \cdot (1-\lambda) \cdot \mu \cdot (1-\mu)\sigma =$$
$$\lambda(1-\lambda) \cdot \mu(1-\mu) \cdot \sigma(1-\sigma) \leq$$
$$\left(\frac{\lambda+(1-\lambda)}{2}\right)^2 \cdot \left(\frac{\mu+(1-\mu)}{2}\right)^2 \cdot$$
$$\left(\frac{\sigma+(1-\sigma)}{2}\right)^2 =$$
$$\frac{1}{4} \cdot \frac{1}{4} \cdot \frac{1}{4} = \left(\frac{1}{4}\right)^3$$

故 $\min\left\{\dfrac{S_{LAM}}{S_{ABC}}, \dfrac{S_{MBK}}{S_{ABC}}, \dfrac{S_{KCL}}{S_{ABC}}\right\} \leq \dfrac{1}{4}$,原题得证.

附录 I 智能发展教与学

一、主要培训成果简介

1. 课外辅导,全面丰收

钱老师从 1978 年暑假开始在西安市组织开展中学生数学课外小组活动.学生经小组训练后,学习的兴趣更加浓厚,初步培养了自学能力和探究能力,不同程度地提高了数学素养. 在学生所在学校老师的培养与学生自己本人的勤奋努力下,他们曾在省、市的几次单科竞赛中取得良好成绩.

在 1979 年,小组的三位同学(当时上初三)被批准提前参加西安市、陕西省的高中数学竞赛与全国八省市高中数学联赛,结果均获优胜. 三人分别获得西安市的一等奖、二等奖、三等奖,其中赵钢同学获市第一名;两人获陕西省的二等奖、一人获陕西省的三等奖;在全国八省市高中数学联赛中,赵钢同学获陕西赛区第一名.

在 1981 年西安市高中数学、物理、化学单科竞赛中,原小组同学有多人参加并获得良好成绩. 共获得数学竞赛一等奖一名、二等奖二名、三等奖一名;物理竞赛一等奖二名,化学竞赛一等奖、二等奖、三等奖各一名. 其中锁志钢同学获数学第二名,沈祖昌和林茜分别获得物理第一、二名.

在 1981 年,原小组同学有 13 人参加全国统一高考,12 人被录取,11 人进全国重点院校,1 人进普通院校. 温尔庄同学是当年全省理工类考生的第一名. 他们被录取的专业大都为数学、力学、计算机软件和自动控制. 另外,当年落榜的 1 人也于第二年被录取.

现在这些同学中大多已获得了博士学位. 锁志钢同学在哈佛大学获得博士学位后,28 岁就被聘为教授,最近他又获美国总统奖.

2. 国际竞赛,为国争光

钱老师在工作之余,对部分优异学生也进行过个别的训练和指导. 西安 85 中女学生荆秦在参加我国第一届数学奥林匹克冬令营前曾接受钱老师的短期指导,后来她入选国家集训队,并入选国家队,代表中国参加1986年华沙第27届国际奥林匹克数学竞赛,获得银牌,她在这一届各国女选手中成绩最好. 后进入北大数学系学习,现在美国哈佛大学任教.

陕西西乡一中学生汪建华,在1987年初中联赛获奖后,登门拜师. 此后,利用假期接受钱老师的指导,从基础知识入手,进行数学素养方面的训练. 1990年他代表国家参加了在北京举行的第31届国际奥林匹克数学竞赛,获得了满分金牌的好成绩. 后进入南开大学数学系学习,现在美国陈省身数学研究所学习、工作.

广东潮州市新桥路小学林载辉同学接受了钱老师半年的指导和培训后,入选了国家队,他与其他三名队员一起,在1996年6月于韩国汉城举行的首届国际少年数学竞赛中获得了团体第一名. 现林载辉在清华大学计算机系学习.

3. 国内联赛,屡创佳绩

1993年春,钱昌本老师应邀对广东省潮州市各校80余名中小学生进行了4个月的数学培训,其中3名同学组成潮州市代表队参加在成都彭州举行的第四届全国"华罗庚金杯"少年数学邀请赛,他们脱颖而出,在67个队中获得了团体第三名的好成绩(前两名为北京队、武汉队). 其中一位来自乡村小学的许应涛同学获得了全国个人第4名.

1995年春,钱老师再次对潮州市学生进行培训,其中4名同学组成潮州市代表队参加在江苏金坛举行的第五届全国"华罗庚金杯"少年数学邀请赛,潮州队再创佳绩,在全国97支队伍中,潮州市代表队获得了团体第四名(一至三名分别为武汉队、北京队和金坛队). 潮州队的四名同学分别获得个人第5,8,12和29名.

2000年,钱老师在北大附中汕头分校对学生进行培训,虽然民办学校学生的起点比较低,但在当年参加的全国初中数学联赛中,8名培训学生参赛,7人获省级奖.

2004年春,钱老师又一次对潮州市学生进行培训,其中12名学生组成两队代表东道主潮州市参加第九届全国"华罗庚金杯"少年数学邀请赛的总决赛,在全国88支队伍中潮州两个队荣获团体第二名、第七名和个人4金7银1铜的好成绩,其中3名同学分别荣获初二组个人第1名和初一组个人第3名、第5名.

二、感　　言

　　多出人才,早出人才是时代的需要. 作为一个教师,自然关心"如何培养人才"的问题,出于兴趣,我曾利用业余时间组织过一个初中生的校外数学小组,对发展学生的智能作了一次尝试性的实践.

　　在此,我想先简单谈谈实践的动机和小组的概况,然后结合小组活动中的几个问题谈谈自己的做法和想法.

　　当今,是人飞越太空的时代. 科学技术日新月异、迅猛发展,知识更新、不断增长. 曾有资料表明:"世界知识总量七至十年会翻一番.""知识正在以几何级数增长,若将 1750 年人类知识量计为二倍;则到 1900 年增长为四倍;1950 年增长为八倍;1960 年增长为十六倍." 从中看出,从二倍到四倍用了 150 年;四倍到八倍用了 50 年;八倍到十六倍仅用了 10 年. 大家称知识量这种迅猛增长的趋势为"知识爆炸". 很明显,面对浩瀚的知识海洋,人即使是十分刻苦地日夜攻读,恐怕也不能读完记尽他从事工作所需的各种知识.

　　凡人总希望自己能博学多识,然而人生有涯学海无边. 要对付"知识爆炸"对人的挑战,就必须在培养人上注重学生的能力培养和智力发展,提倡"发现"和"创新"精神,使学校培养出来的学生不单具有系统的现代科学的基础知识和基本技能,而更重要的是应该使学生具有独立学习的能力和创造性思维的能力. 换言之,学校要培养聪明而且具有自行深造本领的人.

　　培养能力和发展智力主要属于智育的范畴,而人的智力发展大有潜力可发掘. 作为个体认识过程的一种能力和特征的智力,它一方面同产生心理现象的大脑及神经系统的遗传分不开;另一方面同大脑反映的客观现实的影响也分不开. 两者密切地结合在一起,也即智力是遗传的特征和后天影响的合金.

　　我们把人生来具有的解剖生理特点叫素质. 素质包括感觉器官、运动器官以及神经系统和大脑的特点,其中主要是大脑的特点. 素质是人智力发展的自然前提,对于儿童的智力发展而言,素质起着举足轻重的作用. 但是,对于成人而言,他们之间智力上的明显差异往往不是由于先天的素质,反倒是由于他们所处的不同环境、不同学历以及从事不同活动所造成. 这里,对少年儿童负有引路职责的教师(包括保育员)和家长是极为重要的影响因素.

　　到底人的大脑潜力有多大?一个人的才智可以发展到什么程度?这正是

生理学、心理学和教育学共同面临的重大课题,正待我们去研究.国外有资料讲:一个人的大脑的能力一般只用了10%,剩下的90%的能力都没有发挥出来等.若真如此,才智的浪费实在是太大了!可以想象,博学的科学家和学者们可能是大脑潜力发掘得好一些的人.我总觉得:不管上述资料是否真确,只要育人得法,人的聪明才智总能发挥得更好一些.我相信,人的聪明才智应该达到的会比现在已经达到的程度高得多.

我们的教育科学应该回答这样一个问题:怎样去安排教学,才能使学生获得比现在更高的智力发展水平?很明显,在人才培养中也有"最优化"的问题.为什么有些门门满分的小学毕业生升入初中后就明显跟不上教学的进度?为什么有些高分数录取的大学生在学习上显得那么被动吃力?原因之一恐怕是小学里只注意硬记,中学里只注意死套,以至到了大学还不会思考,头脑还不开窍.很清楚,这些学生是吃了忽视发展智力的亏.被累赘死板的知识堵塞了头脑的学生是不会有创造性的.这种人虽有不少知识,但却都是已定型的科学教条而不再是生机勃勃的东西.相反,有的人学问可能不那么渊博,但他却具有反应敏捷、思路开阔、想象丰富等特点,有独立探索的能力.后者,知识虽然有缺陷但能力很强,他可以比较顺利地弥补他的知识缺陷.而前者,一个长久采用了死记硬背的方法学到了许多知识的人,回头要补足他智力发展上的缺陷就不那么容易,甚至是不可能了.

儿童时期与一生中的其他时期相比,智力发展最为迅速.从小去培养学生科学地观察、分析客观事物,注重智力的发展,是教学中的上策;相反,认为小学甚至中学的学生主要是积累基础知识、训练基本技能,而忽视学生智力发展的作法是教学中最大的失算.从生理学知道,人的神经系统的生长发育,特别是大脑的发育与其他系统的发育相比较,显得早而快,少年儿童的脑重量已接近成人水平,大脑高级神经活动的机能迅猛发展,动作和活动的可塑性也最大.这表明少年儿童时期是发展智力的最佳时机,机不可失,失不再来.

概括以上所述,也即是,发展以智力为中心的能力是现今航天时代对人才培养的要求;而人的聪明才智大有潜力可挖;发展智力的工作必须从少年儿童抓起.这三点就是促使我进行这次尝试的根本原因.

另外,近几年来"高考"指挥棒统治下的中学教育(小学也是如此)刮起了一股片面追求升学率的风,这股风非但无法制止反而愈刮愈烈.它带着一切愿意和不愿意的教育工作者盲目地向前奔跑,它打乱了正常的教学秩序,混淆了教育理论的是非标准,破坏了行之有效的教学方法,使得广大的师生不同程度地陷入了拼时间拼体力地苦干蛮干. 以一切进入分数线来代替教育科学、代替德智体全面发展的教育方针. 面对这股风去研究和宣传知识传授和能力发展的关系, 总显得是那样徒劳无益. 当然, 这里的原因是非常复杂的. 但是, 我相信"教学第一位的目的是培养学生的主动探索精神、逻辑推理能力和进行科学考察、处理的能力, 把知识放在第二位, 掌握知识应在对事物探索过程中进行"的那一天迟早会到来! 这信念直接促使我进行了这次尝试性的实践.

三、训练活动概况

小组共 14 名学生, 都是西安 83 中学的初中学生(1976 年进中学, 当时正是由初二升入初三的暑假), 男生 11 人, 女生 3 人. 其中五人是一次年级考试的前五名, 其他未经择优.

对于参加小组的同学, 开始我只提两点不高的要求, 希望每人都保持自己原有的爱好. 在学校里各科的学习成绩至少要做到全部及格.

小组活动的训练宗旨是以培养和发展学生的观察能力、思维能力和自学能力为主要目的, 采用"高难度教学原则", 提倡学生的"发现"与"创新"精神.

集中活动大约半个月一次, 一般安排在周末或星期日, 每次时间约为 4 小时. 以教师为主导组织活动. 活动的大致模式如下所示:

五分钟回答 → 半小时回答 → 讲解和讨论 → 布置作业

"五分钟回答"是以训练学生机敏为主要目的. 我一下子提出四到五个问题来, 待学生明了后开始计时, 要求大家在五分钟的时间内, 每人力争给出尽可能多的答案来. 下面抄列这类问题数例.

(1) 怎样用六根火柴棒作出四个等边三角形, 使得三角形每边都由一根火柴棒构成?

(2) 某池塘内的水莲每天长大一倍, 30 天就可把整个池塘遮盖住, 问此池塘被遮盖住一半时, 水莲要生长多少时间?

(3) 求出三个连续的整数, 使它们的和等于它们的积.

(4) 老师像学生那么大时学生才 2 岁, 学生若长到老师这般年龄, 则老师将 44 岁了. 问老师和学生现在年龄各是多少?

(5) 图 I.1 中所示的是五个等圆, P 为左下方那个圆的圆心, 试求过 P 的直线,使其二等分五圆总面积.

(6) 正四面体(见图 I.2) 棱长为 a, E, F 分别为对棱 AD 和 BC 的中点,求在正四面体表面上联结 E, F 两点的最短线. 并问这样的最短线有几条? 长为多少?

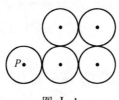

图 I.1

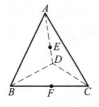

图 I.2

(7) 甲、乙两人相距 25 千米,两人都以 5 千米/时的速度同时出发,相对而行. 与此同时,甲所带的小狗以 10 千米/时的速度向乙奔去. 小狗遇乙后立即回头又奔向甲,遇甲后再回头奔向乙,……一直到甲、乙两人相遇小狗才停下来. 问小狗共跑了多少路?

(8) $100! = 1 \times 2 \times 3 \times 4 \times \cdots \times 99 \times 100$ 的结果末尾有多少个连续的零?

(9) 把 1,2,3,4,5 和 6 六个数字填到下面表格中去,要使得每行右边的数字比左边的数字大,每列下面的数字比上面的数字大. 问共有多少种不同的填写方法?

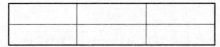

(10) 在纸上画出四个点来,使得它们之间只有两种长度的距离. 你能画出几种结果?

我们每次活动的开始就是"五分钟回答"这一节目,它是一种非常紧张的思维活动. 很显然,"看谁答得快、多、正确"使得这一节目带有了很强的竞争性,从而也变得深受学生欢迎. 我发问前,大家先准备好了纸和笔,每个人的注意力都高度集中,好似百米赛起跑线上的运动员在等待着发令枪响. 问题提出后,大家独立思索(要求这样,不许交谈) 分秒必争. 学生按规定将自己所得的结果写在明显的地方. 与此同时,我巡视同学的解答情况. 五分钟一到,练习停止. 我请得出正解答案的学生到黑板前向大家讲述自己的思路与解法. 然后讨论、小结. 要求用一分钟左右的时间来回答一个有点难度的问题. 这无疑需要回答者的机敏并采用得当的方法,令人欣慰的是学生提供的解法是合理的,有些方法还相当出色(见附注)."半小时回答"类似于"五分钟回答",不同之处仅仅为题目难度加大和解答时间放长,要求在半小时内解答四五个问题. 它是以训练分析能力为主要目的,下面抄列出这类问题数例.

(1) 有没有正整数 m 和 n,满足等式 $m^2 + 1978 = n^2$?

(2) 一堆果子,五个一堆分放,余下四个;六个一堆分放,余下三个;七个一堆分放,余下两个. 若知这堆果子有两百多个,问具体有多少?

(3) 证明:五个连续的自然数的平方和不是一个完全平方数.

(4) 四个外形一样的珍珠,它们每个应该是 1 克,但已知其中一粒假的不是 1 克. 现用一架天平和一个 1 克的砝码,你能否称两次就找出假珍珠? 并确定它比真的重还是轻?

(5) 两火车同时从甲、乙两站相向出发,第一次相遇于距甲站 20 千米处. 相遇后两车仍以原速度前进. 两车到达彼站后立即返回,结果两车又相遇于距乙站 10 千米处. 问甲、乙两站相距多少千米?

(6) 过不等腰的梯形一腰的中点作一直线,使之平分梯形的面积.

(7) 六条等间隔的平行线,在它们上面有六条与这些平行线垂直、间隔和这些平行线的间隔相等的平行线,这些线段相交构成图 Ⅰ.3. 问图中有多少个正方形?

(8) 若 $f(x)$ 满足式子 $f[f(x)] = x$,则称 $f(x)$ 是自反函数,试举出两个自反函数的例子来.

(9) $1000! = 1 \times 2 \times 3 \times 4 \times \cdots \times 999 \times 1000$ 的结果末尾有多少个连续的零?

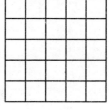

图 Ⅰ.3

(10) 100 个学生排成 10 行 10 列的方阵队形,在每行中选出最矮的一个来,在选出的 10 个矮个子中最高的学生是 A. 然后重新在方阵中按列选出每列中的最高的一个来,在选出的 10 个高个子中最矮的一个学生是 B. 问学生 A 和学生 B 谁高?

关于半小时回答的具体作法同五分钟回答完全相仿. 这两种回答活动是不给学生评分的. 而上讲台讲述自己的解答,无疑是一种表扬性的鼓励. 在讲述活动中也可以锻炼学生的表达能力. 所以,我们坚持尽可能多地让学生来讲述自己的解答. 实际表明,作为未知结果探索者的学生,他的讲述往往比提供问题且预先知晓答案的老师要生动得多(见附注). 对于其他求得正确答案者,我们一般采用点名表扬的方式来鼓励.

下面谈谈关于正课的情况. 每次活动,我们大约要用三个小时左右的时间来讲述、讨论某一类数学问题或某一种数学方法. 这里既不搞学生已学课程的简单重复再现,也不对学生在校的后继课程作提前讲授,因为小组中绝大多数的学生在学习规定的中学数学教材内容外还学有余力. 我们希望让学生能多学一点知识,开阔一点眼界. 无疑,这对于巩固学校教学内容和今后进一步钻研数学都是有利的. 所以,我们在正课活动中选用课外的饶有趣味又富有启发性的数学知识,采用不同于学校传统课堂教学的方式来培养学生的数学兴趣,提高学生的数学素养,并从中发展学生的智慧和能力.

正课活动中大致选用了下面这样踚些内容:数谜、整除性、最短线、等积变换、数列求和、不定方程、抽屉原则、极值、不等式证明、反证法、递推和归纳等.

正课活动方式采用"解决问题指导形式". 它不同于学校课堂上大量采用的"系统学习指导形式"中的讲解方式(图 Ⅰ.4(a)),以教师的说明和解释为主来达到教学的目标;而是大量采用提问的方式、讨论的方式(图 Ⅰ.4(b),(c),(d)).

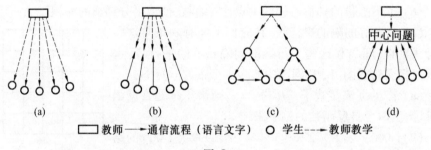

图 Ⅰ.4

提问方式就是在讲解过程中夹杂适当的提问,借以对学生的反应作出反馈,使学习得以强化. 在此,教师必须准备适当的说明和一系列提问的节目'并能熟练地按照学生的反应随时引出适当的提问来,使学生处于积极的思维状态中,从而有效地达到学习的目标. 实践证明,对于小组这种教学单位(特点是规模范围小,成员差异幅度小)采用提问方式是有效的. 讨论方法又分单独和小组两种,让学生通过单独或者小组的方式来钻研一个中心问题,学生可以随时向教师说明自己的思考过程或报告思考的结果. 而教师的责任则是听取学生各种各样的想法,并充分利用自己对该问题已有的见识去帮助学生有效地思考或作出暗示. 在这种讨论方式中,老师的作用是帮助学生自己发现解决问题的途径.

关于正课活动中的一些问题,我们准备放在后面详细再谈.

集中活动的最后一项是布置作业一般作业分为四种,也即与本次活动相关的、与下次活动相关的、训练思维的杂题和学校规定教学内容的自学.

与本次活动相关的作业包括活动中遗留下的问题和课后再布置的习题. 前者通常已在活动中强调过,一般是对问题的深化,譬如结论的推广、对某问题举个反例等. 而后者是配合正课活动选制的. 其目的是为下次活动作思想上的准备,为下次活动与下次活动相关的作业创设问题的情境,为下次紧张的脑力劳动得以高效率地完成奠定基础. 安排这一作业是十分必要的.

有人比喻讲:智力和肌肉一样;如果不给以适当的负担,加以锻炼,它就会萎缩、退化. 此话有些道理,教学要为学生的精神成长提供足够的"粮食",不要使得学生的大脑思维"营养不良". 杂题就是依照这个道理而布置的. 这类杂题有如智力游戏一样,下面给出一例:

问题 15 根火柴棒平分为三堆. 甲、乙两人轮流取火柴;轮到谁,他就可任选一堆并从中拿去一根或多根或全部,但不能不拿. 若规定拿到最后一根火柴者为胜,问应该先取还是后取?如何才能取胜?若是改为 16 根平分为四堆又该如何取胜?(见附注)

最后一种作业是要求学生自己去自学课本内容. 要求大家在不依赖旁人(老师、家长等)的情况下在半年到一年的时间内陆续将中学数学课本啃完. 这是培养自学能力的环节之一(后面将再谈这一问题),因我精力有限,对此并没花费力气. 基本上是"高要求,大撒手",没想到当学生在学习上的动力调动起来的情况下,绝大部分同学进展相当快,效果也还可以.

也正因为最后一种作业的设置和要求,使我们为期一年的训练活动的范围,能够涉及整个中学阶段的有关数学内容.

四、兴趣及其培养

知识像海洋一样深广,要想在知识的海洋里遨游并撷取几朵瑰丽的浪花,就必须有强烈的求知欲. 求知欲是一种对科学文化知识的需要,它又往往是同兴趣紧紧联系在一起的. 当一个人对某种活动(学习)产生兴趣时,他就会积极主动并且心情愉快地去学习,而绝不会觉得这是一种负担. 兴趣和大脑皮层的兴奋中心的出现密切相关,在感兴趣的情况下所学的东西常常能够迅速而牢固地掌握. 孔子曾说过:"知之者不如好之者,好之者不如乐之者." 也就是这个道理.

每一个人才虽有自己不同于别人的成长过程，但也会有其共同的特点．就历史上有成就人物的资料来看，他们的共同点除了百倍勤奋、坚强有毅力、能深思、善创造以外，还有一个内在的共同起点，这起点就是"兴趣"．爱因斯坦曾说过："对一切来说，只有热爱才是最好的老师．"一个足球明星大抵是从小喜爱踢球的；一个歌唱家大抵是从小喜爱唱歌的．虽然，爱好和兴趣不一定是擅长，但擅长的必定是爱好和兴趣．兴趣和爱好应该是擅长的必要条件．

既然"兴趣"是一切有成就的人才成长的共同起点，那么作为教师和家长就应该善于去发现、培养、发展这个起点．及早培养少年儿童的直观兴趣并逐步把它引导到自觉兴趣和潜在兴趣上去．

如何在小组活动中培养学生的学习兴趣并由此激发探究知识的欲望？方法之一就是要提得出富有魅力的问题来向学生"发难"．使学生在头脑中形成悬念、朝思暮想直至入迷．下面举一例来说明．

问题　从围棋罐中任取 8 只棋子（其中黑子、白子的个数不限），然后以任意的次序摆放围成一个圆圈．现规定：在同色的两相邻棋子中间放入一个黑子，在异色的两相邻棋子中间放入一个白子．然后将原来 8 粒棋子拿走，得到 8 粒新放入的棋子围成一个新圈．这算一次调整．如果照此规定不断调整下去，问能否得到全为黑子的一个圈？

当我把上述问题讲出后，学生们感到很新奇："游戏也是数学问题？"这种在教科书中见不到的新问题一旦展现在他们面前，他们个个跃跃欲试，但又苦于无法下手．他们从困难中感到了学习中的空白，急于求解的心情十分迫切．在这种情境下再去引导如何求解，必能激起学生浓厚的兴趣．

我待大家思考片刻后，建议大家不妨以某一特殊确定的情况去试试看，同时取出事先准备好的围棋子供大家使用．让大家按照题中规定去不断调整，看它结果如何．数分钟后，我让得到全黑结果的人举手，几乎所有的人都举了手．"有人得不到全黑吗？"无人应声．这时，我再让大家一起来试一次．我在黑板上画出一些同心圆，接着请一位同学随意在最小的内圆圈上标出 8 个黑、白子（见图Ⅰ.5），然后按照题中规定的调整方法，逐步画出第二圈、第三圈、……结果，于第八圈上出现了全黑的情况．

"真怪！我们大家并没有彼此商量，每人选定的黑、白棋子个数不尽相同，排列摆放的次序也因人而异．可是我们却都得到了一样的结果——全黑．我们是否已经得到了问题的答案？"我开始提问．

"结果必定全黑！"部分人非常肯定地回答．

"不对！这只是猜想可能有全黑的结果.因为选择黑、白子与摆放的次序都有很多种,我们并没有试验完."也有人发表反对意见.

在产生分歧的基础上,我谈了下面的看法:试一试的目的只能是帮助我们来猜测可能发生的结果.愈来愈多的相同结果也只能逐次增强我们对欲猜结果加以肯定的信念.但是数次具体试验的结果绝不能作为以下结论的理由.与此相反,倘使某次尝试的结果是不会全黑的,则可以否定"必定全黑"的结论.

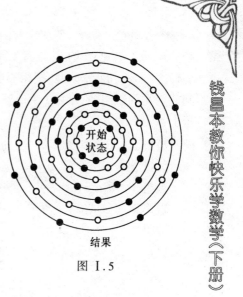

图 I.5

为了加深印象,我在黑板上写了下面的模式：

"A 含 B, B 真,则 A 也许为可信;

A 含 $B_1, B_2, \cdots, B_n$,且 $B_1, B_2, \cdots, B_n$ 皆真,则 A 更为可信;

A 含 B, B 假,则 A 假."

"那么在什么情况下,可以说明结果不会全黑呢？"我继续问大家.

"倘若摆到某一步,它呈现的结果是这次试验过程中曾经出现过的某一种摆法,则可以断定不会全黑了.因为这里出现了循环摆放,故再摆下去必定无希望达到全黑."一个学生给出了回答.我肯定他的回答并继续引导：我们每个人都没有出现这种循环现象,反倒一致取得了相同的结果"全黑".显然,我们要猜想全黑是必然的结果.从而,我们的努力方向应该是试图寻找一个证实猜想为真确的证明方法.这个证明方法又该如何寻找呢？请大家再注意一下我们的调整规定是什么？

"黑子与黑子或白子与白子之间放黑子;黑子与白子或白子与黑子之间放白子."这又和什么运算相似？

在启发下,学生自己找到了：

"正数乘正数结果为正数,负数乘负数结果也为正数;而正数乘负数结果为负数."

"用 1 表示黑子,用 -1 表示白子,用乘法运算的结果去表示调换的新子."

接着,在老师的帮助下,学生们把游戏抽象为下面的数学问题

"把 8 个或为 1 或为 -1 的数摆放成一横排 $a_1, a_2, a_3, a_4, a_5, a_6, a_7, a_8$. 并把

相邻两数(末尾数约定与首数相邻)相乘可得到一个新数组:$a_1a_2, a_2a_3, a_3a_4, \cdots, a_7a_8, a_8a_1$. 如此,按相邻项相乘而产生新数组的办法不断做新的数组. 问能否得到数组,它全由1组成?"现在再要求学生考虑这个数学题. 我先在黑板上抄出下表:

数组1	a_1	a_2	a_3	a_4	a_5	a_6	a_7	a_8
数组2	a_1a_2	a_2a_3	a_3a_4	a_4a_5	a_5a_6	a_6a_7	a_7a_8	a_8a_1
数组3	$a_1a_2^2a_3$	$\cdots$	$\cdots$	$\cdots$	$\cdots$	$\cdots$	$\cdots$	$a_8a_1^2a_2$
数组4	$a_1a_2^3a_3^3a_4$	?						?
数组5	?							
$\vdots$								
数组8	?	?	?	?	?	?	?	?

要求大家填出数组4,填后分析一下:"每个数组中相邻两项彼此的关系是什么?"再填出数组5的首项来,再从表中分析回答:"每组的首项又有什么特点?"最后要求大家直接写出数组8的8项来.

学生通过观察、类比、分析和概括,小组成员一般都能得到如下结论:

"每数组中的8项在形式上是基本相同的,不同之处仅仅是字母下标的号码,在同一数组中的任意相邻两项,后项每个元素的下标数比前项对应元素(就次序而言位置相同的)的下标数大1. 因为从数'a_1'到数'a_8'是围成一圈,故下标数8之后又应是1. 故有了首项之后,同组中的其余7项可类推马上写出."

"从数组1到数组8首项依次为:$a_1, a_1a_2, a_1a_2^2a_3, a_1a_2^3a_3^3a_4, a_1a_2^4a_3^6a_4^4a_5, a_1a_2^5a_3^{10}a_4^{10}a_5^5a_6, a_1a_2^6a_3^{15}a_4^{20}a_5^{15}a_6^6a_7, a_1a_2^7a_3^{21}a_4^{35}a_5^{35}a_6^{21}a_7^7a_8$. 特点是元素个数逐次增添一个,而指数恰好是二项式展开项的系数."

从上述规律,可直接写出数组8,结果学生很快发现:各元素方次均为奇数,因 $a_i(i=1,2,\cdots,8)$ 又为 1 或 -1,从而知数组8的所有项都为 $a_1a_2a_3a_4a_5a_6a_7a_8$,若其值为1,则已证完;若其值为-1,则只需再作一次调整,下一数组必由8个1组成. 所以数学问题答案是必能得到全1数组. 从而原游戏结论为"必定全黑". 从分析论证中学生还看出:欲达到全黑结果,调整的手续至多只需进行8次. 在解答之后,我们还要求学生把棋子数目由8改为4或6,问结论又该如何? 能否将该问题由具体推广到一般情况? 让大家记下这个作业,待今后知识增加后再去完成它.

把干巴枯燥的数字运算转化为有趣的游戏再现于学生面前,学生感到非常神奇.在老师的诱导下,学生们以极大的热情自己去完成一系列的观察、猜测、思索、抽象、再观察、再思索、概括直至推断结论,当他们在紧张的脑力劳动之后赢来了美满解答的时候,在精神上产生了一种满足.而这种精神满足反过来又激励着学生进一步去探索新知识,从而成为学习上的一种内动力.

其实,"寓教育于游戏之中"是我国儿童教育的传统.明代的教育学家王阳明就说过:"大抵童子之情,乐嬉游而惮拘检,如草木之萌芽,舒畅之则条达,摧挠之则衰萎.今教童子,必使其趋向鼓舞,心中喜悦,则其进自不能已."明代的吕近溪称这一方法是"使童子乐闻而易晓."

把获得知识当成愉快而不是苦恼的事情是每个学习者的愿望.所以,我们的教育应该使学生感到:学习的过程是在领受一份宝贵的礼物而不是负担一种艰苦的任务.我们必须承认:学生爱好某种知识,就意味着在开展的心智已经能够吸收它,并需要它去促进发育;反之,讨厌某种知识,就标志着那知识提出得过早或者照那个形式它是不能消化的.所以一切教育要带有乐趣,在满足学生的好奇心中促使其不断提高.

实践证明,要向学生提供富有挑战性的,但又是在适合的机会下能使智力发展步步向前的学习节目是培养、发展他们兴趣的重要环节.当然,除了"选题"外,教学活动的新颖和多样化也是重要的因素.这些在后面将多次谈到.既然"选题"是重要的,那么又该如何去选呢?教学活动要完成的内容(当然也包括练习在内)它一般地反映了科学的规律性,它显得"道貌岸然",严肃,不诱人.有的竟还是令人望而生畏的、沉重而枯燥的艰巨任务.多少年来,这一状况被视为"理所当然",从而也习以为常了.难道科学的习题就不能符合学生的兴趣而引人入胜吗?其实前面的游戏问题是由下面的数学题变化而来的.

"给定一个个数为 2^k、取值为 $+1$ 和 -1 的任意数组.按以下规则得到一个新的数组:每个数乘以它后面的一个数,最后一个数乘以第一个数;再对每次得到的新数组同样处理.试证:最后一定得到全部由 1 组成的数组."

这是 1961 年全俄数学竞赛中十年级的一个题目.我们修改使之成为游戏.首先将 "2^k 个" 改为 "8 个";其次将数学运算赋予实际情境而改为黑子和白子的调整;最后还将"试证"改为"能否得到?"第一个改动的目的是使问题变一般为特例,简化问题复杂性从而可避免使用到排列、组合与数学归纳法的知识(学生当时还不具备).减少难点,譬如解答原题将涉及的"证明 $C_{2^k-1}^n (0 \leq n < 2^k - 1)$ 是奇数".这样问题变为 "8 个" 后就可以用某种实际的具体情况去

试一试了.使学生易于动手,很快会引起兴趣.第二个变动的目的主要是增添趣味性,并培养学生从实际情境中去抽象其数学模型的能力.第三个变动的目的是培养学生分析探索的本领,要引导学生爱猜善猜.初步熟悉"猜个结论,再证实它"的思想方法.经变动,正统数学难题成为了有趣的游戏,使学生乐闻而易晓,并从中得到有益的东西.我们认为要想给学习以兴趣,就应该很好地从内容、形式上对练习研究一番.

五、观察力及其培养

观察是人们认识世界和增长知识的重要途径.伟大的条件反射论创始人巴甫洛夫的座右铭就是"观察、观察、再观察".大生物学家达尔文也说过:"我既没有突出的理解力,也没有过人的机智.只是在觉察那些稍纵即逝的事物并对其进行精细观察的能力上,我可能在众人之上."达尔文从小喜爱观察,练出了一种特殊本领,别人容易忽略的东西,他却看得很清楚.有一次他发现昆虫陷到一种植物的叶子里面,植物受到刺激后分泌出一种消化液,把昆虫消化掉变为自己的营养.从这次观察开始他研究了十六年,终于写出了《论食虫植物》这一著作.柯南道尔笔下的大侦探家福尔摩斯也有极为惊人的观察力,他瞟一眼能猜出某人的大致经历;关于烟灰他能辨认140多种;就凭裤管上泥点的颜色和坚实程度,他能知道是在什么地方溅上的从而推断罪犯的行迹.我们必须承认,仔细观察是一切伟大成就取得的一个重要因素.

儿童渴望了解自己生活周围的更多事物是一种天赋的好奇,这种好奇的天性使得儿童喜欢观察周围的一切.不少儿童还具有非常惊人的观察天赋.举个例子说一下:上小学时,老师带着我们到学校后边的菜园子里去劳动,菜园里长着丝瓜、扁豆……,有一位同学在菜架前长久地呆望着,不知在看什么.最后他兴奋地喊叫老师和同学都来看他的"发现",他说"为什么扁豆的秧藤都是这样爬着向上长的(他用手比划着,说明是逆时针旋转而上)?"大家听后细看,果然如此,竟没有一株例外.规律点出后人所皆知,而发现者则不易.令人遗憾的是,我们的老师竟然这样回答了学生的问题:"都快去浇水,这有什么好看的"无知使她成为扼杀儿童聪明才智的刽子手.

人认识周围现实是从感觉和知觉开始的.学生从学习过程中获得知识也是从知觉开始的.知觉是当周围物质现实的各种对象和现象直接作用于人的感觉

器官时,人脑对它们发生反映的一些特征.观察则是一种积极的、目的明确的、有选择性的知觉,它不但看到了周围事物和现象并且注意觉察它们的独有特征.人有时也会"视而不见"的,虽然看见了,但觉察到的东西甚少,长久地对于周围事物视而不见者,其精神世界必定是贫乏的.无论是从事自然科学、还是从事人文科学,观察力是一个学者必不可少的品质.使学生从小养成自觉认真观察事物的习惯、兴趣和能力,对于他们今后的成长有着不可估量的意义.虽然学生的观察力的培养主要并不依靠数学这一学科的学习来实现,然而观察往往被看成为思维的"触角",就这点而言,从数学的学习中注意学生观察力的培养对发展其智力也是有着极其重要的意义的.

在五分钟回答和半小时回答的活动中,我常常安排这样一些小题目:
在下列各数列中,最后面的"?"项是什么数?
(1) 5, 7, 11, 19, ?;
(2) 2, 6, 12, 20, 30, ?;
(3) 1, 1, 2, 3, 5, ?;
(4) 2, 3, 5, 7, 11, ?;
(5) 1, 5, 14, 30, 55, ?;
(6) 1, 9, 36, 100, 225, ?;
(7) 3, 15, 35, 63, 99, ?;
(8) 0, 3, 3, 7, 8, 13, 15, 21, 24, 31, ?, ?.

在这里要求学生的并不光是瞪大眼睛来看清楚给出的数列是由什么数组成的,而是要求从给出的数中觉察出它们之间的特有关系来,也即要"看"出数列组成的规律,从而定出"?"处该是什么数.(当然,这里仅要求通常理解下的结果.实际上"?"处的数是无法确定的!)(见附注)

因为学生缺乏生活经验和独立的有系统的观察事物的本领,所以学生观察力的培养需要老师给以具体指导,应该告诉学生如何有计划有次序地去观察,如何运用自己的思维去分析、比较,进而去抓住事物的本质特征.当然,若能结合实物的直观,效果会更好.在一次作业中,我布置了这样一道题:请大家回家后每人找一块木板,如图 I.6 所示钉上九颗铁钉,九颗铁钉排成正方形图案,然后用橡皮筋圈来套围钉

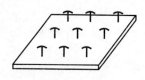

图 I.6

子.问:
(1) 能围成多少个正方形?
(2) 能围成多少个矩形?
(3) 能围成多少个没有直角的平行四边形?
(4) 能围成多少个三角形?

其中的(1),(2),(3)是比较简单的,但是回答(4)可能要困难得多了.在后一次活动中,我们检查了这个作业的完成情况,我让一位同学到黑板前讲述自己的解答.该学生先在黑板上画了图Ⅰ.6,然后边画边讲,说只能围成6个正方形,4个矩形和12个平行四边形,但是讲到问题(4)时,他在图上东勾西画,结果还没"数"到第30个时就乱无头绪了,杂乱的图、没有条理的语言把大家带入迷魂阵.最后他自感到无能为力,再也数不下去时,只得以"太复杂了,反正在家里数出了53个三角形"来结束回答.当我再问其他人的结果时,关于(4)竟然出现了近十个不同的答数!(当然,正确的答数仅有一个,也不一定就在其中)怎么会出现如此之多的错误呢?原因是显然的,无非是"数"中出现了重复或遗漏.我在指明错误产生原因后建议大家依照下面的方法再数一遍.

"首先找出全部的等腰三角形来(注意:这样的三角形又有几种不同的形状?);然后再找出三边都不等但有一个直角的所有三角形;除此以外,还有其他的三角形吗?若有,请把它们都找出来.这样你看一共有多少个三角形呢?"

结果不到5分钟时间,就有多数人得到了答案.我让大家谈谈体会,回答是:

"观察应该有条有理."

"杂乱既费时间又易出错误."

"找出结果要注意不重复不遗漏."

"分类方法是有用的."

……

最后,我们进行这次观察作业的小结,要求大家记住这个问题,待到自学了排列组合的知识后,请大家采用新的方法算一下结果是什么,是否和现在"数"出的一样.

为了锻炼学生的空间想象力,我们安排了这样一个观察练习:正方体以它的对角线为轴旋转时会得到怎样的立体?

见图Ⅰ.7,我们先让学生观察正方体的结构及对角线与正方体棱、面的位置关系,然后要求大家画出所得旋转体的形状草图. 绝大多数的同学能够看出:AB,AD,AA_1,是正三棱锥 $ABDA_1$ 的三条棱,三棱锥底为正三角形 BDA_1,而正方体的对角线 AC_1 恰好应为正三棱锥的高线,所以正三棱锥这部分旋转出一个圆锥. 同样,四面体 $C_1CD_1B_1$ 也是正三棱锥,绕 AC_1 旋转也得一个圆锥. 少数同学还看出:BC,DD_1 和 A_1B_1,三线段与 AC_1 的位置关系一样;而 BB_1,DC 和 A_1D_1 与 C_1A 的位置关系也一样并与前者也相同. 还有两人认为所得旋转体就应是由折线 $AB-BC-CC_1$ 绕 AC_1 旋转而得的旋转面的所围成的立体. 学生根据各自的想象画出了如下草图如图 Ⅰ.8:

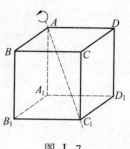

图 Ⅰ.7

 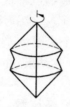 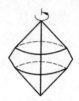

图 Ⅰ.8

画得是否对? 我并不充当裁判员,而要求每人回家后做个正方体的模型(用泥巴、木块,甚至用萝卜来制作都行),然后在某角顶处(穿)系上一条线绳,当你手提着线,另一手去使正方体旋转起来时,你会见到些什么,请把观察到的与自己想象的结果核对一下.

这样大家都得到了正确的草图(图 Ⅰ.9),并由观察纠正了自己的错误猜想. 练习完成后,我们顺便告诉大家,中间部分的侧表面是"直纹曲面". 并希望大家记下下面的问题,待你学习了微积分后务必将它算一下:"设正方体棱长为1,那它绕对角线旋转所得的旋转体体积为多少?"(见附注)

在观察过程中应该注意培养求实的态度,要求学生尊重客观,实事求是,反对缺乏依据的主观臆断. 举一例,我曾让学生做这样一个问题:

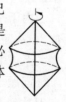

图 Ⅰ.9

"当一个圆周上有两个点时,把两个点连起来,就形成了两个区域;圆周上有三个点时,连起来就形成 4 个区域;圆周上有 4 个点时,连起来就形成 8 个区域.(见图 Ⅰ.10) 那么当圆周上有 5 个点时情况又会怎样? 它最多能形成多少个区域？若是圆周上有 6 个点呢？请大家画图观察结果."

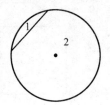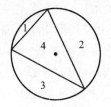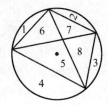

图 I.10

检查练习时，我发现有不少同学的结论是"5 个点最多可形成 16 个区域；6 个点最多可形成 32 个区域"。还有人推出"n 个点最多可形成 2^{n-1} 个区域"的结论．我先请认真观察了这一练习的学生来回答，"5 个点最多可形成 16 个区域；6 个点最多可形成 31 个区域."我肯定了上述结果．并在黑板上画出"6 点"的图．(图 I.11)

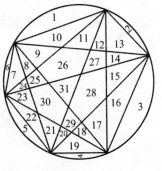

图 I.11

要求大家一起来观察真确的区域数，证实"31 个区域"是对的．随后告诫"猜出"32 个区域的同学，猜想仅仅是猜想，而科学必须尊重事实．单凭"想当然"来下断语是有害的习惯，希望大家注意学风的求实精神．最后让大家记下问题：圆周上有 n 个点，连起来，最多能形成多少个区域？希望大家去推广．

由于平时注重观察训练，使学生初步养成观察的习惯，具备了一定的观察能力．从而，在解决问题的过程中往往能抓得住本质的东西，找得出问题中的数量关系或变化规律，在解答方法上也表现出了一定的技巧．下面举两例来说明．

问题 将数列 $1,2,3,\cdots,1977,1978$ 的相邻两项相加得到一新数列，再将所得数列的相邻两项相加又得到一新数列 $\cdots\cdots$，如此不断做下去，每次所得数列都比原数列减少一项，最终必将得到一个数，试求此数.

有些同学是这样做的：
为观察创造条件，先写出前几列数来
$$1,2,3,4,5,6,\cdots,1\,976,1\,977,1\,978$$
$$3,5,7,9,11,13,\cdots,3\,953,3\,955$$
$$8,12,16,20,24,\cdots,7\,904,7908$$

$$20, 28, 36, 44, \cdots, 15\ 812$$
$$\vdots$$

从上表可看出

(1) 各数列皆为等差数列,公差分别为 $1, 2, 2^2, 2^3, \cdots$. 第 n 个数列公差为 2^{n-1},项数为 $1\ 979 - n$.

(2) 若把第 n 个数列的首项和尾项分别记为 a_n 和 b_n,并记它们之和为 $c_n = a_n + b_n$,则 c_n 为首项是 $1\ 979$、公比为 2 的等比数列的通项,因为

$$a_n = a_{n-1} + (a_{n-1} + 2^{n-2}) = 2a_{n-1} + 2^{n-2}$$
$$b_n = (b_{n-1} - 2^{n-2}) + b_{n-1} = 2b_{n-1} - 2^{n-2}$$

故有
$$c_n = a_n + b_n = 2(a_{n-1} + b_{n-1}) = 2c_{n-1}$$

显然,$c_1 = a_1 + b_1 = 1 + 1\ 978 = 1\ 979$. 所以,所求之数就是

$$a_{1\ 978} = b_{1\ 978} = a_{1\ 977} + b_{1\ 977} = c_{1\ 977} = c_1 \cdot 2^{1\ 976} = 1\ 979 \times 2^{1\ 976}$$

而观察能力弱的学生往往看不到首项与尾项之和为 c_n 的规律. 只是单从首项入手去做,于是利用公式 $a_n = 2a_{n-1} + 2^{n-2}$ 的反复使用去导出 $a_n = 2^{n-1}a_1 + (n-1)2^{n-2} = 2^{n-2}(2a_1 + n - 1) = (n+1)2^{n-2}$,从而知所求数为

$$a_{1\ 978} = (1\ 978 + 1) \times 2^{1\ 976} = 1\ 979 \times 2^{1\ 976}$$

显然,这要稍微复杂些.

倘使首项规律也观察不出来,解答就难于入手了.

问题 设两整数列 $\{x_n\}$ 和 $\{y_n\}$ 的定义如下

$$x_0 = 1, x_1 = 1, x_{n+1} = x_n + 2x_{n-1}$$
$$y_0 = 1, y_1 = 7, y_{n+1} = 2y_n + 3y_{n-1}$$
$(n = 1, 2, \cdots)$

证明:除去 1 外,两数列中不会有相同的数.

这是美国中学生数学竞赛(第二届)的一个试题,它具有一定的难度. 不少资料提供的解答也并不理想. 若能注重观察,求解过程可简捷明了. 为了观察,先写出数列的前若干项

$$\{x_n\}: 1, 1, 3, 5, 11, 21, 43, 85, \cdots$$
$$\{y_n\}: 1, 7, 17, 55, 161, 487, 1\ 457, \cdots$$

仔细观察,可以发现在 $\{x_n\}$ 中从第 3 项起,每项用 8 来除,结果第奇数项余 3,第偶数项余 5;而在 $\{y_n\}$ 中每项用 8 来除,结果第奇数项余 1,第偶数项余 7. 看出的这一规律是不难用数学归纳法来证实的. 余数不同,原数又怎能一样! (见附注)

上面两例解法的巧妙之处在于找到了隐蔽在表面现象之中的规律性东西. 如果平时不注重观察力的培养, 那么即使是瞪大了双眼去盯视, 结果可能视而不见本质的东西, 所看到的始终是事物的表面.

本质的规律性的东西一旦指出来了, 人所皆知且容易被大家所公认. 然而去发现些什么, 去探索一下事物的内在规律则不那么容易, 这里需要的是较强的观察力, 而它是一种必需长期磨炼才能获得的特殊本领.

六、发现教学的实施

教育学中一个非常重要的课题就是"如何教". 传统的老式教学方法就是"教书", 在书上去下工夫. 最初讲文言文, 教书先生的工作是传道、授业、解惑. 之后改成白话文, 就不要作翻译了. 内容上又增添了自然科学. 教学也就进入了"粉笔加谈话"的阶段, 老师往往是一写一黑板, 一讲一满堂; 而学生则是随着记和听. 老师追求的是讲深讲透、条理分明; 学生满足的是弄懂、记牢从老师那里或是从教本中得到的现成知识并通过练习加以准确地再现. 这种现成处方式的教学概括为一个字就是"灌". 在近一二十年来, 世界各国教育界对上述的教学方法进行了猛烈的批评和抨击. 而对"如何发展学生的逻辑思维和创造能力"的研究极为重视, 强调学生本身的主动性和探索性, 主张教学过程中要让学生参与"创造知识", 也即理想的教学过程应使学生发挥个人创造性的努力, 结合自己的思维特点和个人的经验来掌握知识. 而教师则要引导学生独立地"发现"这些和那些原理, 去激发学生的研究精神. 美国著名的教育心理学家杰罗姆·S·布鲁纳倡导的"发现法"就是以发展学生认识独立性和创造性为目的的一种典型教学法. 他在《发现的行为》一文中说: "发现不仅限于寻求人类尚未知晓的事物, 确切地说, 它包括用自己头脑亲自获得知识的一切方法." 他在《教学的若干原则》中还指出: "教学要认真考虑这样一个事实, 即一门课程不但要反映知识本身的性质, 而且还要反映求知者的本质和知识获得的过程."

"……权威著作中的大量知识, 乃是早先许多智力活动的成果, 把这样的材料给一个人, 不是要他把结果牢记心头, 确切地说, 那是要教他参与使知识可以建立起来的这一过程之中."

"我们教一门科目, 不是建造有关这一科目的一个小型现代化图书室, 而是使学生亲自像一名数学家那样思考数学, 像一名历史学家那样思考史学, 把知识获得的过程体现出来,认识是个过程而不是一件产品."

布鲁纳认为学生的学习就是一种发现,他们的活动和科学家活动一样,都是一种智力活动,其差别只是程度的不同,而绝不是性质上的差异. 所以他要求老师向学生提供材料,要学生亲自去发现应得的结论或规律而成为发现者. 这样,发现法不仅能使学生掌握学到知识的基本结构,而且能使学生掌握发现的态度和方法,促使学生的智力得以发展并对学习产生兴趣,增强对学习和发现的自信感.

要重视学生的学习主动性是无可非议的,那么又该怎样来发挥学生的主动性呢? 发现法的教学原则认为:教学不是让学生"吞咽先人的成果,而要把教学作为对进入感觉的事物进行选择、替换、储存和应用的过程". 学生一方面是老师教学的对象(客体);而就学习本身而言,学生则是学习活动的主体,是一个自我教育者. 一句话,学生的内因应该是知识积累和能力发展的根本.

我们在教学活动中,对"发现法"组织教学进行了尝试,很有收效. 运用发现法组织教学,第一步要创设问题的情境,我们把精选出的问题在前一次活动的作业中预先提出,使学生有充分的时间去独立思考、分析,去探索答案. 到了活动之时,求得答案者充满自信,遇到挫折者求知欲正旺. 孔子讲过"不愤不启,不悱不发". 这时学生已处在"愤"和"悱"的情境之中,他们注意力集中,思维活动已处在积极状态,为"发现法"教学创造了必要的条件. 下面以例子来说明.

问题 欲称 1 克到 40 克中任一整数克的质量,天平至少要配制几个砝码? 它们各是多少? 请说明选配的理由.

上述问题是讲"递推关系"的一个例子. 它在上一次作业中已与大家见面. 我们问谁来回答时,不少人争先恐后,我请一个男生来答.

"至少需要四个砝码,质量各为 1 克、3 克、9 克和 27 克. 因为 1 克砝码可称 1 克;1 克砝码和 3 克砝码分别放在这天平两边就可称 2 克;3 克砝码可称 3 克;1 克砝码和 3 克砝码合放天平一方即可称 4 克;1 克砝码和 3 克砝码合放在天平一方,9 克砝码放另一方,则可称 5 克;……依次类推,直到四个砝码合放天平一方可称 40 克." 这学生非常自信地把结果述说了一番.

"对于刚才的回答,大家有什么想法?"我继续发问.

"我只考虑了砝码放在天平一端的情况,所以得到的答案是:需要六个砝码,它们可以是 1 克、2 克、4 克、8 克、16 克和 9 克. 若考虑两边放砝码,他的答案好." 一个女生说了自己的做法. 接着是很长时间的寂静(在紧张的活动中有上三分钟就算长了）大家沉思着. 我也耐着性子等待学生自己来打破僵局，突然，有人开口并提出了质问：

"答案是怎样求的，没有给以说明. 他（指第一个男生）的回答只是去逐一验证用 1 克、3 克、9 克和 27 克是可以称出 1 至 40 克，但是并没说明少于四个砝码就不能称."

"1 克最小，1 克砝码总是应该要的. 要称 2 克可以添上 3 克砝码来实现，这样用 1 克与 3 克两砝码就可以配合使用称出 1 克到 4 克的质量，所以选 3 克而不选 2 克砝码. 用同样的方法也可说明选 9 克砝码和 27 克砝码是对的. 这就说明必须要四个砝码而不能少." 头一个男生又站起解释了一番.

"不行！为什么一定要一个 1 克码呢？难道用 5 克码和 6 克码就称不出 1 克重吗？他的道理不充足." 又有人"挑刺"了.

顿时教室秩序大乱，大家七嘴八舌地议论争吵. 我感到气氛不错，时机已到，便开始引导求解. 首先肯定大家认真的深入讨论，"为什么少于四个砝码就不行？""为什么要一个 1 克砝码？""答案 1 克、3 克、9 克和 27 克是怎样求出的？"问得好. 而回答也很有可取之处，有了 1 克砝码后不选 2 克砝码而选 3 克砝码的作法反映了用最少的砝码去称尽可能多的质量的思想，这是很好的想法. 我要求大家能否就此提出一个与原问题有联系的另一个问题来，请大家去思索.

"用 n 个砝码最多能称多少种不同的质量？"启发之下，有人想到了我所要提的问题. 接着我转而要求大家来解答这个新问题. 这时我把准备好的小纸片分发给大家，并要求每人在不同的纸片上标写字母 $A, B, C, D, E, \cdots$ 以示区别. 规定标有不同字母的纸片表示不同质量的砝码，然后用它们来进行摆放. 譬如图 I.12 就表示天平左盘放砝码 A 与 B，而天平右放砝码 C，它反映了某一种称法（所称质量为 $|A+B-C|$）. 那么只有一个砝码，它能称多少种质量？若有两个砝码，它们又能称多少种质量？三个砝码呢？要求大家摆摆看，记下自己找到的结果（示意图和所称种数），并从中寻找摆放方式与所称质量数各有什么规律可遵循？

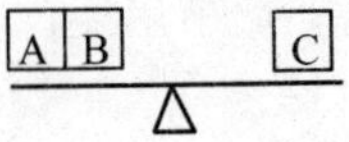

图 I.12

结果，少数同学摆放杂乱，只是简单选择罗列各种摆法，看不出有什么规律可循. 而绝大多数的同学的摆放是有一定的规律,情况大体可分为两类. 若把天平左盘放一个砝码,右盘空着记为(1,0),其余情况也作类似规定的话,表1所示的摆放方法显然是按照(1,0),(2,0),(3,0),(1,1),(2,1) 的次序来考虑三个砝码所称不同质量的种数. 这样摆法优点是有条理,分类后不易产生重复和遗漏. 但是,这一分类并没有给我们以兴趣和吸引力,就四个砝码而言,我们还得老老实实地按照(1,0),(2,0),(3,0),(4,0),(1,1),(2,1),(3,1),(2,2) 这样8类再去一一画出,然后汇总结果才能得到所称总数. 显然,这一方法使人感到枯燥无味.

表1

砝码数	摆放示意	所称种数
1		1
2		4
3		13

个别同学摆放示意图如表2所示,这些同学显然是由于按照某种规律去摆而感到胸有成竹. 我所盼望的东西已被他们发现了. 为使其他同学也能从中获得有益的东西,我把下表画在黑板上,请未能提供该摆放法的同学去发现摆放所依据的原则是什么. 从表面看这里秩序好像很乱,但多数人还是从"乱"中看

出了规律.以三个砝码的情况为例(见表2中3个砝码一栏),这里的摆法也是分类的.

表 2

砝码数	摆放示意	所称种数
1	A	1
2	A ／ AB ／ A B ／ BB	4
3	A ／ AB ／ A B ／ BB ／ AC ／ ABC ／ AC ／ BC BC ／ A C ／ AB C ／ C A ／ BC B C ／ C	13

不难看出其中第一排就是2个砝码所能称的4种情况;而后面三排则是添入第3个砝码C后所引起的增加数,其中第二排是把砝码C添加在第一排的各种称法的左盘后产生的各种称法;第三排是把砝码C添加在第一排的各种称法的右盘后而产生的各种称法;第四排是砝码C单独使用产生的一种称法.又因为,在有砝码C参加的各种称法中除单独使用一种外,无非是砝码C放在左盘或放在右盘(与其他砝码配合作用)两大类情况.而每种情况又和两个砝码A与B所能称的情况是一一对应的.故后面三排所列出的称法也就是由砝码C引起的全部增加(称法)数.从这一规律入手求解,显然是十分容易的.我们用a_n表示n个砝码最多可能称的质量数,则由上表给出的规律知

$$a_n = a_{n-1} + (2a_{n-1} + 1) = 3a_{n-1} + 1$$

又因为$a_1 = 1$,故

$$a_n = 3a_{n-1} + 1 = 1 + 3(1 + 3a_{n-2}) = 1 + 3 + 3^2 a_{n-2} =$$

$$1 + 3 + 3^2(1 + 3a_{n-3}) = 1 + 3 + 3^2 + 3^3 a_{n-3} = \cdots =$$
$$1 + 3 + 3^2 + \cdots + 3^{n-2} + 3^{n-1} a_1 =$$
$$1 + 3 + 3^2 + \cdots + 3^{n-1} = \frac{1}{2}(3^n - 1)$$

可见 n 个砝码最多可能称出 $\frac{1}{2}(3^n - 1)$ 种不同质量. 到此, 新问题解决了.

再回到原问题来. 由新问题的结论知

$$a_1 = \frac{1}{2}(3 - 1) = 1, a_2 = \frac{1}{2}(3^2 - 1) = 4$$
$$a_3 = \frac{1}{2}(3^3 - 1) = 1, a_4 = \frac{1}{2}(3^4 - 1) = 40$$

四个砝码最多能称 40 种质量, 也即欲称出 1 克到 40 克连续整数克的质量就至少要配制四个砝码, 少了是不行的. 但又为什么要 1 克砝码呢? 下面抄录学生给出的解答.

"为了称出尽可能多的质量, 四砝码 A, B, C, D 质量应该不等. 不妨设它们的质量依次为 a, b, c, d 且 $a < b < c < d$. 显然, 称最大质量 40 克时对应称法必须是将四个砝码合放在天平一方而使天平另一方空着, 于是有 $a + b + c + d = 40$(克). 而称第二质量 39 克时对应称法必须是将四个砝码中三个较重的砝码合放在天平的一方而让另一方空着, 于是有 $b + c + d = 39$(克), 从上可知最轻的砝码 A 的质量 $a = 1$(克). 以后的砝码如何选, 可遵循如下原则, 使得第 n 个砝码添入后, 前 n 个砝码就能称出 1 克到 $\frac{1}{2}(3^n - 1)$ 克的连续整数克质量来, 于是

$$b = \frac{1}{2}(3^2 - 1) - a = 3(克)$$
$$c = \frac{1}{2}(3^3 - 1) - (a + b) = 9(克)$$
$$d = \frac{1}{2}(3^4 - 1) - (a + b + c) = 27(克)$$

(一般有第 n 个砝码为 $\frac{1}{2}(3^n - 1) - \frac{1}{2}(3^{n-1} - 1) = 3^{n-1}$(克))

所以, 原题答案为: 至少要四个砝码, 它们质量分别为 1 克、3 克、9 克和 27 克."

也有个别的同学从第一个表所反映的思想出发, 作进一步的深入讨论, 也可求知答案, 只是方法繁一些. (见附注)

上面的砝码配制问题是许多数学课外读物喜爱选用的问题. 但是, 在读物中往往是只给出个答数或者再对答数加以具体的一一验证, 而对最重要的求解过程反而"省略"了, 不免使读者有些遗憾. 我们在活动中选择这个问题, 目的是希望在教师的适当引导下让学生自己去发现应得的规律和最终的结论, 通过练习解决问题和努力于发现, 使学生对于发现的探索方法有点粗浅的体会, 也试图由问题的深究来培养学生严谨的治学态度. 在上述例子中, 求解过程实际上只是两大步: 第一, 要确定至少要几个砝码; 第二, 几个砝码应该是什么? 而第一步中的关键是公式 $a_n = a_{n-1} + (2a_{n-1} + 1)$ 的导出. 这公式若由老师的嘴来讲出, 恐怕有五分钟的时间, 学生也就可以明白理解并记住它, 但这对学生的发展又会有多少好处呢? 所以, 我们宁可花上将近十倍的时间让学生从纸片(砝码)的摆放中去自己寻找它, 从中使学生获得些使人受益终生的东西. 让学生去探索, 我们是舍得花时间的. 下面再举一个较简单的例子.

问题 倘使允许你在上楼时可以随意跨蹬一级或者二级台阶. 那么, 你会有多少种不同的上楼方法到达第 10 个台阶?

由于平时的训练, 同学们已习惯于从一些简单的特例来寻找点规律性的东西. 所以, 问题提出后, 大部分同学就立即着手寻找到达第 1 个台阶有多少种方法? 到达第 2 个台阶有多少种方法? 到达第 3 个台阶有多少种方法? …… 有些人还采用画图来帮助分析.

经大家各自思索一段时间后, 我在黑板上画出图 Ⅰ.13, 并说明它表示一种到达第 3 个台阶的具体方法. 即先一步跨一级再一步跨二级而到达第 3 个台阶. 接着要求大家画出蹬上第 n 个台阶的所有不同方法来($n = 1, 2, 3, 4$).

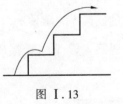

图 Ⅰ.13

结果, 学生的画法基本属于这样两类—一类是按照上楼过程中跨了几次二级的步子来分别求出方法数, 然后汇总得出总的上楼方法数. 采用这种求法的人占多一半. 他们画出的图与图 Ⅰ.14 相仿, 以跨上第 4 台阶上法为例, 它共有 5 条路线, 具体是(由里向外数), 不跨二级的一条; 跨了一次二级的三条; 跨了两次二级的一条. 但是, 这样一种按跨二级的次数来分类的画法并不给人以有益的启迪, 倘若要求出登上第 10 个台阶的不同方法, 岂不是还要按不跨二级、跨一次、跨二次、跨三次、跨四次和跨五次这样六类去逐次算出各自种数, 然后再汇总得到所求方法数. (见附注)

虽然, 这样是可以算出种数的, 但这决不是上策. 而另一类的回答, 则是比较巧妙的. 这部分同学(少数)在仔细观察上楼方法图(譬如图 Ⅰ.14)的基础上,并联系蹬上前四个台阶的不同方法数为 1,2,3,5 种. 发现了上楼方法数的一种内在规律. 首先从"1,2,3,5"的本身使人感到下一个数可能会是 8,因为

$$1 + 2 = 3, 2 + 3 = 5$$

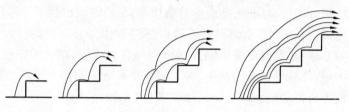

图 Ⅰ.14

另一方面,从图中(譬如上图中四个台阶的情况),可看出蹬到第 4 个台阶的上楼方法无非是以下两种:一种是最后一步跨一级的(共 3 条);另一种是最后一步跨二级的(共 2 条). 而前者就是蹬上第 3 台阶的方法数,后者就是蹬上第 2 个台阶的方法数. 也即有

$$2 + 3 = 5(种)$$

当然,推广到一般,蹬上第 n 个台阶的方法数 a_n 也可分为两类:其一是最后一步跨一级的(也即踩过第 $(n-1)$ 个台阶的上法);其二是最后一步跨二级的(也即没踩过第 $(n-1)$ 个台阶的上法). 而前者就是上到第 $(n-1)$ 级的上法(种数为 a_{n-1}),后者就是上到第 $(n-2)$ 级的上法(种数为 a_{n-2}). 故有(图 Ⅰ.15) $a_n = a_{n-2} + a_{n-1}, (n = 3,4,5,\cdots)$.

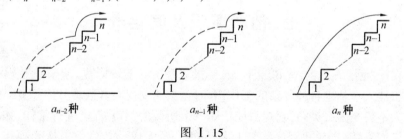

图 Ⅰ.15

所以,不难推出:$a_3 = 3, a_4 = 5, a_5 = 8, a_6 = 13, a_7 = 21, a_8 = 34, a_9 = 55, a_{10} = 89$.

从而知:到达第 10 个台阶的不同上楼法有 89 种.

当然,发现了"递推关系"而采用后一解法的学生受到了我的肯定和表扬. 在问题解答后,我顺便告诉大家:在上楼方法数 1,2,3,5,8,13,21,…,的前边

添上个1,就得到著名的斐波那契数列.而它又会引出许多有趣又重要的性质.在此为今后的活动埋下伏笔.

类似上面问题的探讨,极大地刺激了学生认识的积极性.在这里,问题有趣,方法新颖.当学生在对实际问题求解的过程中"发现"了递推关系,并感到这一数学思想方法很有用时,他们非常愉快和兴奋,好似得到了一种自我奖励,对学习也充满自信感.苏霍姆林斯基讲得好:"学生带着一种高涨而激动的情绪从事学习和思考,对面前展示的真理感到惊奇和震惊;在学习中意识到自己的智慧和力量,体验到创造的欢乐,为人的智慧和意志的伟大感到骄傲."发现教学法在此不再把他们当成消极的接受者;与此相反,而是引导他们去成为积极的发现者.实践证明:学习者从自己心智努力发现的东西,比别人告诉他的要理解得好得多,记忆牢得多.

通过发现学习,还可以促使学生对学习的直接兴趣向潜在兴趣积极转化;有利于提高学生智慧的潜力;培养学生的独立解题能力和主动探索精神;并能对发现的东西印象深刻以至终生不忘.有人比喻说:在传统的注入式讲课中,老师把本本上的知识咬碎嚼烂去喂给学生,老师当了演员而学生当了观(听)众.而发现教学法中,老师以学习促进者或向导的身份出现,他的任务是向学生提供求知的刺激和创造学习的环境,学生则通过自己的动脑和动手去探究未知的事情,去解决未知的问题,去捕获知识,去增长能力.这时学生成为学习舞台上的演员,而老师则是台后的导演.

七、创新意识及其培养

在谈"创新"之前,先说一下"人－机关系".在美国影片《未来世界》中,成群的机器人在从事各种复杂的工作,有时竟然达到使人真假难分的程度.然而,机器人不管是多么灵巧,它却只能依照身上所装的"程序"去进行工作.如果人不对它们安装一定的"程序",则机器人便一事无成.而人,除了从老师和书本上获得知识和技能外,他还会创造,还会发明.创造是人智慧的表现.可以预料,机器人肯定会越造越灵巧,在未来世界里,越来越多的工作将由它们来代劳.与此同时也完全可以断言:机器人不是人,机器人永远不会超过人,而人永远是万物之灵.

遗憾的是,我们很少提出"重视培养和发展学生的聪明才智"这一类口号,即使提出也喊得不响,贯彻更为不力. 我们教学中强调的是基础知识和基本技能,也即"双基". 落实双基是必要的,这点无可非议. 但是,"双基"决非当今学校在智育培养上的唯一目标. 在学校里只掌握现成知识和技能并能通过练习而达到准确再现已不是航天时代对人才培养的要求. 然而,现在的传统教学,往往重知识的传授,教学方法比较机械呆板. 学生学习偏重死记硬背,学习过程中,机械性的记忆和笔头操练过多而思维用得太少. 有人说得很形象:绝大多数的学生是"商业式"的学习,即热衷于学习带"口袋",把知识装进去,贮存起来,以后再原样拿出去,是"购、存、销"的业务,强调的是量,而不是"工业式"的. 即学习别人的东西,经过独立思考进行设计,创出新的"产品",有新的见解和创造,加到前人的建树之上,有质上的提高. 很显然,这种重知识轻能力的教学,长久下去,势必会影响学生思维的灵活性与创造性的培养,使得学校有意无意地成为了制造机器人的工厂,使得万物之灵的人慢慢地变得不那么灵了.

爱因斯坦曾说过:"想象力比知识更重要,因为知识是有限的,而想象力概括着世界的一切,推动着进步. 并且是知识的源泉." 歌德也讲过:"单学知识仍然是蠢人." 这都是说明学会思维和创造的重要. 学校教课本的知识是具有一定的相对稳定性的,它与科学技术日新月异的发展变化之间,拉开了越来越大的距离. 因此只求获得书本上的知识并满足于正确再现它们,已经远远不够. 我们应使学生不仅掌握现成知识,而更应使学生会思维和创造,使他们能在前人基础上有所发现,有所创见,有所前进. 我们的学校必须重视如何通过掌握知识的过程来发展学生的聪明才智、意志品质,培养他们的独立性和创造性,以便使学生能应付未来世界中不断出现的新任务、新课题. 教学一定考虑到未来的需要.

学生的创新精神是应该格外提倡的. 在活动中,我始终鼓励异想天开、标新立异;鼓励跳出课本的框框;鼓励在解题方法上另辟蹊径. 下面,我结合例子来说明.

问题 老师像学生那么大时,学生才2岁;学生若长到老师这般年龄,则老师将44岁了,问老师和学生现在年龄各是多少?

这是五分钟回答中的问题,本来应该要求用1分钟左右的时间来解答它. 而大部分人的做法是这样的.

解法1 设学生为 x 岁,老师为 y 岁,则师生年龄差为 $(y-x)$ 岁,由题意知

$$\begin{cases} x-(y-x)=2 & \text{①} \\ y+(y-x)=44 & \text{②} \end{cases}$$

解方程组,得 $x=16, y=30$.

所以老师、学生现在年龄分别为 30 岁和 16 岁.

上面解法是规范的,无须费脑筋. 很自然,大家遵循着刻板的规则步骤去死套硬算求得了答案. 在此学生追求的是笔头动作速度快. 不同于上法,有人是这样做的.

解法 2 画出解析图

$$2(岁) \xleftarrow{\text{学生年龄}} \rightleftharpoons \xrightarrow{\text{老师年龄}} 44(岁)$$

可知道师生年龄差为

$$\frac{1}{3}(44-2)=14$$

从而知道,老师和学生现在年龄各应为

$$44-14=30, 2+14=16$$

这里采用了算术方法,以图助思维,抓住了问题的本质,解得简捷. 它反映了解题人思维活跃、敏捷. 我们肯定了这一方法,表扬提供解法的学生,并鼓励大家都能这样去寻找"自己的方法". 其实解法 1 中将 ② 减去 ① 即得出解法 2 中的关键一步,然而这毕竟是刻板地"走"了几步后"碰"着的东西(当然也有人直至解出答案也没觉察到它). 不同的是解法 2 提供者是由题意迅速又准确地直接捕捉了事物本质规律. 显然,两者的差距是很大的.

问题 甲、乙、丙三人分游戏棒,老师见到每人的棒数,觉得有趣,便让他们做如下的调整:第一次由甲取出自己的部分棒分给乙、丙两人,乙和丙所得的根数分别等于他们原来各自手中的根数;第二次由乙取出自己的部分棒再分给甲、丙两人,甲和丙所得根数分别等于他俩现在各自手中的根数;第三次由丙再给甲、乙两人,所给根数也分别等于他俩各自手中的现有根数. 真巧!结果甲、乙、丙三人手中都是 24 根,问开始时每人各多少根?

让我们也提供两种学生的解法.

解法 1 设甲、乙、丙原有根数分别为 x, y, z. 于是,由题意有

$$x+y+z=72 \qquad ①$$

甲第一次调整后为 $x-(y+z)$,接着下两次调整均为成倍增加,故有

$$4[x-(y+z)]=24$$

也即

$$x-y-z=6 \qquad ②$$

乙第二次调整后为

$$2y - 2z - [x - (y + z)] = -x + 3y - z$$

故第三次调整后增加为

$$2(-x + 3y - z) = 24$$

也即

$$-x + 3y - z = 12$$

解方程①,②,③有

$$x = 39, y = 21, z = 12$$

故甲、乙、丙原有游戏棒数分别为39,21和12.

解法2 采用倒推,列表描述如下:

	终结	第二次后	第一次后	初 始
甲	24	12	6	6 + 21 + 12 = 39 (72 − 21 − 12 = 39)
乙	24	12	12 + 6 + 24 = 42 (72 − 6 − 24 = 42)	21
丙	24	24 + 2 × 12 = 48 (72 − 2 × 12 = 48)	24	12

先写出表中粗线左上方的诸数;然后依丙、乙、甲的先后次序逐步将表中各横行中的数字填出.从结果知:甲、乙、丙原各有游戏棒39根,21根和12根.

比较可见,解法1思想平庸;而解法2是较巧妙的,它利用递推思想求解,步骤清晰、运算简单.更为可取的是利用倒推法不难将(3人,24根)问题推广到更为一般的情形,也即$(n人,2^nk$根$)$问题的结论是:第i个人最初应该有$(2^{n-i} \cdot n + 1)k$根,其中k为正整数,$i = 1, 2, \cdots, n$.(见附注)

问题 一个多位数,它个位数字是7,若把7移到首位(其他数字均顺序后退一位),则所得新数是原数的7倍.求原数.

解法1 设原数为n位数,记为$10x + 7$,依题意,有

$$7(10x + 7) = 7 \times 10^{n-1} + x$$

也即

$$69x = 7 \times 10^{n-1} - 49$$

做除法

$$700\cdots00 \div 69 = 1014492\cdots$$

直至得到余数为49时为止,得(此时$n = 22$)

$$7 \times 10^{21} \div 69 = 101\ 449\ 275\ 362\ 318\ 840\ 579 + \frac{49}{69}$$

故
$$x = 101\ 449\ 275\ 362\ 318\ 840\ 579$$
从而知原数为
$$10x + 7 = 1\ 014\ 492\ 753\ 623\ 188\ 405\ 797$$

能够得出答案的同学几乎都是依照这一思想去求的. 这方法虽有一点"弯儿",但仍属于求解方程的范畴. 让我们再看下面做法.

解法 2 利用乘法竖式运算,有下式

$$\begin{array}{r} \cdots\cdots\cdots 5797(\text{原数}) \\ \times \qquad\qquad 7 \\ \hline 7\cdots\cdots\cdots 579(\text{新数}) \end{array}$$

开始,我们只知道被乘数(原数)个位数字是 7 和乘数也为 7. 利用乘法竖式运算,考虑到题意,我们就不难将原数(或新数)逐步推算求出. 因为
$$7 \times 7 = 49$$
故新数个位数字即原数的十位数字为 9;因为
$$7 \times 9 + 4 = 67$$
故新数十位数字也即原数的百位数字为 7;因为
$$7 \times 7 + 6 = 55$$
故新数的百位数字也即原数的千位数字为 5;……;依次类推,不断算下去,直到乘积(新数)首位数字出现 7 且没有进位时停止. 于是可得 22 位数
$$1\ 014\ 492\ 753\ 623\ 188\ 405\ 797$$
它应该是所求原数的一个答案.

易见解法 2 思想朴素,运算简单. 它所用到的知识仅仅是每个小学生都掌握的乘法竖式运算. 然而,能够探求到这一方法而反映出来的能力却并非每个受过高等教育的人所具备. 当然,这种能力也绝不是做千万道乘法运算题就会获得的. 在老师的帮助下,同学也将解法 2 中的推算步骤表达成下面的情形:

记原数第 k 个数字是 a_k(从个位数字向高位数字的次序去数),于是,只需从 $a_1 = 7, b_1 = 0$ 开始,按下式
$$k = 1, 2, \cdots$$
$$7a_k + b_k = 10b_{k+1} + a_{k+1}$$
$$0 \leq b_k \leq 6$$
$$0 \leq a_k \leq 9$$

推算到再次出现 $a_n = 7, b_n = 0$ 时为止. 则所求得的 $a_k (k = 1, 2, \cdots, n - 1)$ 就是欲求原数的第 k 位数字.

(注意:上述解答只是答案中的一个,而任何以它为循环节的数也应是该

问题的解.)

问题 一张 1.4 米高的图片挂在墙上,它的底边高于观察者眼 1.8 米.问观察者应站在离墙多远处看图,才能最清晰?(即视角最大,视角是观察图片上底视线与观察图片下底视线的夹角)

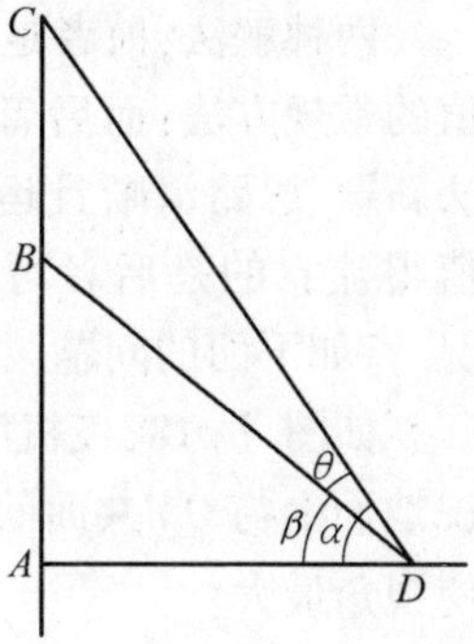

解法 1 如图 Ⅰ.16,设图片为 BC,观察者眼在点 D,过 D 的水平线交墙于点 A,并记 $\angle ADC = \alpha$, $\angle ADB = \beta$, $\angle BDC = \alpha - \beta = \theta$.

令 $AD = x$,因为 $AB = 1.8, BC = 1.4$,故

$$\tan\theta = \tan(\alpha - \beta) = \frac{\tan\alpha - \tan\beta}{1 + \tan\alpha \cdot \tan\beta} =$$

$$\frac{\dfrac{1.4}{x}}{1 + \dfrac{5.76}{x^2}} = \frac{14}{x + \dfrac{5.76}{x}}$$

图 Ⅰ.16

因为
$$x + \frac{5.76}{x} \geq 2\sqrt{x \cdot \frac{5.76}{x}} = 4.8$$

显然,上式等号当且仅当 $x = \dfrac{5.76}{x}$,也即 $x = 2.4$ 时成立.故当 $x = 2.4$(米)时,$x + \dfrac{5.76}{x}$ 最小,从而有 $\tan\theta$ 最大.也即有 θ 最大($0 \leq \theta \leq 90°$).所以,人应站在离墙 2.4 米远处观察图片可最清晰.

解法 2 采用比较变动法.

让点 D(眼)沿水平线移动,当 D 重合于 A 时,视角 $\theta = 0°$,D 从 A 逐渐右移时,θ 随之逐渐增大,当 D 到达某一位置后 θ 又逐渐减少,直到无穷远处又有 $\theta = 0°$.显然,除最大视角外,每一视角必对应着水平射线上的两个点,譬如图 Ⅰ.17 中的 D'' 与 D',因为 $\angle BD'C = \angle BD''C$,故 B, D', D'', C 四点必定共圆.显然,最大视角是存在且唯一的.故最大视角必须对应于水平射线上这样一点 D,它是过 B, C 两点的某圆与射线相切的切点,于是,由圆的切割线定理知

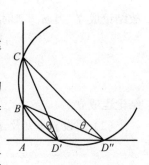

图 Ⅰ.17

$$AD^2 = AB \cdot AC, AD = \sqrt{AB \cdot AC} = \sqrt{1.8(1.8+1.4)} = 2.4(\text{米})$$

两种解法,前者是先建立目标函数,然后再采用求极值的常规方法;而后者是运用变动思想、分析趋势,其方法新颖、思路清晰且运算简便,显然比前者好一些. 更为值得注意的是后者可以解决前者力不能及的更一般情况. 譬如下面的问题:

如图 Ⅰ.18,飞机沿 OA 射线起飞过程中,从飞机上俯视地面上与 OA 共面的线段 BC,问飞机在何处观察 BC 可使视角最大?

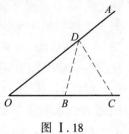

图 Ⅰ.18

从图可见,若飞机记为 D,则有,当 $OD = \sqrt{OB \cdot OC}$ 时,视角 θ 最大. 这题显然由上例解法 1 那样的方法是行不通的. 退一步说,利用微分学知识,由"求导、找驻点"的那一套万能办法来解,情况又会怎样? 恐怕是不会简单的.

问题 给出数列

$$1,1,2,3,5,8,\cdots,\text{其一般项为}$$

$$a_n = a_{n-2} + a_{n-1} \quad (n = 3,4,5,\cdots)$$

证明 $a_{n+m} = a_{n-1}a_m + a_n a_{m+1}$.

题中给出数列是著名的斐波那契数列. 欲证的结论是它一系列有趣而又重要的性质中的一个公式. 在完成证明的学生中,大多数是这样做的:

证法 1 利用数学归纳法,对 m 进行归纳.

(1) 当 $m = 1$ 时,因为

$$\text{右边} = a_{n-1}a_1 + a_n a_2 = a_{n-1} + a_n = a_{n+1} = \text{左边}$$

故结论成立. 当 $m = 2$ 时,因为

$$\text{右边} = a_{n-1}a_2 + a_n a_3 = a_{n-1} + 2a_n =$$
$$(a_n - 1 + a_n) + a_n = a_{n+1} + a_n =$$
$$a_{n+2} = \text{左边}$$

结论也成立.

(2) 假设 $m = k$ 及 $m = k+1$ 时结论成立,也即有

$$a_{n+k} = a_{n-1}a_k + a_n a_{k+1}$$
$$a_{n+(k+1)} = a_{n-1}a_{k+1} + a_n a_{k+2}$$

将上两式相加,有

$$a_{n+(k+2)} = a_{n-1}a_{k+2} + a_n a_{k+3}$$

也即当 m 为 k 和 $k+1$ 时若有结论成立,则必有 m 为 $k+2$ 时结论成立.

由(1),(2)知欲证公式恒成立.

上面的证明是对数学归纳法一种固定模式的套用,思路清晰、步骤也简明. 美中不足的是它给人以平淡无味的感觉. 而少数同学是这样去想的:

"这里的斐波那契数列,好似很熟悉,在那里见过它? 哦! 在上楼梯的问题中曾得到过数列 1,2,3,5,8,13,⋯. 它与斐波那契数列不同之处仅仅是在最前面少了个数'1'. 显然,这里欲证的结论在上楼数数列(即 1,2,3,⋯) 中也应该有啰! 而在上楼问题中这个结论又是怎么回事呢? ⋯⋯"于是,出现了另外的证法.

证法 2 以"上楼问题"为实际模型. 若在上楼时允许一步可以跨一级或跨二级,我们把蹬上第 n 个台阶的所有不同上楼方法数记为 b_n,则上楼数数列 $\{b_n\}$ 的前几项就是 1,2,3,5,8,13,⋯. 显然,有
$$a_{i+1} = b_i \quad (i = 1,2,3\cdots)$$
把蹬到第 $n+m$ 个台阶的所有不同上楼走法分为两类.

(1) 蹬踩过第 n 个台阶的所有上法:

因为从开始到第 n 个台阶上法有 b_n 种;而由第 n 个台阶再到第 $n+m$ 个台阶(这段共有 m 个台阶) 又有 b_m 种不同上法. 故这类上楼方法共有 $b_n \cdot b_m$ 种.(见图 I.19 中实线)

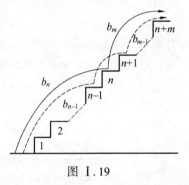

图 I.19

(2) 没有踩过第 n 个台阶的所有上法:

因为不踩第 n 个台阶,则必定要踩第 $n-1$ 个台阶和第 $n+1$ 个台阶,也即必有从第 $n-1$ 个台阶跨二级到第 $n+1$ 个台阶的一步. 而从开始到第 $n-1$ 个台阶的上法有 b_{n-1} 种,从第 $n+1$ 个台阶上到第 $n+m$ 个台阶又有上法 b_{m-1} 种,故这类上楼方法共有 $b_{n-1} \cdot b_{m-1}$ 种.(见图 I.19 中虚线)

从上面分析知,上到第 $n+m$ 个台阶的上楼方法数为
$$b_{n+m} = b_{n-1}b_{m-1} + b_n b_m$$
也即
$$a_{n+m+1} = a_n a_m + a_{n+1} a_{m+1}$$
将下标数中"$n+1$"改为"n",则有
$$a_{n+m} = a_{n-1} a_m + a_n a_{m+1}$$

这种借助于实际模型来证明问题的思想是很可取的. 人在解决新问题时总要利用他已有的经验,换句话说,也即已有的各种经验总要参与新问题的解决.

这种先前的学习对于以后的学习产生的影响就叫做迁移,学习中的迁移是由知识技能的掌握过渡到能力形成的重要环节.只有依据自己已有的知识和经验去分析新问题,改造新问题,揭示新、旧问题的共同本质,才能使已有的经验得到顺利的迁移.在前面问题中的解法2正是体现了这个过程.

以上,我们对于提出的问题都列举出了两种解法,目的无非要作一对比.若没有解法2,那么解法1应该认为是非常不错的方法,它正确无误,按照规定的程序和利用传统的方法再现了正确的结果,达到了分析问题和解决问题的目的.当然,从中也反映出解题人具有很好的"双基".然而,在解法2的对比之下再看解法1,不免使人感到它思想平庸,方法机械呆板,缺乏活力,没有创造性.与此相反,解法2却反映出解题人的反应敏捷、思路开阔、想象丰富,思维具有独立性和创造性.这种创造精神是可贵的、难得的,在此,解题人必须具备一种迅速而准确地把握新材料并把它在自己的思想中加以改造的能力,也即创造性的思维能力.这种别出心裁的解答方法表现了人的聪明才智.

从学生情况看,喜欢"别出心裁"的学生往往也具有"依葫芦画瓢"的本领;而习惯于"依葫芦画瓢"的学生却只有"依葫芦画瓢"的特长.另外值得注意的一点是:提供解法1的学生大都是学校的"门门五分生",他们在学校里的各种考试中总是名列前茅者.而提供解法2的学生却往往是不谋求过高分数的人,他们在那些以再现书本知识为目的的考试里所获得的分数并不那么高,常常是得不到"头几名"的、这耐人寻味的现象是值得深思的.

从心理学知,思维存在着具有某种势头的方向性.倘使开头方向定错了,即使努力也不会得到问题的解答.而且势头越大越强,方向也就越难以转换.有人曾给大学生进行过如下实验:

	可利用水缸			应求量
	A	B	C	D
(1)	29	3		20
(2)	21	127	3	100
(3)	14	163	25	99
(4)	18	43	10	5
(5)	9	42	6	21
(6)	20	59	4	31
(7)	23	49	3	20
(8)	15	39	3	18

问题 怎样利用上表中左边所示的各种容积的水缸,才能汲出右边所示的特定容量的水来?

第(1)题是演示题.让实验组的大学生从第(2)题一直(依次)做到第(8)题.让控制组的大学生跳过第(2)至(6)题,仅做第(7),(8)两题.结果表明控制组全是用 $D = A - C$ 的方式解答(7)的,实验组则有81%的大学生同(2)至(6)的解答一样,用 $D = B - A - 2C$ 的方式.事实说明,第(7)题尽管有它的简便解法,但是一种很强的思维定势很容易使人去套用先前的方法.当然,在学习某种问题的解法时,用某种程度上相类似的问题形成定势是必要的.但是,绝不能像实验组去解水缸问题那样囿于某一方法.我们认为思维定势愈强烈,在新情境中就愈难于灵活思考.如何克服思维定势不利的一面,让学生能够舒畅地、多方面地去考虑问题是很重要的,这是培养创造性的一个重要因素.我们曾做过这样一次试验,我先举一例并给出解答方法.

问题 求"被3除余2,被5除余3,被7除余4"的这类数中的最小数.

解 先从被3除余2的数
$$2, 2+3=5, 5+3=8, 8+3=11, \cdots$$
中找出被5除余3的最小数8.然后再从被3除余2且被5除余3的数
$$8, 8+15=23, 23+15=38, 38+15=53\cdots$$
中找出被7除余4的最小数53.于是得到答案是53.

举例后,我们又给出五个类似的题要求第一组同学尽快做完它;而对第二组同学只给出五题中的两个题,要求大家完成它,这两个题目是:

(1) 3数余2,5数余3,7数余6,求满足条件的最小数;

(2) 3数余1,4数余2,5数少2,6数少2.求满足条件的最小数.

结果,第一组同学因图快而省去思考的时间,采用模仿例题的手法去解,大体情况如下:

解(1),从3数余2的数 2,5,8,… 中找出5数余3的8;然后从3数余2且5数余3的数 8,23,38,53,68,83… 中找出7数余6的83.83为所求数.(这里算了七步)

解(2),从3数余1的数 1,4,7,10,… 中找出4数余2的10;然后从3数余1且4数余2的数 10,22,34,46,58,… 中找出5数少2的数58;又58是6数少2.故58为所求数.(这里也用了七步计算)

仅做两题的第二组同学因只需完成两个题,故他们并没有时间上的紧迫感,从而在解题中追求的是漂亮的解法而不满足于对例题解法的简单套用,譬如：

解(1)，从 7 数余 6 的数 6,13,… 中找出 5 数余 3 的 13；再从 7 数余 6 且 5 数余 3 的数 13,48,83… 中找出 3 数余 2 的 83，故所求数为 83.（这里仅用了三步计算）

上述解法从"7"开始，考察"5"再考察"3"，优点是每次运算"步子大". 也有人是这样做的：

"因为该数加上 1 后是 3 和 7 的倍数，故该数为 $21k-1$ 形状，其中 k 为自然数. 又因为 5 数余 3，故该数少位数字必为 3 或 8，不难看出最小 k 为 4，即 $21 \times 4 - 1 = 83$ 为所求数."

解(2) 细观察，发现所求数 x 加上 2 后应该是 3,4,5 的倍数（当然必是 6 的倍数了），故

$$x + 2 = 3 \times 4 \times 5, x = 58$$

对照之下，解法优劣显而易见. 结果表明滥演多题不如精做一题，相同类型的习题大量重复练习容易产生思维定势的消极影响，使学生养成一种呆板的机械的解决问题的习惯，一味地模仿蒙蔽了心智的开展. 若教师在设计和选留练习时，在讲评练习时，能采取反思维定势的措施，对学生提出"不以求得正确答案为满足"的要求，提倡学生探索解决问题的最佳方法，则会大大有利于学生创造性思维的培养.

八、高速度教学原则的贯彻实施

前苏联著名的心理学家、教育学家列·符·赞可夫认为，旧教学法的最大缺点就是在教学中进行"多次的单调的重复"，"迫使学生反复咀嚼已知的材料". 教师一遍又一遍地、翻来覆去地讲同一个材料，学生则必须一遍又一遍地、"百听不厌"地听老师讲解. 这种做法不仅浪费了大量的教学时间，把学习进度拖得很慢. 而更为严重的是它导致了学生不动脑筋，精神消沉，懒于思维. 使得学生对于精神成长的"粮食"食之无味. 妨碍了求知欲，妨碍了智力的发展.

条件反射论创始人巴甫洛夫认为，如果刺激集中在大脑皮层的一个地方，或是刺激老是叮在一个细胞上，就会使人的大脑进入无兴奋状态，于是出现完全的或局部的睡眠. 了解到这点后，对为什么有学生在课堂上打瞌睡或半醒半睡也就不足为怪了. 现代神经科学的实验证明：若以同一频率反复刺激神经原，

它的反应就很快消失;而稍微改变其频率,它的反应则又可上来.这就说明,单调的重复容易引起大脑神经的疲劳,而增添新的"信息"才能引起大脑的兴趣,从而也可使大脑保持良好的学习状态.

赞可夫不同意旧教学论中为达到牢固掌握基本知识、技能和技巧而提出的"巩固性原则".他主张教学应使学生初步认识周围世界,满足他们旺盛的求知欲,扩大他们的知识面.当然,在此并不排斥让学生掌握牢固的知识、技能和技巧,因为这正是儿童认识世界的有力手段.在复习和巩固的问题上,赞可夫认为,许多知识和技能不需要初学时就要求一下子练得那么纯熟,因为这样必然会导致机械重复和死记硬背.成年人对自己的专业知识也不一定都是一下子记牢的,而是因为他们经常用到它、谈论它才达到了高度熟练而终生难忘,要求利用连续重复去"一下子"记住的方法是不科学的.

赞可夫主张以"高速度"进行教学.他认为,老师讲的东西,只要学生懂了,就可以往下面讲而决不要原地踏步.讲新问题中包含着老问题,做新练习时里面包含着老的练习.使得学生总感到是在学习新的东西,从而使学生保持了较高的学习兴趣.当然,这里的"高速度"决不是"开快车",不是在一节课里讲的东西越多越好.而是要求"不断地前进,不断地用丰富多彩的内容来丰富学生的智慧,使他们更深刻地理解所获得的知识.把这些知识纳入一个广泛的体系".

我们在活动中力图采用"高速度"的原则来组织教学.我们不搞单调重复,不追求"熟记"教学内容,利用知识本身来吸引学生.用不雷同于先前的学习内容及问题来使学生感到知识与技能的不足,感到进一步学习新东西的重要.用不断创设原封不动地运用已有知识不能解决的问题情境来调动学生的思维,采用以知识的广度来达到知识的深度(巩固性)的做法.下面我们以两个问题组为例作一简单说明.

在以"点间最短线"为中心内容的一次活动中,我们从"联结两点的线段(直线、折线或曲线)中以直线段为最短"这一人所皆知的公理出发,采用逐步深入的作法,讨论了下面几个问题:

(1)在直河岸 AB 同侧有两工厂 C,D,现欲在河岸边修一码头 E,并由码头 E 修两条通往工厂的公路.问码头 E 修在何处才能使两条公路的总长度最小?(图 I.20)

(2)A,B 两村庄分别在直河道的两侧,并知两村庄连线与河岸线不垂直.现打算在河上修一座桥以便利两村庄群众来往.问桥修何处才能使从 A 到 B 的路

程最近? (图 I.21)

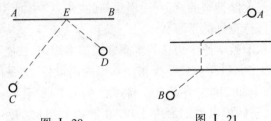

图 I.20   图 I.21

(3) 若长方体 $ABCD - A_1B_1C_1D_1$ 的长、宽、高分别为 a,b,c 且有 $a > b > c$. 求蚂蚁由 A 沿长方体表面爬到对角顶点 C_1 的最短程路线. (图 I.22)

(4) 锐角三角形 $\triangle ABC$ 中, $\angle A < 60°$, 在边 AB, AC 上各找一点 P, Q, 使得 $BQ + QP + PC$ 为最短. (图 I.23)

(5) 在正六边形的球台上有两个小球 P_1 和 P_2, 现击球 P_1 使它由六条边线逐一反射后恰好与 P_2 相碰(假定最初位置使这种反射是可能的). 问应该如何击球 P_1? (图 I.24)

(6) 在锐角三角形 $\triangle ABC$ 的三条边上各找一点 D, E, F, 使得 $\triangle DEF$ 具有最小的周长.

(7) 在锐角三角形 $\triangle ABC$ 内找一点 P, 使得 $AP + BP + CP$ 的和为最小.

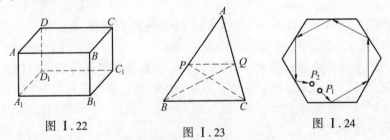

图 I.22   图 I.23   图 I.24

这组问题就难度而言是逐题加重的, 而每一个题又有其自己的特点, 这样, 学生思考起来很带劲儿, 每一问题的解决过程都能给人以实实在在的收获. 其中问题(1)的目的是要引入"镜像法"这一技巧;问题(2)希望学生能想到"平移河道"或者"搬桥上岸";问题(3)是要学生能想到将立体表面"拆展"开来成为平面情况;(4)和(5)则都是(1)的深化, (4)可以采用分别找 B 在 AC 中镜像及 C 在 AB 中镜像的方法. 也可采用连续找镜像的方法. 而(5)应该采用连续找镜像的方法;(6)和(7)是两个著名的问题, 关于它们的解法很多且富有启发性. 显然, 我们选用它们的目的是想引起活动的高潮, 使学生在探索解答的过程中增长才智. 当然,这组问题解决的终结都是"两点间的连线以直线段为最短"这一公理,但是问题之间互不雷同,从形式到解法都能给人以"步步高"的感受. 在此,不搞简单的重复练习,问题(1)的解法使用到问题(4)和(7)中,问题(4)的解法又用到问题(5)和(6)中,而这种"使用"又不是"简单地套用",它体现了不断前进、不断用丰富多彩的内容来发展学生的智慧的过程,在这过程中又使学生牢固地掌握了有关的知识、技能、技巧.

又譬如,在以"数学归纳法"为中心内容的活动中,我们提出这样一些问题:

(1) n 条直线最多能把平面分成几块?

(2) 若 m,n 是自然数,证明 $\sqrt[n]{m}$ 和 $\sqrt[m]{n}$ 中较小者不超过 $\sqrt[3]{3}$.

(3) 给出数列: $1,1,2,3,\cdots$,其一般项 $a_n = a_{n-2} + a_{n-1}(n = 3,4,5\cdots)$. 试问:数列中任意相邻两项的平方和是否仍在数列之中? 总结规律并证明之.

(4) 将 $2n$ 只棋子分成数目相等的两堆,甲、乙两人轮流从中取棋子. 若规定每次可以从某一堆中取若干只棋子(个数不限),拿到最后一只棋子者为胜. 试证明后取者可以必胜.

(5) 把 3 个白子与 3 个黑子依次不留间隔地排成一行. 若规定取出相邻两子保持先后次序不变地放到其他子旁的空位上叫一次移动,则经 3 次移动可使 6 个子排成黑白相间且不留间隔的一行(见图 I.25). 试将这游戏推广到 n 个 黑子与 n 个白子的情况.

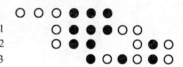

图 I.25

(6) 数列 $1,6,8,24,27,60,\cdots$ 按这样的法则构成,它的奇数项为 $a_{2n-1} = n^3$,偶数项为 $a_{2n} = n(n+1)(n+2)$. 若以 S_k 表示前 k 项的和. 试证

$$S_{2n-1} = \frac{1}{2}n(n+1)(n^2+n-1)$$

$$S_{2n} = \frac{1}{2}n(n+1)(n^2+3n+3)$$

(7) 若 $a_i > 0(i = 1,2,3,\cdots,n)$. 试证

$$\frac{1}{n}(a_1 + a_2 + \cdots + a_n) \geq \sqrt[n]{a_1 a_2 \cdots a_n}$$

(8) 试证不定方程

$$x_1 + x_2 + \cdots + x_m = n \quad (m,n \text{ 为正整数})$$

的非负整数解的组数为 C_{m+n-1}^{m-1}.

……

我们在学生基本弄清楚,为什么要用数学归纳法?什么时候需要运用数学归纳法?怎样正确运用数学归纳法?之后,就不在数学归纳法的基本证明模式

若:
(1) $P(1)$ 真;
(2) $P(k)$ 真 $\to P(k+1)$ 真. ($k \geq 1$)
则 $P(n)$ 真.

(A)

上作过多的停留. 而是陆续给出如前所述的一系列实际问题,并由此引出数学归纳法的以下各种证明模式

若:
(1) $P(l)$ 真;($l > 1$)
(2) $P(k)$ 真 $\to P(k+1)$ 真. ($k \geq l$)
则 $P(n)$ 真. ($n \geq l$)

(B)

若:
(1) $P(l)$ 真,$P(l+1)$ 真;($l \geq 1$)
(2) $P(k-1),P(k)$ 皆真 $\to P(k+1)$ 真. ($k \geq l+1$)
则 $P(n)$ 真. ($n \geq l$)

(C)

若:
(1) $P(l)$ 真;($l \geq 1$)
(2) $P(l),P(l+1),P(l+2),\cdots,P(k)$ 皆真 $\to P(k+1)$ 真. ($k \geq l$)
则 $P(n)$ 真. ($n \geq l$)

(D)

若:
(1) $P(l),P(l+1),\cdots,P_{(l+m-1)}$ 皆真;($l \geq 1, m \geq 2$)
(2) $P(k)$ 真 $\to P(k+m)$ 真. ($k \geq l$)
则 $P(n)$ 真. ($n \geq l$)

(E)

若：
(1) $A(1)$ 真；
(2) $A(k)$ 真 $\to B(k)$ 真, $B(k)$ 真 $\to A(k+1)$ 真. $(k \geq 1)$
则 $A(n)$, $B(n)$ 皆真. $(n \geq 1)$

(F)

若：
(1) 可找到任意大的 n 使 $P(n)$ 真；
(2) $P(k)$ 真 $\to P(k-1)$ 真.
则 $P(n)$ 真.

(G)

若：
(1) $P(1,m)$ 对自然数 m 真； $(m \geq 1)$
$P(n,1)$ 对自然数 n 真； $(n \geq 1)$
(2) $P(k+1,s)$, $P(k,s+1)$ 皆真 $\to P(k+1,s+1)$ 真.
$(s \geq 1, k \geq 1)$
则 $P(n,m)$ 真. $(n \geq 1, m \geq 1)$

(H)

以丰富多彩的问题来展示这一数学方法的威力,以数学归纳法的各种不同证明模式的具体应用来加深对"奠基"和"递推"两大步骤的理解,使学生对该方法的实质"验证某个事实并证实递推正确性"能从根本上去掌握,并能做到活用. 实践证明,这种以知识广度来达到知识深度(即巩固性)的做法是有效的. (见附注)

九、高难度教学原则的贯彻实施

关于"难"有两种. 一种是为了使学生达到巩固或纯熟而设置的反复练习,类似的习题让学生做上几百几千道. 其实,教的内容并不难,而难就难在学生要克服这种单调乏味又无穷无尽的"操练". 这种百题练、千题练的重复劳动不仅增加了学生笔头机械练习的负担,而更严重的是它抑制了学生的积极思维,扼杀了学生的求知欲望. 另外一种"难"是指要求学生运用自己的思维去克服障碍,它要使学生的精神力量发动起来. 在此,学习不单是靠记忆和模仿,而是要靠思考、推理去独立探求解答.我们提倡的是后一种"难".大家都明白,打仗要打硬仗,下棋要找高手.学习也不例外,长进的诀窍之一是要不断迎着困难上.

前苏联心理学家维果茨基把教学中的发展分为两个水平.一个是学生现有的发展水平,它表现为学生现在就能够独立完成所提出的智力任务.第二个水平是"最近发展区",在这个水平上,学生思维过程还在形成,这时学生还不能独立完成任务,但在教师的启发帮助下、在集体的协作中,经过一番努力才能完成的任务.学生在今天必须由老师帮助或于合作中所能完成的任务,到了明天就能在没有外援的情况下独立完成它.这样,第二个发展水平就转变为第一个发展水平,学生在智力上就提高了一步.教学不应该停留在第一发展水平上作原地踏步,而应该依靠那些正在或将要成熟的心理过程来创造"最近发展区",让学生通过努力思考,在智力的阶梯上有所提高.有人曾把获得知识比喻成摘果子,主张让学生跳一跳才能摘到果子比随手就可摘到果子好得多.

在活动中,我们不希望学生在学习中感到轻而易举而根本不知道什么是困难.因为学生在学习时觉得什么都很容易,就容易在思想上滋长懒惰的恶习.值得注意的是这种恶习往往出现在有才能的学生身上,当他们不费吹灰之力就掌握了别的学生要花一定力气方能得到的东西时,如果不再给他力所能及的更困难的任务,他就容易游手好闲.为此,教学必须走在学生发展的前头.

为贯彻"高难度"的教学原则,我们采用了很多做法,现举几个予以说明.

我们主张要经常给学生创造一个所谓的"困难的阶梯".无论是活动中的节目还是活动后的作业,都应该使所布置的练习属于学生的"最近发展区",使学生在老师帮助和自己努力之中能够攀登这个"阶梯".而前边提到的"点间最短线"和"数学归纳法"那两组问题,就练习强度而言正是反映了这种"阶梯".实践表明,若完成的练习确属"困难的阶梯",则学生在攀登之中就必须花费一定的力所能及的紧张努力,而这种紧张的智力活动往往又会使学生的能力获得良好发展,技能、技巧也会逐步完善和巩固.

我们主张要尽量将知识应用到实际情境中去.计算式子的值,证明等式或不等式,证明一个几何结论,求解方程或不等式,等,诸如此类的纯数学题是学生根据教学要求来学会掌握各种知识所必须完成的练习.但是,更为重要的是要使学生还应当把自己获得的知识、掌握的技能和技巧带到实际生活中去,去解决实际情境中出现的问题,直至今后当他需要完成他所担负的职责和任务时也能够运用自己的知识、技能和技巧.正因如此,我们在活动中大量选用"应用题".完成"应用题"往往具有较大的难度,注意数学和现实的相互联系是我们加强难度的一个重要方面.

我们重视对有趣问题的充分利用.一个问题尽管得到了正确的答案,我们认为求知的思维过程并不到此告一段落,探究的工作并没有完结.能否考虑一下,问题能不能推广为更一般的情况,抽象出更加一般的结论呢?将问题作深一步的探究是我们加强难度的常用手段.关于问题深化的例子很多,譬如前面曾提到过的"8 只围棋子围圈调整问题"、"连圆周上的点划分区域问题"、"三人分游戏棒问题"等.现在,我们再举一例说明.

在问题"允许上楼梯时一步可跨一级或二级,问上到第 10 级台阶共有多少不同上法?"的求解完成之后,我们布置了如下问题.

售票问题　某剧院售票窗口有很多人在排队购票,剧院规定每人限购 10 张票(只能少购不能多买).问:当前 15 张票售出时(第 16 张票还没售出)可能出现多少种不同的售票情况?

乍一看,问题与"上楼问题"形式不同,细究后知两者实质一样,倘若人的腿"特别长"的话,则"售票问题"就是"上楼时,你可以一步跨一级或跨二级或跨三级……或跨 10 级,那上到第 15 个台阶共有多少不同的上法?"

现在回到售票问题,并考虑更为一般的情形.具体求解过程如下:

设每人限购 k 张票,求前 n 张票不同的售出方式数.令前 i 张票恰好售出的所有不同售出方式数为 a_i.下面分两步讨论.

(1) 当 $i \leqslant k$ 时:

第 i 张票售出的情况,它可能是单独一张,二张之一,三张之一,……,($i-1$)张之一,i 张之一.而它们出现的次数显然分别是 $a_{i-1}, a_{i-2}, a_{i-3}, \cdots, a_1, 1$.于是有

$$a_i = 1 + a_1 + a_2 + \cdots + a_{i-2} + a_{i-1} =$$
$$a_{i-1} + a_{i-1} = 2a_{i-1} = 2^2 a_{i-2} = \cdots = 2^{i-1} a_1 = 2^{i-1}$$
$$(a_1 = 1, i = 1, 2, 3, \cdots, k)$$

(2) 当 $i > k$ 时:

第 i 张票售出的情况,它可能是单独一张,二张之一,三张之一,……,k 张之一,而它们出现的次数又分别为 $a_{i-1}, a_{i-2}, a_{i-3}, \cdots, a_{i-k}$.于是有

$$a_i = a_{i-k} + a_{i-(k-1)} + \cdots + a_{i-2} + a_{i-1}$$

当 $i > k+1$ 时,有

$$a_i = (a_{i-(k+1)} + a_{i-k} + \cdots + a_{i-2}) + a_{i-1} - a_{i-(k+1)} =$$
$$a_{i-1} + a_{i-1} - a_{i-(k+1)} = 2a_{i-1} - a_{i-(k+1)}$$

321

当 $i = k+1$ 时,有

$$a_{k+1} = a_1 + a_2 + \cdots + a_{k-1} + a_k =$$
$$(1 + a_1 + a_2 + \cdots + a_{k-1}) + a_k - 1 =$$
$$a_k + a_k - 1 = 2a_k - 1$$

为式子整齐,令 $a_0 = 1$,则有

$$a_i = 2a_{i-1} - a_{i-(k+1)} \quad (i = k+1, k+2, \cdots)$$

综合(1),(2)得

$$a_i = \begin{cases} 2^{i-1}, & \text{当 } i \leqslant k \text{ 时} \\ 2a_{i-1} - a_{i-(k+1)}, & \text{当 } i > k \text{ 时}(a_0 = 1) \end{cases}$$

于是原售票问题是当 $k = 10$ 时,求 a_{15}. 不难先由 $a_i = 2^{i-1}$ 算出 $a_1, a_2, \cdots, a_{10}$ 来,然后再根据 $a_i = 2a_{i-1} - a_{i-11}$ 算出 $a_{11}, a_{12}, \cdots, a_{15}$. 具体数字见下表:

a_0	a_1	a_2	a_3	a_4	a_5	a_6	a_7
1	1	2	4	8	16	32	64
a_8	a_9	a_{10}	a_{11}	a_{12}	a_{13}	a_{14}	a_{15}
128	256	512	1 023	2 045	4 088	8 172	16 336

所以,前 15 张票售出的所有不同情况共有 16 336 种.

对于售票问题,上面的解法是将它作为上楼问题的复杂情况来处理的. 除这种利用递推关系来解答外,还有其他的方法,在此不再赘述.(见附注)

除了对某些问题进行推广练习外,对于求得了答案的练习,我们一般还将问上几个问题. 譬如,你能把结果加以验算吗? 你能证实所得结论吗? 你会采用别的方法求出结果吗? 你能否一下子看出结果? 你能把结果或解法用到其他问题上去吗? …… 高难度,在我们的活动中常常是通过"精做一题"来达到的.

有些数学游戏和智力测验的结果常常要靠聪明脑袋去"猜". 譬如,前面提到过这样一个问题"在纸上画出四个点来,使它们之间只有两种长度的距离. 你能画出几种结果来吗?"想一想,总会找出几种结果来的. 但是,除找到的几个结果以外还是否有其他结果呢? 怎样才能用严谨的数学方法去推导出所有的解答? 而不将求解寄托于硬猜! 标准高一点,问题的难度也就大了. 注重科学的探求方法是我们高难度教学的一个重要方面. 下面举例来谈.

分油问题 有一个装满十斤油的油坛,另外还有容量分别为七斤和三斤的两个油瓶,现用两瓶为量器,问如何将坛中油分为两个五斤?

凭借小聪明,不少学生很快找到了问题的解答,给出了可行的平分方案.因此大家感到问题很容易.在此情境下,我又提出将瓶容量改成"六斤和四斤",要求大家考虑平分方案.结果,没有人敢于回答,因为大家都找不出(想不出,猜不出)答案来.大家的自尊心很强,找不出平分方案还有点"誓不罢休",于是个个紧锁双眉苦思苦想着.在学生的好胜吃了个软钉子后,我开始引导大家去寻找科学的解题方法.

实际上"六斤和四斤"的情况是无法平分油的,问题无解.我们采用画图的办法来求解,图由点以及点与点之间的连线(边)组成,我们用点表示布局,初始点表示开始布局,得胜点表示得胜布局,当且仅当执行某个允许的"棋步"之后,由布局 V_i 形成布局 V_j,则 $<V_i, V_j>$ 才成为图中的边.于是,问题的求解就是要寻找一条从初始点出发并终止于得胜点的一条道路.而每一条这样的路表示一个解.倘使这种路不存在,则问题就无解.我们用点 (a,b,c) 表示油坛中有 a 斤油,七斤瓶中有 b 斤油,三斤瓶中有 c 斤油.于是,下图就描述了求解的过程.初始点 $(10,0,0)$ 表示 A 坛中有油 10 斤且两瓶空.显然,从它只能执行将 B 瓶(七斤瓶)或是 C 瓶(三斤瓶)灌满,也即点 $(10,0,0)$ 可过渡到 $(3,7,0)$ 或 $(7,0,3)$.再看 $(3,7,0)$,因为 B 瓶已满且 C 瓶空,故只能执行这样三步:将 A 坛中油灌入 C 瓶得 $(0,7,3)$;将 B 瓶中油灌入 A 坛或 C 瓶分别得 $(10,0,0)$, $(3,4,3)$.又因为 B 瓶中油倒入 A 坛重复了已有的布局 $(10,0,0)$,故这步应删去.同样考虑知从 $(7,0,3)$ 可过渡到 $(0,7,3)$ 或 $(7,3,0)$.因为从 $(0,7,3)$ 仅能过渡到重复了的布局,故从该点已无路可往前走.则下面可再考查 $(3,4,3)$ 和 $(7,3,0)$ 可引出的新布局.接下去再考察这些新布局又可引出的更新布局等.一直画下去,直至到达布局 $(5,5,0)$ 为止.这样,从 $(10,0,0)$ 到 $(5,5,0)$ 的一条路就为问题提供了一个平分方案(解).从图 Ⅰ.26 中知道问题有两个解.

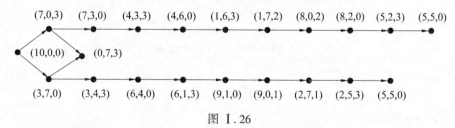

图 Ⅰ.26

用完全同样的方法来考虑"六斤和四斤"的情况,以点 (a,b,c) 表示油坛、六斤瓶和四斤瓶中的油(斤)数.当图画到布局 $(2,6,2)$ 和 $(8,0,2)$ 时已无路可走(见图 I.27). 故而没有从初始点$(10,0,0)$到得胜点$(5,5,0)$的路. 也即无法用"六斤和四斤"的瓶来平分10斤油.

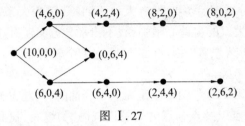

图 I.27

与"分油问题"类似,还有所谓的"过河问题". 例如"一个人带着一只狼、一头山羊和一篮青菜来到河边,因船小他每次只能随身带三件东西中的一件过河. 又知人不在时狼和山羊、山羊与青菜都不能同时放在岸边. 问如何过河?"这问题很简单,只要注意把狼和羊、羊和青菜在过渡的每一步骤中分开,就不难得到过渡的方案. 譬如,人先带羊过河. 留羊在对岸,空手返回. 然后人再带狼到对岸(留下狼)同时把羊带回原岸. 第三步人把菜带到对岸留下空手返回. 最后再把羊带过去. 这样既达到了过河又未遭损失. 下面我们也用图来描述求解的过程(见图 I.28). 我们用 A 表示人,用 b,c,d 分别表示狼、羊、菜. 用点(L,R)表示此岸情况为 L,而对岸为 R. 开始人、狼、羊、菜都在此岸,彼岸空. 这只能过渡到下一个布局,即此岸留下狼、菜,人、羊到了彼岸. 再往下可过渡到两种布局,或人单独回此岸或人、羊都回到此岸,但因后者是前面已有过的布局,重复考察已出现过的情况是毫无意义的事,所以应避免其出现,用同样的方法可构成图中其他部分,直至到达得胜布局(全部到达彼岸). 从图 I.28 中知存在着两种渡河的办法.

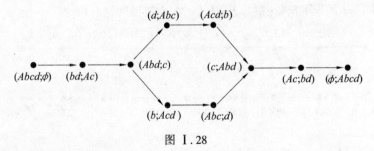

图 I.28

上面举出的简单例子,我们不靠"猜",而利用图论中的有向图来寻求解答,目的是要说明注重科学的方法去探求全部解或断言无解的重要."硬猜"不是个好办法,"凑巧"想到一个解答也不是我们所追求的目标.我们恨在黑暗中走路,当我们还不能看到某一步有任何理由带我去接近目标的时候,我们讨厌迈这一步.我们所希望的是每一步的迈出都能使人接近目标(求全部解或断言无解),从而使人满怀信心地前进.下面给出一个稍复杂的问题.

六动物渡河问题:大虎A、小虎a、大狮B、小狮b、大熊C、小熊c来到大河北岸.现有一只小船,它最多只能载两只动物(大小不限).若三只大动物和小虎都会划船而小狮、小熊不会划船,又知小动物若没有同类大动物在身边护卫时就有遭到其他大动物伤害的可能.问:六动物能否安全过河?(若能的话,怎样过渡?有多少种方法?若不能的话,请讲明理由)(见附注)

用上述图论中的有向图的方法去探求,不难知道,问题的结论是能安全过河且有32种不同的过渡方法.显然,这是"用聪明脑瓜去猜"的人所望尘莫及的.

最后要强调的一点是,关于"高难度"并不是指内容越难越深就越好.而是选择学生能够理解的材料去唤起学生积极思考,使学生在知识的累积和能力的发展上都能不断上升提高到更高的阶段.这一原则的用意无非是"发挥学生的精神力量,使它们有广阔的活动余地".教师要为学生开创"海阔凭鱼跃,天高任鸟飞"的条件(见附注).另外值得注意的是,高难度教学必须建立在学生自身的学习积极性已被动员起来的基础之上.

十、自我学习力的培养

教学的一个显著特点就是它的"临时性",而人又必须"活到老、学到老".所以,教学必须注意的一点是应使学习者得以自力更生.以往的各种教育学理论中,在教学论部分,主要论述传授知识的原则和方法,对知识的教学有着明确具体的要求;而对智力发展和能力培养涉及不多,对智力与能力的要求是笼统的抽象的,使人难以落实.另一方面,教育学总是研究教师的教而很少论及学生的学.所以,在研究教学原则和方法时,很有必要突出研究一下学生自己学习的问题.

一个人的自学能力的重要性可以从两方面来看.首先在人的一生之中,在老师指导下学习是暂短的.走出学校大门之后,求知的道路还长得很.为适应各种需要,每个人还必须进一步学习,那时无疑主要是靠自己.为了不发生学校毕业即结束学习之业,就必须把学习的主动权交给学生自己,学校的教学就应该尽最大可能去发展学生的智力、去培养学生的自学能力.使学生在走出学校大门的时候已成为一个聪明且具有自行深造本领的人.其次,就学习过程本身而言,自学是学习者自身认识矛盾的过程,是发挥学习者内因作用,调动学习主动性,培养认真读书、独立思索习惯的重要途径.自己学习反过来又可以弥补教学中的种种不足.

相传有个寓言:一个穷书生遇到一位仙翁,书生向仙翁祈求帮助.仙翁欣然答应并叫穷书生看着地上的石头,接着仙翁用手指轻轻一点,石块立刻变成了黄金.仙翁示意书生拿黄金去变卖为生.书生拾起黄金交还给仙翁,说"这个黄金我不要,我要你的手指头".故事虽短却耐人寻味,这里的穷书生并非贪心不足,相反,他不愿图现成而要自己掌握"点石成金"的本领.我们的教学也一样,教师重要的不只是将"金子"和盘托出给学生,而更重要的是给学生以"点金术".我们不能把世上的知识全部教给学生,正像我们不能带领他们走遍世界的每个角落一样.但是我们能够把掌握知识的方法教给学生.正像我们能够指点他们去跨越我们尚未走过的路一样.

"抱"是当前教学中除"灌"以外的又一突出问题.人所皆知,小孩子学走路时,最初由大人扶着,跌跌撞撞地走,然后一点点地放手,边扶边放,最后则完全放开手,小孩自己会走了.倘若总是抱着走,小孩即便"行"了一段路,但放到地上还是寸步难行的.学生的学习就有如小孩学走路,教师的教学一定要有扶有放.教的目的是为了最终的不教.

在培养学生自学能力的工作中,我们首先抓的一点是使学生养成读书的习惯.初中生,尤其是那些感到学习轻松的学生,在老师头头是道、颇有见解的讲课之后,往往是翻书为找作业题,课本的作用只当了一本习题集,学生的读书习惯差.在小组的活动中,我们并不把学校规定的教学内容作简单的提前讲授,而将这些内容逐次安排到两次活动的间隔中,要求学生自学(主要是读课本),并希望大家在不靠别人(老师、家长等)帮助的情况下坚持自己去学习,规定在半年到一年的时间内将中学全部数学课程自学一遍.这项工作我是硬逼学生去啃书,因为每次安排的自学内容往往下次活动会涉及,所以,起初学生感到有点逼迫的味道.但是,日子一长,逐渐转为由求知欲所驱使而读书,自学也就成为自觉自愿的事情.在自学课本之后,我们还鼓励博览课外书籍,其目的是"借他山之石,可以攻玉".

在集中活动中,把学生教懂并不是我们的目的,我们追求的是引导学生去想懂.通常,大家总认为教师水平高、教学好,就是把课讲得全面系统深刻,学生在学习中可能遇到的各种障碍,老师在讲课中一一予以扫除,学生不需吃力就可以顺利知晓教学的内容,做到了当堂消化.曾有一位重点学校的特级教师在总结经验时特别强调"当堂课的问题当堂课解决,决不让学生带到第二天去".对此,我们有不同看法一堂课讲得使学生"坐飞机",理解领悟到的东西甚少,固然不好.但是,老师把教学内容咀嚼得细,把课讲得一清二楚、明明白白,也未必是好.这种使学生躺在教师身上去舒舒服服地学习的方式,只会使得学生不爱动脑去钻研问题,从而也无法培养起勇于攀登科学高峰的品质及探究问题的行为和方法.所以,我们采用"不讲透而让学生想透"的讲法,也不搞"当堂消化",主张留下适当的疑难,为学生创造课后思维活动的机会.我们只希望学生对课中谈及的内容大部分懂、小部分疑,课后再加一把劲儿方可大体全懂.即,在课上让学生在老师的引导下去"觅食、咀嚼、品味、开胃",至于"消化和吸收"还有待于学生在课后的"跳一跳"之中去完成.于是,活动中常常出现这样的情况,老师在引导分析后却不进行归纳总结,有时对提到的例题并不做从头到尾的详尽解答等.譬如,前面曾提到"在平面上找四个点,使得点与点之间只有两种距离"一题,问题给出后,我们既不给出答案,也不介绍寻求解答的方法,而是紧扣问题条件,让大家去引出并回答下面一些问题:

(1) 四个点之间能连成几条线段?这些线段可构成多少个三角形?

(2) 产生的三角形应该是什么形状?

(3) 以四点中的三点为顶点构成一个三角形,那第四点又该落在何处?

(4) 与某一点相连的线段有几条?它们之间又有何种关系?

(5) 倘若存在这样一点,它到其他三点的距离都相等,那其他三点应落在何处?能否就此寻找出这种情况下的所有解答?

(6) 倘若不存在(5)中那样的一点,那这种情况又该如何求出该条件下的全部解答?在对上述问题讨论的基础上,希望学生能从(1),(2),(3)或者(1),(4),(5),(6)中找出解题的方法.当然,至于具体求解则是课后的工作.

又譬如,在讲反证法时,在几个例题之后,我们强调出证明方法的关键是"归引出谬误矛盾的结果".虽然,对于归引方式及矛盾结果的常见类型是完全可从所举例子中抽象总结成若干条文,(这工作是十分简易的;例题也正是按类型配制的),但是,我们不在课堂上进行这一工作,而让学生课后自己去完成它.我们在课堂上最忌讳讲"碰到某类问题应该采用某方法去做"、"遇到某种情况必须如何如何"之类的说教,我们认为:"一切需要学生知晓掌握的东西并非一定要由教师之嘴来告诉给他;相反,其中的大部分最好应由学生亲自动脑,以艰苦的劳动去获得.前者'来得容易丢得快',而后者虽来之不易,却往往使人终生难忘.学生在学习中,若能经过自己一番努力而达到豁然开朗的境地,这样做既能提高学习的兴趣又利于发展学生的思维能力.实践证明,'留三分疑'的课学生爱听,而课后再'跳一跳'是发展学生自学能力的一个好办法."

古人说"学而不思则罔,思而不学则殆",意思是说学与思是相辅相成的,两者不可缺一,思考促进了学习知识,学习知识又发展了思维能力.我们认为学生积极思考是理解知识的关键,而思考又往往是从"疑"开始的.这就是学起于思,思源于疑.疑是点燃思维探索的火种.所以,我们在学习中提倡"学则需疑".为了养成"多疑"的好习惯,我们鼓励大家找问题,遇事多问几个"为什么".问题提得越多,解决得越彻底,就越能深入到事物的本质,探索到其中的奥秘.但是,"为什么"去问谁?我们主张最好是问自己,自问自答是极重要的自学手段.可是,我们常见到这样一些热心肠的教师,他们对于学生的发问做到了有求必应,回答得耐心又细致,将自己对该问题的所知毫无保留地统统告诉学生.真不知这种好心的回答于发展学生的能力有何好处?有些学生在听了老师的解答后,觉得自己还学得"差不多".因为自己非但听得明白,就连老师用到的定理、公式及方法技巧自己也是知道且记得很牢的,就差了"没想到用它"这一点儿.然而这"没想到"正反映了能力上的缺陷.在我们的活动中,对于学生的发问,一般不轻易给以回答.倘若学生问到了问题的"点子"上了,我们就与他一起讨论;倘若学生问某某问题该如何做,我们常要反问学生,要学生讲明题意、分析关系、说出自己的见解和困难的所在来;倘若学生问自己得到的答案是否正确,对此我们一概不予回答,起初大家有点不适应,一长久,习惯成自然.我们要求大家随时"存疑","疑"是思维的食粮.不可浪费,费之可惜.对于学习中遇到的各种疑难问题要力争自己去"咀嚼消化"它.当然,对于一些难度较大的问题,一时难以解决的时候,我们主张采取暂时回避的态度,而不希望做"问题不过夜"的傻事.但是,对于回避开的问题应该在本本上记录下来,要有迟早清算它的决心.我们提倡独立思考并不是意味着不要虚心请教,在此强调的目的无非是想说明:学生应该怎样问、问什么,老师应该怎样答、答什么.

检查学生的学习情况,是教师经常性的一件工作.检查使教师及时地了解学生对教材感知和理解的程度,对知识的巩固和应用的情况.在检查的基础上利用恰当的评定去敦促学生认真对待学业,也可依据检查所得的情况更好地进行因材施教.检查是教学中不可缺少的一环.要检查,就不可避免地要对学生的错误提供矫正的指示.我们认为这种矫正性的指示过多地使用是十分有害的,它会使学生养成永远依赖别人指正的危险.很难想象,对于自己完成的练习正确与否似是而非,却一味迷信于老师的"红勾"的人在学习上会有责任感和自信心.我们主张在教学中要尽量采用使学生最后能自行把矫正机能接过去的模式,注意对学生自我检查习惯的培养.譬如,前面曾提到让学生自学中学数学教材的全部内容,关于自学效果的诊断工作仍要求学生自己进行,方法是这样的:自学完某本书或某书的若干章后,将该部分的全部例题自演一遍.做时用遮挡的办法使自己光看题目不看解答,利用整段整段的时间分几次尽快完成这一工作.全部演完后再与书本对照、比较、分析,并注意如下的几个问题:

答案相同时,方法是否一样?方法不同时,那个方法好?为什么?

答案不同时哪个对?错误的原因在哪里?

对于没能完成的题目,参考书中解答,分析寻找自己做不出的原因是什么?自己在学习中还有哪些缺陷?……

通过这一自我检查,自我评定的工作,不但达到了检查的种种目的,也起到了温故知新的作用,而更为重要的是从中培养了学生学习的责任感和自信心,养成了自行矫正错误的良好习惯.又譬如,教学中凡要求学生自己完成的练习,我既不会将结果告诉学生,也不会对他们所得结果的正确与否作简单的评判.而是要求学生自己去检查,看看解答的每一步骤是否有理有据,是否计算准确,答案是否符合常理,……某些问题若有可能还要求大家采用多种方法去完成它,这样既可核对答案也可从中培养学生的能力.

常言道"学海无边苦为舟,书山有路勤为径".这里的苦和勤就精神因素而言,强调一下是可以的.但是,要真正成为既有知识又能驾驭知识的人还得靠治学有方.一个人要是有了自学能力,就犹如在学海中有了船只,在书山中找到路径,他可以主动摄取自己不懂或未知的种种知识,在知识的海洋中自由航行,在知识的高山上攀登高峰.

十一、附注 注释和引申

为了正文的内容能生动些并给读者留下印象,我将太细微或偏离了主题的一些东西都概略省去,譬如,部分涉及问题的解答和引申.然而考虑到读者的需要及本书的完整,仍将概略的内容以附注的形式作为正文的延续.对于想提高数学教学水平的教师和想发展数学学习能力的学生来讲,注释和引申是极重要的.所以,应将这部分作为本书不可分割的组成,而不应视为正文的附庸.

附注1 关于"五分钟回答"问题有关例的解

(1) 四个等边三角形共 $3 \times 4 = 12$(条)边,而火柴棒仅有6根.于是,每根火柴棒应当做两个三角形的公共边.进而考虑到三维空间中的正四面体,见图 I.29.

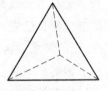

图 I.29

(2) 倒退看.少一天,水莲遮盖面积缩小为一半.即生长 $30 - 1 = 29$(天)时池塘被遮盖住一半.

(3) 设所求连续整数为 $n-1, n, n+1$,则
$$(n-1)n(n+1) = (n-1) + n + (n+1)$$
整理得
$$n(n^2 - 4) = 0$$
解之得
$$n = -2, 0, 2$$
于是所求三整数为
$$-3, -2, -1 \text{ 或 } -1, 0, 1 \text{ 或 } 1, 2, 3$$

(4) 以图示揭示问题的情景和本质,有

$$2(岁) \xleftarrow[\text{学生年龄}]{?} \xrightleftharpoons[\text{老师年龄}]{?} 44(岁)$$

于是师生年龄差为 $(44 - 2) \div 3 = 14$,从而知学生和老师现在年龄分别为
$$2 + 14 = 16(岁) \text{ 和 } 44 - 14 = 30(岁)$$

(5) 若一个图形有对称中心 O,则过 O 的任一直线可平分该图形的面积.先将右面四个圆的圆心交叉相连,且两线相交于点 K,K 为右面四圆的对称中心.连 P, K 两点,则所得直线 l 平分五圆总面积.见图 I.30.

引申:若舍弃过点 P 的条件,则过五圆中任一个圆的圆心都可以作一条平分五圆总面积的直线.也即过点 A 和 T 的 l_1,过点 B 和 S 的 l_2,过点 C 和 R 的 l_3,

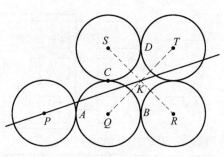

图 Ⅰ.30

过点 D 和 Q 的 l_4 都是平分五圆总面积的直线.

再引申:利用闭域上连续函数的介值定理可推知,对于任何指定的方位,必存在与该方位平行的直线 l 可将五圆总面积平分. 也即平分五圆总面积的直线有无数条. 类似,过五圆所在平面上的任意一点,也必存在一条平分五圆总面积的直线.

(6) 将正四面体的表面"拆展"成平面图,见图 Ⅰ.31. 并由"两点间以直线段为最短"知,最短线有四条,长为 a,四条分别经过棱 AB,AC,BD 和 CD.

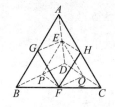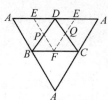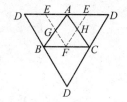

图 Ⅰ.31

(7) 小狗奔跑的时间与甲、乙相遇的时间一样,又小狗奔跑的速度等于甲、乙两人的合速度,故小狗奔跑的路程也为 25 千米. 也即有

$$10 \times \frac{25}{5+5} = 25(千米)$$

(8) "结果末尾有多少个零"也即"乘积有多少个因数10". 又因为 $10 = 5 \times 2$ 且乘积中因数2多于因数5,故只需判定"乘积中有多少个因数5". 由于 $100 \div 5 = 20$,又 $25,50,75$ 和 100 各有两个因数5,故因数5共有 $20 + 4 = 24$(个). 也即 $100!$ 的结果末尾有 24 个连续的零.

(9) 易见数字1和6的填法是唯一的. 对其他数字可以由小到大地去枚举可能的填法,作树形图可知有 5 种填法. 具体填法如下:

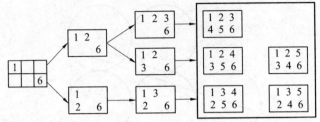

也可以用字母表示所填数字,填法如下所示:

a	b	c
d	e	f

$\left.\begin{array}{l} a < b < c \\ d < e < f \\ a < d \\ c < f \end{array}\right\} \Rightarrow \begin{array}{l} a=1, f=6 \\ b,c,d,e \in \{2,3,4,5\} \end{array}$

$e > b$ 且 $e > d$,故 $e = 4$ 或 5.

$e = 4$ 时

$d = 2$ 或 $3 \Rightarrow \begin{cases} d=2 \Rightarrow (b,c)=(3,5) \\ d=3 \Rightarrow (b,c)=(2,5) \end{cases}$

$e = 5$ 时

$d = 2, 3$ 或 $4 \Rightarrow \begin{cases} d=2 \Rightarrow (b,c)=(3,4) \\ d=3 \Rightarrow (b,c)=(2,4) \\ d=4 \Rightarrow (b,c)=(2,3) \end{cases}$

综上可知 5 种填法为:

	a	b	c	d	e	f
1	1	3	5	2	4	6
2	1	2	5	3	4	6
3	1	3	4	2	5	6
4	1	2	4	3	5	6
5	1	2	3	4	5	6

引申到 3×3 数表:将 $1, 2, 3, \cdots, 9$ 这九个数字填入 3×3 的格表中. 使同行中右边的数比左边的数大;同列中下面的数比上面的数大. 问共有多少种不同

的填法?

以字母代数,如下:

a_{11}	a_{12}	a_{13}
a_{21}	a_{22}	a_{23}
a_{31}	a_{32}	a_{33}

易见,$a_{11}=1,a_{33}=9$.

对这样推广的问题该如何去解答呢? 下面给出几种不同的解答思路.

解法 1 利用树形图作逐一枚举. 首先,对"$a_{12}=2$ 型"的填法的主枝权求解,可推知该类型填法共有 21 种. 然后,利用"$a_{21}=2$ 型"填法与"$a_{12}=2$ 型"填法的一一对应,可得知"$a_{21}=2$ 型"的 21 种填法. 从而得 42 种全部填法.

解法 2 首先求"$a_{12}=2$ 型"的填法. 因为 $a_{11}=1,a_{12}=2$ 时,$a_{13}=3,4,5,6,7$.

当 $(a_{11},a_{12},a_{13})=(1,2,3)$ 时: 3×3 格表的后两行的填法与 2×3 格表的填法(即原问题的 5 种填法)是一一对应的. 因为前者任一填法的各数减 3 就是后者的一种填法;反之,后者任一填法的各数加 3 就是前者的一种填法. 所以 $a_{13}=3$ 时有 5 种填法.

类似,$a_{13}=4$ 和 $a_{13}=5$ 时,在变换

$$\begin{pmatrix} 3 & 5 & 6 & 7 & 8 & 9 \\ \updownarrow & \updownarrow & \updownarrow & \updownarrow & \updownarrow & \updownarrow \\ 1 & 2 & 3 & 4 & 5 & 6 \end{pmatrix} 和 \begin{pmatrix} 3 & 4 & 6 & 7 & 8 & 9 \\ \updownarrow & \updownarrow & \updownarrow & \updownarrow & \updownarrow & \updownarrow \\ 1 & 2 & 3 & 4 & 5 & 6 \end{pmatrix}$$

下,它们后两行的填法与原题的填法也是一一对应的. 所以它们各有 5 种填法.

$a_{13}=6$ 时,必有 $a_{21}=3$. 此时 $(a_{22},a_{31})=(4,5)$ 或 $(5,4)$,$(a_{23},a_{32})=(7,8)$ 或 $(8,7)$,故有填法 $2\times2=4$(种).

$a_{13}=7$ 时,必有 $a_{21}=3,a_{23}=8,a_{32}=6$. 此时 $(a_{22},a_{31})=(4,5)$ 或 $(5,4)$,故有 2 种填法.

综上知"$a_{12}=2$ 型"填法共有 $5+5+5+4+2=21$(种). 以下同解法 1.

解法 3 因为 a_{11},a_{12} 和 a_{21} 都小于 a_{22},且 a_{23},a_{32} 和 a_{33} 都大于 a_{22},所以 $a_{22}=4,5,6$.

考虑到 $a_{21}<a_{31}<a_{32}$ 且 $a_{12}<a_{13}<a_{23}$,故只需先确定方阵一角,譬如 (a_{12},a_{13},a_{23}) 的填法.

当 $a_{22}=4$ 时,$a_{12}=2$ 或 3,且 $5\leqslant a_{13}\leqslant 7$. 于是 (a_{13},a_{23}) 有 6 种填法,即 (5,

6),(5,7),(5,8);(6,7),(6,8);(7,8). 从而知此时(a_{12},a_{13},a_{23})有 2×6 = 12(种)填法.

类似可推知当 $a_{22} = 5$ 时,(a_{12},a_{13},a_{23})有 18 种填法.

当两自然数的和为 10 时,称这两数互为"补数". 对"$a_{22} = 4$"的任一填法,先将其各数都改写成自己的补数,然后再将结果按副对角线(即 $a_{13}-a_{22}-a_{31}$)翻转 180°,则所得新数表必为"$a_{22} = 6$"的一个填法,且反之亦然. 也即"$a_{22} = 4$"的填法与"$a_{22} = 6$"的填法是一一对应的,从而后者也有 12 种填法.

综上可知全部填法有 12 + 18 + 12 = 42(种).

解法 4 $a_{11} = 1, a_{33} = 9$ 已确定.

首先考虑较小数 2 和 3 的填法,易知若 2 和 3 填在同行,也即(a_{11},a_{12},a_{13}) = (1,2,3) 时,后两行的填法的本质就是"1,2,3,4,5,6 填 2×3 格表"的 5 种填法. 将 2 和 3 同行的填法依主对角线(即 $a_{11}-a_{22}-a_{33}$)翻转 180°后就得到 2 和 3 同列的填法,反之亦然. 也即 2 和 3 同列的填法也有 5 种. 于是 2 和 3 同行或同列时,共有 5×2 = 10(种)填法.

当 2 和 3 既不同行也不同列时,2 和 3 有且仅有 2 种填法,即(a_{12},a_{21}) = (2,3) 或 (3,2).

又因为 a_{13} 和 a_{22} 都小于 a_{23},且 a_{22} 和 a_{31} 都小于 a_{32},所以 a_{23} 和 a_{32} 都不能填 4 或 5. 也即 4 和 5 必须同填在"a_{31},a_{22},a_{13}"之中. 易见,8 是不可能填在"a_{31},a_{22},a_{13}"之中的. 考虑到不同行又不同列的两数是不比较大小的,所以"a_{31},a_{22},a_{13}"三数的组成仅有两种可能,即或为 4,5,6 三数,或为 4,5,7 三数.

若 a_{31},a_{22},a_{13} 填 4,5,6 三数时,(a_{31},a_{22},a_{13})的填法有 3×2×1 = 6(种),也即 4,5,6 三数的全排列数. 此时(a_{32},a_{23})有 (7,8) 和 (8,7) 两种填法,所以全表的填法有 2×6×2 = 24(种).

若 a_{31},a_{22},a_{13} 填 4,5,7 三数时,由 $a_{22} < a_{23}$ 且 $a_{22} < a_{32}$ 知 7 仅能填 a_{31} 或 a_{13} 之一. 易见 7 填定后,8 和 6 的填法将随之被唯一确定. 譬如 $a_{31} = 7$ 时,必有 $a_{32} = 8$ 且 $a_{23} = 6$,而 4,5 则有 2 种填法,即(a_{22},a_{13}) = (4,5) 或 (5,4). 于是,2 和 3 有 2 种填法,7 有 2 种填法,随后 4 和 5 也有 2 种填法,所以全表有填法 2×2×2 = 8(种).

由上知 2 和 3 不同行(列)时有填法 24 + 8 = 32(种),从而所有填法有 10 + 32 = 42(种).

(10) 此题仅要求画出几种结果,如何去求出全部结果,请参看附注 20.

附注2 关于"半小时回答"问题有关例的解

(1) 作等价变形,有
$$2 \times 989 = 1\,978 = n^2 - m^2 = (n+m)(n-m).$$
上式右端当 n 和 m 同奇偶性时是4的倍数,否则是奇数. 而左端既不是4的倍数也不是奇数. 故不存在正整数 n 和 m 满足等式.

(2) 由于 $5+4=6+3=7+2$,故少分一堆时,都可余下9个.
设这堆果子有 x 个,则依题意有
$$x - 9 = 5 \cdot 6 \cdot 7 \cdot k$$
其中 k 为非负整数. 易见,$k=0$ 时,$x=9<200$;$k=2$ 时,$x=429>300$. 所以 $k=1, x=219$. 即这堆果子有219个.

(3) 设五个连续的自然数为 $n-2, n-1, n, n+1, n+2$. 则
$$f(n) = (n-2)^2 + (n-1)^2 + n^2 + (n+1)^2 + (n+2)^2 = 5(n^2 + 2)$$
枚举 n 的个位数字去推断 $n^2 + 2$ 的个位数字,有:

n 的个位数字	0	1	2	3	4	5	6	7	8	9
n^2 的个位数字	0	1	4	9	6	5	6	9	4	1
$n^2 + 2$ 的个位数字	2	3	6	1	8	7	8	1	6	3

可见 $n^2 + 2$ 的个位数字仅可能为 1,2,3,6,7,8 之一,所以 $n^2 + 2$ 不是5的倍数,从而 $f(n)$ 不是平方数.

(4) 首先,应确定第一次的称法. 为此,必须先考虑"称一次能解决问题的待查状态"是什么? 显然,称一次能找出假珍珠并能确定其偏轻还是偏重的面对状态为以下两种:

① 待查的珍珠仅剩一粒;
② 待查的珍珠不超过3粒且已明确了假珍珠被怀疑的轻重属性.

于是,第一次称至少天平上要放3粒,否则将剩下2粒或更多毫无信息的珍珠. 若第一次称在天平上放4粒珍珠时,其结果是几乎相当于没称! 所以第一次 称应放3粒珍珠和1克砝码.

不妨记4粒珍珠分别为 a,b,c,d,1克砝码为 e.

第一次称时,天平左边放 a 和 b 而天平右边放 c 和 e,并将这称法简记为 $L_1(a,b) \sim R_1(c,e)$. 若结果平衡,则记为 $L_1 = R_1$;否则将左边重(轻)记为 $L_1 > R_1(L_1 < R_1)$.

如果 $L_1 = R_1$,说明 a,b,c 皆为真的,而 d 为假的,第二次称只需将 d 和 e 分

别放在天平两边,也即 $L_2(d) \sim R_2(e)$. 显然,结果可判定假珍珠 d 的轻重属性.

如果 $L_1 > R_1$,说明假珍珠在 a,b,c 之中,且 a,b 是偏重的怀疑对象,而 c 是偏轻的怀疑对象,第二次称只需将 a 和 b 分别放在天平两边,即 $L_2(a) \sim R_2(b)$. 若 $L_2 = R_2$,则 c 为偏轻的假珍珠;若 $L_2 > R_2$,则 a 为偏重的假珍珠;若 $L_2 < R_2$,则 b 为偏重的假珍珠.

如果 $L_1 < R_1$,可类似于 $L_1 > R_1$ 去讨论判定而不再详述.

(5) 设甲、乙两站相距 x 千米,根据题意作图 Ⅰ.32:

图 Ⅰ.32

两车第一次相遇时,合行了 x 千米(用了时间 t),其中甲站出发的车行驶了 20 千米;到两车第二次相遇时,合行了 $3x$ 千米(用了时间 $3t$),其中甲站出发的车应该行驶了 $20 \times 3 = 60$(千米).

易见,$x + 10 = 60, x = 50$(千米). 所以甲、乙两站相距 50 千米.

(6) 解答可分两步完成. 先作出平分梯形面积的折线,然后再设法将折线化为一直线.

见图 Ⅰ.33,设 P 为梯形 $ABCD$ 腰 AB 的中点. 过 D 作 $DG \parallel AB$ 交 BC 于 G,取 DG 中点 E,连 PE 和 EC,则折线 PEC 将梯形 $ABCD$ 的面积平分为二等份.

连 PC,过 E 作 $EF \parallel PC$ 交 CD 于 F. 连 PF,则 PF 为所求. 因为 $S_{\triangle PCF} = S_{\triangle PCE}$,故

$$S_{PBCF} = S_{PBCE} = \frac{1}{2} S_{ABCD}$$

解答也可这样做:首先将梯形化为 P 是顶点且对边在 CD 边的等面积的三角形,见图 Ⅰ.34. 连 PC, PD,过点 A 作 $AH \parallel PD$ 交 CD 延长线于 H;过点 B 作 $BG \parallel PC$ 交 DC 延长线于 G.

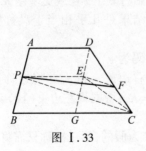

图 Ⅰ.33

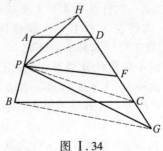

图 Ⅰ.34

因为 $S_{\triangle PDH} = S_{\triangle PDA}, S_{\triangle PCG} = S_{\triangle PCB}$

所以 $S_{\triangle PGH} = S_{ABCD}$

连 P 和 HG 的中点 F，易见

$$S_{APFD} = S_{\triangle PFH} = \frac{1}{2}S_{\triangle PGH} = \frac{1}{2}S_{ABCD}$$

也即 PF 平分梯形 $ABCD$ 的面积.

显然，后一解法也适用于更为一般的情况，即对任意凸四边形而言，过其边上某定点作平分四边形面积的直线.

(7) 利用一一对应的办法去实现正方形个数的计数. 为了方便，称题目中的图为 5×5 的格图，并设小方格边长为 1.

解法 1 将格图中的某正方形向格图的 AB 边和 AD 边作投影，可得到两条等长的线段. 显然，这"线段对"与该正方形相对应. 譬如，图 I.35 中阴影所示的 2×2 的正方形与长都是 2 的线段对 (EF, HG) 相对应. 于是，求正方形个数可转化为求如此的"线段对"的对数.

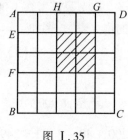

图 I.35

易见，AD 上长为 $1,2,3,4,5$ 的线段分别有 $5,4,3,2,1$ 条；同样，AB 上长为 $1,2,3,4,5$ 的线段也分别有 $5,4,3,2,1$ 条. 于是长为 $1,2,3,4,5$ 的线段对分别有 $5^2, 4^2, 3^2$ 和 1^2 对. 所以 5×5 格图中共有正方形

$$1^2 + 2^2 + 3^2 + 4^2 + 5^2 = 55(个)$$

解法 2 一个正方形有两条对角线，称其中连左上顶点和右下顶点的对角线为主对角线. 显然，一个正方形与其主对角线是相互对应的. 所以图 I.36 的斜线中的线段与格图中的正方形构成了一一对应.

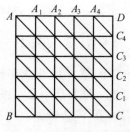

图 I.36

易见，AC 上共有线段 $5+4+3+2+1=15$(条)；类似，$A_1C_1, A_2C_2, A_3C_3, A_4C_4$，上分别有线段 $10, 6, 3, 1$ 条，从而格图中共有斜线段

$$15 + (10 + 6 + 3 + 1) \times 2 = 55(条)$$

也即格图中共有 55 个正方形.

解法 3 每个 $k \times k (k=1,2,3,4,5)$ 的正方形与其右下方顶点相互对应. 以 $k=2$ 为例，图 I.37 中的阴影正方形对应点 E，而 5×5 格图中的 2×2 的所有正方形与正方形 $EFCG$ 的 $4 \times 4 = 16$(个) 格点构成了一一对应. 于是，5×5 格

图中有边长为2的正方形共16个. 一般,边长为$k(k=1,2,3,4,5)$的正方形应有$(6-k)^2$个. 于是,5×5格图中共有正方形

$$5^2+4^2+3^2+2^2+1^2=55(个)$$

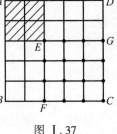

图 I.37

(8) 由自反函数定义知自反函数是这样的函数:函数的反函数就是函数自己. 从图形上看,点$(x,f(x))$和点$(f(x),f[f(x)])$(即点$(f(x),x)$)都在$y=f(x)$的图形上,也即$y=f(x)$的图形必须关于$y=x$直线对称.

譬如,$f(x)=x$,$f(x)=1-x$,$f(x)=\dfrac{1}{x}$都是自反函数.

(9) 只需考察 1 000!的结果中含多少个因数5. 我们用【x】表示不超过x的最大整数,譬如

$$【3】=3,【\sqrt{2}】=1,【\pi】=3,【-0.5】=-1$$

等.

于是,1 000!中5因数的个数为$\left【\dfrac{1\,000}{5}\right】+\left【\dfrac{1\,000}{5^2}\right】+\left【\dfrac{1\,000}{5^3}\right】+\left【\dfrac{1\,000}{5^4}\right】=$ 200+40+8+1=249(个). 又因为 1 000!中有足够多的2因数,所以 1 000!结果的末尾应该有249个连续的零.

(10) 先找出一个与A,B都可比较的学生C. 显然,学生C是与A同行且与B同列的那个人. 记A,B,C三人的身高分别为a,b,c. 由题意知$a\leqslant c$且$b\geqslant c$. 从而有$a\leqslant c\leqslant b$,也即A不高于B.

附注3 关于一道杂题的解

问题 15根火柴棒平分为三堆,甲、乙两人轮流取火柴:轮到谁,他就可以任选一堆并从中拿一根或多根或全部,但不能不拿. 若规定拿到最后一根火柴者为胜,问应该先取还是后取? 如何才能取胜? 若改成16根平分为四堆,又该如何取胜?

对15根平分为三堆的情形而言,先取者可必胜.

先取者甲应取光一堆火柴后将(5,5)状态留给乙. 当乙在所剩两堆的某堆中取k根$(k=1,2,3,4,5)$时,甲应在另一堆中也取走k根……如此取下去,甲必可获胜.

而对16根火柴平分为四堆的情形,后取者可必胜.

先取者甲在某堆取 k 根 ($k=1,2,3,4$) 时, 乙应在另一堆中也取 k 根. 若 $k=4$, 则余下 $(4,4)$ 状态由甲取; 否则, 留下四堆为 $(m,m,4,4)$ 由甲取. 之后, 每当甲在某堆中取 l 根时, 乙就接着在同根数的另一堆也取 l 根…… 如此取下去, 后取者乙必可获胜.

引申到一般, 对多堆(三堆或更多堆) 火柴且每堆的火柴根数互不相同的情境, 游戏参与的双方又应如何去取胜呢? 有兴趣的读者可参阅《玩数学长才智——探究问题解决过程》第九讲的有关部分.

附注4 关于"漏项"问题

问题 下列各数列中最后的"?"项是什么数?

(1) $5,7,11,19,?$;

(2) $2,6,12,20,30,?$;

(3) $1,1,2,3,5,?$;

(4) $2,3,5,7,11,?$;

(5) $1,5,14,30,55,?$;

(6) $1,9,36,100,225,?$;

(7) $3,15,35,63,99,?$;

(8) $0,3,3,7,8,13,15,21,24,31,?,?$.

为了说明方便, 将各数列中的第 n 项记为 a_n ($n=1,2,3,\cdots$). 我们先从通常理解来寻找漏项.

(1) 因为

$$a_1 = 5$$
$$a_2 = 7 = 5 + 2 = a_1 + 2^1$$
$$a_3 = 11 = 7 + 4 = a_2 + 2^2$$
$$a_4 = 19 = 11 + 8 = a_3 + 2^3$$

故猜测 $a_5 = a_4 + 2^4 = 19 + 16 = 35$. 若将每项减 3, 可发现 $a_n - 3 = 2^n$, 也即

$$a_n = 3 + 2^n \quad (n = 1,2,3,\cdots)$$

(2) 因为

$$a_1 = 2$$
$$a_2 = 6 = 2 + 4 = a_1 + 4$$
$$a_3 = 12 = 6 + 6 = a_2 + 6$$

$$a_4 = 20 = 12 + 8 = a_3 + 8$$
$$a_5 = 30 = 20 + 10 = a_4 + 10$$

猜测有 $a_6 = a_5 + 12 = 30 + 12 = 42$. 若将每项写成两数的乘积,则有 $a_1 = 1 \times 2$, $a_2 = 2 \times 3, \cdots, a_5 = 5 \times 6$, 于是

$$a_n = n(n+1) \quad (n = 1,2,3,\cdots)$$

(3) 由 $1+1=2, 1+2=3, 2+3=5$. 猜 $a_6 = 3+5 = 8$.

(4) 每项都是质数, 给出5项为最小的5个质数且从小到大依次排列. 猜测下一项为 $a_6 = 13$.

(5) 因为

$$a_1 = 1$$
$$a_2 = 5 = 1 + 4 = a_1 + 2^2$$
$$a_3 = 14 = 5 + 9 = a_2 + 3^2$$
$$a_4 = 30 = 14 + 16 = a_3 + 4^2$$
$$a_5 = 55 = 30 + 25 = a_4 + 5^2$$

猜测有 $a_6 = a_5 + 6^2 = 55 + 36 = 91$. 若将上述各等式相加,有

$$a_5 = 1^2 + 2^2 + 3^2 + 4^2 + 5^2$$

进而猜测有

$$a_n = 1^2 + 2^2 + \cdots + n^2 = \frac{1}{6}n(n+1)(2n+1) \quad (n=1,2,3,\cdots)$$

(6) 因为

$$a_1 = 1$$
$$a_2 = 9 = 1 + 8 = a_1 + 2^3$$
$$a_3 = 36 = 9 + 27 = a_2 + 3^3$$
$$a_4 = 100 = 36 + 64 = a_3 + 4^3$$
$$a_5 = 225 = 100 + 125 = a_4 + 5^3$$

猜测有 $a_6 = a_5 + 6^3 = 225 + 216 = 441$. 若将上述各等式相加,有

$$a_5 = 1^3 + 2^3 + 3^3 + 4^3 + 5^3$$

进而猜测有

$$a_n = 1^3 + 2^3 + \cdots + n^3 = \left[\frac{1}{2}n(n+1)\right]^2 \quad (n=1,2,3,\cdots)$$

当然,若从另一角度看,数列各项都是平方数,也即

$$a_1 = 1^2, a_2 = 3^2, a_3 = 6^2, a_4 = 10^2, a_5 = 15^2$$

又因它们的底数有规律

$$1 = 1$$
$$3 = 1 + 2$$
$$6 = 3 + 3$$
$$10 = 6 + 4$$
$$15 = 10 + 5$$

将上述各式相加,得

$$15 = 1 + 2 + 3 + 4 + 5$$

由此猜测数列第 n 项 a_n 表示为平方数时,其底数为

$$1 + 2 + \cdots + n = \frac{1}{2}n(n+1)$$

从而
$$a_n = \left[\frac{1}{2}n(n+1)\right]^2 \quad (n = 1,2,3,\cdots)$$

(7) 因为
$$a_1 = 3$$
$$a_2 = 15 = 3 + 12 = a_1 + 12$$
$$a_3 = 35 = 15 + 20 = a_2 + 20$$
$$a_4 = 63 = 35 + 28 = a_3 + 28$$
$$a_5 = 99 = 63 + 36 = a_4 + 36$$

猜测有 $a_6 = a_5 + (36 + 8) = 99 + 44 = 143$. 若将每项都加 1,可发现

$$a_1 + 1 = 2^2, a_2 + 1 = 4^2, \cdots, a_5 + 1 = 10^2$$

由此又可猜想,有

$$a_n + 1 = (2n)^2$$

即有
$$a_n = (2n)^2 - 1 \quad (n = 1,2,3,\cdots)$$

当然,上述结果也可以从每项表为两相邻奇数之积去发现.

(8) 不妨将数列的第偶数项和第奇数项分开单独排列,并分别进行观察、分析和推断. 有:

k	1	2	3	4	5	$\cdots$	n
a_{2k-1}	0	3	8	15	24		
a_{2k}	3	7	13	21	31		
$a_{2k-1} + 1$	1^2	2^2	3^2	4^2	5^2	$\rightarrow$	n^2
$a_{2k} - 1$	1×2	2×3	3×4	4×5	5×6	$\rightarrow$	$n \cdot (n+1)$

于是,由猜测有

$$a_{2n-1} = n^2 - 1, a_{2n} = n(n+1) + 1 \quad (n = 1,2,3,\cdots)$$

由上面结果出发,不难可将结论表为

$$\begin{cases} a_1 = 0, a_2 = 3 \\ a_n = a_{n-2} + n \end{cases} \quad (n = 3,4,5,\cdots)$$

从而数列第 11 项和第 12 项分别为 $a_{11} = 35, a_{12} = 43$.

反思(1)到(8)的解,回答是否无懈可击呢?

事实上,只从有限个有序排列给定的数(称其为"数段")出发,试图去唯一确定数列的下一个数是什么,是一件不可能的事情!当然,也不可能去确定给定数段连同它的后继所应遵循的法则或规律.尽管给出数段的本身可能隐含着某种规律性的东西,就像前面解答中所揭示出的那样,但这仅仅是对一个不确定的问题从某个特定的角度去做了片面的理解而已!

我们先以数列(1):"5,7,11,19"来说明. 我们可以构造一种产生"数段"的规则,譬如令

$$a_n = (3 + 2^n) + \frac{k}{24}(n-1)(n-2)(n-3)(n-4) \quad (\text{其中 } k \text{ 是任意实数})$$

显然,用 $n = 1,2,3,4$ 代入上式时,可分别得到"5,7,11,19". 而 $n = 5$ 时,$a_5 = 35 + k$. 当我们分别取 k 为 $-35, 65, \pi, \cdots$ 时就可得到 a_5 的不同值:0,100, $35 + \pi, \cdots$

而对数列(4):"2,3,5,7,11". 我们令

$$\begin{aligned}
a_n =\; & 2 \cdot \frac{(n-2)(n-3)(n-4)(n-5)(n-5)}{(1-2)(1-3)(1-4)(1-5)(1-6)} + \\
& 3 \cdot \frac{(n-1)(n-3)(n-4)(n-5)(n-6)}{(2-1)(2-3)(2-4)(2-5)(2-6)} + \\
& 5 \cdot \frac{(n-1)(n-2)(n-4)(n-5)(n-6)}{(3-1)(3-2)(3-4)(3-5)(3-6)} + \\
& 7 \cdot \frac{(n-1)(n-2)(n-3)(n-5)(n-6)}{(4-1)(4-2)(4-3)(4-5)(4-6)} + \\
& 11 \cdot \frac{(n-1)(n-2)(n-3)(n-4)(n-6)}{(5-1)(5-2)(5-3)(5-4)(5-6)} + \\
& k \cdot \frac{(n-1)(n-2)(n-3)(n-4)(n-5)}{(6-1)(6-2)(6-3)(6-4)(6-5)}
\end{aligned}$$

(其中 k 为实数)

我们用 $n=1,2,3,4,5,6$ 分别代入上式时,可得到
$$a_1=2, a_2=3, a_3=5, a_4=7, a_5=11, a_6=k$$
易见,前5数正是数列(4)的五个质数,而第6个数却可以是任意实数 k.

一个法则或一种规律往往可以唯一确定一个无穷数列,也即有序排列着的无穷多个数. 当然,也就可以确定这个数列的一个"数段". 但是反过来,一个"数段"却无法,也不能唯一确定一种规律! 一个"数段"只能是无数种规律中的每一种所对应的一个局部结果,"数段"的下一个数是什么?"数段"的后继将如何延续? 这一切并没有确定.

附注5 正方体绕对角线旋转而成的旋转体的体积

问题 求单位正方体绕对角线旋转而成的旋转体的体积.

由正方体的对称性知,正方体 $ABCD-EFGH$ 绕对角线 AG 旋转所得的旋转体,就是空间折线 $AB-BC-CG$ 绕 AG 旋转所得的旋转体. 见图 I.38. 记 AG 与 $\triangle BDE$,$\triangle CHF$ 分别交于点 M 和 N,因为正方体棱长为1,故 $\triangle BDE$ 是边长为 $\sqrt{2}$ 的正三角形,且 M 为其中心,所以,有

$$BM = \frac{2}{3} \times \sqrt{2} \times \frac{\sqrt{3}}{2} = \sqrt{\frac{2}{3}}$$

$$AM = \sqrt{AB^2 - BM^2} = \sqrt{\frac{1}{3}}$$

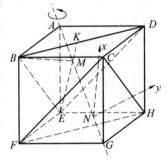

图 I.38

于是正三棱锥 $A-BDE$ 绕 AG 旋转所得的圆锥体的体积为

$$V_1 = \frac{1}{3}\pi \cdot BM^2 \cdot AM = \frac{2\sqrt{3}\pi}{27}$$

同理,正三棱锥 $G-CHF$ 绕 AG 旋转所得的圆锥体的体积也为

$$V_3 = V_1 = \frac{2\sqrt{3}\pi}{27}$$

记正方体去掉两锥 $A-BDE$ 和 $G-CHF$ 后所剩的八面体绕 AG 旋转所得的旋转体的体积为 V_2. 易见 V_2 也即空间曲线 $MB-BC-CN$ 绕 AG 旋转所得的旋转体的体积. 为求 V_2,建立坐标系:取 $\triangle CHF$ 所在平面为 xOy 平面,取 $\triangle CHF$ 的重心点 N 为原点,NA 为 z 轴,NC 为 x 轴. 因为

$$NC = MB = \sqrt{\frac{2}{3}}$$

$$MK = \frac{1}{2}EM = \frac{1}{2}BM = \frac{1}{2}\sqrt{\frac{2}{3}} = \frac{1}{\sqrt{6}}$$

$$BK = \frac{1}{2}BD = \frac{1}{\sqrt{2}}$$

$$MN = AB - 2AM = \sqrt{3} - \frac{2}{\sqrt{3}} = \frac{1}{\sqrt{3}}$$

所以点 B 为 $(\frac{1}{\sqrt{6}}, -\frac{1}{\sqrt{2}}, \frac{1}{\sqrt{3}})$，点 C 为 $(\sqrt{\frac{2}{3}}, 0, 0)$. 于是 BC 所在直线的方程为

$$\frac{x - \sqrt{\frac{2}{3}}}{\frac{1}{\sqrt{6}} - \sqrt{\frac{2}{3}}} = \frac{y}{-\frac{1}{\sqrt{2}}} = \frac{z}{-\frac{1}{\sqrt{3}}}$$

化为参数方程，有 $\begin{cases} x = \sqrt{\frac{2}{3}} - \frac{z}{\sqrt{2}} \\ y = -\sqrt{\frac{3}{2}}z \\ z = z \end{cases}$.

从而知 BC 上点 $P(x, y, z)$ 到 z 轴的距离的平方为

$$D^2(z) = (x-0)^2 + (y-0)^2 + (y-z)^2 = x^2 + y^2 =$$

$$\left(\sqrt{\frac{2}{3}} - \frac{z}{\sqrt{2}}\right)^2 + \left(-\sqrt{\frac{3}{2}}z\right)^2 =$$

$$2z^2 - \frac{2}{\sqrt{3}} + \frac{2}{3}$$

利用定积分，有

$$V_2 = \int_0^{\frac{1}{\sqrt{3}}} \pi D^2(z)\,dz = \pi \int_0^{\frac{1}{\sqrt{3}}} \left(2z^2 - \frac{2}{\sqrt{3}}z + \frac{2}{3}\right)dz = \frac{5\sqrt{3}\pi}{27}$$

于是所求体积为

$$V = V_1 + V_2 + V_3 = \frac{2\sqrt{3}\pi}{27} + \frac{5\sqrt{3}\pi}{27} + \frac{2\sqrt{3}\pi}{27} = \frac{\sqrt{3}\pi}{3}$$

附注6 关于美国第二届中学数学竞赛的一个试题

问题 设 $\{x_n\}$,$\{y_n\}$ 为如下定义的两个整数数列

$$x_0=1,x_1=1,x_{n+1}=x_n+2x_{n-1} \quad (n=1,2,3,\cdots)$$
$$y_0=1,y_1=1,y_{n+1}=2y_n+3y_{n-1} \quad (n=1,2,3,\cdots)$$

证明:除了"1"这项外,两数列中不会有相同的数.

关于本题,所见资料提供的解答一般分为两步:一是先找出两数列的各自通项公式;二是对任何正整数 m,n 去证明 $x_m \neq y_n$. 譬如《中学数学竞赛习题》(杭州大学数学系编写组,上海教育出版社,1979年6月) 中是先写出两数列通项

$$x_n = \frac{2^{n+1}+(-1)^n}{3} \quad (n=0,1,2,\cdots)$$
$$y_n = 2 \times 3^n + (-1)^{n-1} \quad (n=0,1,2,\cdots)$$

然后采用枚举的办法去证明 $x_m \neq y(m,n \geq 1)$.

又如《加拿大美国历届中学生数学竞赛题解》(福建师范大学数学系,福建人民出版社,1980年6月) 中是利用母函数的方法先求出两数列的通项公式,然后再用反证法去证明 $x_m \neq y_n (m,n>0)$.

上述两种解法基本是一样的. 它们的第一步有一定的难度,因为那里必须掌握解递推关系的方法. 而第二步极其复杂,它涉及多种情况的讨论. 对本题是否存在简单明了的解法呢?有!正如前面有关部分所介绍的那样,通过仔细的观察,抓住数列本身隐含的规律,以此作为解答的切入点. 下面,给出问题的完整解答. (解答中两数列第 i 项分别记为 x_i 和 y_i)

解 由两数列定义写出它们各自的前若干项来,有

$$\{x_n\}:1,1,3,5,11,21,43,85,171,\cdots$$
$$\{y_n\}:1,7,17,55,161,487,1457,4375,\cdots$$

从中可以看出些什么呢?$\{x_n\}$ 中从第3项起相邻两项之和都是8的倍数,而 $\{y_n\}$ 中相邻两项之和也是8的倍数. 且 $\{x_n\}$ 从第3项起第奇数项被8除都余3;而第偶数项被8除都余5. 类似地 $\{y_n\}$ 的第奇数项被8除都余1;而第偶数项被8除都余7.

两数同被8除时,若余数不同,则两数必不相同.

下面,我们用数学归纳法来严格证明,由观察所感悟到的猜测是对的. 首先对 $\{x_n\}$ 证明.

(1) $n = 3, 4$ 时, $x_3 = 3, x_4 = 5; x_3 + x_4 = 8$, 结论成立.

(2) 假设 $3 < n \leq k$ 时结论成立, 即 $x_{k-1} + x_k$ 是 8 的倍数, 且 x_{k-1} 与 x_k 被 8 除时余数分别为 3 和 5(或 5 和 3). 则 $n = k + 1$ 时

$$x_{k+1} = x_k + 2x_{k-1} = (x_{k-1} + x_k) + x_{k-1}$$

从而可推知 x_{k+1} 与 x_{k-1} 被 8 除时有相同的余数.

由(1),(2)知对 $\{x_n\}$ 猜测成立.

对 $\{y_n\}$ 作类似证明:

(1) $n = 1, 2$ 时 $y_1 = 1, y_2 = 7; y_1 + y_2 = 8$, 结论成立.

(2) 假设 $1 < n \leq k$ 时结论成立, 即 $y_{k-1} + y_k$ 是 8 的倍数, 且 y_{k-1} 与 y_k 被 8 除时余数分别为 1 和 7(或 7 和 1). 则 $n = k + 1$ 时

$$y_{k+1} = 2y_k + 3y_{k-1} = 2(y_{k-1} + y_k) + y_{k-1}$$

从而可推知 y_{k+1} 与 y_{k-1} 被 8 除时有相同的余数.

由(1),(2)知对 $\{y_n\}$ 猜测成立.

综上知, 除 1 外, $\{x_n\}$ 中数被 8 除时余数仅为 3 和 5; 而 $\{y_n\}$ 中数被 8 除时余数仅为 1 和 7. 所以 $\{x_n\}$ 与 $\{y_n\}$ 中除 1 外不可能有相同的数.

附注7 关于砝码配置问题及其推广

砝码配置问题的解答关键是辅助问题 "n 个砝码最多能称多少种不同的质量?" 的解决. 而辅助问题的解决也可以从组合计数去实现. 我们仍用 a_n 表示 n 个砝码最多可称量的不同质量的种数. 易见 $a_1 = 1, a_2 = 4$.

$n = 3$ 时, 将所有称法分为 $(1,0),(2,0),(3,0),(1,1)$ 和 $(2,1)$ 五类, 由组合知识不难求出这五类称法对应的种数分别为

$$C_3^1 = 3, C_3^2 = 3, C_3^3 = 1, C_3^2 = 3, C_3^2 = 3$$

所以有

$$a_3 = 3 + 3 + 1 + 3 + 3 = 13$$

$n = 4$ 时, 将所有称法分为 $(1,0),(2,0),(3,0),(4,0),(1,1),(2,1),(3,1)$ 和 $(2,2)$ 八类, 并有

$$a_4 = C_4^1 + C_4^2 + C_4^3 + C_4^4 + C_4^2 \cdot C_2^1 + C_4^3 + \frac{1}{2}C_4^2 =$$

$$4 + 6 + 4 + 1 + 6 + 6 \times 2 + 4 + \frac{1}{2} \times 6 = 40$$

$n = 5$ 时, 将所有称法分为 $(1,0),(2,0),(3,0),(4,0),(5,0),(1,1),(2,$

1),(3,1),(4,1),(2,2) 和(3,2) 这十一类,并有

$$a_5 = C_5^1 + C_5^2 + C_5^3 + C_5^4 + C_5^5 + C_5^2 \cdot C_3^1 + C_5^3 \cdot C_2^1 + C_5^4 + \frac{1}{2}C_5^2 \cdot C_3^2 + C_5^3 =$$

$$5 + 10 + 10 + 5 + 1 + 10 + 10 \times 3 + 10 \times 2 + 5 + \frac{1}{2} \times 10 \times 3 + 10 = 121$$

显然,我们不能如此不断地算下去. 我们计算 a_1, a_2, a_3, a_4, a_5. 这些孤立的结果的目的是企图从中寻找某种内在的规律,并由此形成一个合乎情理的猜测. 进一步希望通过证实猜测的手法去解决问题. 为此考虑相邻项的差,有

$$a_2 - a_1 = 4 - 1 = 3$$
$$a_3 - a_2 = 13 - 4 = 9 = 3^2$$
$$a_4 - a_3 = 40 - 13 = 27 = 3^3$$
$$a_5 - a_4 = 121 - 40 = 81 = 3^4$$

自然,会猜测一般有

$$a_n - a_{n-1} = 3^{n-1} \text{ 或 } a_n = a_{n-1} + 3^{n-1} \quad (n \in \mathbf{N})$$

考虑到 $a_1 = 1$,就有

$$a_n = a_{n-1} + 3^{n-1} = a_{n-2} + 3^{n-2} + 3^{n-1} =$$
$$a_{n-3} + 3^{n-3} + 3^{n-2} + 3^{n-1} = \cdots =$$
$$a_1 + 3 + 3^2 + \cdots + 3^{n-1} =$$
$$1 + 3 + 3^2 + \cdots + 3^{n-1} = \frac{1}{2}(3^n - 1)$$

由猜测所得的公式 $a_n = \frac{1}{2}(3^n - 1)$ 是否正确呢? 对此,不难由数学归纳法去证实公式是正确的.

(1) $n = 1$ 时,$a_1 = 1, \frac{1}{2}(3 - 1) = 1$,结论正确.

(2) 假设 $n = k$ 时,有 $a_k = \frac{1}{2}(3^k - 1)$. 对 $n = k + 1$,可将称法分为两类:其中一类是前 k 个砝码能完成的所有称法. 由假设知这类称法的种数为 $a_k = \frac{1}{2}(3^k - 1)$. 而另一类是第 $(k + 1)$ 个新添入的砝码参加使用的所有称法. 显然,后者中除第 $(k + 1)$ 个新砝码单独使用的一种称法外,都应是这个新砝码与前 k 个砝码配合使用的称法. 易见,"配合使用"的称法取下第 $(k + 1)$ 个新砝码后就是前 k 个砝码的一种称法. 反之,对前 k 个砝码的任一称法,将第 $(k + 1)$ 个新

砝码再添加到天平左边(或右边)时就得到"配合使用"的一种称法. 也即第$(k+1)$个新砝码放天平左边(右边)的配合使用称法与前k个砝码的称法是一一对应的. 所以第$(k+1)$个砝码参加使用的称法种数为
$$1 + a_k + a_k = 1 + (3^k - 1) = 3^k$$
从而
$$a_{k+1} = a_k + (1 + a_k + a_k) = \frac{1}{2}(3^k - 1) + 3^k = \frac{1}{2}(3^{k+1} - 1)$$
也即$n = k + 1$时结论正确.

由(1),(2)知$a_n = \frac{1}{2}(3^n - 1)$.

将"欲称量1克到40克中任一整数克质量"改为"欲称量1克到n克中任一整数克质量"时, 天平至少要配置几个砝码? 它们各是多重? 由原题推出的公式易知, 一般问题答案是:至少要配置k个砝码,其中整数k满足条件
$$3^{k-1} < 2n + 1 \leqslant 3^k$$
当$n = \frac{1}{2}(3^k - 1)$时, k个砝码分别为1克,3克,9克,……,3^{k-1}克.

当n满足$3^{k-1} < 2n + 1 < 3^k$时, k个砝码的配置可以有多种不同的方式. "1克,3克,9克,……,3^{k-1}克"是其中一种; 而"1克,3克,…,3^{k-2}克和$n - \frac{1}{2}(3^{k-1} - 1)$克"是总质量恰为$n$克的方式之一.

"砝码配置"的一个相关问题自然是"称量的实现", 也即具体称量中应如何放置重物和砝码? 譬如:问题中$n = 500$时, 由
$$3^6 < 2 \times 500 + 1 < 3^7$$
知,应配置7个砝码. 现给出两套砝码, 第一套是"1克,3克,9克,27克,81克,243克和729克";第二套是"1克,3克,9克,27克,81克,243克和136克".

我们不妨假定质量为整数m克的重物M始终放在天平的右边. 在称量M的操作中, 对每个砝码而言都有三种选择:或放天平左边;或放天平右边;或不使用它.

我们先讨论用第一套砝码来称量M. 在称量中, 3^i克的砝码放天平左边时, 规定$a_i = 1$;放天平右边时, 规定$a_i = -1$;不用它时, 规定$a_i = 0$. 于是, 有
$$a_6 \cdot 3^6 + a_5 \cdot 3^5 + a_4 \cdot 3^4 + a_3 \cdot 3^3 + a_2 \cdot 3^2 + a_1 \cdot 3 + a_0 \cdot 1 = m$$
可见称量M时, 确定各个砝码的放置也即确定上式中的系数a_i的取值. 为

此,可先将 m 表示成以 3 的方幂的降幂形式(也即将 m 化为三进制数),然后再利用公式

$$2 \cdot 3^{k-1} = (3-1) \cdot 3^{k-1} = 3^k - 3^{k-1}$$

消去系数 2,譬如 $m = 463$. 有

$$463 = (122011)_3 = 3^5 + 2 \times 3^4 + 2 \times 3^3 + 0 \times 3^2 + 3 + 1 =$$
$$3^5 + (3^5 - 3^4) + (3^4 - 3^3) + 3 + 1 =$$
$$2 \times 3^5 - 3^3 + 3 + 1 = 3^6 - 3^5 - 3^3 + 3 + 1$$

也即有 $\qquad 3^6 + 3 + 1 = 3^5 + 3^3 + 463$

上式表明 1 克,3 克和 3^6 克的三个砝码放天平左边;而 3^3 克,3^5 克的两个砝码和重物 M 放在天平右边. 天平平衡时,重物 M 的质量为 $m = 463$ 克.

若用第二套砝码来称量重物 M 的质量 m. 因为

$$1 + 3 + 9 + 27 + 81 + 243 = 364$$

所以当 $m \leqslant 364$ 时,称量可由"1 克,3 克,9 克,27 克,81 克和 243 克"这 6 个砝码完成,具体放置的确定同第一套砝码使用一样.

当 $364 < m \leqslant 500$ 时,易见 136 克的砝码必须使用且它应放置在天平的左边. 于是,称量 m 的问题可转化为用前 6 个砝码去称量 $(m - 136)$ 的问题,譬如 $m = 427$ 时,有

$$427 - 136 = 291 = (101210)_3 = 3^5 + 3^3 + 2 \times 3^2 + 3 =$$
$$3^5 + 3^3 + (3^3 - 3^2) + 3 =$$
$$3^5 + 2 \times 3^3 - 3^2 + 3 = 3^5 + 3^4 - 3^3 - 3^2 + 3$$

也即有 $\qquad 3^5 + 3^4 + 3 + 136 = 3^3 + 3^2 + 427$

上式表明 3 克,3^4 克,3^5 克和 136 克的四个砝码放天平的左边;而 3^2 克,3^3 克的两个砝码和重物 M 放天平右边. 天平平衡时,重物 M 的质量为 $m = 427$ 克.

附注 8 上楼问题方法数的排列求法

问题　上楼时迈一步可跨一级或二级台阶,求上到第 10 个台阶的不同上楼方法的种数是多少?

利用"不尽相异元素的全排列"来分类计算,所有上法可按迈"二级步"的次数 $k(k = 0, 1, 2, 3, 4, 5)$ 分为 6 类,譬如 $k = 2$ 时:因为 2 个"二级步"上了 $2 \times 2 = 4$(个)台阶,剩下 $10 - 4 = 6$(个)台阶由 6 个"一级步"来完成,上楼中共用了 $2 + 6 = 8$(步),也即 8 步中有"6 小步和 2 中步",由"不尽相异元素全排列"知

相应上法种数为 $\dfrac{8!}{2!\cdot 6!}$ 种. 一般, 用 k 个"二级步"时应有上法 $\dfrac{(10-k)!}{k!\cdot(10-2k)!}$ 种($k=0,1,2,3,4,5$). 于是共有不同上楼方法

$$\dfrac{10!}{0!\cdot 10!}+\dfrac{9!}{1!\cdot 8!}+\dfrac{8!}{2!\cdot 6!}+\dfrac{7!}{3!\cdot 4!}+\dfrac{6!}{4!\cdot 2!}+\dfrac{5!}{5!\cdot 0!}=89(种)$$

附注9 分游戏棒问题的推广

问题 n 个人分游戏棒,开始时第 i 个人有游戏棒 $a_{i,0}(i=1,2,3,\cdots,n)$ 根. 随后他们做如下的调整:首先由第1人将自己的部分棒分给其他 $n-1$ 个人,而给某人的棒数就是这人原有的棒数. 接下来由第2人将自己的部分棒再分给其他 $n-1$ 个人,而给某人的棒数跟这人当时已有的棒数相同. 如此继续…… 直至第 n 次调整时,第 n 人将自己的部分棒再分给其他 $n-1$ 个人,当然每个人所分到的棒与各自当时已有的棒一样多. 最终,发现每人拥有的棒数都为 m 根. 问正整数 m 应满足什么条件? 开始时每个人各有棒多少根?

设第 j 次调整后第 i 人有 $a_{i,j}$ 根游戏棒($i,j=1,2,\cdots,n$). 由题设知 $a_{i,n}=m$ ($i=1,2,\cdots,n$).

我们以第 k 人($k=1,2,\cdots,n$)为例,易见,他除第 k 次调整中付出游戏棒外,每次调整中他都收入游戏棒且使自己拥有的棒数加倍. 也即有

$$a_{k,j}=2a_{k,j-1},\ a_{k,j-1}=\dfrac{1}{2}a_{k,j}\quad(j\neq k)$$

现将调整反退回去, 考虑到 $a_{k,n}=m$, 列表有:

j \ i $a_{i,j}$	n 终结	$n-1$	$\cdots$	k	$k-1$	$k-2$	$\cdots$	0 初始
$\vdots$				$\vdots$				
第 k 人	m	$\dfrac{m}{2}$	$\cdots$	$\dfrac{m}{2^{n-k}}$	$a_{k,k-1}$	$\dfrac{a_{k,k-1}}{2}$	$\cdots$	$\dfrac{a_{k,k-1}}{2^{k-1}}$
$\vdots$				$\vdots$				

易见,在第 k 次调整中,第 k 人将自己的 $a_{k,k-1}$ 根棒中的 $(m\cdot n - a_{k,k-1})$ 根分给了其他 $n-1$ 人后还剩下 $a_{k,k}$ 根,即

$$a_{k,k-1}-(m\cdot n-a_{k,k-1})=a_{k,k}=\dfrac{m}{2^{n-k}}$$

$$a_{k,k-1} = \frac{1}{2}(mn + a_{k,k}) = \frac{(1 + n \cdot 2^{n-k})m}{2^{n-k+1}}$$

从而
$$a_{k,0} = \frac{a_{k,k-1}}{2^{k-1}} = \frac{(1 + n \cdot 2^{n-k})m}{2^n} \quad (k = 1, 2, \cdots, n)$$

考虑到 $a_{k,0}(k = 1, 2, \cdots, n)$ 都是整数,不妨令
$$m = 2^n l \quad (l \in \mathbf{N})$$

于是
$$a_{k,0} = (1 + n \cdot 2^{n-k})l \quad (k = 1, 2, \cdots, n)$$

也即对 $(n \text{ 人}, 2^n l)$ 的问题而言,第 k 个人开始时应有游戏棒 $(1 + n \cdot 2^{n-k})l$ 根 $(k = 1, 2, \cdots, n)$.

附注 10 关于"数学归纳法"问题组的解

(1) n 条直线最多能将平面分成几块?

记 n 条直线将平面分成的最多块数为 $f(n)$.

n 较小时,不难得知如下一些结果:

n	0	1	2	3
$f(n)$	1	2	4	7

由 "$2 - 1 = 1, 4 - 2 = 2, 7 - 4 = 3$" 的事实,我们猜测一般有
$$f(n) - f(n-1) = n$$

于是,有
$$\begin{aligned} f(n) &= f(n-1) + n = f(n-2) + (n-1) + n = \\ &\quad f(n-3) + (n-2) + (n-1) + n = \cdots = \\ &\quad f(0) + 1 + 2 + \cdots + n = \\ &\quad 1 + 1 + 2 + 3 + \cdots + n = 1 + \frac{1}{2}n(n+1) \end{aligned}$$

由简单情形的猜测而导出的结果
$$f(n) = 1 + \frac{n(n+1)}{2} \qquad \qquad ①$$

正确吗?不妨再检验一次,$n = 4$ 时,为划分出的区域数多些,我们让第 4 条新添入的直线与前三条直线都相交,这样我们得到 $f(4) = 11 = 1 + \frac{4 \times 5}{2}$,式 ① 又一次得到了验证.见图 Ⅰ.39.

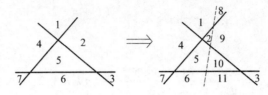

图 Ⅰ.39

下面用数学归纳法来证明式 ① 的正确.

① $n = 1$ 时,一条直线将平面分成 2 块,$f(1) = 2 = 1 + \dfrac{1 \times (1+1)}{2}$,结论正确.

② 假设 $n = k$ 时式 ① 成立,也即有 $f(k) = 1 + \dfrac{k(k+1)}{2}$. 则 $n = k+1$ 时,由假设知前 k 条直线可将平面划分成 $f(k)$ 个区域. 我们让第 $(k+1)$ 条新添入的直线 l 与前 k 条直线都相交,这样 k 个交点将 l 分成了 $k+1$ 段,而其中的每一段都将一个原有的区域一分为二,于是可增加出 $k+1$ 个区域来,从而有

$$f(k+1) = f(k) + (k+1) = \left[1 + \dfrac{k(k+1)}{2}\right] + (k+1) = 1 + \dfrac{(k+1)(k+2)}{2}$$

也即 $n = k+1$ 时式 ① 也成立.

由 ①,② 两步知 $f(n) = 1 + \dfrac{n(n+1)}{2}$ 对任意自然数 n 都成立.

(2) 若 m, n 为自然数,证明 $\sqrt[m]{n}$ 和 $\sqrt[n]{m}$ 中较小者不超过 $\sqrt[3]{3}$.

记 a 与 b 中的较小者为 $\min\{a, b\}$. 不妨令 $n \leq m$,则

$$\sqrt[m]{n} \leq \sqrt[n]{n} \leq \sqrt[n]{m}$$

于是 $\min\{\sqrt[m]{n}, \sqrt[n]{n}\} = \sqrt[m]{n} \leq \sqrt[n]{n}$

故只需证明对任意自然数 n 恒有 $\sqrt[n]{n} \leq \sqrt[3]{3}$.

① $n = 3$ 时,$\sqrt[3]{3} = \sqrt[3]{3}$,结论成立.

② 假设 $n = k (k \geq 3)$ 时 $\sqrt[k]{k}$ 成立,即有 $k^3 \leq 3^k$. 当 $n = k+1$ 时,有

$$3^{k+1} = 3 \cdot 3^k \geq 3 \cdot k^3 = k^3 + k^3 + k^3 > k^3 + 3k^2 + 3^2 k =$$
$$k^3 + 3k^2 + 3k + 6k >$$

$$k^3 + 3k^2 + 3k + 1 = (k+1)^3$$

从而有
$$\sqrt[k+1]{k+1} < \sqrt[3]{3}$$

由 ①,② 两步知,当 $n \geq 3$ 时有 $\sqrt[n]{n} \leq \sqrt[3]{3}$.

又因为 $n = 1,2$ 时显然有 $1 \leq \sqrt[3]{3}$ 和 $\sqrt[2]{2} \leq \sqrt[3]{3}$. 所以对任意自然数 n 恒有 $\sqrt[n]{n} \leq \sqrt[3]{3}$.

(3) 给出数列:$1,1,2,3,5,\cdots$,其一般项为
$$a_n = a_{n-2} + a_{n-1} \quad (n = 3,4,5,\cdots)$$

试问数列 $\{a_n\}$ 中任意相邻两项的平方和是否仍在该数列之中?总结规律并证明之.

先列表给出数列 $\{a_n\}$ 的前若干项来,以供观察.

n	1	2	3	4	5	6	7	8	9	10	11	…
a_n	1	1	2	3	5	8	13	21	34	55	89	…

从中可见
$$a_1^2 + a_2^2 = 1^2 + 1^2 = 2 = a_3$$
$$a_2^2 + a_3^2 = 1^2 + 2^2 = 5 = a_5$$
$$a_3^2 + a_4^2 = 2^2 + 3^2 = 13 = a_7$$
$$a_4^2 + a_5^2 = 3^2 + 5^2 = 34 = a_9$$
$$\vdots$$

自然会猜想对一般是否有
$$a_n^2 + a_{n+1}^2 = a_{2n+1}$$

现用数学归纳法来证明上述猜想是对的.

① $n = 1,2$ 时,有 $a_1^2 + a_2^2 = a_3$ 和 $a_2^2 + a_3^2 = a_5$ 成立.

② 假设 $n = k-1, k(k \geq 2)$ 时有
$$a_{k-1}^2 + a_k^2 = a_{2k-1}$$
$$a_k^2 + a_{k+1}^2 = a_{2k+1}$$

成立. 则 $n = k+1$ 时,有
$$a_{2(k+1)+1} = a_{2k+3} = a_{2k+1} + a_{2k+2} = 2a_{2k+1} + a_{2k} =$$
$$2a_{2k+1} + (a_{2k+1} - a_{2k-1}) = 3a_{2k+1} - a_{2k-1} =$$
$$3(a_k^2 + a_{k+1}^2) - (a_{k-1}^2 + a_k^2) =$$
$$a_{k+1}^2 + (2a_k^2 + 2a_{k+1}^2 - a_{k-1}^2) =$$

$$a_{k+1}^2 + [2a_k^2 + 2a_{k+1}^2 - (a_{k+1} - a_k)^2] =$$
$$a_{k+1}^2 + (a_k^2 + 2a_k a_{k+1} + a_{k+1}^2) =$$
$$a_{k+1}^2 + (a_k + a_{k+1})^2 = a_{k+1}^2 + a_{k+2}^2$$

也即 $n = k + 1$ 时结论也成立.

由①,②两步知 $\{a_n\}$ 有规律 $a_n^2 + a_{n+1}^2 = a_{2n+1}$.

(4) 把 $2n$ 只棋子分成数目相等的两堆,甲乙两人轮流从中取棋子.若规定每次可以从某堆中取若干只棋子(个数不限),拿到最后一只棋子的人为胜者.试证明后取者可必胜.

不妨令甲先取,乙后取.

① $n = 1$ 时,只有两只棋子,平分两堆时每堆中仅有一只棋子.甲只能取光一堆,于是乙取走了另一堆,乙胜.

② 假设 $n \leqslant k$ 时,也即 $n = 1, 2, \cdots, k$ 时,乙都可必胜.则 $n = k + 1$ 时,每堆都有 $k + 1$ 只棋子.先取者甲必须从某堆取 $m(1 \leqslant m \leqslant k + 1)$ 只棋子.若 $m = k + 1$,则乙取光另一堆的棋子,乙胜;若 $1 \leqslant m < k + 1$,则乙可在另一堆中也取 m 只棋子后,将棋子数均为 $k + 1 - m$ 的两堆留给甲取,因为 $1 \leqslant k + 1 - m \leqslant k$,由假设知由甲先取时乙可必胜.

由①,②两步知后取者乙可必胜.

(5) 把 3 个白子和 3 个黑子依次不留间隔地排成一行.若规定"取出相邻两子保持先后次序不变地移放到其他棋子旁的空位上"为一次移动.则经 3 次移动可使 6 个棋子排成黑白相间且不留间隔的一行.见图 Ⅰ.40.试将这游戏推广到 n 个黑子和 n 个白子的情形.

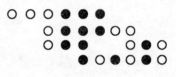

图 Ⅰ.40

记"n 个白子和 n 个黑子依次不留间隔地排成一行,按题设中的规定经 n 次移动后,必能排成黑白相间且不留间隔的一行"为命题 $P(n)$.下面用数学归纳法证明 $P(n)$ 的成立.

① $n = 4, 5, 6, 7$ 时不难验证 $P(4), P(5), P(6)$ 和 $P(7)$ 都成立,且所得结果都比开始右移两子的位置.见图 Ⅰ.41.

② 假设 $n = k(k \geqslant 4)$ 时 $P(k)$ 成立,现考虑 $n = k + 4$ 的情况,见图 Ⅰ.42. 首先,经两次移动得图中第 3 行.然后,保持行中的前 4 个子"○●●○"和最后的 4 子"●●○○"不动,而对中间的"k 个白子和 k 个黑子的 $2k$ 个棋子构成的行"作 k 次移动,由假设知再经 k 次移动就可得到图中的第 $k + 3$ 行.最后,

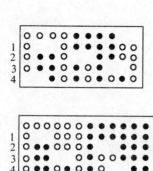
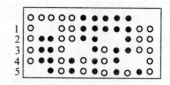
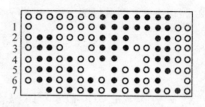

图 Ⅰ.41

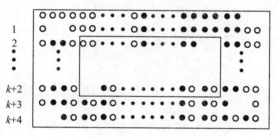

图 Ⅰ.42

按图中所示作第 $k+3$ 次和第 $k+4$ 次移动,得图中最后一行结果.结果说明 $P(k)$ 成立时 $P(k+4)$ 必成立.

由①,②两步知命题 $P(n)$ 对任意大于3的自然数 n 都成立.因为我们可以由 $P(4)$ 成立推出 $P(4m)$ 成立;由 $P(5)$ 成立可推出 $P(4m+1)$ 成立;由 $P(6)$ 成立可推出 $P(4m+2)$ 成立;由 $P(7)$ 成立可推出 $P(4m+3)$ 成立(m 为自然数).

(6) 数列 $1,6,8,24,27,60,\cdots$ 按这样的法则构成:它的奇数项为 $a_{2n-1}=n^3$;偶数项为 $a_{2n}=n(n+1)(n+2)$.若以 S_k 表示数列前 k 项的和.试证

$$S_{2n-1}=\frac{1}{2}n(n+1)(n^2+n-1)$$

$$S_{2n}=\frac{1}{2}n(n+1)(n^2+3n+3)$$

记 $S_{2n-1}=\frac{1}{2}n(n+1)(n^2+n-1)$ 为命题 $A(n)$;

355

$$S_{2n} = \frac{1}{2}n(n+1)(n^2+3n-3)$$ 为命题 $B(n)$.

① $n = 1$ 时, $S_1 = S_{2\times 1-1} = \frac{1}{2} \times 1 \times (1+1) \times (1^2+1-1) = 1$, 也即 $A(1)$ 成立.

② 假设 $n = k$ 时 $A(k)$ 成立, 也即有
$$S_{2k-1} = \frac{1}{2}k(k+1)(k^2+k-1)$$

于是, 有
$$S_{2k} = S_{2k-1} + a_{2k} = \frac{1}{2}k(k+1)(k^2+k-1) + k(k+1)(k+2) =$$
$$\frac{1}{2}k(k+1)(k^2+3k+3)$$

也即有 $B(k)$ 成立. 此时又可推出
$$S_{2(k+1)-1} = S_{2k+1} = S_{2k} + a_{2k+1} =$$
$$\frac{1}{2}k(k+1)(k^2+3k+3) + (k+1)^3 =$$
$$\frac{1}{2}(k+1)(k+2)(k^2+3k+1) =$$
$$\frac{1}{2}(k+1)[(k+1)+1][(k+1)^2 + (k+1) - 1]$$

也即 $A(k+1)$ 成立.

由①,② 两步知 $A(n)$ 和 $B(n)$ 对任意自然数 n 都成立.

(7) 若 $a_i > 0 (i = 1,2,3,\cdots,n)$, 试证
$$\frac{1}{n}(a_1 + a_2 + \cdots + a_n) \geq \sqrt[n]{a_1 a_2 \cdots a_n}$$

采用倒退归纳的手法来证明.

（Ⅰ）先证明不等式对 n 为 2 的乘幂时是成立的.

① 当 $n = 2$ 时, 因为
$$(\sqrt{a_1} - \sqrt{a_2})^2 = a_1 + a_2 - 2\sqrt{a_1 a_2} \geq 0$$

变形, 有
$$\frac{1}{2}(a_1 + a_2) \geq \sqrt{a_1 a_2}$$

② 假设 $n=k$ 时不等式成立. 考虑 $n=2k$ 的情形:对 $2k$ 个正数 $b_1,b_2,\cdots,b_{2k}$,令 $a_i=\dfrac{1}{2}(b_{2i-1}+b_{2i})(i=1,2,\cdots,k)$,则

$$a_i=\frac{1}{2}(b_{2i-1}+b_{2i})\geqslant\sqrt{b_{2i-1}b_{2i}}\quad(i=1,2,\cdots,k)$$

由假设知

$$\frac{b_1+b_2+\cdots+b_{2k}}{2k}=\frac{a_1+a_2+\cdots+a_k}{k}\geqslant\sqrt[k]{a_1a_2\cdots a_k}\geqslant$$

$$\sqrt[k]{\sqrt{b_1b_2}\sqrt{b_3b_4}\cdots\sqrt{b_{2k-1}b_{2k}}}=\sqrt[2k]{b_1b_2\cdots b_{2k}}$$

也即不等式在对 $n=k$ 成立时,对 $n=2k$ 也必定成立.

由①,② 知不等式对 $n=2^m$ 都成立(m 为自然数).

(Ⅱ) 假设不等式对 $n=k$ 成立,考虑 $n=k-1$ 的情形:

对任意 $k-1$ 个正数 $a_1,a_2,\cdots,a_{k-1}$,令

$$a_k=\frac{1}{k-1}(a_1+a_2+\cdots+a_{k-1})$$

由假设知

$$\frac{1}{k-1}(a_1+a_2+\cdots+a_{k-1})=a_k=\frac{(k-1)a_k+a_k}{k}=$$

$$\frac{1}{k}(a_1+a_2+\cdots+a_k)\geqslant\sqrt[k]{a_1a_2\cdots a_k}$$

因为从 $a_k\geqslant\sqrt[k]{a_1a_2\cdots a_{k-1}a_k}$ 可导出不等式

$$a_k\geqslant\sqrt[k-1]{a_1a_2\cdots a_{k-1}}$$

所以有

$$\frac{1}{k-1}(a_1+a_2+\cdots+a_{k-1})=a_k\geqslant\sqrt[k-1]{a_1a_2\cdots a_{k-1}}$$

由(Ⅰ),(Ⅱ)两步知 $\dfrac{1}{n}(a_1+a_2+\cdots+a_n)\geqslant\sqrt[n]{a_1a_2\cdots a_n}$ 对任意自然数 $n(n\geqslant 2)$ 都成立.

(8) 试证不定方程 $x_1+x_2+\cdots+x_m=n$(m,n 为自然数)的非负整数解的组数为 C_{m+n-1}^{m-1}. 记所证命题为 $P(n,m)$.

① $n=1$ 时,$x_1+x_2+\cdots+x_m=1$ 的非负整数解为

$(1,0,0,\cdots,0),(0,1,0,\cdots,0),(0,0,1,\cdots,0),\cdots,(0,0,0,\cdots,1.)$

共 m 组;又 $C_{m+n-1}^{m-1} = C_m^{m-1} = C_m^1 = m$. 故 $P(1,m)$ 成立.

当 $m = 1$ 时, $x_1 = n$ 仅一组解;又因为 $C_{1+n-1}^{1-1} = C_n^0 = 1$, 故 $P(n,1)$ 也成立.

② 假设 $P(k+1,s)$ 和 $P(k,s+1)$ 都成立. 考虑 $n = k+1$ 和 $m = s+1$ 的情形, 也即方程

$$x_1 + x_2 + \cdots + x_s + x_{s+1} = k+1$$

的解,按 $x_{s+1} = 0$ 和 $x_{s+1} > 0$ 将解分为两类.

若 $x_{s+1} = 0$, 则非负整数解的组数与方程

$$x_1 + x_2 + \cdots + x_s = k+1$$

的非负整数解的组数相同, 由假设知组数为 C_{s+k}^{s-1}.

若 $x_{s+1} > 0$, 令 $x_{s+1} - 1 = \overline{x_{s+1}}$. 于是非负整数解的组数与方程

$$x_1 + x_2 + \cdots + x_s + \overline{x_{s+1}} = k$$

的非负整数解的组数相同, 由假设知组数为 C_{s+k}^s.

所以 $x_1 + x_2 + \cdots + x_{s+1} = k+1$ 的非负整数解的组数为

$$C_{s+k}^{s-1} + C_{s+k}^s = C_{s+k+1}^s = C_{(s+1)+(k+1)-1}^{(s+1)-1}$$

也即 $P(k+1, s+1)$ 也成立.

由①, ②两步知命题 $P(n,m)$ 对任意自然数 n,m 都成立.

易见,在"数学归纳法"的问题组中, 问题(1), (2), (3), (4), (5), (6), (7), (8) 的证明, 正是分别运用了证明模式(A), (B), (C), (D), (E), (F), (G) 和(H) 来完成的.

附注11 关于"售票问题"的组合解法

问题 某剧院售票处有许多人在排队购票, 剧院规定每人限购 10 张票(只能少购不能多买). 问当前 15 张票售出时(第 16 张票还没售出) 可能出现多少种不同的售票情况?

采用组合计数的思路去求解.

将"15 张票被 k 个人($k = 2,3,4,\cdots,15$) 买去"视为"k 人中的前 $k-1$ 个人插到 15 张票之间的 14 个间隙中去". 不妨用符号"○"和"×"分别表示票和人, 于是, "15 张票被 k 个人买去"这件事就可用 15 个"○"和 k 个"×"排成的一个符号列表示. 当然, 这种符号列必须是"○"开头, "×"收尾, "×"不相邻且相邻的"○"不超过 10 个. 譬如符号列

○○×○○○○○○×○○○○×○○○×

表示4个人买去15张票的一种情况:第1人买2张,第2人买6张,第3人买4张,第4人买3张,进一步,我们将这一具体售出情况属于的类型简记为(6,4,3,2),意思是15张票被分成了四段,每段的票数分别为6张、4张、3张和2张,当然,这里不计它们的次序.

下面,按 k 来分类计算每类的售出不同方式的种数.

(1) $k=2$ 时:第1人插入14个间隙的方式有 C_{14}^1 种.由于每人限购10张,所以(11,4),(12,3),(13,2)和(14,1)这种分类型段是不允许的.以(11,4)为例,第1人可插在第11张票后,也可插在第4张票后,也即第1人有 C_2^1 种插入的选择.而(12,3),(13,2)和(14,1)的情况也一样.于是,$k=2$ 时的不同售出方式种数为

$$C_{14}^1 - 4C_2^1 = C_{14}^1 - 8$$

(2) $k=3$ 时:前2人插入14个间隙的方式有 C_{14}^2 种,而其中不合题意的有四类,也即(11,3,1),(11,2,2),(12,2,1)和(13,1,1),它们各自的种数分别依次为 A_3^3,C_3^1,A_3^3 和 C_3^1.于是,$k=3$ 时的不同售出方式种数为

$$C_{14}^2 - 2(A_3^3 + C_3^1) = C_{14}^2 - 18$$

(3) $k=4$ 时:前3人插入14个间隙的方式有 C_{14}^3 种.而其中不合题意的有两类,也即(11,2,1,1)和(12,1,1,1),它们的种数分别为 A_4^2 和 C_4^1.于是,$k=4$ 时的不同售出方式种数为

$$C_{14}^3 - A_4^2 - C_4^1 = C_{14}^3 - 16$$

(4) $k=5$ 时:前4人插入14个间隙的方式有 C_{14}^4 种.而其中仅有(11,1,1,1,1)一类不合题意,它的种数为 C_5^1.于是,$k=5$ 时的不同售出方式种数为

$$C_{14}^4 - C_5^1 = C_{14}^4 - 5$$

(5) $6 \leqslant k \leqslant 15$ 时:前 $k-1$ 个人插入14个间隙的方式有 C_{14}^{k-1} 种.此时,自然没有不合题意的.

综合(1)至(5)的诸情形,有不同售票情况

$(C_{14}^1 - 8) + (C_{14}^2 - 18) + (C_{14}^3 - 16) + (C_{14}^4 - 5) + C_{14}^5 + C_{14}^6 + \cdots + C_{14}^{14} =$
$(C_{14}^1 + C_{14}^2 + \cdots + C_{14}^{14}) - (8 + 18 + 16 + 5) =$
$(2^{14} - 1) - 47 = 16\,336(种)$

这样,我们用不同于递推关系的途径、方法和程序去求解,并得出了相同的结果.无疑,这使我们对结果的正确更加自信.

附注12 关于六动物渡河问题

问题 大虎 A、小虎 a、大狮 B、小狮 b、大熊 C、小熊 c,来到大河北岸. 现有一只小船,它最多只能载两只动物(大小不限). 若三只大动物和小虎都会划船而小狮、小熊不会划船,又知小动物如果没有同类大动物在身边护卫时就有遭到其他大动物伤害的可能. 问六动物能否安全过河?(若能,怎样渡法?有多少种渡法?若不能,请讲明理由.)

答案是肯定的,六动物可以安全过河并有32种不同的过渡方案. 解这类复杂谜题时,靠盲目和碰运气去试猜显然不是好办法. 如何注重科学思维去寻求问题的解决呢?在此,可以借助于有向图这一数学工具.

我们用记号 $\binom{N}{S}$ 表示六动物在两岸的分配状态,其中 N 表示北岸的情况,S 表示南岸的情况. 称 $\binom{N}{S}$ 为一种状态并用有向图的一个顶点来表示. 顶点标号 (r,k) 表示第 r 次摆渡后可能出现的全部状态中的第 k 种状态,显然 r 为偶数时船在北岸,r 为奇数时船在南岸. 譬如 $\binom{bc}{ABCa}^{(9,1)}$ 就表示经9次摆渡后出现的一种状态:小狮、小熊在北岸而大虎、大狮、大熊、小虎及船在南岸.

首先,从点 $(0,1)$ 的初始状态 $\binom{ABCabc}{\varnothing}$ 出发,找出在问题条件允许的情况下经一次摆渡所能到达的全部状态,即如下的6种

$$\binom{BCbc}{Aa},\binom{ACAc}{Bb},\binom{ABCc}{ab},\binom{ABab}{Cc},\binom{ACBb}{ac},\binom{ABCbc}{a}$$

将每种状态用一个顶点表示并给以标号 $(1,k)$ ($k=1,2,\cdots,6$),再作以 $(0,1)$ 为尾,$(1,k)$ 为头的6条弧. 见图 Ⅰ.43.

接着,逐一考察顶点 $(1,k)$,找出从它们再经一次摆渡所能到达的全部状态,用顶点表示每种状态并给以标号 $(2,k)$ ($k=1,2,\cdots$),若点 $(1,k)$ 经一次摆渡可变为 $(2,k)$,就作以 $(1,k)$ 为尾,以 $(2,k)$ 为头的弧. 需要注意:在找可能达到的全部状态时,应避免重复循环. 为此对已考察过的状态不要标以新的标号,仍标原标号并结束进一步的考察. 譬如:从 $(1,1)$ 经一次摆渡只能变为

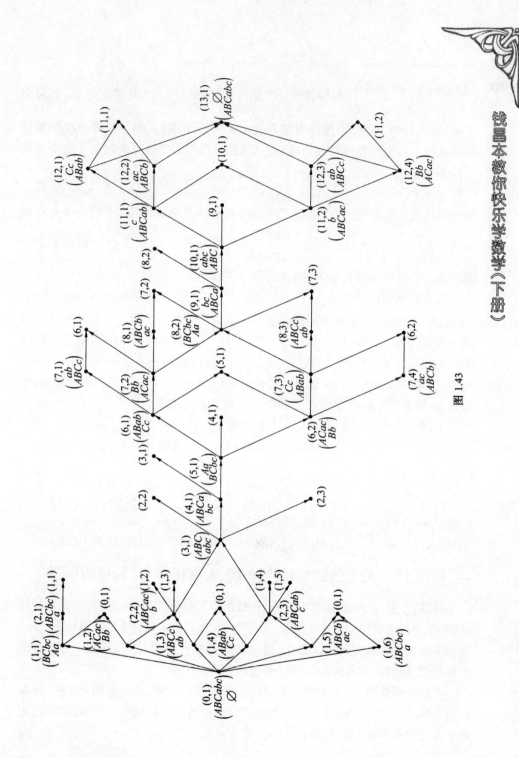

图 1.43

$\begin{pmatrix}ABCbc\\a\end{pmatrix}$ 和 $\begin{pmatrix}ABCabc\\\varnothing\end{pmatrix}$，对后者因已考察过而仍标以 $(0,1)$ 并终止考察；而对前者标以 $(2,1)$．（注意：因为此时船在北岸而不同于点 $(1,6)$）在对一次摆渡所得的其他 5 点也作类似考察处理后，就得到了经二次摆渡可到达的 3 种全部状态 $\begin{pmatrix}ABCbc\\a\end{pmatrix}$，$\begin{pmatrix}ABCac\\b\end{pmatrix}$ 和 $\begin{pmatrix}ABCab\\c\end{pmatrix}$．对这 3 点分别标以 $(2,1)$，$(2,2)$ 和 $(2,3)$．如此再从这 3 点出发，去找出经三次摆渡可到达的全部状态．不断地将有向图构造下去，…… 直至目标状态 $\begin{pmatrix}\varnothing\\ABCabc\end{pmatrix}$ 出现为止．（当然，若目标状态未出现前构造过程已无法进行下去，则说明问题无解！）

由有向图构造过程知，从 $(0,1)$ 到图中任一顶点都有单向通路，从而从 $(0,1)$ 到 $(13,1)$ 的每一条单向通路都表示问题的一个可行的解．当然，解的优劣取决于摆渡次数的多少．图中从 $(0,1)$ 到 $(5,1)$ 有 4 条不同的单向通路；从 $(5,1)$ 到 $(10,1)$ 有 2 条不同的单向通路；从 $(10,1)$ 到 $(13,1)$ 有 4 条不同的单向通路．由乘法原理知从 $(0,1)$ 到 $(13,1)$ 共有 $4\times 2\times 4=32$（条）不同的单向通路，也即有 32 种形式不同的渡河方案可使六动物安全过河．

下面给出其中一个解的图示：（图中横线表示河）

$\begin{matrix}(0,1)&&(1,3)&&(2,2)&&(3,1)&&(4,1)&&(5,1)&&(6,1)\\\begin{pmatrix}ABCabc\\\varnothing\end{pmatrix}&\to&\begin{pmatrix}ABCc\\ab\end{pmatrix}&\to&\begin{pmatrix}ABCac\\b\end{pmatrix}&\to&\begin{pmatrix}ABC\\abc\end{pmatrix}&\to&\begin{pmatrix}ABCa\\bc\end{pmatrix}&\to&\begin{pmatrix}Aa\\BCbc\end{pmatrix}&\to&\begin{pmatrix}AaBb\\Cc\end{pmatrix}\to\end{matrix}$

$\begin{matrix}(7,2)&&(8,2)&&(9,1)&&(10,1)&&(11,1)&&(12,2)&&(13,1)\\\begin{pmatrix}Bb\\AaCc\end{pmatrix}&\to&\begin{pmatrix}BbCc\\Aa\end{pmatrix}&\to&\begin{pmatrix}bc\\AaBC\end{pmatrix}&\to&\begin{pmatrix}abc\\ABC\end{pmatrix}&\to&\begin{pmatrix}c\\ABCab\end{pmatrix}&\to&\begin{pmatrix}ac\\ABCb\end{pmatrix}&\to&\begin{pmatrix}\varnothing\\ABCabc\end{pmatrix}\end{matrix}$．

附注 13　关于创设"海阔凭鱼跃，天高任鸟飞"情境的例题

问题　甲、乙两队各出 5 名队员，按照事先排定的顺序出场参加乒乓球擂台赛．开始先由双方 1 号队员比赛，负者淘汰，胜者再与负方 2 号队员比赛，……直至某队 5 名队员全部淘汰为止，另一队取得擂台赛的胜利，形成一种具体的比赛过程．问擂台赛可能发生的比赛过程共有多少种？

本题的情境改为"双方各 7 名队员进行围棋擂台赛"后，曾用于 1988 年全国高中数学联赛作为试题．当然，当时数学小组的学生是初中三年级的学生，大部分人还没有学到"排列、组合"的有关内容．

问题的目标是求"比赛过程"的种数. 那么一个具体的比赛过程又该如何去描述呢？我们希望对比赛过程的描述会给求解带来有益的启示. 于是, 首先组织学生设计比赛过程的描述方式.

不妨以 a_i 和 $b_i(i=1,2,3,4,5)$ 分别表示甲队和乙队的第 i 名队员. 最容易想到的描述方式应该是"语言或文字的叙述". 譬如: "甲队 a_1 连胜乙队 b_1, b_2 后输给了 b_3, 又胜了 a_2 但败给了 a_3, a_3 败于 b_4, 最后 a_4 连胜 b_4 和 b_5. 最终甲队以 5:3 的结果胜了乙队."

上述的比赛过程中两队共进行了 $5+3=8$(场) 比赛, 若将每场比赛后两队的累积阶段比分依次排列出来, 有:

比赛场次	1	2	3	4	5	6	7	8	结论
累计比分（甲：乙）	1:0	2:0	2:1	2:2	3:2	3:3	4:3	5:3	甲队胜

显然, 阶段累积比分记录也是比赛过程的一种描述方式.

为直观形象, 当 a_i 胜了 b_j 时, 可在 a_i 和 b_j 间作一有向线段, 由 a_i 指向 b_j, 并在有向线段旁标以该场次的序号. 于是前述的比赛过程又可以用下面的图来描述, 如图 I.44, 有:

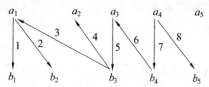

图 I.44

在图 I.40 中, 从 a_1 发出了 2 条有向线段, a_1 胜了 2 场, 记 a_1 得 2 分; 从 a_2 发出了 0 条有向线段, a_2 胜了 0 场, 记 a_2 得 0 分; 类似知 a_3, a_4, a_5 分别得了 1 分, 2 分, 0 分. 于是, 胜方甲队 5 名队员的得分可依次排成一个有序的 5 维数组

$$(2,0,1,2,0)$$

易见组中 5 数都是非负整数且和为 5. 所以如此的"和为 5 的一个 5 维非负整数数组"表示某队胜的一个比赛过程.

倘若安排一个有 10 个座位的座席, 首先按比赛中淘汰的先后次序依次入座, 然后再将胜队未败（可能的话, 含未出场的）的队员依次接着入座. 前述的那个比赛过程就应该对应于如下的座席:

序号	1	2	3	4	5	6	7	8	9	10
座席	b_1	b_2	a_1	a_2	b_3	a_3	b_4	b_5	a_4	a_5

由于双方队员出场比赛的顺序是事先排定的,也即 a_i(或 b_i)在座席中出现的前后次序必定是 i 从1排到5. 于是,上述座席从本质上看就是5个 a 和5个 b 这10个元素的一个排列

$$b\ b\ a\ a\ b\ a\ b\ b\ a\ a$$

以上所涉及的语言文字的叙述、阶段累计比分记录、图示、和为5的5维非负整数数组、5个 a 和5个 b 的一个排列,都是数学小组活动中,集中大家的智慧所得到的描述比赛过程的方式.

接下去,自然应考虑比赛过程的哪种描述有利于求解的实现呢?

"语言文字的叙述"过于原始,缺少提炼,难以给人求解启示. 应放弃它!

阶段累计比分记录与图示这两种描述方式较为相近. 就前述的比赛过程考虑,自然会想到"甲队以5∶3胜乙队"的所有比赛过程有多少种呢?甲队5∶3胜乙队时,共赛了 $5+3=8$(场),其中第8场必定是甲队 $3+1=4$ 号队员 a_4 胜了乙队的主帅第5号队员 b_5,而在前7场比赛中甲队输了3场. 于是,甲队以5∶3胜乙队的比赛过程的种数就等于"在7场比赛中选3场"的选法数. 推广到一般,甲队以5∶k($k=0,1,2,3,4$)胜乙队时,共赛 $(5+k)$ 场,其中第 $(5+k)$ 场必定是甲队第 $(k+1)$ 名队员胜了乙队的第5名队员,而在前 $(4+k)$ 场比赛中甲队输了 k 场,于是,甲队以5∶k 胜乙队的比赛过程的种数就等于"在 $(4+k)$ 场比赛中选 k 场"的选法数. (当然,学习了排列、组合的有关内容后,易知这里的选法数为组合数 C_{4+k}^{k}($k=0,1,2,3,4$),所以甲队胜的比赛过程的种数为

$$\sum_{k=0}^{4} C_{4+k}^{k} = C_4^0 + C_5^1 + C_6^2 + C_7^3 + C_8^4 = C_9^4 = 126$$

考虑到乙队胜的比赛过程也有126种,故所有比赛过程共有252种.)

至此,由阶段累计比分记录或图示描述所导出的求解方案已明确,关键的步骤已完成. 剩余的工作仅仅为选法数的计算及各类种数(对 $k=0,1,2,3,4$ 而言)的综合,而这只需了解组合概念后就可完成.

"和为5的5维非负整数数组"可视为不定方程

$$x_1 + x_2 + x_3 + x_4 + x_5 = 5 \qquad ①$$

的一组非负整数解. 于是,求某队胜的所有比赛过程的种数,也即求不定方程 ① 的非负整数解的组数. (视 ① 的一组非负整数解 $(x_1, x_2, x_3, x_4, x_5)$ 为5个"1"

和 4 个 "+" 的一个全排列,譬如:$(2,0,1,2,0) \Leftrightarrow$ "1 1 + + 1 + 1 1 +". 由不尽相异元素的全排列知 5 个 "1" 和 4 个 "+" 的全排列数 $\dfrac{9!}{5! \cdot 4!} = C_9^4 = 126$. 从而所有比赛过程种数为 $126 \times 2 = 252$(种)) 待学习了有关知识后,就不难完成后继的求解工作.

关于座席或排列的描述告诉:一个比赛过程对应着 "5 个 a 和 5 个 b" 这 10 个元素的一个排列,反之亦然. 而一个排列的本质就是在 10 个位置中选出 5 个位置(放 5 个 a). 于是,所有的比赛过程的种数就等于从 10 个元素中取出 5 个的组合种数(即 $C_{10}^5 = 252$).

以上,从对比赛过程描述的具体方式出发,我们从不同的角度去感受去理解问题,并从某些方式出发找到了解决问题的思路和方法. 与此同时,也从中体验着数学抽象、模型化、对应、分类等思想或方法对问题解决所起的作用. 至于解答方案的最终实现并非是最重要的,因为只需稍稍了解排列、组合的基本知识,求出 "252 种" 这一结果是不难的!

围绕原问题,不妨再向前引申几步.

倘若不用组合的知识,问题应该如何求解?(也即如何引导初中学生来探求问题的解决?)

在原问题的情境下,问:

(1)某队胜的比赛过程有多少种?

(2)某队胜且在比赛全过程中始终未落后的比赛过程有多少种?

(3)某队胜且在比赛全过程中始终领先的比赛过程有多少种?

若甲、乙两队各 n 名队员时,每种比赛过程各有多少种?

若甲队 m 名队员,乙队 n 名队员,且 $m > n \geqslant 2$ 时,各种比赛过程又各有多少种呢?

你能设计其他情境下的类似实际问题吗?

为避开组合概念的涉及和使用,我们再引入一个模型——网格图. 网格图是由水平和竖直的一些平行线构成,水平线由下至上,竖直线由左向右依次编号 0,1,2,3,…,并称水平线与竖直线的交点为格点,记第 i 条竖直线与第 j 条水平线所产生的格点记为 (i,j). 称从 $(0,0)$ 向右或向上沿格线到达 (i,j) 的路径为非降路径(简称路径),记从 $(0,0)$ 到 (i,j) 的所有路径的数目为 $f(i,j)$. 这样,就可以将一个比赛过程通过排列(座席)与路径建立对应关系. 譬如对前述的那个比赛过程,就有

某比赛过程 ⇔ 排列 $bbaababbaa$ ⇔ 从$(0,0)$到$(5,5)$的一条路径

(见图 I.45 中粗线所示)

于是,求所有比赛过程种数就可以转化为求从$(0,0)$到$(5,5)$的所有路径数目$f(5,5)$.而后者又该如何求呢?

从化难为易入手,先考虑从$(0,0)$到点$(i,0)$和点$(0,j)$的情况,易见有$f(i,0) = f(0,j) = 1$.

当$i \geq 1, j \geq 1$时显然有
$$f(i,j) = f(i-1,j) + f(i,j-1)$$

于是,由
$$\begin{cases} f(i,0) = f(0,j) = 1 \\ f(i,j) = f(i-1,j) + f(i,j-1) \end{cases} (i,j \geq 1)$$

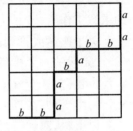

图 I.45

出发,通过简单地加,并依照"对行由下到上,每行从左到右"的次序逐步将$f(i,j)$标在点(i,j)上. 最终可得到$f(5,5) = 252$. 见图 I.46 所示. 从而知从$A(0,0)$到$B(5,5)$的路径有 252 条,也即所有比赛过程有 252 种.

易见,甲队胜的比赛过程的种数就是点$(5,4)$的标数 126;乙队胜的比赛过程的种数就是点$(4,5)$的标数 126.

实际上格图标数的本质就是组合数,标数递推的本质正是组合的性质. 当标数表绕点A顺时针转 135° 时,所得正是"杨辉三角",而标数$f(i,j)$正是杨辉三角第$(i+j+1)$行的第$(j+1)$个数C_{i+j}^j,也即有$f(i,j) = C_{i+j}^j$. 所以有$f(5,5) = C_{10}^5 = 252$.

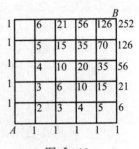

图 I.46

设甲队获擂台赛的胜利,并在比赛的全过程中甲队始终未落后,则如此的一个比赛过程应该对应于格图主对角线AB右下方区域内的一条从A到B的路径. 对此,记从$A(0,0)$到点$(i,j)(i \geq j)$的路径数目为$g(i,j)$,则
$$\begin{cases} g(i,0) = 1, i > 1 \\ g(i,i) = g(i,i-1), i > 1 \\ g(i,j) = g(i-1,j) + g(i,j-1), i > j \geq 1 \end{cases}$$

由上式出发,就不难推出$g(5,5) = 42$. 见图 I.47. 所以甲队(也即某队)胜且在全过程中始终未落后的比赛过程有 42 种.

类似,甲队胜且在比赛全过程中始终领先的比赛过程应该对应于这样的路

径,路径不超过折线 $(0,0)-(1,0)-(5,4)-(5,5)$ 且在该折线右下方. 记从 $A(0,0)$ 到点 $(i,j)(i>j)$ 的路径数目为 $h(i,j)$,则

$$\begin{cases} h(i,0) = 1, i \geq 1 \\ h(i,i-1) = h(i,i-2), i \geq 2 \\ h(i,j) = h(i-1,j) + h(i,j-1), i > j+1 \geq 2 \end{cases}$$

由上式出发,可推出 $h(5,4) = 14$. 考虑到限制范围知从 $A(0,0)$ 到 $B(5,5)$ 的路径数目也等于 $h(5,4) = 14$. 见图 I.48. 所以甲队(也即某队)胜且在全过程中始终领先的比赛过程有 14 种.

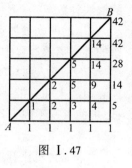

图 I.47

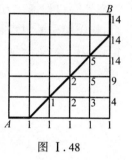

图 I.48

对于"甲、乙两队各 n 名队员"以及"甲队 m 名队员,乙队 n 名队员 $(m > n \geq 2)$"的一般情境下的问题,可仿照前面求解的思路和方法去求解,在此不再详述,求解过程请读者自己去完成. 下面列出有关的结果供参考.

当甲、乙两队各 n 名队员时,所有比赛过程有 C_{2n}^n 种;某队胜的比赛过程有 $\frac{1}{2}C_{2n}^n$ 种;某队胜且全过程中始终不落后的比赛过程有 $\frac{1}{n+1}C_{2n}^n$ 种;某队胜且全过程中始终领先的比赛过程有 $\frac{1}{n}C_{2n-2}^{n-1}$ 种.

当甲队 m 名队员,乙队 n 名队员 $(m > n \geq 2)$ 时,所有比赛过程有 C_{m+n}^n 种,其中甲队胜的有 C_{m+n-1}^{m-1} 种;乙队胜的有 C_{m+n-1}^{n-1} 种. 甲队胜且在全过程中始终未落后和始终领先的比赛过程分别有 $\frac{1}{m+1}C_{2n}^n$ 种和 $\frac{1}{n}C_{2n-2}^{n-1}$ 种;乙队胜且全过程中始终未落后和始终领先的比赛过程分别有 $\frac{m-n+2}{m+1}C_{m+n-1}^{n-1}$ 种和 $\frac{m-n+1}{m}C_{m+n-2}^{n-1}$ 种.

在"排列"的描述下,"比赛过程"的本质就是两种元素 a 和 b 的排列问题. 而各种引申的情境下的比赛过程,无非是对排列添加了某些限制条件而已. 当我们抛开"乒乓球擂台赛"的具体情境,换成其他的事件为问题的背景,就可以编出形形色色的类似问题. 譬如:袋中有 n 个白球和 n 个黑球 $(n \geq 4)$,现将这 $2n$ 个球逐一从袋中取出. 求取球过程中至少有一次取出的球中白球比黑球多

的取法种数.

甲、乙两人参加竞选,甲得 m 张选票,乙得 n 张选票,$m>n$. 在对 $m+n$ 张选票的逐一唱票过程中,求甲的得票始终领先于乙的得票的记录有多少种?

有 $2n$ 个人在排队买票,每票 1 元,每人限购一张票. 这 $2n$ 个人中只带一张 1 元币的人和只带一张 2 元币的人各有 n 人,而售票前售票处没准备找补的零钱. 求使大家不因为找补困难而影响顺利买票的排队方式的种数.

……

"求擂台赛比赛过程种数"是体现"高难度教学原则"的一个例子,这里通过对比赛过程描述方法的设计;各种描述方式求解思路的发现和解法方案的拟订;格图模型的引入和利用递推标数去实现求解目标;对问题的引申、推展及新情景编拟等,为学生在知识拓展和能力发展上创设一个广阔的活动余地.

附录 Ⅱ 对教育、教学的几点看法

1. 教育教学的目的是什么：衡量教学成效的标准是什么？

教师教，学生学，共同的目的是学习者自身的发展和提高．而决不是各种名目纷繁的考试后的(高)分数，也不是横向比较中优于他人的排名．

分数、排名仅仅是通过教与学后，学习者自身发展提高的自然结果，是人为的、主观的特定条件下的一种表征．考试、(学科)比赛是人为设定的，成绩(分数)和名次是相对的．

自身发展较快、提高幅度较大，且自我感觉良好的，就是学习的成功者！尽管他的分数、排名可能不那么看好．

学习(含接受奥数培训)犹如普通人锻炼身体，目的是增强体质或掌握某项运动的基本技能(如：游泳、滑冰)，而不是为了到竞技场去比高低，比高低、争名次是极少数人的事！

忘掉目的，就必然会导致教与学的种种失误．

2. 人的智能存在差异，有时差异甚至较大．对这一客观事实必须承认并尊重．当然，智能差异远不及体能差异那么明显外露且易于让人接受(如：高矮、强弱……)．我们不会也不忍心让体能差异较大的人去一起比试力量，那么为何又让智能存在差异的学习者去承担相同的智力活动并做统一要求呢？

对学习者智能差异的忽视和偏见往往会引发出让人啼笑皆非的后果("大家……你怎么就……"，"人家孩子……你怎么就……")，严重挫伤了学习者的自尊和自信！学校的教学决不要去公布成绩的排名，应淡化横向的比较，鼓励进步，肯定成绩，表扬先进，允许置后．

3. 教学的投入问题．(狭义)

教得累，学得苦是不争的事实．尤其是学生在学习中投入的精力、时间、甚至财力(资料费、补课费……)过大，而学习的收效并不那么理想．投入不值！"若投入那么大，理应达到较高的水平．"或"要达到目前的水平，是否需要这么大的投入？"

投入与回报不相匹配的原因是什么？

一是学习者是否有乐意学的心态？

二是教与学的方式、方法是否存在欠科学？

"头悬梁,锥刺骨"的说教,显然是违反科学的！"学海无涯苦为舟"也值得商讨. 不要片面、过分地宣传刻苦的作用, 事实上刻苦的人众多, 而真正成栋梁者却寥寥无几.

涉及数亿人的学习, 收效与投入的极不相称, 是一种无法估量的浪费.

4. 关于学习动力的问题.

五六十年代的学生"为革命发奋读书", 为名利读书是丑陋的！

如今, 学习的动力更多来自"功利主义". 学好功课 → 进好学校 → 找好工作 → 过好生活(当然, 也为社会相应作贡献).

"理想教育"、"功利"和"奖惩", 对学习的动力作用都是有限的！ 学习是一种脑力活动, 应让学习者乐意参与其中, 有活动的主人翁感. 通过学习活动的进展, 在精神上得到一定的满足感, 这是产生学习动力的根本因素. (犹如体育活动的踢球、下棋、打牌！)

5. 人的智能发展潜力极大, 智能培训必须从小抓起.

学习者怀着良好的心态, 在教师得法的指(引)导下, 学习的潜在能力将大得难以估量. 如 1978~1979 集训组成员, 八、九个月就学完了初三和高中的数学课程; (高考后到大学入学) 不到两个月就自学完大学"高等数学"课. 又如 1993, 1995 年, 广东省潮州集训队中的小学五年级、六年级学生, 只用三个月时间就自学完直至初一的数学课程.

智能的培训必须从小抓起. "从小"的内涵不是提早学习后继课程的东西, 而是及早抓智力、能力的培养开发, 如: 兴趣、观察力、创新精神(别出心裁)、科学思维、科学方法、运用意识、学习的责任心与自信心、自我矫正的习惯与能力、克服困难的意志、自学的习惯、追求高效的心态等的早期培养. (类似于某些运动项目选手早期培养, 如: 体操、跳水、游泳……)

尽管人在智能上有着差异, 但除少数天才和白痴外, 绝大多数人的差异是由于后天的种种因素(如: 家庭、学校、社会环境……)的影响所造成的. 人是万物之灵, 每个孩子都应该是聪明的, 重要的事情是要给学生创造良好的育人环境并给予科学的指导培养.

附录 Ⅲ 解数谜题的方法举例

解数谜一类的题,主要靠猜. 解数学问题要靠猜,这似乎是不科学的. 然而有许多问题的解答只能靠猜,或者说靠猜更简单. 不过,这种猜绝非瞎猜,而是用分析和推理的方法,有根据、有步骤地猜. 下面举例说明.

例 1 求一个四位数 $abcd$,已知它的 9 倍是 $dcba$.

解法 1 按题意可写出竖式

$$\begin{array}{r} a\,b\,c\,d \\ \times)\quad\quad 9 \\ \hline d\,c\,b\,a \end{array}$$

这里乘积是四位数,可见 $a \cdot 9$ 不进位,故 $a = 1$,乘积中的 $d = 9$,且 $b \cdot 9$ 不进位,上式变为

$$\begin{array}{r} 1\,b\,c\,9 \\ \times)\quad\quad 9 \\ \hline 9\,c\,b^8\,1 \end{array} \quad\quad ①$$

$b \cdot 9$ 不进位,可见 $b = 0$ 或 1. 若 $b = 1$,则乘积中 $c = 9$ 且 $c \cdot 9$ 不进位 —— 这是不可能的,因此只有 $b = 0$. 此时 $c \cdot 9 + 8$ 的个位数字 $b = 0$,可见 $c = 8$. 于是有 $abcd = 1\,089$. 验证:$1\,089 \times 9 = 9\,801$.

解法 2 按题意有

$$dcba = 9 \cdot abcd = 10 \cdot abcd - abcd$$

或

$$abcd + dcba = 10 \cdot abcd$$

写成竖式有

$$\begin{array}{r} a\,b\,c\,d \\ +)\quad d\,c\,b\,a \\ \hline a\,b\,c\,d\,0 \end{array}$$

两数相加最多进一位,可见 $a = 1$. 由此 $d + a = 10, d = 9$,上式变为

$$\begin{array}{r} 1\,b\,c\,9 \\ +)\quad 9\,c\,b\,1 \\ \hline 1\,b\,c\,9\,0 \end{array}$$

由此式可见 $c + b + 1 = 9$ 或 19. 若为 19,则 $c + b = 18, b = c = 9, b = 1 + 9 + 1$ 的个位数即 1,矛盾. 若为 9,则 $c + b = 8, c = b + c = 8, b = 0$,于是有 $abcd = 1\,089$. 验证:$1\,089 \times 9 = 9\,801$.

上述都是化为竖式的求解法. 此外, 还可化为其他竖式. 例如由 $dcba = 10 \cdot abcd - abcd$ 可写出

$$
\begin{array}{r}
abcd\,0 \\
-)\quad abcd \\
\hline
dcba
\end{array}
$$

例1的问题不适宜用解方程的办法求解. 原因是, 按题意我们只能列出一个方程

$$(1\,000a + 100b + 10c + d) \cdot 9 = 1\,000d + 100c + 10b + a$$

但题设的其他条件即 a, b, c, d 为整数且

$$1 \leqslant a \leqslant 9, 0 \leqslant b \leqslant 9, 0 \leqslant c \leqslant 9, 1 \leqslant d \leqslant 9$$

却不能用方程表示. 对于这类问题, 我们只能像公安人员破案那样, 注意调查, 分析现象, 抓住矛盾, 据理推断, 排除可疑, 得出结果. 这种方法可称为破案法. 当然, 能用方程求解时, 也不排除用方程求解.

解法3 同解法1可得出竖式①由此可得 $bc \cdot 9 + 8 = cb$ 即

$$(10b + c) \cdot 9 + 8 = 10c + b$$

化简得 $89b + 8 = c$. c 是一位整数, 可见 $b = 0, c = 8$, 于是 $abcd = 1\,089$.

为熟悉上述解法, 再举一些例子说明.

例2 算式②是一个八位数除以一个三位数的情况, 试推出所有未知数字.

$$
\begin{array}{r}
7\times\times\times\times \\
\times\times\times\overline{)\times\times\times\times\times\times\times 8} \\
\times\times\times \\
\hline
\times\times\times\times \\
\times\times\times\times \\
\hline
\times\times\times\times \\
\times\times\times\times \\
\hline
0
\end{array}
$$

②

解 为叙述方便, 我们将算式改写为式③的形式. 这里恰好除尽, 可见最后两行数字相同. 因为四位数 $e_3 e_2 e_1 e_0$ 减三位数 $f_2 f_1 f_0$ 得两位数 $g_3 g_2$, 可见 $e_3 e_2 = 10, f_2 = 9$.

$$
\begin{array}{r}
7\,c_3\,c_2\,c_1\,c_0 \\
a_2 a_1 a_0 \overline{)\,b_7\,b_6\,b_5\,b_4\,b_3\,b_2\,b_1\,8} \\
d_2\,d_1\,d_0 \\
\hline
e_3\,e_2\,e_1\,e_0 \\
f_2\,f_1\,f_0 \\
\hline
g_3\,g_2\,g_1\,g_0 \\
g_3\,g_2\,g_1\,g_0 \\
\hline
0
\end{array}
$$

③

由 $b_7 b_6 b_5 b_4 - d_2 d_1 d_0 = 1$ 可见 $b_7 b_6 b_5 = 100, d_2 d_1 = 99$, 于是有

$$990 \leqslant d_2d_1d_0 \leqslant 999$$

由 $7 \cdot a_2a_1a_0 = d_2d_1d_0$,知 $141.4\cdots < a_2a_1a_0 \leqslant 142.7\cdots$,所以 $a_2a_1a_0 = 142$. 因为 c_2 是对 $e_3e_2e_1e_0$ 的商,c_0 是对 $g_3g_2g_1g_0$ 的商,可见 $c_3 = c_1 = 0$,$142 \cdot c_2 = 9f_1f_0$,$c_2 = 7$,$f_2f_1f_0 = d_2d_1d_0 = 994$. 因为 g_1g_0 是将 b_18 挪下来的结果,故 $g_0 = 8$. 由 $c_0 \cdot 142 = g_3g_2g_18$ 知 $c_0 = 4$ 或 9,但 $c_0 = 4$ 时,$4 \times 142 = 568$ 不是四位数,可见 $c_0 \neq 4$,$c_0 = 9$,这样得到 $7c_3c_2c_1c_0 = 70\,709$,故有
$$b_7b_6b_5b_4b_3b_2b_18 = 142 \times 70\,709 = 10\,040\,678$$

算式② 立即可恢复为

```
            7 0 7 0 9
      142 ) 1 0 0 4 0 6 7 8
              9 9 4
              1 0 0 6
                9 9 4
                  1 2 7 8
                  1 2 7 8
                        0
```

例 3　假设有一个四位数,它被一位数除,如下面式① 所示;它被另一个一位数除,如下面式② 所示,试确定这个四位数.

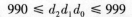

①

②

解　显然所给算式写以写为

```
              c₂  0  c₀
         a ) b₃ b₂ b₁ b₀
             b₃ b₂
                 b₁ b₀
                 b₁ b₀
                      0
```

③

$$\begin{array}{r} \,e_2\ e_1\ e_0 \\ d\overline{)\,b_3\ b_2\ b_1\ b_0} \\ f \\ \overline{g\ b_1} \\ b \\ \overline{k\ b_0} \\ k\ b_0 \\ \overline{0} \end{array}$$

④

式④中,由于两位数 gb_1 减一位数 h 得一位数 k,可见 $g=1$. 由 $b_3b_2 - f = 1$ 可见 $b_3b_2 = 10, f = 9, d = 3$ 或 $9, h = 9$(因为 $d=3$ 时,若 $h=3$ 或 6,则 $k=gb_1 - h \geqslant 4 > d$). 看式③,$c_2 \cdot a = b_3b_2 = 10$,可见 $a=2$ 或 5.

当 $a=2$ 时:由于式③商的十位数字为 0,可见 $b_1 = 1$. b_1b_0 能被 2 除尽,b_0 必为偶数,从而 kb_0 也是偶数. 所以 $k = gb_1 - h = 11 - 9 = 2, kb_0 = 2b_0$. 能被 9 除尽的偶数 $2b_0$ 是不存在的,而能被 3 除尽的偶数 $2b_0$ 只能是 24,故 $d \neq 9, d = 3, b_0 = 4, b_3b_2b_1b_0 = 1\,014$.

当 $a=5$ 时:由式③可见 $1 \leqslant b_1 \leqslant 4, b_0 = 0$ 或 5. 当 $d=3$ 时,因 b_1 只能取 1(否则 $k \geqslant 3$),故 $k = gb_1 - h = 11 - 9 = 2$,此时 $kb_0 = 20$ 或 25,显然都不是 3 的倍数故 $d \neq 3$. 当 $d=9$ 时,能被 9 除尽的 kb. 只有 45,即 $k=4, b_0=5$,此时由 $4 = k = gb_1 - h = 1b_1 - 9$ 知 $b_1 = 3$,于是 $b_3b_2b_1b_0 = 1\,035$.

综合所知,要求的四位数为 $1\,014$ 或者 $1\,035$.

在这个例子中,某些数如 a, d, kb_0 可能取若干值,我们必须逐一考虑它们各种取值的不同情况. 这种将可能情况一一列举的方法称为穷举法.

例4 设 $a_3a_2a_1$ 是一个三位数,且 $a_3 > a_1, a_3a_2a_1$ 减去 $a_1a_2a_3$ 又得到一个三位数 $b_3b_2b_1, b_3 \geqslant 0$,证明

$$b_3b_2b_1 + b_1b_2b_3 = 1\,089$$

证法1 按题意有

$$\begin{array}{r} a_3\ a_2\ a_1 \\ -)\ a_1\ a_2\ a_3 \\ \hline b_3\ b_2\ b_1 \end{array}$$

由于 $a_3 > a_1$,故 a_1 减 a_3 时必须借位,所以

$$b_1 = 10 + a_1 - a_3$$

a_2 被借去一位后再减 a_2,显然必须向 a_3 借位,所以

$$b_2 = 10 + (a_2 - 1) - a_2 = 9$$

a_3 借位后减 a_1 得 b_3,即

$$b_3 = a_3 - 1 - a_1$$

这样

于是有
$$b_1 + b_3 = (10 + a_1 - a_3) + (a_3 - 1 - a_1) = 9$$

$$\begin{array}{r} b_3\ b_2\ b_1 \\ +)\ b_1\ b_2\ b_3 \\ \hline 1\ 0\ 8\ 9 \end{array}$$

证法 2 $b_3b_2b_1 = a_3a_2a_1 - a_1a_2a_3 =$
$(100a_3 + 10a_2 + a_1) - (100a_1 + 10a_2 + a_3) =$
$99(a_3 - a_1)$

说明 $b_3b_2b_1$ 是 9 和 11 的倍数,所以有
$$b_3 + b_2 + b_1 = 9m, b_3 + b_1 - b_2 = 11n$$

又因 $0 \leq b_3, b_2, b_1 \leq 9$,可见
$$0 \leq b_3 + b_2 + b_1 \leq 27, -9 \leq b_3 + b_1 - b_2 \leq 18$$

这样 $9m$ 只能是 $9,18$ 或 27,而 $11n$ 只能是 0 或 11. 于是
$$\begin{cases} (b_1 + b_3) + b_2 = 9,18,27 \\ (b_1 + b_3) - b_2 = 0,11 \end{cases}$$

由于两整数的和与差只能同时为奇数或同时为偶数,故只能有
$$\left. \begin{array}{l} (b_1 + b_3) + b_2 = 18 \\ (b_1 + b_3) - b_2 = 0 \end{array} \right\}, \left. \begin{array}{l} 27 \\ 11 \end{array} \right\}, \left. \begin{array}{l} 9 \\ 11 \end{array} \right\}$$

由于两个自然数的和不会比差小,所以第三组方程是不可能的. 解第二组方程得 $b_1 + b_3 = 19, b_2 = 8$. 而 $b_1 + b_3 \leq 18$,所以这种情况也是不可能的. 解第一组方程得
$$b_1 + b_3 = 9, b_2 = 9$$

于是
$$b_3b_2b_1 + b_1b_2b_3 = (100b_3 + 10b_2 + b_1) + (100b_1 + 10b_2 + b_3) =$$
$$101(b_1 + b_3) + 20b_2 = 101 \times 9 + 20 \times 9 = 1\ 089$$

这里证法 2 显然要比证法 1 复杂,证法 2 是根据 $b_3b_2b_1$ 为 9 和 11 的倍数列出 $b_3 + b_1$ 与 b_2 应满足的方程组. 但方程组右端不能一下子确定下来,而只好靠"猜"——这"猜"实际上是逐步缩小取值范围. 这相当于用筛子筛粉粒,经过几次筛选淘汰,就可筛选出我们所需要粗细程度的粉粒. 这种方法称为筛选法或淘汰法.

从上面例子来看,似乎把一个问题化为竖式来推断都比较简单,但事实上并不尽然,例如下面的两题.

例5 已知一个六位数的末位数字是1,若是把1移到头一位,而其他五位数字不动就得到一个是原数三分之一的新数,求原数大小.

解法1 设原数为 $abcde1$,则按题意有

$$\begin{array}{r} 1\,a\,b\,c\,d\,e \\ \times)\qquad\qquad 3 \\ \hline a\,b\,c\,d\,e\,1 \end{array}$$

这里:

$3 \cdot e$ 的个位数字为1,可见 $e = 7$;

$3 \cdot d$ 的个位数字为 $7 - 2$,可见 $d = 5$;

$3 \cdot c$ 的个位数字为 $5 - 1$,可见 $c = 8$;

$3 \cdot b$ 的个位数字为 $8 - 2$,可见 $b = 2$;

$3 \cdot a$ 的个位数字为2,可见 $a = 4$.

这样,原数 $abcde1 = 428\,571$.

解法2 设原数为 $abcde1$,令 $abcde = x$,则原数 $abcde1 = 10x + 1$,新数 $1abcde = 100\,000 + x$,按题意有

$$3 \cdot (100\,000 + x) = 10x + 1$$

解方程得 $x = 42\,857$.

故原数为 $428\,571$.

例6 求三位数 xyz,使得

$$xyz \cdot zyx = xzyyx$$

解 按题意有

$(100x + 10y + z)(100z + 10y + x) = 10\,000x + 1\,000z + 100y + 10y + x$

即

$10\,000xz + 1\,000y(x + z) + 100(x^2 + y^2 + z^2) + 10y(x + z) + xz =$
$10\,000x + 1\,000z + 100y + 10y + x$

由于乘积是五位数,可见 $10\,000xy < 100\,000, xz < 10$,这样比较两边个位数字有 $xz = x, z = 1$. 于是等式变为

$10\,000x + 1\,000y(x + 1) + 100(x^2 + y^2 + 1) + 10y(x + 1) + x =$
$10\,000x + 1\,000 + 100y + 10y + x$

即 $100y(x + 1) + 10(x^2 + y^2 + 1) + y(x + 1) = 100 + 10y + y$

上式右边是三位数,则左边应是三位数,可见 $100y(x + 1) < 1000, y(x + 1) < 10$,于是比较两边个位数字有: $y(x + 1) = y$,由于 $x > 0$(x 是 xyz 的首位), $x + 1 \neq 1$,可见 $y = 0$. 这样等式又变为: $10(x^2 + 1) = 100, x = 3, xyz = 301$. 验证:

$301 \times 103 = 31\ 003$.

这题若用竖式推断较复杂,这里就不写出了.

下面再举两个应用穷举法和筛法的例子.

例7 已知一个四位数,它的四个数字之和的四次方恰好是原四位数本身,求这四位数.

解 设此四位数的各数字之和为 x,则由题意知
$$1\ 000 \leq x^4 < 10\ 000$$
故
$$31 < x^2 < 100$$
因为 x^2 是平方数,所以 $36 \leq x^2 < 100$, $6 \leq x < 10$. 取 $x = 6, 7, 8, 9$,得 $x^4 = 1\ 296, 2\ 401, 4\ 096, 6\ 561$. 其中只有 $2\ 401$ 满足要求. 故所求四位数就是 $2\ 401$.

例8 一个六位数,当它分别乘 2,3,4,5,6 时所得的五个乘积仍然都是六位数,而且每个六位数的全部数字都是原来六位数的数字. 试求原六位数.

解 显然,原数的首位数字必定为 1,否则它的 5 倍或 6 倍则将是七位数. 其次,将首位数是 1 的六位数乘 2,3,4,5,6,则所得的五个乘积的首位数字必逐步增大,因而,它们不会为 0 且互不相同. 由于它们都是原数中的数字,可见原数的六个数字是不会为 0 且互不相同的.

通过以上分析,我们可以设原数是 $1abcde$,然后通过筛法来确定 a, b, c, d, e.

为此我们列一张如下的方表:

第一行表示原数,以下各行依次表示原数的 2,3,4,5,6 倍. 整个表中只有六个不同数字,且其中有 1,没有 0.

我们从最后一列入手分析,来判定 e 的取值. e 应从 2,3,4,…,9 中选取. 因为 2,4,6,8 乘 5 后乘积个位数字是 0,而 5 乘 6 后情况一样,故 e 不能取 2,4,5,6,8 诸数字,而只能从 3,7,9 中考虑. 将 3,7,9 代入计算:

```
1 a b c d 3       1 a b c d 7       1 a b c d 9
        6                 ¹4                ¹8
        ⁱ2                ²1                ²7
        ²8                ²8                ³6
        ³5                ³5                ⁴5
        ⁴2                ⁴2                ⁵4
        ⁵8
```

$e = 3, 9$ 时表中出现了 7 个不同数字,与题不符.当 $e = 7$ 时,第六列数字 1, 2,4,5,7,8 符合题意,所以 $e = 7$. 从此得知表中的六个数字,也即原数的六个数字就是:1,2,4,5,7,8.

同法推断 d. d 应从 2,4,5,8 中选取.将各数代入计算:(只列出第五、六两列)

```
 2  7      4  7      5  7      8  7
 5 ¹4      9 ¹4     ¹1 ¹4     ¹7 ¹4
 8 ²1         ²1    ¹7 ²1     ²6 ²1
¹0 ²8         ²8    ²2 ²8        ²8
    ³5        ³5    ²8 ³5        ³5
    ⁴2        ⁴2    ³4 ⁴2        ⁴2
```

当 $d = 2, 4, 8$ 时表中出现了 1,2,4,5,7,8 以外的 0,9,6 与原题不符. $d = 5$ 时验证正确.

再从 2,4,8 中选 c.(只列出四、五两列)

```
 2  5      4  5      8  5
 5 ¹1      9 ¹1     ¹7 ¹1
 7 ¹7         ¹7    ²5 ¹7
¹0 ²2         ²2    ³4 ²2
    ²8        ²8    ⁴2 ²8
    ³4        ³4    ⁵1 ³4
```

当 $c = 2, 4$ 时表中出现了 0,9,与原题不符,所以 $c = 8$. 验证正确.

再从 2,4 中选 b.(只列出三、四两列)

```
 4  8      2  8
 9 ¹7      5 ¹7
   ²5      8 ²5
   ³4     ¹1 ³4
   ⁴2     ¹4 ⁴2
   ⁵1     ¹7 ⁵1
```

$b = 4$ 时表中出现 9,与原题不符. $b = 2$ 验证正确,剩 $a = 4$,验证正确.

故原数为 142 857. 而辅助求解的方表为:

从中还易见五个新六位数都是经原数循环排列而得.

练习题(答案略)

1. 试恢复下边算式,并说明道理.

$$\begin{array}{r} \cdot\;\cdot\;\cdot \\ \times)\;\cdot\;\cdot\;\cdot \\ \hline \cdot\;0\;\cdot \\ \cdot\;\cdot\;5 \\ \cdot\;3\;\cdot \\ \hline \cdot\;\cdot\;\cdot\;\cdot\;8 \end{array}$$

2. 有乘法算式如下图其中不同字母表示不同数字,试求出这些字母所表示的数字.

$$\begin{array}{r} a\;b\;c \\ \times)\;x\;y\;z \\ \hline a\;a\;p\;c \\ k\;y\;k\;c \\ y\;x\;c \\ \hline z\;a\;t\;c\;c \end{array}$$

3. 已知七位数 $62\alpha\beta427$ 为 99 的倍数. 求出数字 α,β 为多少?

4. 一个数末位数字是 7,倘将 7 移到头一位上去,其他数字顺序均不变动,则所得新数恰是原数 7 倍,求原数.

5. 求一个四位数,使它是一个完全平方数,而且它的前两位了相同,后两位数字也相同.

6. 求三位数 xyz 使得它满足下面的等式

$$(xyz)^2 = *00**$$

(其中 $*$ 表示数字.)

7. 求一正整数,使它的三次方及四次方共有十位数字,且其中分别包含从 0 到 9 的十个数字正好各一次.

8. 求形如 $\dfrac{m}{m+1}$(m 为正整数) 的四个分数,使其和为 3.

附录 Ⅳ　第九届华罗庚金杯少年数学邀请赛总决赛试题及答案

小学组一试

1. 计算 $2.00\dot{4} \times 2.0\dot{0}\dot{8}$. (结果用最简分数表示)

解　可得

$$2.00\dot{4} \times 2.0\dot{0}\dot{8} = 2\frac{4}{900} \times 2\frac{8}{999} =$$

$$\frac{1\,804}{900} \times \frac{2\,006}{999} = \frac{904\,706}{224\,775} = 4\frac{5\,606}{224\,775}$$

2. 水池装有一个排水管和若干个每小时注水量相同的注水管,注水管注水时,排水管同时排水. 若用 12 个注水管注水,8 小时可注满水池;若用 9 个注水管注水,24 小时可注满水池. 现在用 8 个注水管注水,那么需要多少小时注满水池?

解　设水池水量为1,每个注水管每小时注水 x,排水管每小时排水 y,8 个注水管注水时 t 小时可注满水池,则

$$\begin{cases} 12x - y = \dfrac{1}{8} & \text{①} \\ 9x - y = \dfrac{1}{24} & \text{②} \\ 8x - y = \dfrac{1}{t} & \text{③} \end{cases}$$

解式①,②可得 $x = \dfrac{1}{36}, y = \dfrac{5}{24}$,代入式③可得 $t = 72$(小时),故需 72 小时.

注 1:类似"追及行程"问题.

设注水管每小时注水 u,排水管每小时排水 v,8 个注水管注水需 t 小时可注满水池,则

即
$$8(12u - v) = 24(9u - v) = t(8u - v)$$
$$12u - v = 27u - 3v = t\left(u - \frac{v}{8}\right)$$

从而,有
$$v = \frac{15u}{2}, t = \frac{12u - v}{u - \frac{v}{8}} = \frac{\frac{9u}{2}}{\frac{u}{16}} = 72(小时)$$

注2:分析法求解. 依题设知

12 注1,排 24 小时注3 池水
9 注1,排 24 小时注1 池水 $\Big\}\Rightarrow$ 3 注 24 小时注 2 池水,即
1 注水管 1 小时注 $\frac{1}{36}$ 池水   ④

进而

36 注,3 排(8 小时注 3 池水)1 小时注 $\frac{3}{8}$ 池水
36 注,4 排(24 小时注 4 池水)1 小时注 $\frac{4}{24}$ 池水 $\Big\}\Rightarrow$ 1 排水管 1 小时排 $\frac{3}{8} - \frac{4}{24} = \frac{5}{24}$ 池水   ⑤

由 ④ 知 8 个注水管 1 小时注水 $\frac{8}{36}$ 池水. 从而知所求时间为
$$1 \div \left(\frac{8}{36} - \frac{5}{24}\right) = 1 \div \frac{1}{72} = 72(小时)$$

3. 某人在操场上做游戏,上午 8:00 从 A 地出发,匀速直行走,每走 5 分钟就折转 90°. 问:

1) 上午 9:20 能否恰好回到原处?

2) 上午 9:10 能否恰好回到原处?

如果能,请说明理由,并设计一条路线. 如不能,请说明理由.

解 不妨设匀速走 5 分钟的行程为 1(长度单位),作行距、列距都为 1 的格图,依题意,若从 A 出发行走并返回点 A 的行程轨迹,必为过点 A 沿格线的一条闭路径 C(可重复或有交叉点). 易见 C 中沿水平方向左行的单位与右行的单位一样多,即沿水平方向走偶数段. 同理,在 C 中沿垂直方向也应走偶数段. 又因 C 中的水平段和垂直段是交叉出现的. 所以 C 中的水平段与垂直段也一样多. 从而 C 中的段数应该是 4 的倍数.

(1)8:00 到 9:20 共 80 分钟,应走
$$80 \div 5 = 16(段)$$

因为 $16 = 4 \times 4$,所以可能恰好回到原处. 不难设计出水平、竖直各 8 段的路径 C. 譬如:图 Ⅳ.1 中粗线所示路径. 或者从 A 出发后始终向右(或左)转,绕 A 为顶点的格正方形转 4 圈(如图 Ⅳ.1 中双线所示正方形).

(2) 8:00 到 9:10 共 70 分钟,可走 $70 \div 5 = 14$(段), $4 \nmid 14$,故不能!

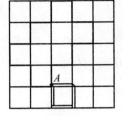

图 Ⅳ.1

4. 1 到 100 所有自然数中与 100 互质各数之和是多少?

解法 1 由 $100 = 2^2 \times 5^2$ 设 1 到 100 中有因数 2, 5, 10 的各数之和分别为 S_1, S_2, S_3,则

$$S_1 = 2 + 4 + 6 + \cdots + 98 + 100 = 2(1 + 2 + 3 + \cdots + 49 + 50) = 2\,550$$

$$S_2 = 5 + 10 + 15 + \cdots + 95 + 100 = 5(1 + 2 + 3 + \cdots + 19 + 20) = 1\,050$$

$$S_3 = 10 + 20 + 30 + \cdots + 90 + 100 = 10(1 + 2 + 3 + \cdots + 9 + 10) = 550$$

于是 1 到 100 中与 100 不互质的数的和为

$$S_1 + S_2 - S_3 = (2\,550 + 1\,050) - 550 = 3\,050$$

又

$$1 + 2 + 3 + \cdots + 99 + 100 = 5\,050$$

故所求之和为

$$5\,050 - 3\,050 = 2\,000$$

解法 2 可得

$$(1 + 2 + 3 + 4 + \cdots + 100) - (2 + 4 + 6 + \cdots + 100) -$$
$$(5 + 15 + 25 + \cdots 95) =$$
$$(1 + 3 + 5 + \cdots + 99) - (5 + 15 + 25 + \cdots + 95) =$$
$$\frac{(1 + 99) \times 50}{2} - \frac{(5 + 95) \times 10}{2} = 2\,500 - 500 = 2\,000$$

解法 3 易见,n 与 $100 - n$ 同时与 100 互质或同时与 100 不互质,其中 $n = 0, 1, 2, \cdots, 100$. 又 1 到 100 中与 100 互质的数为每 10 个数中有 4 个,从而共有 $4 \times 10 = 40$(个). 所以所求各数之和为

$$[n + (100 - n)] \times 40 \div 2 = 2\,000$$

注:$1 \sim n$ 中与 n 互质的各数之和为 $\frac{1}{2} n \varphi(n)$ 其中 $\varphi(n)$ 为欧拉函数,$\varphi(n)$ 为不超 n 的全体正整数中与 n 互质的数的个数. 若 n 的标准因子分解式为

$$n = p_1^{\alpha_1} p_2^{\alpha_2} \cdots p_s^{\alpha_s} \quad (p_1, p_2, \cdots, p_s \text{ 为互异质数}, \alpha_1, \alpha_2, \cdots, \alpha_s \text{ 为正整数})$$

则
$$\phi(n) = n(1-\frac{1}{p_1})(1-\frac{1}{p_2})\cdots(1-\frac{1}{p_s})$$

于是
$$100 = 2^2 \times 5^2, \phi(100) = 100(1-\frac{1}{2})(1-\frac{1}{5}) = 40$$

$$\frac{1}{2}100\phi(100) = 2\,000$$

5. 老王和老张各有 5 角和 8 角邮票若干张,没有其他面值的邮票. 他们邮票的总张数一样多. 老王的 5 角邮票张数与 8 角邮票张数相同,而老张 5 角邮票的金额等于 8 角邮票的金额. 又用他们的邮票共同支付 110 元的邮资足够有余,但不够支付 160 元的邮资. 问他俩各有 8 角邮票多少张?

解 设 8 角邮票老王有 x 张,老张有 y 张(x,y 为正整数). 从而老王 5 角邮票也有 x 张,老王和老张都有邮票 $2x$ 张,于是老张有 5 角邮票 $2x-y$ 张. 依题设有

$$\begin{cases} 5(2x-y) = 8y \\ 1\,100 < (8x+5x) + 8y \cdot 2 < 1\,600 \end{cases}$$

也即
$$\begin{cases} 10x = 13y & ① \\ 1\,100 < 13x + 16y < 1\,600 & ② \end{cases}$$

式 ① 代入式 ② 得
$$1\,100 < 13 \cdot \frac{13}{10}y + 16y < 1\,600$$

$$11\,000 < 329y < 16\,000$$

$$34 \leqslant y \leqslant 48$$

考虑到式 ①,知 y 是 10 的倍数,故 $y = 40$,代入式 ① 知 $x = 52$.

所以老王有 52 张 8 角邮票,老张有 40 张 8 角邮票.

6. 在一列数中,从第二个数开始,每个数都比它前面相邻的数大 7,如下

$$8, 15, 22, 29, 36, 43, \cdots$$

它们前 $n-1$ 个数相乘的积的末尾 0 的个数比前 n 个数相乘的积的末尾 0 的个数少 3 个,求 n 的最小值.

解 记数列中第 i 个数为 $a_i (i=1,2,3,\cdots)$,则 $a_i = 1 + 7i$. 又记 $\Pi_{n-1} = a_1 \cdot a_2 \cdots a_{n-1}, \Pi_n = a_1 \cdot a_2 \cdots a_{n-1} \cdot a_n$. 考虑到乘积中因数 2 多于因数 5,

由 Π_n 末尾比 Π_{n-1} 末尾多 3 个 0 知

$$a_n = 5^3 k \quad (\text{其中自然数 } k \text{ 不是 5 的倍数})$$

也即 $1 + 7n = 125k, 7n = 17k \cdot 7 + (6k - 1)$,所以 $7 \mid 6k - 1$,枚举检查有

k	1	2	3	4	5	6
$6k - 1$	5	11	17	23	29	$35 = 7 \times 5$

从而知最小 k 为 6,此时 $n = (125 \times 6 - 1) \div 7 = 107$ 为最小值.

注:数列中是 5 倍数的数的序号为第 2,第 7,第 12,第 17,……(因为 $a_2 = 15$,又每相差 5 个数,增加 $7 \times 5 = 35$). 它们依次为

$$15, 15 + 7 \times 5, 15 + 2 \times 7 \times 5, 15 + 3 \times 7 \times 5, \cdots$$

设其中第一个被 125 整除的是 $15 + k \cdot 7 \cdot 5 = 5(3 + 7k)$,为使 $3 + 7k$ 是 25 的倍数,k 的个位数应该为 1 或 6,易见最小 k 为 21,也即有

$$15 + 21 \times 7 \times 5 = 750 = 125 \times 6$$

从而最小 n(也即 750 的序号)为 $(750 - 1) \div 7 = 107$

小学组二试

1. 如图 Ⅳ.2,一正方形苗圃. 栽种桃树和李树,一圈一圈地相间种植,即最外一圈种的是桃树,往内一圈是李树,然后是桃树,……,最内一圈种了 4 棵李树. 已知树苗的行距和列距都相等,桃树比李树多 40 棵. 问:桃树和李树一共有多少棵?

解 设第 n 圈每边种树 $2n$ 棵,从而第 n 圈种树
$(2n)^2 - [2(n-1)]^2 = 4(2n - 1)$(棵) $(n = 1, 2, 3, \cdots)$
相邻两圈的外圈比内圈多种树

$$4(2n + 1) - 4(2n - 1) = 8 (\text{棵})$$

由 $40 \div 8 = 5$ 知共有 $5 \times 2 = 10$(圈). 于是共种两种树

$$(2 \times 10)^2 = 400 (\text{棵})$$

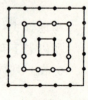

图 Ⅳ.2

注:若桃树比李树多种 $8n$ 棵,则共种两种树

$$\{2[(8n \div 8) \times 2]\}^2 = (4n^2) = 16n^2 (\text{棵})$$

2. 如图 Ⅳ.3，在以 AB 为直径的半圆上取一点 C，分别以 AC 和 BC 为直径在 $\triangle ABC$ 外作半圆 AEC 和 BFC。当点 C 在什么位置时，图中两个弯月形（阴影部分）AEC 和 BFC 的面积和最大。

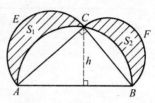

图 Ⅳ.3

解法 1 记 $Rt\triangle ABC$ 三边为 $AB = c, BC = a$，$CA = b$。两旁月形面积分别为 S_1 和 S_2，则 $a^2 + b^2 = c^2$，从而，有

$$S_1 + S_2 = \left(\frac{\pi b^2}{2} + \frac{\pi a^2}{2} + \frac{ab}{2}\right) - \frac{\pi c^2}{2} = \frac{ab}{2} \leq \frac{1}{2}\left(\frac{a^2 + b^2}{2}\right) = \frac{c^2}{4} \text{（常数）}$$

当且仅当 $a = b$ 即 c 是半圆周 $\overset{\frown}{AB}$ 的中点时上式中的等号成立，此时 $S_1 + S_2$ 有最大值 $\dfrac{c^2}{4}$，所以所求点 C 是直径 AB 的中垂线与半圆的交点。

解法 2 同解法 1，有 $S_1 + S_2 = \dfrac{ab}{2} = S_{\triangle ABC} = \dfrac{1}{2} \cdot AB \cdot h$，其中 h 为 $\triangle ABC$ 的 AB 边对应的高。易见 C 为 AB 中垂直与半圆 $\overset{\frown}{AB}$ 交点时 h 最大，从而此时 $S_1 + S_2$ 也最大。

3. 甲、乙两家医院同时接受同样数量的病人，每个病人患 x 病或 y 病中的一种，经过几天治疗，甲医院治好的病人多于乙医院治好的病人。问：经过这几天治疗后，是否可能甲医院对 x 病的治愈率和对 y 病的治愈率均低于乙医院的？并举例说明。（x 病治愈率 $= \dfrac{x \text{病治好人数}}{\text{患} x \text{病总人数}} \times 100\%$）

解 能！比如下例：

	x 病人数	治愈人数	治愈率	y 病人数	治愈人数	治愈率	总病人数	治愈人数
甲	10	7	$\dfrac{7}{10}$	10	3	$\dfrac{3}{10}$	20	10
乙	5	4	$\dfrac{4}{5}$	15	5	$\dfrac{5}{15}$	20	9
评价	x 病治愈率比较 $\dfrac{7}{10} < \dfrac{4}{5}$			y 病治愈率比较 $\dfrac{3}{10} < \dfrac{5}{15}$			治愈比较 $10 > 9$	

注：极端的例：（$n > 2$ 时）

	x 病人数	治愈人数	治愈率	y 病人数	治愈人数	治愈率	总病人数	治愈人数
甲	$2n$	n	$\frac{1}{2}$	1	0	0	$2n+1$	n
乙	1	1	1	$2n$	1	$\frac{1}{2n}$	$2n+1$	2
评价		$\frac{1}{2} < 1$			$0 < \frac{1}{2n}$			$n > 2$

4. 完成某项工程,甲单独工作需要 18 小时,乙需要 24 小时,丙需要 30 小时. 现甲、乙和丙按如下顺序工作:甲、乙、丙、乙、丙、甲、丙、甲、乙、……,每人工作 1 小时换班,直到工程完成. 问:当工程完成时,甲、乙、丙各干了多少小时?

解 3 人各干 1 小时可共同完成工程量的

$$\frac{1}{18} + \frac{1}{24} + \frac{1}{30} = \frac{47}{360}$$

称"3 人各干 1 小时"为"一轮". 由 $1 \div \frac{47}{360} = 7\frac{31}{47}$ 知:先干 7 轮后,还剩下工程的 $\frac{47}{360} \times \frac{31}{47} = \frac{31}{360}$. 由图 Ⅳ.4 知第 7 轮后 3 人的工作顺序为"乙、丙、甲",于是,当乙、丙各干一小时后还剩下工程的

$$\frac{31}{360} - \left(\frac{1}{24} + \frac{1}{30}\right) = \frac{4}{360} = \frac{1}{90}$$

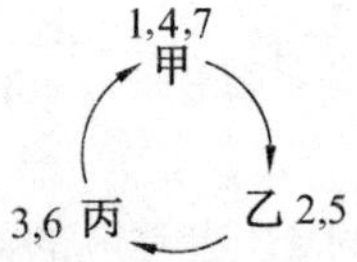

图 Ⅳ.4

这时甲接着还需干 $\frac{1}{90} \div 18 = 0.2$(小时).

综上知:甲干了 $7 + 0.2 = 7.2$(小时),乙、丙各干了 $7 + 1 = 8$(小时).

5. 求同时满足下列三个条件的自然数 a, b:

(1) $a > b$; (2) $\frac{ab}{a+b} = 169$; (3) $a + b$ 是平方数.

解 设 a, b 的最大公因数为 d,即 $(a, b) = d$,于是有两自然数 m, n 使 $a = md, b = nd, (m, n) = 1$.

考虑到 $mnd^2 = ab$ 是平方数,知 mn 也是平方数,于是又有两自然数 s, k 使 $m = s^2, n = k^2$.

代入 $ab = 169(a+b)$ 得

$$(s^2 d)(k^2 d) = 13^2 (s^2 d + k^2 d)$$

从而有
$$d = \frac{13^2(s^2+k^2)}{s^2k^2} = \left(\frac{13}{k}\right)^2 + \left(\frac{13}{s}\right)^2$$

考虑到 $a > b$ 即 $m > n, s > k$ 且 13 为质数，则必有 $s = 13, k = 1$. 于是
$$d = 13^2 + 1^2 = 170, m = 13^2 = 169, n = 1^2 = 1$$
所以
$$a = 169 \times 170 = 38\,730, b = 1 \times 170 = 170$$

注 1：令 $a + b = n^2$，则 $ab = 169(a+b) = 169n^2$. 考虑到 $a > b$，取 $a = 169n$，$b = n$，则 $n^2 = a + b = 170n, n = 170$. 从而
$$a = 169 \times 170 = 38\,730, b = 170$$
上述解法不严谨，"取 $a = 169n, b = n$"欠理由.

注 2：$169 = 13^2$ 可改成任一质数 p 的平方 p^2. 相应答案为
$$a = p^2(p^2 + 1), b = p^2 + 1$$

6. 如图 Ⅳ.5，正方形跑道 $ABCD$. 甲、乙、丙三人同时从点 A 出发同向跑步，他们的速度分别为每秒 5 米、4 米、3 米. 若干时间后，甲首次开始看到乙和丙都与自己在正方形的同一条边上，且他们在自己的前方. 从此时刻算起，又经过 21 秒，甲乙丙三人处在跑道的同一位置，这是出发后三人第一次处在同一位置. 请计算出正方形的周长的所有可能值.

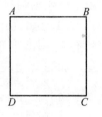

图 Ⅳ.5

解法 1 设正方形 $ABCD$ 的边长为 a 米，且三人按顺时针方向走.

（1）如图 Ⅳ.6，甲第一次在同一边见到前面的乙时甲至少比乙多走 $3a$ 米，此时甲走了时间 $3a \div (5-4) = 3a$(秒)，走了路程 $5 \cdot 3a = 15a$(米)；而乙走了路程 $4 \cdot 3a = 12a$(米). 也即甲走到第 4 圈途中到点 D 时，乙恰好走完 3 圈到点 A.

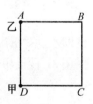

图 Ⅳ.6

又甲追乙 1 圈需时间 $4a \div (5-4) = 4a$(秒)，这时，甲走了路程 $5 \cdot 4a = 20a$(米)，乙走了路程 $4 \cdot 4a = 16a$(米). 也即甲走完 5 圈时乙走完 4 圈，甲、乙同时到达点 A 如图 Ⅳ.7.

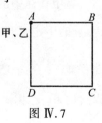

图 Ⅳ.7

从而知：甲在走到第 16,17,18,19 和 20 段（一段即一边，长 a）时都能见到同一边上前方的乙，并在走完第 20 段后于点 A 第一次追上乙.

（2）类似，甲第一次在同一边见到前面的丙时甲至少比丙多走 $3a$ 米，此时甲走了时间 $3a \div (5-3) = \dfrac{3a}{2}$(秒)，走了路程 $5 \cdot \dfrac{3a}{2} = 7.$

$5a$(米);而丙走了路程$3 \cdot \frac{3a}{2} = 4.5a$(米). 也即甲在第2圈途中走到边$DA$的中点时,丙在第2圈中走到边$AB$的中点(或此时甲走了$1\frac{7}{8}$圈,而丙走了$1\frac{1}{8}$圈). 但此时,甲见不到丙如图Ⅳ.8.

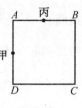

图Ⅳ.8

又甲追丙1圈需时间$4a \div (5-3) = 2a$(秒),这时甲走了路程$5 \cdot 2a = 10a$(米),丙走了路程$3 \cdot 2a = 6a$(米),也即甲走完2.5圈时丙走完1.5圈,甲、丙同时到达点C如图Ⅳ.9.

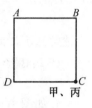

图Ⅳ.9

从而知:甲在走到第9,10段时能见到同一边上前方的丙,并在走完第20段后在点A第2次追上丙. 易见,此前在第19,20段上甲能见到同一边上前方的丙.

(3) 综合(1),(2)和甲第一次见到乙、丙同时都在同一边的前方,则该边可能是甲途中的第19段边CD或第20段边DA.

如图Ⅳ.10,若甲在途中的19段边CD起点C第一次见到前面的乙、丙. 此时甲走了时间$\frac{a}{5} \cdot 18 = \frac{18a}{5}$(秒). 这时乙、丙分别走了路程

$$4 \cdot \frac{18a}{5} = 14.4a(米) \text{ 和 } 3 \cdot \frac{18a}{5} = 10.8a(米)$$

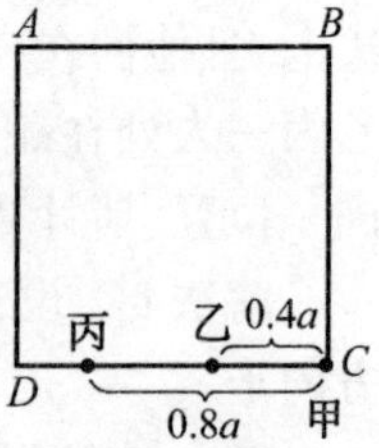

也即乙、甲相距$0.4a$(米),丙、甲相距$0.8a$(米). 由题设知甲用21秒可用时追上乙、丙,故

$$0.4a = (5-4) \cdot 21$$
$$4a = 210(米)$$

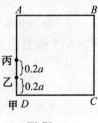

图Ⅳ.10

若甲在途中的第20段边DA起点第一次见到前面的乙、丙. 此时甲走了时间$\frac{a}{5} \cdot 19 = \frac{19a}{5}$(秒). 这时乙、丙分别走了路程$4 \cdot \frac{19a}{5} = 15.2a$(米)和$3 \cdot \frac{19a}{5} = 11.4a$(米). 如图Ⅳ.11,甲、乙相距$0.2a$(米),丙、甲相距$0.4a$(米). 故

$$0.2a = (5-4) \cdot 21$$
$$4a = 420(米)$$

图Ⅳ.11

所以正方形跑道的周长是210米或者420米.

解法2(代数法) 如图 Ⅳ.12,三人依顺时针走. 设正方形 $ABCD$ 的边长为 x 米,并记

$$A = A_0 = A_4 = A_8 = \cdots, B = A_1 = A_5 = A_9 = \cdots$$
$$C = A_2 = A_6 = A_{10} = \cdots, D = A_3 = A_7 = A_{11} = \cdots$$

设从 $A = A_0$ 出发走 kx 后到达点 A_k. 于是,从 A_0 出发走到 A_k,甲需时间 $\frac{kx}{5}$ 秒;乙需时间 $\frac{kx}{4}$ 秒;丙需时间 $\frac{kx}{3}$ 秒. ($k = 0,1,2,\cdots$)

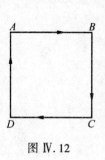

图 Ⅳ.12

若甲在点 A_n 首次看到乙、丙在自己的前面且同在一边时,甲走了 $\frac{nx}{5}$ 秒. 此时设乙走在 (A_{n-4r}, A_{n-4r+1}) 上且丙走在 (A_{n-4s}, A_{n-4s+1}) 上,其中 $n > 0, s > r > 0$, $n > 4s, n, s, r$ 为正整数. 则有

$$\begin{cases} \dfrac{(n-4r)x}{4} < \dfrac{nx}{5} \leqslant \dfrac{(n-4r+1)x}{4} \\ \dfrac{(n-4s)x}{3} < \dfrac{nx}{5} \leqslant \dfrac{(n-4s+1)x}{3} \end{cases}$$

化简,得

$$\begin{cases} 5(n-4s) < 4n \leqslant 5(n-4r+1) \\ 5(n-4s) < 3n \leqslant 5(n-4s+1) \end{cases}$$

即有

$$\begin{cases} 20r - 5 \leqslant n < 20r \\ 20s - 5 \leqslant 2n < 20s \end{cases}$$

从上式可见最小的 r,s 为 $r = 1$ 且 $s = 2$,此时 $n = 18, 19$.

设在时刻 t 三人走到同一位置,则应有整数 p, q 使

$$(5-4)t = 4px, (5-3)t = 4qx$$

也即有 $t = 4px = 2qx$. 于是三人第 1 次走到同一位置时有

$$p = 1, p = 2, t = 4x$$

当 $n = 18$ 时,可得 $\frac{18x}{5} + 21 = 4x$,解之得 $x = \frac{105}{2}, 4x = 210$;

当 $n = 19$ 时,可得 $\frac{19x}{5} + 21 = 4x$,解之得 $x = 105, 4x = 420$.

所以正方形周长的所有可能值为 210 米或 420 米.

初一组一试

1. 已知下面等式成立
$$x_1x_2 = x_2x_3 = x_3x_4 = \cdots = x_{99}x_{100} = x_{100}x_{101} = x_{101}x_1 = 1$$
求 $x_1, x_2, \cdots, x_{100}, x_{101}$ 的值.

解 易见 $x_i \neq 0 (i = 1, 2, \cdots, 101)$,从而,有
$$\begin{cases} x_1 = x_3 = x_5 = \cdots = x_{99} = x_{101} \\ x_2 = x_4 = x_6 = \cdots = x_{100} \\ x_{100} = x_1 \end{cases}$$

从而 $x_1 = x_2 = x_3 = \cdots = x_{100} = x_{101}$ 且 $x_1^2 = 1, x_1 = \pm 1$. 所以
$$x_1 = x_2 = x_3 = \cdots = x_{101} = 1 \text{ 或 } x_1 = x_2 = x_3 = \cdots = x_{101} = -1$$

2. 滚柱轴承(如图 Ⅳ.13),外圈大圆是外轴瓦,内圈小圆是内轴瓦,中间是滚柱. 内轴瓦固定,转动时没有相对滑动. 若外轴瓦直径是内轴瓦的直径的 1.5 倍,当外轴瓦转动一周时,滚柱自转了几周?

解 不妨设外圈大圆和内圈小圆的半径分别为 3 和 2,从而滚柱的半径为 $\frac{1}{2}$. 因为没有相对滑动,所以当外轴瓦上一点转一圈时行程为 $2\pi \cdot 3 = 6\pi$. 而滚柱自转一圈时其边界某点的行程为 $2\pi \cdot \frac{1}{2} = \pi$,由 $6\pi \div \pi = 6$(周) 知滚柱自转了 6 周.

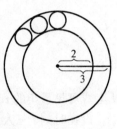

图 Ⅳ.13

3. 已知 x, y, z 满足
$$x + [y] + \{z\} = -0.9 \quad ①$$
$$[x] + \{y\} + z = 0.2 \quad ②$$
$$\{x\} + y + [z] = 1.3 \quad ③$$
对数 a,$[a]$ 表示不大于 a 的最大整数,$\{a\} = a - [a]$. 求 x, y, z 的值.

解 由 $[a]$ 及 $\{a\}$ 定义知
$$a - 1 < [a] \leq a, 0 \leq \{a\} < 1, \{a\} + [a] = a$$
①,②,③ 三式相加得 $2x + 2y + 2z = 0.6$,也即有
$$x + y + z = 0.3 \quad ④$$

式④ - 式①得
$$y - \{y\} + z - \{z\} = 1.2$$
即
$$\{y\} + \{z\} = 1.2$$
式④ - 式②得
$$x - \{x\} + y - \{y\} = 0.1$$
即
$$\{x\} + \{y\} = 0.1$$
式④ - ③得
$$x - \{x\} + z - \{z\} = -1$$
即
$$\{x\} + \{z\} = -1$$

从而知$\{z\} = 1, \{y\} = 0.2; \{y\} = 0, \{x\} = 0.1; \{x\} = -1, \{z\} = 0$.
所以
$$x = \{x\} + \{x\} = -1 + 0.1 = -0.9$$
$$y = \{y\} + \{y\} = 0 + 0.2 = 0.2$$
$$z = \{z\} + \{y\} = 1 + 0 = 1$$

注:若$x + \{y\} + \{z\} = a, \{x\} + \{y\} + z = b, \{x\} + y + \{z\} = c$时类似可得
$$x = \{s - c\} + \{s - b\}, y = \{s - b\} + \{s - a\}, z = \{s - a\} + \{s - c\}$$
其中
$$s = \frac{1}{2}(a + b + c)$$

4. n个数从第二个开始,每个都比它前面相邻的数大3;如
$$4, 7, 10, 13, \cdots, 1 + 3n$$
它们相乘的积的末尾恰好有32个0. 求n的最小值和最大值.

解 记第i个数为$a_i = 1 + 3i (i = 1, 2, \cdots, n)$. 记它们的乘积为$\pi_n$, 即$\pi_n = a_1 a_2 \cdots a_n$. 易见, π_n的因数2多于因数5, 于是"π_n末尾恰有32个0"也即"π_n有32个因数5".

a_i含因数5时, 它个位数字为0或5, 从而$3i = a_i - 1$的个位数字必为9或4. 易见$3i$的个位数字是每10个一循环:

i	1	2	3	4	5	6	7	8	9	10	11	12	$\cdots$
$3i$个位数	3	6	⑨	2	5	8	1	④	7	0	3	6	$\cdots$

而每循环段中有个位数字9和4各一个. 即a_i含因数5当且仅当i个位数是3或8. 也即i从3开始每逢大5时, 相应a_i有含因数5. 进一步$a_8 = 25$含2个因数5且从$i = 8$开始每逢大25时a_i都含2个5因数. 枚举含5因数的a_i, 有:

i	3	8	13	18	23	28	33	38	43	48	53	58	63	68	73	78	83	88	…
a_i	10	㉕	40	55	70	85	⑩⓪	115	130	145	160	⑰⑤	190	205	220	235	㉚	265	…

值得注意: $a_{83} = 250$ 含 3 个因数 5.

粗估取 $n = 3 + 5 \times 26 = 133$:有

$$\frac{133 - 3}{5} + 1 = 27, \frac{133 - 8}{5^2} + 1 = 6, \frac{133 - 83}{5^3} + 1 = 1$$

$$27 + 6 + 1 = 34 > 32, 且 34 - 32 = 2$$

考虑到 $a_{133} = 400 = 5^2 \times 16$ 含 2 个 5 因数,所以 $n = 133 - 1 \times 5 = 128$,又

$$\left(\frac{128 - 3}{5} + 1\right) + \left(\frac{128 - 8}{5^2} + 1\right) + \left(\frac{128 - 83}{5^3} + 1\right) = 32$$

所以 n 最小值为 128. 由于 $n = 129,130,131,132$ 时 a_n 无因数 5,故 n 最大值为 132.

注:解答的简述为"这 n 个数中只有第 $3,8,13,18,23,28,\cdots$ 个是 5 的倍数,它们是 $5 \times 2, 5 \times 5, 5 \times 8, 5 \times 11, 5 \times 14, 5 \times 17, \cdots$. 而它们中每 5 个数中恰有一个是 5^2 的倍数;每 25 个数中恰有一个是 5^3 的倍数;……"

易见,$(5 \times 2)(5 \times 5)(5 \times 8) \cdots (5 \times 77) = 5^{32} \cdot A$,其中 A 不是 5 的倍数.$(5 \times 77 = 5 \times (2 + 3 \times 25)$ 是第 $3, 8, 13, 18 \cdots$ 个中的第 26 个,这 26 个数中有 $26 + \left[\frac{26}{5}\right] + \left[\frac{26}{25}\right] = 26 + 5 + 1 = 32$(个)5 因数.)

由于 5×77 是"第 $3, 8, 13, 18, \cdots$ 个中的第 26 个",所以它是原数列中的第 $3 + (26 - 1) \times 5 = 128$(个). 即 n 最小值为 128,易见 n 最大为 132.

5. 如图 Ⅳ.14,从 A 站到 B 站 300 千米,每 30 千米设一路标. 从早 7:00 开始,货车每隔 5 分钟从 A 站发出一辆开往 B 站,车速为每小时 60 千米;早 8:30 由 A 站发出一辆小轿车驶向 B 站,车速为每小时 100 千米. 已知小轿车在某两相邻路标之间(不包括路标处)追过三辆货车,问:此时小轿车已经追过多少辆货车(与小轿车同时出发的第 19 辆货车不计算在内)?

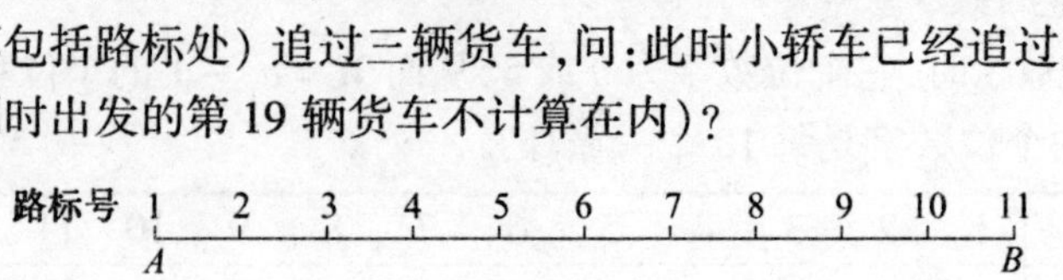

路标号　1　2　3　4　5　6　7　8　9　10　11
　　　　A　　　　　　　　　　　　　　　　　　　　B

图 Ⅳ.14

解法 1　记第 k 辆货车为 $P_k(k = 1, 2, 3, \cdots)$,小轿车为 Q. 并记货车与小轿车的速度分别为 u, v. 则

$u = 60$(千米／小时) $= 1$(千米／秒)，$u = 100$(千米／小时) $= \dfrac{10}{6}$(千米／秒)

于是两相邻货车相距间隔为 $s = u \cdot 5 = 5$(千米). 行驶两相邻路标间的路程 P_k 需时间 $t_P = 30 \div 1 = 30$(秒)，Q 需时间 $t_Q = 30 \div \dfrac{10}{6} = 18$(秒). 且 Q 追及 P_k 后再追上 P_{k+1} 需时间 $5 \div (v-u) = 5 \div (\dfrac{10}{6} - 1) = 7.5$(秒).

设 Q 在路标 i 和 $i+1$ 间追上了 P_k, P_{k-1} 和 P_{k-2}. 易见 Q 追上 P_k 后还需 $7.5 \times 2 = 15$(秒) 才能追上 P_{k-2}. 设 P_k 比 Q 早 t(秒) 到达路标 i，则有

$$0 < 1 \cdot t = ut < (v - u)(t_Q - 15) = (\dfrac{10}{6} - 1)(18 - 15) = 2$$

即有

$$0 < t < 2 \qquad \qquad ①$$

列出 Q 到达各路标的时刻（见图 Ⅳ.15），并考虑到 P_k 每逢 5 分整发一车且行一段路标用时为 $t_P = 30$(分)，可知仅有路标 $i = 3$ 和 8 适合式 ①.

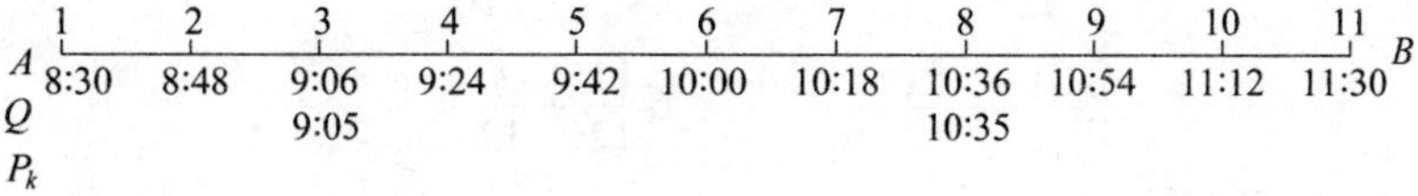

```
       1      2      3      4      5      6      7      8       9      10     11
    A  8:30   8:48   9:06   9:24   9:42   10:00  10:18  10:36   10:54  11:12  11:30  B
    Q                9:05                                10:35
    P_k
```

图 Ⅳ.15

当 $i = 3$ 时，9:05 过路标 3 的是 P_{14}（因为从 A 到路标 3，行驶时间为 $2t_P = 60$(秒)，即该货车 P_k 是 8:05 从 A 出发的，$k = 65 \div 5 + 1 = 14$），即 Q 在路标 3，4 之间追过 P_{14}, P_{13} 和 P_{12}. 又 Q 追过的第一辆货车应该是 8:25 发出的 P_{18}（$k = (60 + 25) \div 5 + 1 = 18$）. 所以此时 Q 已追过 7 辆货车（即 $P_{18}, P_{17}, \cdots, P_{12}$）.

当 $i = 8$ 时，易见 P_1 是 7:00 出发，经 $30 \times (8 - 1) = 210$(秒) 即在 10:30 到达标 8，又 P_2 是 10:35 到达路标 8 的. 所以 Q 在 10:36 到达路标 8 时，它前方仅有 2 辆货车（即 P_2 和 P_1），故 Q 在路标 8，9 之间不可能追过 3 辆货车.

综上知轿车 Q 仅能在路标 3，4 之间追过 3 辆货车（P_{14}, P_{13}, P_{12}），此时 Q 共追过 7 辆货车（$P_{18}, P_{17}, \cdots, P_{12}$）.

解法 2（代数法） 设第 k 辆货车为 $P_k (k = 1, 2, \cdots)$，小轿车为 Q. 各路标依次为

$$A = A_0, A_1, A_2, \cdots, A_9, A_{10} = B$$

易知，P_k 经过 A_n 的时间（单位：小时）为

$$t_{n,k} = 7 + (k-1)\frac{5}{60} + \frac{30n}{60} = 6\frac{11}{12} + \frac{k}{12} + \frac{n}{2}(小时) \quad \begin{pmatrix} n = 1,2,\cdots,10 \\ k = 1,2,\cdots \end{pmatrix}$$

Q 经过 A_n 的时间为

$$t_n = 8\frac{1}{2} + \frac{30n}{100} = 8\frac{1}{2} + \frac{3n}{10}(小时) \quad (n = 1,2,\cdots,10)$$

易见,两相邻货车间隔距离为 $60 \times \frac{5}{60} = 5(千米)$,从而 P_k 与 P_{k+3} 相距 $5 \times 3 = 15(千米)$,于是 Q 追过 4 辆货车至少要时间 $15 \div (100-60) = \frac{3}{8}(小时)$. 而 Q 行驶两相邻路标间的 $30(千米)$ 只需 $30 \div 100 = \frac{3}{10}(小时)$. 由 $\frac{3}{8} > \frac{3}{10}$ 知在两相邻路标间 Q 至多追 3 辆货车. 设 Q 在 (A_n, A_{n+1}) 追上 P_{k+2}, P_{k+1} 和 P_k, $0 \le n \le 9, k \ge 1$. 从而有(Q 比 P_{k+2} 晚到 A_n 且比 P_k 早到 A_{n+1})

$$t_{n,k+2} < t_n \text{ 且 } t_{n+1} < t_{n+1,k}$$

即有

$$\begin{cases} 6\frac{11}{12} + \frac{k+2}{12} + \frac{n}{2} < 8\frac{1}{2} + \frac{3n}{10} \\ 8\frac{1}{2} + \frac{3(n+1)}{10} < 6\frac{11}{12} + \frac{k}{12} + \frac{n+1}{2} \end{cases}$$

化简得 $\begin{cases} k + 2 \cdot 4n < 17 \\ 16 \cdot 6 < k + 2 \cdot 4n \end{cases}$ 或 $166 < 10k + 24n < 170$

从而

$$10k + 24n = 168$$
$$5k + 12n = 84$$
$$5k = 84 - 12n = 12(7-n)$$

易见 $7-n$ 是 5 的倍数,由 n 的范围知 $n = 2$,从而 $k = 12$.

于是 Q 在 (A_2, A_3) 内追过 P_{14}, P_{13} 和 P_{12}. 而 Q 第一辆追过的货车是 8:25 发出的 P_{18},所以这时 Q 追过 7 辆货车 $P_{18}, P_{17}, \cdots, P_{12}$.

初一组二试

1. 同小学组二试第 3 题.

2. 如图 Ⅳ.16,在长方形 $ABCD$ 中,$BF = AE = 3$ 厘米,$DE = 6$ 厘米. 三角形

GEC 的面积是 20 平方厘米, 三角形 GFD 的面积是 16 平方厘米. 那么, 长方形 $ABCD$ 面积是多少平方厘米?

解法 1 令 $AG = x$ 厘米, $BG = y$ 厘米. 由题设知 $AD = BC = 9$(厘米).

由 $S_{AGD} + S_{BGF} + S_{CDF} + S_{GFD} = S_{ABCD}$ 知

$$\frac{4x}{2} + \frac{3y}{2} + \frac{6(x+y)}{2} + 16 = 9(x+y)$$

即

$$3x + 9y = 32 \qquad ①$$

图 Ⅳ.16

由 $S_{AGE} + S_{BGC} + S_{CDE} + S_{GEC} = S_{ABCD}$ 知

$$\frac{3x}{2} + \frac{9y}{2} + \frac{6(x+y)}{2} + 20 = 9(x+y)$$

即

$$9x + 3y = 40 \qquad ②$$

$\frac{①+②}{12}$ 得 $x + y = 6$, 从而 $AB = 6$(厘米), $S_{ABCD} = AB \cdot AD = 6 \times 9 = 54$(平方厘米).

解法 2(换个表达方式) 如图 Ⅵ.17 令 $S_{BGF} = X$, $S_{AGE} = Y$, 记 $S_{ABCD} = S$. 易见, $S_{CDE} = S_{CDF} = \frac{S}{3}$, $S_{ABFD} = S_{ABCE} = \frac{2S}{3}$.

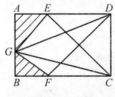

图 Ⅳ.17

则有

$$\begin{cases} 3X + Y + 20 = \frac{2S}{3} & ① \\ X + 3Y + 16 = \frac{2S}{3} & ② \\ X + Y = \frac{S}{6} & ③ \end{cases}$$

① + ② − 4③ 得

$$36 = \frac{4S}{3} - \frac{4S}{6}, S = 54(\text{平方厘米})$$

解法 3 可得

$$36 = 20 + 16 = S_{GEC} + S_{GFD} =$$
$$2S_{ABCD} - (S_{AEG} + S_{BFG}) - $$

$$(S_{BCG} + S_{ADG}) - (S_{CDE} + S_{CDF}) =$$
$$2S - \frac{S}{6} - \frac{S}{2} - \frac{2S}{3} = \frac{2S}{3}.$$

从而 $S = S_{ABCD} = 54$(平方厘米).

3. 如图 Ⅳ.18 甲、乙、丙三辆汽车. 分别从 $\triangle ABC$ 的顶点 A,B,C 出发,选择一个地点相会. 每辆车沿直线路段到相会地点 ($AE = c, AC = b, BC = a$). 三辆车的单位路程耗油量分别为 $\frac{1}{3}, \frac{1}{6}, \frac{1}{8}$. 要使三辆车路上所用的油量之和最少,相会地点应选在何处? 最小油量是多少 (用 a,b,c 表示)?

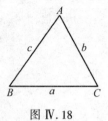

图 Ⅳ.18

解 设相会点在 P (P 可在 $\triangle ABC$ 内、外或边上). 则耗油量总和为

$$m(P) = \frac{AP}{3} + \frac{BP}{6} + \frac{CP}{8} = \frac{1}{24}(8AP + 4BP + 3CP) =$$

$$\frac{1}{24}[AP + 4(AP + BP) + 3(AP + CP)] \geqslant$$

$$\frac{1}{24}(4AB + 3AC) = \frac{AB}{6} + \frac{AC}{8} = \frac{c}{6} + \frac{b}{8} = m(A).$$

上式中等号当且仅当 P, A 重合时成立. 所以相会点应选在点 A 且最少油量为 $\frac{c}{6} + \frac{b}{8}$.

注:关键是 $\frac{1}{3} > \frac{1}{6} + \frac{1}{8}$,无论选 P 在何处,"甲从 A 开到 P,不如甲不动,乙、丙都从 P 开到 A",又"乙从 B 到 P 再到 A,不如直接从 B 到 A(丙从 C 到 P 再到 A 不如直接从 C 到 A)". 选 A 是易见的.

"$\frac{1}{3}, \frac{1}{6}, \frac{1}{8}$" 可改成 "$\frac{1}{p}, \frac{1}{q}, \frac{1}{r}$,其中 $\frac{1}{p} > \frac{1}{q} + \frac{1}{r}$".

4. 用十进位制表示的某些自然数等于它的各位数字之和的 16 倍. 求所有这样的自然数之和.

解 设 $\overline{a_1 a_2 \cdots a_n} = (a_1 + a_2 + \cdots + a_n) \cdot 16$

易见 $n \neq 1$. 因为 $\overline{a_1 a_2} = 10 a_1 + a_2 \neq 16 a_1 + 16 a_2 = 16 \cdot (a_1 + a_2)$,故 $n \neq 2$. 又 $n \geqslant 4$ 时, $\overline{a_1 a_2 \cdots a_n} \geqslant a_1 \cdot 10^{n-1} > 144 n = 9n \cdot 16 \geqslant (a_1 + a_2 + \cdots + a_n) \cdot 16$,

所以 $n=3$. 设 $\overline{abc} = (a+b+c) \cdot 16$, 其中 a 正整数, b,c 非负整数且 a,b,c 不大于 9. 则
$$100a + 10b + c = 16a + 16b + 16c$$
化简, 得
$$28a = 2b + 5c$$
易见 $28a = 2b + 5c \leq 2 \times 9 + 5 \times 9 = 63, a \leq 2$.

当 $a=1$ 时, $2b+5c=28$, 易见 c 为偶数且小于 6 大于 0, 从而有 $c=2, b=9$ 或 $c=4, b=4$, 即 $\overline{abc} = 144, 192$.

当 $a=2$ 时, $2b+5c=56$, 易见 c 为偶数且大于 6, 有 $c=8, b=8$, 即 $\overline{abc} = 288$.

综上知这样的自然数有三个: $129, 144, 288$. 它们和为 624.

5. 同少学组二试第 5 题.

6. 同初二组二试第 6 题(1),(2).

初二组一试

1. 某次数学竞赛前 60 名获奖. 原定一等奖 5 人, 二等奖 15 人, 三等奖 40 人; 现调整为一等奖 10 人, 二等奖 20 人, 三等奖 30 人. 调整后一等奖平均分数降低 3 分, 二等奖平均分数降低 2 分, 三等奖平均分数降低 1 分. 如果原来二等奖比三等奖平均分数多 7 分, 求调整后一等奖比二等奖平均分数多几分?

解 设原定一等奖、二等奖、三等奖平均分数分别为 x, y, z 分, 则调后一等奖、二等奖、三等奖平均分数分别为 $x-3, y-2, z-1$ 分.

因为全体获奖者的分数总和为常数, 故有
$$5x + 15y + 40z = 10(x-3) + 20(y-2) + 30(z-1)$$
整理得
$$x + y - 2z = 20 \qquad ①$$
又由题设知
$$y - z = 7 \qquad ②$$
由 ① $-2$② 得
$$x - y = 6$$
从而有

$(x-3)-(y-2) = (x-y)-1 = 6-1 = 5(分)$

所以调整后一等奖比二等奖平均分多 5 分.

2. 已知 $2\,003 < x < 2\,004$,$[x]$ 表示不大于 x 的最大整数,$\{x\} = x - [x]$,如果 $[x] \cdot \{x\}$ 是正整数. 求满足条件所有实数 x 的和.

解 $2\,003 < x < 2\,004$ 则 $[x] = 2\,003$,$\{x\} = x - 2\,003$. 因为

$$[x] \cdot \{x\} = 2\,003(x - 2\,003) = 2\,003x - 2003^2$$

是整数,从而知 $2\,003x$ 是整数,于是

$$x = 2\,003 + \frac{n}{2\,003} \quad (n = 1, 2, \cdots, 2\,002)$$

故满足条件的这 2 002 个数的和为

$$2\,003 \times 2\,002 + \frac{1}{2\,003}(1 + 2 + 3 + \cdots + 2\,002) =$$

$$2\,003 \times 2\,002 + \frac{1}{2\,003} \times \frac{1}{2}(1 + 2\,002) \times 2\,002 =$$

$$2\,003 \times 2\,002 + 1\,001 = 4\,011\,007$$

注:推广."若 $0 < x < n$,n 为正整数,且 $[x] \cdot \{x\}$ 为正整数,求满足条件的所有实数 x 的和 σ."

易见满足条件的 x 为

$$2\frac{1}{2};\; 3\frac{1}{3},\, 3\frac{2}{3};\; 4\frac{1}{4},\, 4\frac{2}{4},\, 4\frac{3}{4};\; \cdots$$

$$n-1+\frac{1}{n-1},\, n-1+\frac{2}{n-1},\, \cdots,\, n-1+\frac{n-2}{n-1}\cdots$$

(即 $x = k + \dfrac{i}{k}$,k, i 是满足 $1 \leqslant i \leqslant k-1$,$2 \leqslant k \leqslant n-1$ 的整数)

记满足 $[x] = k$ 的各数之和为 $\sigma_k (k = 2, 3, \cdots, n-1)$. 则

$$\sigma_k = k\frac{1}{k} + k\frac{2}{k} + \cdots + k\frac{k-1}{k} =$$

$$(k-1)k + \frac{1}{k}[1 + 2 + \cdots + (k-1)] =$$

$$(k-1)k + \frac{1}{2}(k-1) =$$

$$\frac{1}{3}[(k-1)k(k+1) - (k-2)(k-1)k] + \frac{1}{2}(k-1)$$

于是所求和为

$\sigma = \sigma_2 + \sigma_3 + \cdots + \sigma_{n-1} =$

$1 \times 2 + 2 \times 3 + \cdots + (n-2)(n-1) + \dfrac{1}{2}[1 + 2 + 3 + \cdots + (n-2)] =$

$\dfrac{1}{3}(n-2)(n-1)n + \dfrac{1}{4}(n-2)(n-1) = \dfrac{1}{12}(n-2)(n-1)(4n+3)$

利用 $\sigma(n) = \dfrac{1}{12}(n-2)(n-1)(4n+3)$ 有原题答案

$$\sigma(2\,004) - \sigma(2\,003) = 4\,011\,007$$

3. 计算 $\dfrac{(7^4 + 64)(15^4 + 64)(23^4 + 64)(31^4 + 64)(39^4 + 64)}{(3^4 + 64)(11^4 + 64)(19^4 + 64)(27^4 + 64)(35^4 + 64)}$

解法 1 因为

$n^4 + 64 = (n^2 + 8)^2 - 16n^2 = (n^2 + 8 - 4n)(n^2 + 8 + 4n) =$
$[(n-2)^2 + 4][(n+2)^2 + 4]$

将 $n = 3, 7, 11, 15, 19, 23, 27, 31, 35, 39$ 代入上式,则

原式 $= \dfrac{(5^2 + 4)(9^2 + 4)(13^2 + 4)(17^2 + 4)\cdots(37^2 + 4)(41^2 + 4)}{(1^2 + 4)(5^2 + 4)(9^2 + 4)(13^2 + 4)\cdots(33^2 + 4)(37^2 + 4)} =$

$\dfrac{41^2 + 4}{1^2 + 4} = \dfrac{1\,685}{5} = 337$

解法 2 可得

$n^4 + 64 = (n^2 + 8)^2 - (4n)^2 = [(n^2 - 4n) + 8][(n^2 + 4n) + 8] =$
$[(n-4)n + 8][n(n+4) + 8]$

利用上式将原式变形, 化简, 有

原式 $=$

$\dfrac{(3 \times 7 + 8)(7 \times 11 + 8)(11 \times 15 + 8)(15 \times 19 + 8)\cdots(35 \times 39 + 8)(39 \times 43 + 8)}{(-1 \times 3 + 8)(3 \times 7 + 8)(7 \times 11 + 8)(11 \times 15 + 8)\cdots(31 \times 35 + 8)(35 \times 39 + 8)} =$

$\dfrac{39 \times 43 + 8}{-1 \times 3 + 8} = \dfrac{1\,685}{5} = 337$

注:推广. 设 $a_0, a_1, a_2, \cdots, a_{2n+1}$ 是公差为 $2d$ 的等差数列,则

$\dfrac{(a_2^4 + 4d^4)(a_4^4 + 4d^4)\cdots(a_{2n}^4 + 4d^4)}{(a_1^4 + 4d^4)(a_3^4 + 4d^4)\cdots(a_{2n-1}^4 + 4d^4)} =$

$\dfrac{(a_1 a_2 + 2d^2)(a_2 a_3 + 2d^2)(a_3 a_4 + 2d^2)(a_4 a_5 + 2d^2)\cdots(a_{2n-1} a_{2n} + 2d^2)(a_{2n} a_{2n+1} + 2d^2)}{(a_0 a_1 + 2d^2)(a_1 a_2 + 2d^2)(a_2 a_3 + 2d^2)(a_3 a_4 + 2d^2)\cdots(a_{2n-2} a_{2n-1} + 2d^2)(a_{2n-1} a_{2n} + 2d^2)} =$

$\dfrac{a_{2n} a_{2n+1} + 2d^2}{a_0 a_1 + 2d^2} = \dfrac{(a_{2n} + d)^2 + d^2}{(a_1 - d)^2 + d^2}$

令 $a_1=3, d=2, n=5$，则 $a_{2n}=a_{10}=3+9\times 4=39$，代入上式可得原题答案

$$\frac{(39+2)^2+2^2}{(3-2)^2+2^2}=\frac{41^2+2^2}{1^2+2^2}=\frac{1\,685}{5}=337$$

4. 凸四边形 $ABCD$ 中，$AB+AC+CD=16$，问：对角线 AC,BD 为何值时，四边形 $ABCD$ 面积最大？并求面积最大值．

解 设 AB,AC,CD 长分别为 $p,q,r(p,q,r>0)$，并设 $\angle BAC=\alpha, \angle DCA=\beta$，见图 Ⅳ.19．

易见，当且仅当 $\alpha=\beta=90°$ 时，S_{BAC} 取最大值 $\frac{1}{2}pq$，S_{ACD} 取最大值 $\frac{1}{2}rq$，也即有

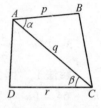

图 Ⅳ.19

$$S_{ABCD}=S_{BAC}+S_{ACD}\leqslant \frac{1}{2}pq+\frac{1}{2}rq=\frac{1}{2}(p+r)q$$

考虑到 $p+r+q=16$，由平均值不等式又有

$$\frac{1}{2}(p+r)q\leqslant \frac{1}{2}\left[\frac{(p+r)+q}{2}\right]^2=\frac{1}{2}\left(\frac{16}{2}\right)^2=32 \quad (\text{常数})$$

上式等号当且仅当 $p+r=q$ 即 $p+r=q=8$ 时成立．

所以当对角线 $AC=8(AB+CD=8)$ 且 $AB\perp AC$，$CD\perp AC$ 时，四边形 $ABCD$ 有最大面积 32．此时 $AB/\!/CD$ 延长 AB 到 E 使 $BE=CD$，从而有

$$AE=AB+BE=AB+CD=8$$

于是等腰直角 $\triangle ACE$ 斜边 $CE=8\sqrt{2}$，由平行四边形 $CDBE$ 知 $BD=EC=8\sqrt{2}$（见图 Ⅳ.20）．

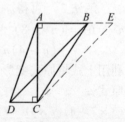

图 Ⅳ.20

所以当两对角线 $AC=8, BD=8\sqrt{2}$ 时 S_{ABCD} 有最大面积 32．

注：四边形 $ABCD$ 不确定，因为和为 8 的 AB,CD 不确定，其中之一趋于零时，四边形将退化为等腰（长 8）的直角三角形．

5. $M=\overset{100\text{个}1}{\overline{111\cdots 111}}$，求同时满足下列两个条件的最小自然数 N：

1）N 是 M 的整数倍，且 $N>10M$；

2）N 的各位数字之和为 100．

解法 1 记 $N = kM(k > 10)$. 易见，$100M$ 的各位数字 i 和为 100，所以 $10 < k \leq 100$. 不妨先设 $k = \overline{ab} > 10$. 显然 $a \geq 1$ 且 $b \neq 0$，否则 N 的各位数字之和为 $100a > 100$，于是

$$N = kM = \overline{ab} \cdot M = (10a + b)M = 10aM + bM$$

由加法竖式算式表示上式，有

$$\begin{array}{r} aaa\cdots aa0 \\ +\ bb\cdots bbb \\ \hline fedd\cdots dcb \end{array} \quad \begin{array}{l} \text{------}10aM \\ \text{------}\ bM \\ \text{------}\ N \end{array}$$

$\underbrace{}_{98\text{个}d}$

其中 N 或为 101 位数或为 102 位数，易见 N 中有 98 位数字同为 d，显然只能是 $d = 1$，从而

$$\left.\begin{array}{r} f + e + c + b = 2 \\ a + b = 10 \Rightarrow c = 0 \end{array}\right\} \left.\begin{array}{r} f + e + b = 2 \\ a + b = 10 \\ f, e \text{ 不同为 } 0 \end{array}\right\} \Rightarrow b = 1 \Rightarrow a = 9 \Rightarrow \overline{fe} = 10$$

于是，$k = \overline{ab} = 91$，$N = 10\underbrace{11\cdots 1}_{98\text{个}1}01 = 91M$. 显然它是所求的最小的自然数.

解法 2（代数表达的方式）

设 $N = kM$，整数 $k \geq 11$，不妨先假定 k 是二位数 $k = \overline{ab}(a \geq 1, a + b \geq 2)$ 并记 N 的各位数字之和为 σ，记 $a + b = c(2 \leq c \leq 18)$.

(1) 若 $2 \leq c \leq 9$，则 $N = kM = \overline{ab} \cdot M = \overline{a\underbrace{cc\cdots c}_{99\text{个}c}b}$，从而

$$\sigma = a + 99c + b = 100c \geq 200 > 100$$

(2) 若 $10 \leq c \leq 18$，记 $c = a + b = 10 + d(0 \leq d \leq 8)$，并记 $d + 1 = e$，$a + 1 = f$.

① 当 $1 \leq a \leq 8$ 时，$N = \overline{ab} \cdot M = \overline{f\underbrace{ee\cdots e}_{99\text{个}e}db}$，则

$$\sigma = f + 98e + d + b = (a+1) + 98(d+1) + d + b = 99d + 99 + c = 100d + 109 > 100$$

② 当 $a = 9$ 时，$N = \overline{10\underbrace{ee\cdots e}_{98\text{个}e}db}$，则 $(10 \leq c = a + b = 9 + b, b \geq 1)$

$$\sigma = 1 + 0 + 98e + d + b = 1 + 98(d+1) + d + b = 99(d+1) + b \geq 99 + b \geq 100$$

易见仅当 $d=0$ 且 $b=1$ 时 $\sigma=100$. 即有 $k=\overline{ab}=91$.

综上知所求的最小自然数 $N=91M=\overline{10\underbrace{11\cdots1}_{98个1}01}$.

6. $n=3\times7\times11\times15\times19\times\cdots\times2003$,求 n 的末三位数.

解法1 问题相当于求用 1 000 除 n 时所得的余数 r.

设 $n\equiv r\pmod{1\,000}(0\le r<1\,000)$,则 $1\,000\mid n-r$. 又 $1\,000=125\times8$ 且 $125\mid n$(这点显然!),所以有

$$125\mid r \qquad ①$$

记 n 中第 i 个乘数 $4i-1=a_i$,列出 a_i 对模 8 的余数,有:

i	1	2	3	4	5	6	7	...	500	501
a_i	3	7	11	15	19	23	27	...	1 999	2 003
余数	3	-1	3	-1	3	-1	3	...	-1	3

从中可见 n 的 501 个乘数中对模 8 与 3 同余的有 251 个,与 -1 同余的有 250 个. 于是,有

$$n\equiv 3^{251}\times(-1)^{250}\equiv(3^4)^{62}\times 3^3\equiv 1^{62}\times 3\equiv 3\pmod{8}$$

从而

$$r\equiv 3\pmod{8} \qquad ②$$

由式 ①,② 及 $0\le r<1\,000$ 知 $r=875$. 所以 n 末三位数是 875.

解法2 设 n 的末三位数为 r,则 $n\equiv r\pmod{1\,000}$,又 $1\,000=125\times 8$ 且 $(125,8)=1$. 易见 $125\mid n$,所以 $125\mid r$.

令 $r=125q(1\le q<8)$. 将 n 表示为

$$n=(3\times 7\times 11\times 15)\times(19\times 23\times 27\times 31)\times\cdots\times$$
$$(1\,987\times 1\,991\times 1\,995\times 1\,999)\times 2\,003$$

其中前 125 个小括号内的数都形如

$$p_k=(16k+3)(16k+7)(16k+11)(16k+15)\quad(k=0,1,2,\cdots,124)$$

因为

$$p_k\equiv 3\times 7\times 11\times 15\equiv 3\times(-1)\times 3\times(-1)\equiv 1\pmod{8}$$

所以 $n\equiv 1^{125}\times 2\,003\equiv 3\pmod{8}$,从而 $r\equiv 3\pmod{8}$ 即有 $125q\equiv 3\pmod{8}$,将 $q=1,2,3,\cdots,7$ 代入,知仅 $q=7$ 满足. 所以 $r=875$.

解法3(观察分析法) 设 n 末三位数为 r. 又

$$n=3\times 7\times 11\times 15\times 19\times 23\times 31\times\cdots\times 1\,995\times 1\,999\times 2\,003$$

易见 n 的乘数可表为 $a_k = 4k - 1(k = 1,2,3,\cdots,501)$. 其中
$$a_{5i-1} = 4(5i-1) - 1 = 20i - 5 \quad (i = 1,2,3,\cdots,100)$$
都是 5 的倍数. 显然, n 是 5^3 的奇数倍, 数 n 的末三位数必为 $125,375,625,875$ 之一.

又 n 乘数中的所有奇数项数
$$a_{2i-1} = 4(2i-1) - 1 = 8(i-1) + 3 \quad (i = 1,2,\cdots,251)$$
所以偶数项数
$$a_{2i} = 4 \cdot 2i - 1 = 8(i-1) + 7 \quad (i = 1,2,\cdots,250)$$
于是, 将 n 乘数按序号为 4 个计一组, 则每组四数之积为 8 的倍数多 1. 即
$$a_{4i+1} \cdot a_{4i+2} \cdot a_{4i+3} \cdot a_{4i+4} = 8p_1 + 3^2 \cdot 7^2 = 8p_2 + 1$$
$$(p_1, p_2 \text{ 为整数}, i = 0,1,2,\cdots,124)$$
从而 $n = (8p_3 + 1) \cdot 2\,003 = 8p_4 + 3(p_3, p_4 \text{ 为整数})$. 即
$$n = 1\,000p + r = 8p_4 + 3$$
所以 r 是 8 的倍数多 3.

综上知 $r = 875$.

初二组二试

1. 一块四边形绿地(如图 Ⅳ.21), $BC = a, CD = b$, $DA = c, \angle C = 120°, \angle D = 135°$. 求这块绿地的面积. (用 a, b, c 表示)

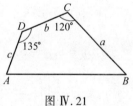

图 Ⅳ.21

解 如图 Ⅳ.22, 延长 AD, BC 交于点 E, 作 $EF \perp CD$ 交 CD 于 F, 连 AC. 并记 $\triangle ECD, \triangle ACD, \triangle ABC$ 面积分别为 S_1, S_2 和 S_3.

记 $FC = x$. 在 $\text{Rt}\triangle CEF$ 中 $\angle FCE = 60°$, 所以 $CE = 2x, EF = \sqrt{3}x$; 在 $\text{Rt}\triangle DEF$ 中 $\angle FDE = 45°$, 所以 $DF = EF = \sqrt{3}x, DE = \sqrt{2}EF = \sqrt{6}x$.

由 $b = CD = CF + FD = x + \sqrt{3}x$ 知 $x = \dfrac{\sqrt{6}b}{1+\sqrt{3}}$, 从而

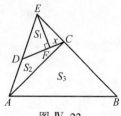

图 Ⅳ.22

$$DE = \frac{\sqrt{6}b}{1+\sqrt{3}}, CE = \frac{2b}{1+\sqrt{3}}, S_1 = \frac{1}{2}CD \cdot EF = \frac{\sqrt{3}b^2}{2(1+\sqrt{3})}$$

于是

$$\frac{S_2}{S_1} = \frac{AD}{DE} = \frac{C}{\frac{\sqrt{6}b}{1+\sqrt{3}}} = \frac{(1+\sqrt{3})c}{\sqrt{6}b}$$

$$S_2 = \frac{(1+\sqrt{3})c}{\sqrt{6}b} \cdot S_1 = \frac{bc}{2\sqrt{2}} = \frac{\sqrt{2}bc}{4}$$

$$S_{ACE} = S_1 + S_2 = \frac{(3-\sqrt{3})b^2 + \sqrt{2}bc}{4}$$

又因为

$$\frac{S_3}{S_1 + S_2} = \frac{BC}{CE} = \frac{a}{\frac{2b}{1+\sqrt{3}}} = \frac{(1+\sqrt{3})a}{2b}$$

$$S_3 = \frac{(1+\sqrt{3})a}{2b} \cdot (S_1 + S_2) = \frac{1}{8}[2\sqrt{3}ab + (\sqrt{2}+\sqrt{6})ac]$$

所以

$$S_{ABCD} = S_2 + S_3 = \frac{1}{8}[2\sqrt{2}bc + 2\sqrt{3}ab + (\sqrt{2}+\sqrt{6})ac]$$

注:利用公式 $S_{ABC} = \frac{1}{2}AB \cdot AC \cdot \sin A$ 解,有

$$S_{ABCD} = S_{EAB} - S_{EDC} = \frac{1}{2}(EA \cdot EB - ED \cdot EC)\sin E =$$

$$\frac{1}{2}\left[\left(c + \frac{\sqrt{6}b}{1+\sqrt{3}}\right)\left(a + \frac{2b}{1+\sqrt{3}}\right) - \frac{\sqrt{6}b}{1+\sqrt{3}} \cdot \frac{2b}{1+\sqrt{3}}\right]\sin 75° =$$

$$\frac{1}{2}\left(ac + \frac{\sqrt{6}ab}{1+\sqrt{3}} + \frac{2bc}{1+\sqrt{3}}\right) \cdot \frac{\sqrt{2}}{2} \cdot \frac{\sqrt{3}+1}{2} =$$

$$\frac{1}{8}[(\sqrt{6}+\sqrt{2})ac + 2\sqrt{3}ab + 2\sqrt{2}bc] \qquad \qquad ①$$

$$\frac{S_{EAB}}{S_{EDC}} = \frac{\frac{1}{2}AE \cdot BE \cdot \sin E}{\frac{1}{2}DE \cdot CE \cdot \sin E} = \frac{AE \cdot BE}{DE \cdot CE}$$

$$\frac{S_{ABCD}}{S_{EDC}} = \frac{S_{EAB} - S_{EDC}}{S_{EDC}} = \frac{AE \cdot BE - DE \cdot CE}{DE \cdot CE}$$

$$S_{ABCD} = \frac{AE \cdot BE - DE \cdot CE}{DE \cdot CE} \cdot S_{EDC} = \cdots \quad (本质与①无异)$$

2. 计算 $\sqrt{1 + \frac{1}{1^2} + \frac{1}{2^2}} + \sqrt{1 + \frac{1}{2^2} + \frac{1}{3^2}} + \sqrt{1 + \frac{1}{3^2} + \frac{1}{4^2}} + \cdots + \sqrt{1 + \frac{1}{2003^2} + \frac{1}{2004^2}}.$

解 将加式的一般项变形,有

$$a_n = \sqrt{1 + \frac{1}{n^2} + \frac{1}{(1+n)^2}} = \sqrt{1 + \frac{2}{n(n+1)} + \left(\frac{1}{n} - \frac{1}{n+1}\right)^2} =$$

$$\sqrt{1 + \frac{2}{n(n+1)} + \left[\frac{1}{n(n+1)}\right]^2} = \sqrt{\left(1 + \frac{1}{n(n+1)}\right)^2} =$$

$$1 + \frac{1}{n(n+1)} = 1 + \frac{1}{n} - \frac{1}{n+1} \quad (n = 1, 2, \cdots, 2003)$$

于是

$$原式 = \left(1 + \frac{1}{1} - \frac{1}{2}\right) + \left(1 + \frac{1}{2} - \frac{1}{3}\right) + \cdots + \left(1 + \frac{1}{2003} - \frac{1}{2004}\right) =$$

$$2003 + \left(1 - \frac{1}{2004}\right) = 2003 \frac{2003}{2004}.$$

3. 同初一组二试第 3 题.

4. 小明与小华做游戏,记分规则如下:开始每人记分牌上都是 1 分,以后每赢一次,就将记分牌上的分数乘以 3. 游戏结束后,小明的得分减去小华的得分恰好为 675 的整数倍. 问:小明至少比小华多赢多少次?

解 设小明赢 k 次,小华赢 l 次,整数 $k > l$. 依题意有

$$3^k - 3^l = 3^l(3^{k-l} - 1) = 675n = 3^3 \cdot 25n \quad (n \text{ 为整数})$$

因为问题求 $k - l$ 的最大值,不妨 l 取最小值 $l = 3$,则

$$3^{k-3} - 1 = 25n \qquad ①$$

易见 3^r 个位数字按 "3,9,7,1" 循环,从而 $(3^r - 1)$ 个位数字按 "2,8,6,0" 循环. 由式①知 $k - 3 = 4m$(m 为正整数). 逐次代入 $k - 3 = 4, 8, 12, 16, 20, \cdots$ 检查知:最小的 $(k - 3)$ 为 20.

$(3^4 \equiv 6 \pmod{25}, 3^8 \equiv 36 \equiv 11 \pmod{25}, 3^{12} \equiv 66 \equiv 16 \pmod{25}, 3^{16} \equiv 96 \equiv -4 \pmod{25}, 3^{20} \equiv -24 \equiv 1 \pmod{25})$

所以小明至少比小华多赢20次.

注:$k-3=4m,3^{4m}-1=25n,3^{4m}=81^m$ 的末二位数字按"81,61,41,21,01"循环,于是 m 最小值是5,从而 $k-3=4m$ 最小值为20.

5. 同小学组二试第6题.

6. 如图 Ⅳ.23,101×7 长方阵,行距和列距都是1. 第6列上(除与第0行相交处外),每一个阵点上放有一个靶标,而前5列上所有的阵点上都放有障碍物. 神枪手站在第0行第0列的位置,要击中靶标,必须先扫清子弹前进弹道(直线)上的一切障碍物. 若神枪手每发子弹都能击中目标,且每发子弹能击毁且仅能击毁一个障碍物. 那么:

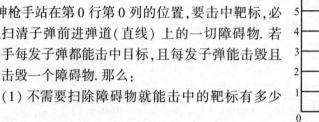

图 Ⅳ.23

(1) 不需要扫除障碍物就能击中的靶标有多少个?

(2) 要扫清一个障碍物才能击中的靶标有多少个?

(3) 将全部靶标击中(击中靶标前,要先击毁阻碍子弹前进的所有障碍物),需要多少发子弹(不能浪费子弹)?

解 记长方阵中第 i 列第 j 行的阵点为 $A_{i,j}=(i,j)(0\leq i\leq b,0\leq j\leq 100)$. 则神枪手在 $(0,0)$,100个靶标在 $(6,j)(j=1,2,3,\cdots,100)$. 那么射靶标 $(6,j)$ 的射线 l_j 为

$$y=\frac{j}{6}x \quad (j=1,2,3,\cdots,100)$$

若障碍物 (m,n) 在 l_j 上,则

$$n=\frac{j}{6}m \quad (n<j,m=1,2,3,4,5)$$

记 l_j 上的障碍物的个数为 a_j,则有:

j	1	2	3	4	5	6	7	8	9	10	11	12	13	14	15	16	17	18	19	20	⋯
a_j	0	1	2	1	0	5	0	1	2	1	0	5	0	1	2	1	0	5	0	1	⋯

可见 a_j 以"012105"为循环,在每循环段的6个数中有"2个0,2个1,1个2和1个5". 又因 $100=16\times6+4$,易见 $a_{97}=0,a_{98}=1,a_{99}=2,a_{100}=1$. 于是可知:

(1) 不需扫清障碍物的靶标有 $16\times2+1=33$(个);

(2) 要扫清一个障碍物的靶标有 $16\times2+2=34$(个);

(3) 击中全部靶标需要子弹

$[(0+1+2+1+0+5)\times 16+(0+1+2+1)]+100=248(发)$

注：a_j 循环规律的可解释为 (m,n) 在 l_j 上，l_j 过 $(0,0)$ 和 $(6,j)$ 斜率 $k=\dfrac{j}{6}$，则

$$\dfrac{n}{m}=\dfrac{j}{6} \quad (j=1,2,\cdots,100; m=1,2,3,4,5; n<j) \qquad ①$$

记 $j=6q+1(0\leq r<q, q=0,1,2,\cdots,16)$. 易见：

① $r=0$ 时，$(m,n)=(1,q)=(2,2q),(3,3q),(4,4q),(5,5q)$；

② $r=1$ 时，式 ① 无解；

③ $r=2$ 时，$(m,n)=(3,3q+1)$；

④ $r=3$ 时，$(m,n)=(2,2q+1),(4,4q+1)$；

⑤ $r=4$ 时，$(m,n)=(3,3q+2)$；

⑥ $r=5$ 时，式 ① 无解.

于是有：

a_{6i+1}	a_{6i+2}	a_{6i+3}	a_{6i+4}	a_{6i+5}	$a_{6(i+1)}$	$i=0,1,2,\cdots$
0	1	2	1	0	5	

口试试题

（笔试的团体前六名进入口试决赛，每队派 3 名队员参加，其中小学队员至少出一名，初二队员至多出一名. 参加团体口试决赛的 6 支队伍为北京队，潮州 2 队、杭州队、长春队和上海队. 试题分必答题，共答题，抢答题和观众答题，共 $12+3+5+2=22$ 题.）

一、必答题（2 轮，共 $6\times 2=12$ 题）

1. 如图 Ⅳ.24，在美丽的平面珊瑚礁图案中，三角形都是直角三角形，四边形都是正方形. 如果图中所有正方形的面积之和为 980 平

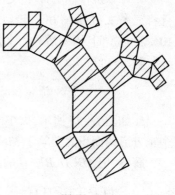

图 Ⅳ.24

方厘米,问:最大的正方形的边长是多少厘米?

解 正大方形边长为 $a=14$(厘米).

记大正方形面积为 A. 由勾股定理知 17 个正方形的面积之和为 $5A$. 故 $5A=980$,$A=196=14^2$,$a=14$(厘米).

2. 一队少年儿童不超过 50 人,围成一圈做游戏,每个儿童的左、右相邻都恰好是一个男孩子和一个女孩子. 请你判定这队少年儿童最多有多少人?为什么?

解 最多有 48 人.

记男孩为 ●,女孩为 ○,则符合题意的排列必如图 Ⅳ.25 所示. 即"两男两女"为一个"单元"地排列. 故人数应该是 4 的整数倍. 又

$$50 = 12 \times 4 + 2, 12 \times 4 = 48(人)$$

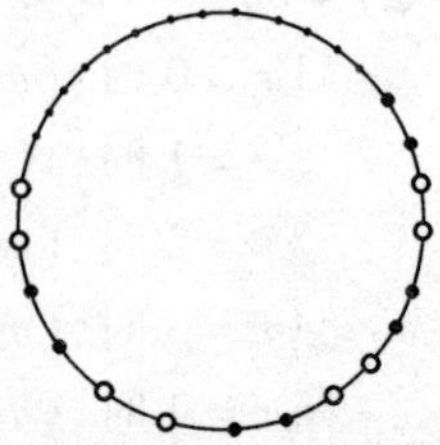

图 Ⅳ.25

3. 如图 Ⅳ.26 所示,直角三角形 ABC 由红、绿两个直角三角形和一个黄长方形拼成. 已知 $AE=(25 厘米)$,$BF=20$(厘米). 问:黄色长方形的面积为多少平方厘米?

解 $S_{黄} = S_{CEDF} = 500$(平方厘米)

因为 $\triangle ADE \sim \triangle DBF$

所以

$$\frac{DE}{BF} = \frac{AE}{DF}, S_{CEDF} = DE \cdot DF = AE \cdot BF = 500$$

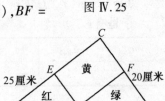

图 Ⅳ.26

4. 计算机存储文件 A、文件 B、文件 C 的大小之比为 $2:3:4$,小明用压缩软件将三个文件压缩在一起,压缩后文件 A,B,C 的大小分别为原来的 25%,10%,20%. 问:压缩后3个文件的总大小为原大小的几分之几?

解 可得

$$\frac{2}{9} \times 25\% + \frac{3}{9} \times 10\% + \frac{4}{9} \times 20\% = \frac{160}{900} = \frac{8}{45}$$

5. 如图 Ⅳ.27 所示,大小两个正方形 $ABCD$ 与正方形 $BEFG$ 并放在一起,两个正方形的面积之差等于 37 平方厘米. 问:四边形 $CDGF$ 的面积是多少?

解 记 $ABCD,BEFG$ 的边长 $AB=a,BE=b$,则

$$S_{CDGF} = \frac{1}{2}(CD+GF)CG = \frac{1}{2}(a+b)(a-b) =$$

$$\frac{1}{2}(a^2-b^2)=\frac{1}{2}\times 37=18.5(平方厘米)$$

6. 如图 Ⅳ.28,在 4×4 的方格表中填有 $1\sim 16$ 这 16 个数. 将其中任意 3 个格子中的数同时加 1 或减 1 称为 1 次操作. 问:能否经过有限次操作,使 16 个格子中的数都为零? 若能请举例解释你的操作;若不能,请说明理由.

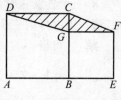

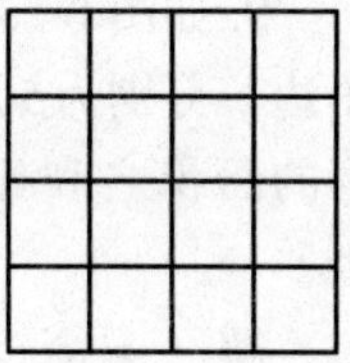

图 Ⅳ.27

解 不能.
因为

$$1+2+3+\cdots+15+16=\frac{1}{2}(1+16)\times 16=136$$

而一次操作使 16 个格中数的和增加(或减少)3,有限次操作的改变量为 3 的倍数 $3k$(k 为整数). 易见 $136+3k\neq 0$(因为 136 不是 3 的倍数),故不能.

图 Ⅳ.28

7. 如图 Ⅳ.29,智能机器猫从平面上点 O 出发,按下列规律行走:

由 O 向东走 12 厘米到 A_1.
由 A_1 向北走 24 厘米到 A_2.
由 A_2 向西走 36 厘米到 A_3.
由 A_3 向南走 48 厘米到 A_4.
由 A_4 向东走 60 厘米到 A_5.
……

智能机器猫到达的点 A_6 与点 O 的距离为多少厘米?

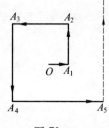

图 Ⅳ.29

解 设 O 为坐标原点,A_1 在 x 轴上点 $(12,0)$,则各点坐标依次为 $A_1(12,0)$,$A_2(12,24)$,$A_3(-24,24)$,$A_4(-24,-24)$,$A_5(36,-24)$,$A_6(36,48)$.

$$|OA_6|=\sqrt{48^2+36^2}=\sqrt{12^2(4^2+3^2)}=\sqrt{12^2\times 5^2}=60(厘米)$$

故 A_6 与 O 相距 60 厘米.

注:进一步可得

$$A_{4k+1}(12(2k+1),12(-2k))=(24k+12,-24k)$$
$$A_{4k+2}(12(2k+1),12(2k+2))=(24k+12,24k+24)$$
$$A_{4k+3}(12(-2k-2),12(2k+2))=(-24k-24,24k+24)$$
$$A_{4(k+1)}(12(-2k-2),12(-2k-2))=(-24k-24,-24k-24)$$

8. 三个连续正整数的乘积恰能被 1～100 这连续的 100 个自然数之和整除,请写出这样的三个连续正整数乘积的最小值.

解 可得

$$s = 1 + 2 + 3 + \cdots + 99 + 100 = \frac{1}{2} \times 100 \times 101 = 50 \times 101$$

其中 101 是质数. 设 $(n-1)n(n+1) = 50 \cdot 101 \cdot k$($k$ 为正整数),易见当 $n+1 = 101$ 时 $99 \times 100 \times 101 = 999\,900$ 是满足条件的最小乘积.

9. 如图 Ⅳ.30 所示,直角三角形 PQR 的两直角边长分别为 5 厘米和 9 厘米. 问:图中 3 个正方形的面积之和比 4 个三角形的面积之和大多少?

解 只需将 △PQR 绕点 R 逆时针转 90°(使 RQ 转到与 RF 重合),易见旋转后的 △PQR 与 △RAF 等底同高,从而知 $S_{ARF} = S_{PQR}$,同理知

$$S_{BPC} = S_{DQE} = S_{ARF} = \frac{5 \times 9}{2} = \frac{45}{2}$$

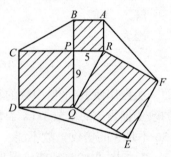

图 Ⅳ.30

又

$$S_{ABPR} = 5^2 = 25, S_{CDQP} = 9^2 = 81, S_{EFRQ} = RQ^2 = RP^2 + PQ^2 = 5^2 + 9^2$$

于是

三个正方形面积和 － 四个三角形面积和 =

$$2(5^2 + 9^2) - 4 \times \frac{45}{2} = 2(106 - 45) = 2 \times 61 =$$

122(平方厘米)

10. 你能在式 ① 的"□"中填入"+"或"-"号使等式成立吗?若能,请给出例子,若不能请说明理由.

$$15□13□11□9□7□5□3□1 = 40 \qquad ①$$

解 能!事实上

$$1 + 3 + 5 + 7 + 9 + 11 + 13 + 15 = 64$$

由

$$64 - 40 = 24$$
$$24 \div 2 = 12$$

在 $\{1,3,5,7,9,11,13,15\}$ 中选和为 12 的若干个数(仅能 2 个"-")在它们之前

的 □ 填"−",其他 □ 处填"+"即可.譬如:左边三个等式

$$15 + 13 - 11 + 9 + 7 + 5 + 3 - 1 = 40$$
$$15 + 13 + 11 - 9 + 7 + 5 - 3 + 1 = 40$$
$$15 + 13 + 11 + 9 - 7 - 5 + 3 + 1 = 40$$

11. 潮州制作的大型浮雕瓷壁画《清明上河图》的主图是长为 52.87 米、宽为 2.48 米的长方形,它由 1 352 块面积相等的正方形瓷板拼接而成.问:壁画主图中最外一圈共拼接有多少块瓷板?

解 设主图长有 a 块瓷板,宽有 b 块瓷板,由题设知

$$\left. \begin{array}{l} ab = 1\ 352 = 2^3 \times 13^2 \\ \dfrac{a}{b} \approx \dfrac{52.87}{2.48} \approx 21 \end{array} \right\} \Rightarrow a = 8, b = 169$$

故外圈有瓷板 $169 \times 2 + (8 - 2) \times 2 = 2 \times (169 + 6) = 350(块)$.

12. 如图 Ⅳ.31,AOB 和 COD 是圆 O 的两条互相垂直的直径.甲沿圆周走一圈用 12 分钟,乙走一圈用 8 分钟.若甲、乙两人同时分别从点 A, C 出发,顺时针方向沿圆周行走,问几分钟后乙能追上甲?

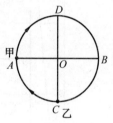

图 Ⅳ.31

解 因为乙 1 分钟可追甲 $\dfrac{1}{8} - \dfrac{1}{12} = \dfrac{1}{24}$(圈),现乙需追 $\dfrac{1}{4}$ 圈,故需时间 $\dfrac{1}{4} \div \dfrac{1}{24} = 6(分)$.

注:经抽签后确定,必答题分配如下:

队	上海	广州	长春	杭州	北京	潮州 2
题号	1,7	2,8	3,9	4,10	5,11	6,12

二、共答题(3 题)

1. 大圣赠桃考少年:月宫蟠桃二百多,赠与杯赛表庆贺,每堆十个少三枚,十二成堆多七个,华赛选手快作答,大圣赠桃多少个?

解 求"被 10 除余 7 且被 12 除余 7 的(200,300 内的)数 x."则 $x - 7$ 是 10 和 12 的公倍数,$10 = 2 \times 5$ 和 $12 = 2^2 \times 3$ 的最小公倍数为 $2^2 \times 3 \times 5 = 60$,故 $x - 7 = 60k(k\ 正整数)$.

$200 < x = 60k + 7 < 300$ 得 $k = 4$. 所以 $x = 247(个)$.

2. 由面积为 100 平方厘米的正方形铺成的地板平面网格,如图 Ⅳ.32 所示,限制用一把无刻度直尺和一支铅笔,请你在地板平面上画出一个面积为 80 平方厘米的正方形.

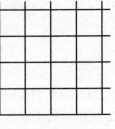

图 Ⅳ.32

解 见图 Ⅳ.33,先作出线段 $AB = 4, CD = 8$.

再作出 $\triangle CDE$,使 $CD = 8, CE = AB = 4$ 则 $DE = \sqrt{80}$.

最后在一个正方形板内作出面积为 80(即边长为 $\sqrt{80}$)的正方形.

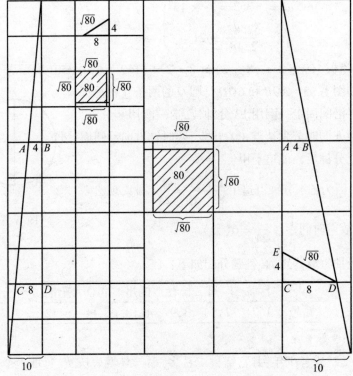

图 Ⅳ.33

3. 用若干块单位正方体积木堆成一个立体,小明正确地画出了这个立体的正视图,俯视图和侧视图见图 Ⅳ.34 所示.问:所堆的立体的体积至少是多少?请用积木将具有这个最小体积的立体堆放起来.(提供了 20 多个单位正方体积木,供解题使用)

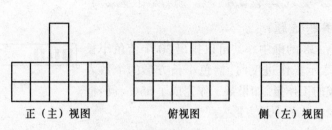

图 Ⅳ.34

解 策略是:先摆一个立体符合题设的三视图;然后再撤除多余的积木;最后核查结果.

因立体图较难画,我们可以俯视图为基础给出堆放的示意图如图 Ⅳ.35,数码表示该位置放置(叠放)的积木块数.

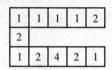

图 Ⅳ.35

如图 Ⅳ.36,分析可得:

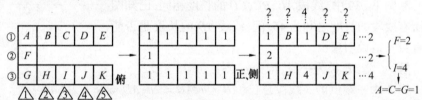

图 Ⅳ.36

由侧视图知第 ① 行的 B,D,E 3 格之中至少有一个填 2;

由正视图和第 △2, △4, △5 列中的两格必须且只需有一个填 2.

考虑"BDE"有 7 种填法,即"222,221,212,211,122,121 和 112." 从而体积为 18 的立体共有 7 个解. 摆放示意如图 Ⅵ.37:

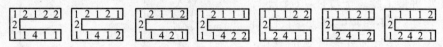

图 Ⅳ.37

$$1 \times 6 + 2 \times 4 + 4 \times 1 = 18$$

故最少体积为 18. 即俯视图 11 个位置上有 6 个 1,4 个 2,1 个 4.

三、抢答题(5题)

1. 图Ⅳ.38 的框中一共可以排出 30 个蓝色小长方形,用它表示工作进度时,蓝色小长方形的个数表示已经完成的工作量. 如果某工作完成了 55%,问:框中显示多少个蓝色小长方形?

图Ⅳ.38

解 可得

$$\frac{A}{30}=\frac{55}{100}, A=\frac{33}{2}=16.5, 16<16.5<17$$

故应显示 16 个.

2. 红集装箱与黑集装箱数量相等. 原定红箱由甲车队承运,黑箱由乙车队承运,每个集装箱运费都是 240 元. 由于乙队错运了 7 个红箱,所以甲队运完红箱后又加运了 9 个黑箱,与乙车队共同完成了任务. 问:甲车队比乙车队多得运费多少元?

解 乙队应运的 9 个黑箱改运了红箱,比计划少运 9 − 7 = 2(箱),从而甲队比计划多运了 2 箱,即甲队实际上比乙队多运 2 + 2 = 4(箱),所以甲队比乙队多得运费 240 × 4 = 960(元).

3. 图Ⅳ.39 中,线段 AB,BC,CD 的长度相同. 已知图中所有线段的长度之和为 45. 问:线段 AD 的长度是否能是整数? 请说明理由.

图Ⅳ.39

解 设 AB 长为一段,记为 a. 则:

以 A 为左端点的 3 线段总长($AB=a,AC=2a,AD=3a$) 为 $6a$;

以 B 为左端点的 2 线段总长($BC=a,BD=2a$) 为 $3a$;

以 C 为左端点的 CD 长为 a.

综上知所有 6 条线段的总长为 $6a+3a+a=10a$,由题设有 $10a=45$,则 $a=4.5, AD=3a=13.5$ 不能为整数.

4. 一个"月牙形"的屏幕擦在矩形屏幕上随意平行移动(不许发生转动,也不超越屏幕边界),已知线段 AB 是月牙外半圆弧的直径,长为 2 厘米,见图Ⅳ.40. 初始时,A,B 两点在矩形屏幕的一条边上. 又矩形屏幕长、宽分别为 30 厘米

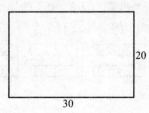

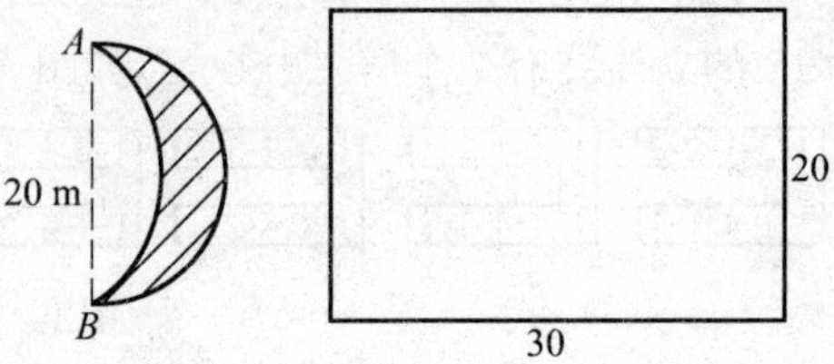

图Ⅳ.40

和 20 厘米. 问: 矩形屏幕上的"月牙"擦擦不到的部分的面积为多少平方厘米? ($\pi = 3.14$)

解 见图 Ⅳ.41,"擦不到部分"与屏幕大小无关,它应是矩形屏幕的两个相邻的"角落". 若月牙擦初始时 A,B 在 PQ 边,则擦不到的是 R,S 处的"两角",它们的面积之和为

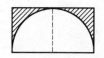

图 Ⅳ.41

$$\frac{1}{2}(2^2 - \pi \cdot 1^2) = \frac{1}{2}(4 - 3.14) = 0.43(\text{平方厘米})$$

5. 三个正方形 $ABCD, BEFG$ 和 $HKPF$ 如图 Ⅳ.42 所示地放置在一起. 图中正方形 $BEFG$ 的周长等于 14 厘米. 求图中红色部分的面积.

解 所求面积为 $\triangle DEK$ 的面积 S_{DEK}. 如图 Ⅳ.43, 延长 BE, PK 交于点 Q. 记大、中、小正方形的边长分别为 a, b, c. 则 $4b = 14, b = 3.5$.

$$S_{DEK} = (S_{ABCD} + S_{BQPG}) - (S_{DAE} + S_{DCG} + S_{GPK} + S_{EQK}) =$$
$$(a^2 + b(b+c)) - [\frac{1}{2}a(a+b) + \frac{1}{2}a(a-b) +$$
$$\frac{1}{2}c(b+c) + \frac{1}{2}c(b-c)] =$$
$$(a^2 + b^2 + bc) - (a^2 + bc) =$$
$$b^2 = 3.5 \times 3.5 = 12.25(\text{平方厘米}).$$

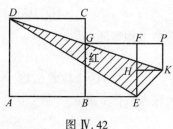
图 Ⅳ.42

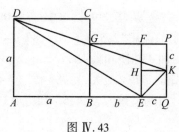
图 Ⅳ.43

注: 如图 Ⅳ.44, 易见

$$\triangle CDG \sim \triangle PGK$$

$$\frac{a-b}{a} = \frac{CG}{CD} = \frac{c}{b+c}, ac = (a-b)(b+c), b = a - c$$

更简洁的表述

$$
\begin{aligned}
S_{DEK} &= S_{AQRD} - (S_{DAE} + S_{DRK} + S_{KQE}) = \\
&a(a+b+c) - \frac{1}{2}a(a+b) - \\
&\frac{1}{2}(a+b+c)(a-b+c) - \frac{1}{2}c(b-c) = \\
&\frac{1}{2}[b^2 + b(a-c)] = \frac{1}{2}(b^2+b^2) = \\
&b^2 = (\frac{14}{4})^2 = 12.25(\text{平方厘米})
\end{aligned}
$$

图 Ⅳ.44

四、群众答题(2 题)

1. 有 10 个写有汉字的灯笼,不同的汉字代表 0,1,2,3,4,5,6,7,8,9 中的不同数码. 每排灯笼代表的数码从左到右看成一个自然数,如图 Ⅳ.45 所示组成一个加法竖式. 请你写出“圆满成功”所代表的四位数最大可能的值.

图 Ⅳ.45

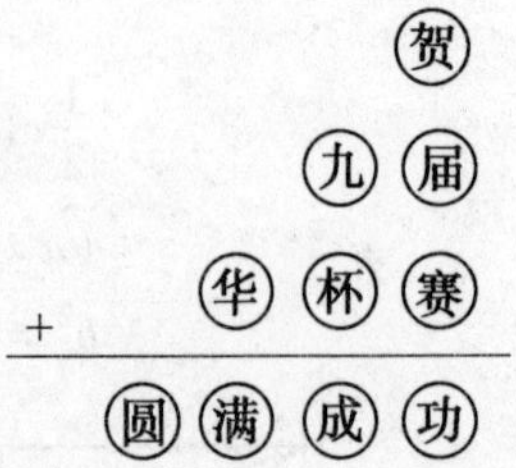

解　易见,华 = 9,圆 = 1,满 = 0.

于是只需用“2,3,4,5,6,7,8”这 7 个数去构造图 Ⅳ.46 的加式并使和最大.

$$
\begin{array}{r}
a \\
b\ c \\
+\ \ d\ e \\
\hline
1\ f\ g
\end{array}
$$

图 Ⅳ.46

首先应考虑 f 最大,易见 $f \leqslant [(7+8)+1] = 16$ 的个位数 6. 取 $f = 6$ 时,由剩余数“2,3,4,5”知应取3 个 较大数作 a, c, e,于是 $g = 2$.

综上知“圆满成功”表达的四位数最大值为 1 062.(竖式可以很多种,譬如 $\begin{array}{r} 3 \\ 7\ 4 \\ +9\ 8\ 5 \\ \hline 1\ 0\ 6\ 2 \end{array}$)

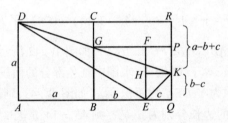

2. 有 10 个写有汉字的灯笼,如图 Ⅳ.47 所示. 不同汉字代表 0,1,2,3,4,5,6,7,8,9 中的不同数码,每排灯笼代表的数码从左到右组成的数都是一个平方数. 请写出可能的答案.

图 Ⅳ.47

解 可知
$$1 = 1^2, 9 = 3^2, 9 = 3^2, 9 = 3^2$$
$$36 = 6^2, 16 = 4^2, 81 = 9^2, 81 = 9^2$$
$$784 = 28^2, 784 = 28^2, 324 = 18^2, 576 = 24^2$$
$$9\,025 = 95^2, 3\,025 = 55^2, 7\,056 = 84^2, 2\,304 = 48^2$$

注:平方数中(二位数,三位数,四位数)首位数字较小(大)的数的个数较多(少),所以一位数的平方数从 9 出发去求其他三个平方数时希望会大一些.

编辑手记

1974年夏,80岁高龄的知名史学家钱穆先生写下了《八十忆双亲》一文,从文中我们可以看出钱家是当地的望族。其宅地"七房骈连,皆沿啸傲泾,东西一线,宅地皆极壮大"。

作为世代书香门第,钱氏家族从来就不缺读书的种子。钱穆的曾祖父绣屏公是国学生,祖父鞠如公是邑庠生,父亲更是16岁就中县试第一名秀才,近代钱家人才辈出。钱学森、钱三强、钱伟长、钱令希、钱临照、钱钟书。本书作者也是钱氏家族的一位优秀代表。

被评为史上十大天才数学家之一的剑桥大学教授约翰·康威认为:魔方流行的最大意义是将数学之美普及给了全世界。以前国人认为数学属艰深枯燥之学,非头悬梁、锥刺骨不能入门。而从陈省身先生开始提出"数学好玩"后,快乐学数学之风在中国大地愈刮愈盛,钱昌本先生的这两本著作就是这种思潮的杰出代表作,而且经多年实践效果良好。

喜爱思考是现代都市青年的时尚风气。IBM的企业文化是"思考(Think)文化"公司出版了一份员工杂志,起名《Think》。许多员工随身携带的笔记本封面上都印有"Think"。IBM著名的笔记本电脑品牌"Think pad"便是从此而来。

但对于学习数学的中小学生来说学会如何思考,如何解题并不是一件容易的事,在我国图书市场上除了早年间波利亚的《怎样解题》有一定的影响外,大多都是过于功利的应付各种考试的教你如何过关的书,这些书可以管你一阵子但不能管你一辈子。

有人在评论小电影时说:这些尚在做小电影的电影人,和那些个有能力做大片的电影人不太一样,他们没什么钱,也没什么名,还心怀理想……这是一个仍然认真对待自己本职工作的群体,买票进场,对他们来说才是最大的奖。

钱昌本这两部遗作在众多大系列、大制作、大宣传当道的图书市场上是典型的小制作,是一位心怀教育强国理想的典型知识分子的毕生心血凝结而成. 当然我们数学工作室要大力支持. 希望读者也与我们同行.

著名文学家冯牧先生曾给东莞雀巢咖啡厂题词:有口皆碑.

如果要笔者给数学工作室题词,那就应该是:心中有数.

刘培杰

2012 年元旦

于哈工大

哈尔滨工业大学出版社刘培杰数学工作室
已出版(即将出版)图书目录

书　名	出版时间	定　价	编号
新编中学数学解题方法全书(高中版)上卷	2007—09	38.00	7
新编中学数学解题方法全书(高中版)中卷	2007—09	48.00	8
新编中学数学解题方法全书(高中版)下卷(一)	2007—09	42.00	17
新编中学数学解题方法全书(高中版)下卷(二)	2007—09	38.00	18
新编中学数学解题方法全书(高中版)下卷(三)	2010—06	58.00	73
新编中学数学解题方法全书(初中版)上卷	2008—01	28.00	29
新编中学数学解题方法全书(初中版)中卷	2010—07	38.00	75
新编平面解析几何解题方法全书(专题讲座卷)	2010—01	18.00	61
数学眼光透视	2008—01	38.00	24
数学思想领悟	2008—01	38.00	25
数学应用展观	2008—01	38.00	26
数学建模导引	2008—01	28.00	23
数学方法溯源	2008—01	38.00	27
数学史话览胜	2008—01	28.00	28
从毕达哥拉斯到怀尔斯	2007—10	48.00	9
从迪利克雷到维斯卡尔迪	2008—01	48.00	21
从哥德巴赫到陈景润	2008—05	98.00	35
从庞加莱到佩雷尔曼	2011—08	138.00	136
从比勃巴赫到德·布朗斯	即将出版		
数学解题中的物理方法	2011—06	28.00	114
数学解题的特殊方法	2011—06	48.00	115
中学数学计算技巧	2012—01	48.00	116
中学数学证明方法	2012—01	58.00	117
数学趣题巧解	2012—03	28.00	128
数学奥林匹克与数学文化(第一辑)	2006—05	48.00	4
数学奥林匹克与数学文化(第二辑)(竞赛卷)	2008—01	48.00	19
数学奥林匹克与数学文化(第二辑)(文化卷)	2008—07	58.00	36
数学奥林匹克与数学文化(第三辑)(竞赛卷)	2010—01	48.00	59
数学奥林匹克与数学文化(第四辑)(竞赛卷)	2011—08	58.00	87

哈尔滨工业大学出版社刘培杰数学工作室
已出版(即将出版)图书目录

书　名	出版时间	定　价	编号
发展空间想象力	2010—01	38.00	57
走向国际数学奥林匹克的平面几何试题诠释(上、下)(第2版)	2010—02	98.00	63,64
平面几何证明方法全书	2007—08	35.00	1
平面几何证明方法全书习题解答(第2版)	2006—12	18.00	10
最新世界各国数学奥林匹克中的平面几何试题	2007—09	38.00	14
数学竞赛平面几何典型题及新颖解	2010—07	48.00	74
初等数学复习及研究(平面几何)	2008—09	58.00	38
初等数学复习及研究(立体几何)	2010—06	38.00	71
初等数学复习及研究(平面几何)习题解答	2009—01	48.00	42
世界著名平面几何经典著作钩沉——几何作图专题卷(上)	2009—06	48.00	49
世界著名平面几何经典著作钩沉——几何作图专题卷(下)	2011—01	88.00	80
世界著名平面几何经典著作钩沉(民国平面几何老课本)	2011—03	38.00	113
世界著名数论经典著作钩沉(算术卷)	2012—01	28.00	125
世界著名数学经典著作钩沉——立体几何卷	2011—02	28.00	88
世界著名三角学经典著作钩沉(平面三角卷Ⅰ)	2010—06	28.00	69
世界著名三角学经典著作钩沉(平面三角卷Ⅱ)	2011—01	28.00	78
世界著名初等数论经典著作钩沉(理论和实用算术卷)	2011—07	38.00	126
几何学教程(平面几何卷)	2011—03	68.00	90
几何学教程(立体几何卷)	2011—07	68.00	130
几何变换与几何证题	2010—06	88.00	70
几何瑰宝——平面几何500名题暨1000条定理(上、下)	2010—07	138.00	76,77
三角形的五心	2009—06	28.00	51
俄罗斯平面几何问题集	2009—08	88.00	55
俄罗斯平面几何5000题	2011—01	58.00	89
计算方法与几何证题	2011—06	28.00	129
463个俄罗斯几何老问题	2012—01	28.00	152
近代欧氏几何学	2012—02	38.00	162

哈尔滨工业大学出版社刘培杰数学工作室
已出版(即将出版)图书目录

书 名	出版时间	定 价	编号
超越吉米多维奇——数列的极限	2009—11	48.00	58
初等数论难题集(第一卷)	2009—05	68.00	44
初等数论难题集(第二卷)(上、下)	2011—02	128.00	82,83
谈谈素数	2011—03	18.00	91
平方和	2011—03	18.00	92
数论概貌	2011—03	18.00	93
代数数论	2011—03	48.00	94
初等数论的知识与问题	2011—02	28.00	95
超越数论基础	2011—03	28.00	96
数论初等教程	2011—03	28.00	97
数论基础	2011—03	18.00	98
数论入门	2011—03	38.00	99
解析数论引论	2011—03	48.00	100
基础数论	2011—03	28.00	101
超越数	2011—03	18.00	109
三角和方法	2011—03	18.00	112
谈谈不定方程	2011—05	28.00	119
整数论	2011—05	38.00	120
初等数论100例	2011—05	18.00	122
最新世界各国数学奥林匹克中的初等数论试题(上、下)	2012—01	138.00	144,145
算术探索	2011—12	158.00	148
初等数论(Ⅰ)	2012—01	18.00	156
初等数论(Ⅱ)	2012—01	18.00	157
初等数论(Ⅲ)	2012—01	28.00	158
组合数学浅谈	2012—02	28.00	159
同余理论	2012—02	38.00	163
丢番图方程引论	2012—03	48.00	172

哈尔滨工业大学出版社刘培杰数学工作室
已出版(即将出版)图书目录

书　名	出版时间	定　价	编号
历届 IMO 试题集(1959—2005)	2006—05	58.00	5
历届 CMO 试题集	2008—09	28.00	40
历届国际大学生数学竞赛试题集(1994—2010)	2012—01	28.00	143
全国大学生数学夏令营数学竞赛试题及解答	2007—03	28.00	15
历届美国大学生数学竞赛试题集	2009—03	88.00	43
前苏联大学生数学竞赛试题及解答(上)	2012—03	28.00	169
前苏联大学生数学竞赛试题及解答(下)	2012—03	38.00	170
整函数	即将出版		161
俄罗斯函数问题集	2011—03	38.00	103
俄罗斯组合分析问题集	2011—01	48.00	79
博弈论精粹	2008—03	58.00	30
多项式和无理数	2008—01	68.00	22
模糊数据统计学	2008—03	48.00	31
受控理论与解析不等式	2012—03		165
解析不等式新论	2009—06	68.00	48
反问题的计算方法及应用	2011—11	28.00	147
建立不等式的方法	2011—03	98.00	104
数学奥林匹克不等式研究	2009—08	68.00	56
不等式研究(第二辑)	2012—02	68.00	153
初等数学研究(Ⅰ)	2008—09	68.00	37
初等数学研究(Ⅱ)(上、下)	2009—05	118.00	46,47
中国初等数学研究　2009 卷(第 1 辑)	2009—05	20.00	45
中国初等数学研究　2010 卷(第 2 辑)	2010—05	30.00	68
中国初等数学研究　2011 卷(第 3 辑)	2011—07	60.00	127
数阵及其应用	2012—02	28.00	164
不等式的秘密(第一卷)	2012—02	28.00	154
初等不等式的证明方法	2010—06	38.00	123
数学奥林匹克不等式散论	2010—06	38.00	124
数学奥林匹克不等式欣赏	2011—09	38.00	138
数学奥林匹克超级题库(初中卷上)	2010—01	58.00	66
数学奥林匹克不等式证明方法和技巧(上、下)	2011—08	158.00	134,135

哈尔滨工业大学出版社刘培杰数学工作室
已出版(即将出版)图书目录

书　名	出版时间	定　价	编号
500个最新世界著名数学智力趣题	2008—06	48.00	3
400个最新世界著名数学最值问题	2008—09	48.00	36
500个世界著名数学征解问题	2009—06	48.00	52
400个中国最佳初等数学征解老问题	2010—01	48.00	60
500个俄罗斯数学经典老题	2011—01	28.00	81
数学 我爱你	2008—01	28.00	20
精神的圣徒　别样的人生——60位中国数学家成长的历程	2008—09	48.00	39
数学史概论	2009—06	78.00	50
斐波那契数列	2010—02	28.00	65
数学拼盘和斐波那契魔方	2010—07	38.00	72
斐波那契数列欣赏	2011—01	28.00	160
数学的创造	2011—02	48.00	85
数学中的美	2011—02	38.00	84
最新全国及各省市高考数学试卷解法研究及点拨评析	2009—02	38.00	41
高考数学的理论与实践	2009—08	38.00	53
中考数学专题总复习	2007—04	28.00	6
向量法巧解数学高考题	2009—08	28.00	54
新编中学数学解题方法全书(高考复习卷)	2010—01	48.00	67
新编中学数学解题方法全书(高考真题卷)	2010—01	38.00	62
新编中学数学解题方法全书(高考精华卷)	2011—03	68.00	118
高考数学核心题型解题方法与技巧	2010—01	28.00	86
数学解题——靠数学思想给力(上)	2011—07	38.00	131
数学解题——靠数学思想给力(中)	2011—07	48.00	132
数学解题——靠数学思想给力(下)	2011—07	38.00	133
2011年全国及各省市高考数学试题审题要津与解法研究	2011—10	48.00	139
新课标高考数学——五年试题分章详解(2007～2011)(上、下)	2011—10	78.00	140,141
30分钟拿下高考数学选择题、填空题	2012—01	48.00	146
高考数学压轴题解题诀窍(上)	2012—02	78.00	166
高考数学压轴题解题诀窍(下)	2012—03	28.00	167
300个日本高考数学题	2012—03		142

哈尔滨工业大学出版社刘培杰数学工作室
已出版(即将出版)图书目录

书 名	出版时间	定 价	编号
中等数学英语阅读文选	2006—12	38.00	13
统计学专业英语	2007—03	28.00	16
方程式论	2011—03	38.00	105
初级方程式论	2011—03	28.00	106
Galois 理论	2011—03	18.00	107
代数方程的根式解及伽罗瓦理论	2011—03	28.00	108
线性偏微分方程讲义	2011—03	18.00	110
N 体问题的周期解	2011—03	28.00	111
代数方程式论	2011—05	28.00	121
动力系统的不变量与函数方程	2011—07	48.00	137
基于短语评价的翻译知识获取	2012—02	48.00	168
闵嗣鹤文集	2011—03	98.00	102
吴从炘数学活动三十年(1951~1980)	2010—07	99.00	32
吴振奎高等数学解题真经(概率统计卷)	2012—01	38.00	149
吴振奎高等数学解题真经(微积分卷)	2012—01	68.00	150
吴振奎高等数学解题真经(线性代数卷)	2012—01	58.00	151
钱昌本教你快乐学数学(上)	2011—12	48.00	155
钱昌本教你快乐学数学(下)	2012—03	58.00	171

联系地址:哈尔滨市南岗区复华四道街 10 号　哈尔滨工业大学出版社刘培杰数学工作室
网　　址:http://lpj.hit.edu.cn/
邮　　编:150006
联系电话:0451—86281378　　13904613167
E-mail:lpj1378@yahoo.com.cn